令和6年版

減価償却資産の耐用年数表

付
- 減価償却関係の法令と通達
- 特別償却の指定告示
- 減価償却関係の各種申請書及び届出書

公益財団法人　納税協会連合会

は じ め に

減価償却とは、設備投資などに要した費用を、その使用可能期間に応じて企業の各事業年度に償却費として配分する手続きですが、その計算は、企業にとって適切な期間損益に基づいた当期の利益を算定する上で、避けて通ることができない極めて重要なものといえます。

ところで、税法では、この減価償却に関し、その計算の対象となる資産の範囲、償却の方法、取得価額などについて必要な事項を規定しており、「減価償却資産の耐用年数等に関する省令」において、減価償却資産の種類ごとの耐用年数を具体的に定めています。

本書は、技術的な側面の強い減価償却の専門書として活用していただくため、この省令の各別表（耐用年数表）をはじめ耐用年数通達、減価償却関係法令、特別償却に係る告示など減価償却に関する規定を網羅しております。

本書が、職業会計人はもとより、企業の担当者の方々の適正な減価償却の実務のお役に立てば幸いです。

令和６年５月

編 集 部

目　次

○令和６年度　減価償却関係法令の主要改正事項とその適用時期……………………… (1)

○減価償却資産の耐用年数等に関する省令……………………………………………………… 1

○減価償却資産の耐用年数・償却率表……………………………………………………………… 9

別表第一　機械及び装置以外の有形減価償却資産の耐用年数表……………………………10

建　　　物……………………………………………………………………………………………10

建物附属設備…………………………………………………………………………………………14

構　築　物……………………………………………………………………………………………15

船　　　舶……………………………………………………………………………………………20

航　空　機……………………………………………………………………………………………22

車両及び運搬具………………………………………………………………………………………22

工　　　具……………………………………………………………………………………………23

器具及び備品…………………………………………………………………………………………24

別表第二　機械及び装置の耐用年数表…………………………………………………………29

別表第三　無形減価償却資産の耐用年数表……………………………………………………33

別表第四　生物の耐用年数表………………………………………………………………………34

別表第五　公害防止用減価償却資産の耐用年数表……………………………………………36

別表第六　開発研究用減価償却資産の耐用年数表……………………………………………36

別表第七　平成19年３月31日以前に取得をされた減価償却資産の償却率表……………………………………………………………………………37

別表第八　平成19年４月１日以後に取得をされた減価償却資産の定額法の償却率表……………………………………………………………38

別表第九　平成19年４月１日から平成24年３月31日までの間に取得をされた減価償却資産の定率法の償却率、改定償却率及び保証率の表………………………………………………………………39

別表第十　平成24年４月１日以後に取得をされた減価償却資産の定率法の償却率、改定償却率及び保証率の表…………………………………41

別表第十一　平成19年３月31日以前に取得をされた減価償却資産の残存割合表……43

付　録

○耐用年数の適用等に関する取扱通達……45

耐用年数関係共通事項……49
中古資産の耐用年数……51
耐用年数の短縮等……53
建物・建物附属設備の耐用年数……54
構築物・船舶・車両の耐用年数……59
工具・器具備品の耐用年数……63
機械装置の耐用年数……66
公害防止用・開発研究用減価償却資産の耐用年数……67
増加償却……70
特別な償却率による償却……72

付表１　塩素、塩酸、硫酸、硝酸その他の著しい腐食性を有する液体又は気体の影響を直接全面的に受ける建物の例示……77
付表２　塩、チリ硝石……の影響を直接全面的に受ける建物の例示……84
付表３　鉄道業及び軌道業の構築物（総合償却資産であるものに限る。）の細目と個別耐用年数表……85
付表４　電気業の構築物（総合償却資産であるものに限る。）の細目と個別耐用年数表……86
付表５　通常の使用時間が８時間又は16時間の機械装置……87
付表６　漁網、活字地金及び専用金型等以外の資産の基準率、基準回数及び基準直径表……94
付表７(1)　旧定率法未償却残額表（平成19年３月31日以前取得分）……巻末折込み
付表７(2)　定率法未償却残額表（平成19年４月１日から平成24年３月31日まで取得分）……巻末折込み
付表７(3)　定率法未償却残額表（平成24年４月１日以後取得分）……巻末折込み
付表８　「設備の種類」と日本標準産業分類の分類との対比表……95
付表９　機械及び装置の耐用年数表（別表第二）における新旧資産区分の対照表……112
付表10　機械及び装置の耐用年数表（旧別表第二）……134

○減価償却資産の償却費の計算及びその償却の方法（法人税法第31条）関係法令……149

○法人税基本通達（減価償却関係）…… 190

第１節　減価償却資産の範囲 …… 190
第２節　減価償却の方法 …… 194
第３節　固定資産の取得価額等 …… 196
第４節　償却限度額等 …… 203
第５節　償却費の損金経理 …… 206
第６節　特殊な資産についての償却計算 …… 207
第６節の２　リース資産の償却等 …… 210
第７節　除却損失等 …… 213
第８節　資本的支出と修繕費 …… 216
第９節　劣化資産 …… 219

○特別償却の指定告示 …… 221

特定船舶の特別償却に係る指定告示 …… 222
医療用機器等の特別償却に係る指定告示等 …… 239
倉庫用建物等の割増償却に関する要件の告示 …… 248

○減価償却関係書類の様式 …… 251

減価償却資産の償却額の計算に関する明細書 …… 252
減価償却資産に関する諸申請書及び届出書 …… 260

（注）本書は一部を除き令和６年５月１日現在の法令・通達により編集しています。なお、震災特例法（平成23年法律第29号）、復興財源確保法（平成23年法律第117号）に関するものは、収録していません。

また、本書においては、一部「平成24年４月１日以後に取得をされた減価償却資産の定率法」の償却率による償却方法を「新定率法」又は「200％定率法」としています。

令和６年度　減価償却関係法令の主要改正事項とその適用時期

改　正　事　項	条　項	適用時期等
１　**国際戦略総合特別区域において機械等を取得した場合の特別償却【縮減等】** 機械装置及び開発研究用器具備品の償却割合を100分の30（改正前：100分の34）に、建物等及び構築物の償却割合を100分の15（改正前：100分の17）に、それぞれ引き下げる等の改正を行った上、その適用期限が２年延長されました。	措法42の11、措令27の11、措規20の６	令和６年４月１日以後に取得又は製作若しくは建設をする特定機械装置等について適用。
２　**地域経済牽引事業の促進区域内において特定事業用機械等を取得した場合の特別償却【拡充】** 機械装置及び器具備品の特別税額控除割合を、その承認地域経済牽引事業が地域の事業者に対して著しい経済的効果を及ぼす一定のものである場合には100分の６（改正前：100分の５）に引き上げられました。	措法42の11の２、措令27の11の２	令和６年４月１日以後に取得又は製作若しくは建設をする特定事業用機械等について適用。
３　**地方活力向上地域等において特定建物等を取得した場合の特別償却【拡充等】** 次の見直しを行った上、その適用期限が２年延長されました。 （１）　対象となる特定建物等の範囲に、特定業務施設の新設に併せて整備される特定業務児童福祉施設に該当する建物等及び構築物が加えられました。 （２）　一の特定業務施設を構成する建物等及び構築物の取得価額の合計額の上限が80億円（改正前：上限なし）とされました。	措法42の11の３、措令27の11の３	令和６年４月１日以後に取得又は建設をする定建物等について適用。
４　**事業適応設備を取得した場合等の特別償却【縮減等】** 生産工程効率化等設備等に係る措置について、適用対象となる事業者を産業競争力強化法等の一部を改正する等の法律の施行の日から令和８年３月31日までの間にされた産業競争力強化法の認定に係る同法に規定する認定事業適応事業者であるものとする等の改正が行われました。	措法42の12の７、措令27の12の７、措規20の10の３	令和６年４月１日以後に取得又は製作若しくは建設をする生産工程効率化等設備について適用。
５　**環境負荷低減事業活動用資産等の特別償却制【縮減等】** 本制度の適用に関する政令委任規定を設けた上、その適用期限が２年延長されました。	措法44の４、措令28の７、措規20の15	令和６年４月１日以後に取得又は製作若しくは建設をする機械等に

改　　正　　事　　項	条　　項	適　用　時　期　等
		ついて適用。
6　**生産方式革新事業活動用資産等の特別償却【創設】** 認定生産方式革新事業者行う生産方式革新事業活動等の用に供するための次に掲げる機械その他の減価償却資産の取得等をした場合には、次に掲げる区分に応じそれぞれ次に定める金額の特別償却ができる制度が創設されました。 （1）　設備等を構成する機械装置、器具備品、建物等及び構築物のうち、農作業の効率化等を通じた農業の生産性の向上に著しく資する一定のもの　その取得価額の100分の32（建物等及び構築物については、100分の16）相当額 （2）　設備等を構成する機械装置のうち、農業者等が行う生産方式革新事業活動の促進に特に資する一定のもの　その取得価額の100分の25相当額	措法44の5、措令28の8	農業の生産性の向上のためのスマート農業技術の活用の促進に関する法律の施行の日（令和6年5月1日現在、未施行）以後に適用。
7　**特定地域における工業用機械等の特別償却【縮減等】** 本制度につき次の見直しが行われました。 （1）　過疎地域等に係る措置の適用期限が3年延長されました。 （2）　奄美群島に係る措置が除外されました。	措法45、措令28の9、措規20の16	令和6年4月1日以後に取得又は製作若しくは建設をする工業用機械等について適用。
8　**事業再編促進機械等の割増償却制度【廃止】** 所要の経過措置を講じた上、廃止されました。	旧措法46、旧措令29の3、旧措規20の19	
9　**輸出事業用資産の割増償却【縮減等】** 対象資産から開発研究の用に供されるものを除外した上、その適用期限が2年延長されました。	措法46、措令29	令和6年4月1日以後に取得等をする産業振興機械等について適用。
10　**倉庫用建物等の割増償却制【縮減等】** 流通業務の省力化に特に資する一定の要件を満たす特定流通業務施設であることにつき証明がされた事業年度のみ本制度の適用ができることとした上、その適用期限が2年延長されました。	措法48、措令29の3、措規20の22	令和6年4月1日以後に取得又は建設をする倉庫用建物等について適用。
11　**特別償却に関する複数の規定の不適用措置【縮減等】** 事業者の有する減価償却資産につきその事業年度前の各事業年度において特別償却の規定のうちいずれか一の規定の適用を受けた場合には、その減価償却資産	措法53、措令32	令和6年4月1日以後に適用。

改　　正　　事　　項	条　　項	適用時期等
については、そのいずれか一の規定以外の特別償却の規定は、適用しないこととされました。		
12　適用期限の年延長 次に掲げる租税特別措置の適用期限が２年延長されました。 （1）　国家戦略特別区域において機械等を取得した場合の特別償却 （2）　中小企業者等の少額減価償却資産の取得価額の損金算入の特例	措法42の10 、67の５	

〈省略用語例〉

令	法人税法施行令
措法	租税特別措置法
措令	租税特別措置法施行令
措規	租税特別措置法施行規則
耐令	減価償却資産の耐用年数等に関する省令
令６改所法等附	所得税法等の一部を改正する法律（令和６年法律第８号）附則
令６改措令附	租税特別措置法施行令等の一部を改正する政令（令和６年政令第151号）附則

減価償却資産の耐用年数等に関する省令

（制　　定　昭和40年３月31日大蔵省令第15号）
（最終改正　令和６年３月30日財務省令第30号）

（一般の減価償却資産の耐用年数）

第１条　法人税法（昭和40年法律第34号）第２条第23号（定義）に規定する減価償却資産（以下「減価償却資産」という。）のうち鉱業権（租鉱権及び採石権その他土石を採掘し又は採取する権利を含む。以下同じ。）、坑道、公共施設等運営権、樹木採取権及び漁港水面施設運営権以外のものの耐用年数は、次の各号に掲げる資産の区分に応じ当該各号に定める表に定めるところによる。

一　法人税法施行令（昭和40年政令第97号）第13条第１号、第２号及び第４号から第７号まで（減価償却資産の範囲）に掲げる資産（坑道を除く。）　別表第一（機械及び装置以外の有形減価償却資産の耐用年数表）

二　法人税法施行令第13条第３号に掲げる資産　別表第二（機械及び装置の耐用年数表）

三　法人税法施行令第13条第８号に掲げる資産（鉱業権、公共施設等運営権及び樹木採取権を除く。）　別表第三（無形減価償却資産の耐用年数表）

四　法人税法施行令第13条第９号に掲げる資産　別表第四（生物の耐用年数表）

２　鉱業権、坑道、公共施設等運営権、樹木採取権及び漁港水面施設運営権の耐用年数は、次の各号に掲げる資産の区分に応じ当該各号に定める年数とする。

一　採掘権　当該採掘権に係る鉱区の採掘予定数量を、当該鉱区の最近における年間採掘数量その他当該鉱区に属する設備の採掘能力、当該鉱区において採掘に従事する人員の数等に照らし適正に推計される年間採掘数量で除して計算した数を基礎として納税地の所轄税務署長の認定した年数

二　試掘権　次に掲げる試掘権の区分に応じそれぞれ次に定める年数

イ　石油又は可燃性天然ガスに係る試掘権　６年

ロ　イに掲げる試掘権以外の試掘権　５年

三　租鉱権及び採石権その他土石を採掘し又は採取する権利　第１号の規定に準じて計算した数を基礎として納税地の所轄税務署長の認定した年数

四　坑道　第１号の規定に準じて計算した数を基礎として納税地の所轄税務署長の認定した年数

五　公共施設等運営権　民間資金等の活用による公共施設等の整備等の促進に関する法律（平成11年法律第117号）第19条第３項（公共施設等運営権の設定の時期等）の規定により公表された当該公共施設等運営権の同法第17条第３号（公共施設等運営権に関する実施方針における記載事項の追加）に掲げる存続期間の年数

六　樹木採取権　国有林野の管理経営に関する法律（昭和26年法律第246号）第８条の12第１項（樹木採取権の設定を受ける者の決定等）の設定をする旨の通知において明らかにされた当該樹木採取権の同法第８条の７第２号（公募）に掲げる存続期間の年数

七　漁港水面施設運営権　漁港及び漁場の整備等に関する法律施行規則（昭和26年農林省令第47号）第42条（漁港水面施設運営権の設定に係る通知）の規定により通知された当該漁港水面施設運営権の漁港及び漁場の整備等に関する法律（昭和25年法律第137号）第52条第２項第３号（漁港水面施設運営権の設定の時期等）に掲げる存続期間（漁港水面施設運営権について同法第57条第３項（漁港水面施設運営権の存続期間）の規定による更新に伴い支出する金額につき次に掲げる規定により新たに取得したものとされる漁港水面施設運営権にあっては、当該更新がされたときに同令第47条（漁港水面施設運営権の存続期間の更新に係る通知）の規定により通知された当該漁港水面施設運営権の同条の存続期間）の年数

イ　所得税法施行令第127条第４項（資本的支出の取得価額の特例）の規定により読み替えられた同条第１項の規定

ロ　法人税法施行令第55条第４項（資本的支出の取得価額の特例）の規定により読み替えられた同条第１項の規定

3　前項第５号から第７号までに定める年数は、暦に従って計算し、１年に満たない端数を生じたときは、これを切り捨てる。

4　第２項第１号、第３号又は第４号の認定を受けようとする法人（人格のない社団等（法人税法第２条第８号に規定する人格のない社団等をいう。第１号において同じ。）を含む。以下同じ。）は、次に掲げる事項を記載した申請書を納税地の所轄税務署長に提出しなければならない。

一　申請をする者の氏名又は名称及び代表者（人格のない社団等で代表者の定めがなく、管理人の定めがあるものについては、管理人。以下この号において同じ。）の氏名（法人税法第２条第４号に規定する外国法人（人格のない社団等で同条第２号に規定する国外に本店又は主たる事務所を有するものを含む。）にあっては、代表者及び同法第141条各号（課税標準）に定める国内源泉所得に係る事業又は資産の経営又は管理の責任者の氏名）並びに納税地並びに法人にあっては、法人番号（行政手続における特定の個人を識別するための番号の利用等に関する法律（平成25年法律第27号）第２条第15項（定義）に規定する法人番号をいう。）

二　申請に係る採掘権等（第２項第１号、第３号又は第４号に掲げる資産をいう。以下この条において同じ。）に係る鉱区その他これに準ずる区域（次号において「鉱区等」という。）の所在地

三　申請に係る採掘権等の鉱区等の採掘予定数量、最近における年間採掘数量、当該鉱区等に属する設備の採掘能力及び当該鉱区等において採掘に従事する人員の数

四　認定を受けようとする年数

五　その他参考となるべき事項

5　税務署長は、前項の申請書の提出があった場合には、遅滞なく、これを審査し、その申請に係る年数を認定するものとする。

6　税務署長は、第２項第１号、第３号又は第４号の認定をした後、その認定に係る年数により、その認定に係る採掘権等の法人税法第31条第１項（減価償却資産の償却費の計算及びその償却の方法）の規定による償却費として損金の額に算入する金額の限度額（第８項において「償却限度額」という。）の計算をすることを不適当とする特別の事由が生じたと認める場合には、その年数を変更することができる。

7　税務署長は、前２項の処分をするときは、その認定に係る法人に対し、書面によりその旨を通知する。

8　第６項の処分があった場合には、その処分のあった日の属する事業年度以後の各事業年度の所得の金額を計算する場合のその処分に係る採掘権等の償却費の額又は償却限度額の計算についてその処分の効果が生ずるものとする。

（特殊の減価償却資産の耐用年数）

第２条　次の各号に掲げる減価償却資産の耐用年数は、前条第１項の規定にかかわらず、当該各号に掲げる表に定めるところによる。

一　汚水処理（汚水、坑水、廃水又は廃液の沈でん、ろ過、中和、生物化学的方法、混合、冷却又は乾燥その他これらに類する方法による処理をいう。）又はばい煙処理（大気汚染防止法（昭和43年法律第97号）第２条第１項若しくは第７項（定義等）に規定するばい煙若しくは粉じん又は同法第17条第１項（事故時の措置）に規定する特定物質（ばい煙を除く。）の重力沈降、慣性分離、遠心分離、ろ過、洗浄、電気捕集、音波凝集、吸収、中和、吸着又は拡散の方法その他これらに類する方法による処理をいう。）の用に供されている減価償却資産で別表第五（公害防止用減価償却資産の耐用年数表）に掲げるもの　同

表

二　開発研究（新たな製品の製造若しくは新たな技術の発明又は現に企業化されている技術の著しい改善を目的として特別に行われる試験研究をいう。）の用に供されている減価償却資産で別表第六（開発研究用減価償却資産の耐用年数表）に掲げるもの　　同表

（中古資産の耐用年数等）

第３条　法人において事業の用に供された法人税法施行令第13条各号（減価償却資産の範囲）に掲げる資産（これらの資産のうち試掘権以外の鉱業権及び坑道を除く。以下この項において同じ。）の取得（法人税法第２条第12号の８（定義）に規定する適格合併又は同条第12号の12に規定する適格分割型分割（以下この項において「適格分割型分割」という。）による同条第11号に規定する被合併法人又は同条第12号の２に規定する分割法人からの引継ぎ（以下この項において「適格合併等による引継ぎ」という。）を含む。）をしてこれを法人の事業の用に供した場合における当該資産の耐用年数は、前２条の規定にかかわらず、次に掲げる年数によることができる。ただし、当該資産を法人の事業の用に供するために当該資産について支出した法人税法施行令第132条（資本的支出）に規定する金額が当該資産の取得価額（適格合併等による引継ぎの場合にあっては、同法第62条の２第１項（適格合併及び適格分割型分割による資産等の帳簿価額による引継ぎ）に規定する時又は適格分割型分割の直前の帳簿価額）の100分の50に相当する金額を超える場合には、第２号に掲げる年数についてはこの限りでない。

一　当該資産をその用に供した時以後の使用可能期間の年数

二　次に掲げる資産（別表第一、別表第二、別表第五又は別表第六に掲げる減価償却資産であって、前号の年数を見積もることが困難なものに限る。）の区分に応じそれぞれ次に定める年数（その年数が２年に満たないときは、これを２年とする。）

イ　法定耐用年数（第１条第１項（一般の減価償却資産の耐用年数表）に規定する耐用年数をいう。以下この号において同じ。）の全部を経過した資産　当該資産の法定耐用年数の100分の20に相当する年数

ロ　法定耐用年数の一部を経過した資産　当該資産の法定耐用年数から経過年数を控除した年数に、経過年数の100分の20に相当する年数を加算した年数

２　法人が、法人税法第２条第12号の８、第12号の11、第12号の14又は第12号の15に規定する適格合併、適格分割、適格現物出資又は適格現物分配（次項において「適格組織再編成」という。）により同条第11号、第12号の２、第12号の４又は第12号の５の２に規定する被合併法人、分割法人、現物出資法人又は現物分配法人（以下この項及び次項において「被合併法人等」という。）から前項本文に規定する資産の移転を受けた場合（当該法人が当該資産について同項の規定の適用を受ける場合を除く。）において、当該被合併法人等が当該資産につき同項又は第４項の規定の適用を受けていたときは、当該法人の当該資産の耐用年数については、第２条の規定にかかわらず、当該被合併法人等において当該資産の耐用年数とされていた年数によることができる。

３　法人が、適格組織再編成により被合併法人等から第１項本文に規定する資産の移転を受けた場合において、当該資産について同項の規定の適用を受けるときは、当該資産の法人税法施行令第48条第１項第１号イ(１)若しくは第３号ハ又は第48条の２第１項第１号イ(１)若しくは第３号イ(２)若しくは第５項第１号（減価償却資産の償却の方法）に規定する取得価額には、当該被合併法人等がした償却の額（当該資産につき同令第48条第５項第３号に規定する評価換え等が行われたことによりその帳簿価額が減額された場合には、当該帳簿価額が減額された金額を含む。）で当該被合併法人等の各事業年度の所得の金額の計算上損金の額に算入された金額を含まないものとする。

４　別表第四の「細目」欄に掲げる一の用途から同欄に掲げる他の用途に転用された牛、馬、綿羊及びやぎ

の耐用年数は、第１条第１項第４号並びに第１項及び第２項の規定にかかわらず、その転用の時以後の使用可能期間の年数による。

5　第１項各号に掲げる年数及び前項の年数は、暦に従って計算し、１年に満たない端数を生じたときは、これを切り捨てる。

（旧定額法及び旧定率法の償却率）

第４条　平成19年３月31日以前に取得をされた減価償却資産の耐用年数に応じた償却率は、法人税法施行令第48条第１項第１号イ（１）（減価償却資産の償却の方法）に規定する旧定額法（次項において「旧定額法」という。）及び法人税法施行令第48条第１項第１号イ（２）に規定する旧定率法（次項において「旧定率法」という。）の区分に応じそれぞれ別表第七（平成19年３月31日以前に取得をされた減価償却資産の償却率表）に定めるところによる。

2　法人の事業年度が１年に満たない場合においては、前項の規定にかかわらず、減価償却資産の旧定額法の償却率は、当該減価償却資産の耐用年数に対応する別表第七に定める旧定額法の償却率に当該事業年度の月数を乗じてこれを12で除したものにより、減価償却資産の旧定率法の償却率は、当該減価償却資産の耐用年数に12を乗じてこれを当該事業年度の月数で除して得た耐用年数に対応する同表に定める旧定率法の償却率による。

3　前項の月数は、暦に従って計算し、１月に満たない端数を生じたときは、これを１月とする。

（定額法の償却率並びに定率法の償却率、改定償却率及び保証率）

第５条　平成19年４月１日以後に取得をされた減価償却資産の耐用年数に応じた償却率、改定償却率及び保証率は、次の各号に掲げる区分に応じ当該各号に定める表に定めるところによる。

一　定額法（法人税法施行令第48条の２第１項第１号イ（１）（減価償却資産の償却の方法）に規定する定額法をいう。次項において同じ。）の償却率　別表第八（平成19年４月１日以後に取得をされた減価償却資産の定額法の償却率表）

二　定率法（法人税法施行令第48条の２第１項第１号イ（２）に規定する定率法をいう。次項及び第４項において同じ。）の償却率、改定償却率及び保証率　次に掲げる資産の区分に応じそれぞれ次に定める表

イ　平成24年３月31日以前に取得をされた減価償却資産　別表第九（平成19年４月１日から平成24年３月31日までの間に取得をされた減価償却資産の定率法の償却率、改定償却率及び保証率の表）

ロ　平成24年４月１日以後に取得をされた減価償却資産　別表第十（平成24年４月１日以後に取得をされた減価償却資産の定率法の償却率、改定償却率及び保証率の表）

2　法人の事業年度が１年に満たない場合においては、前項の規定にかかわらず、減価償却資産の定額法の償却率又は定率法の償却率は、当該減価償却資産の耐用年数に対応する別表第八に定める定額法の償却率又は別表第九若しくは別表第十に定める定率法の償却率に当該事業年度の月数を乗じてこれを12で除したものによる。

3　法人の前項の事業年度（この項の規定の適用を受けた事業年度を除く。以下この項において「適用年度」という。）終了の日以後１年以内に開始する各事業年度（当該適用年度開始の日から各事業年度終了の日までの期間が１年を超えない各事業年度に限る。）における法人税法施行令第48条の２第１項第２号ロに規定する取得価額は、当該適用年度の同号ロに規定する取得価額とすることができる。

4　減価償却資産の法人税法施行令第48条の２第１項第１号イ（２）に規定する取得価額（前項の規定の適用を受ける場合には、同項の規定による取得価額）に当該減価償却資産の耐用年数に対応する別表第九又は別表第十に定める定率法の償却率を乗じて計算した金額が同条第５項第１号に規定する償却保証額に満たない場合における第２項の規定の適用については、同項中「定率法の償却率」とあるのは、「改定償却率」

とする。

5　第２項の月数は、暦に従って計算し、１月に満たない端数を生じたときは、これを１月とする。

（残存価額）

第６条　平成19年３月31日以前に取得をされた減価償却資産の残存価額は、別表第十一（平成19年３月31日以前に取得をされた減価償却資産の残存割合表）の「種類」及び「細目」欄の区分に応じ、同表に定める残存割合を当該減価償却資産の法人税法施行令第54条第１項（減価償却資産の取得価額）の規定による取得価額に乗じて計算した金額とする。

2　前項に規定する減価償却資産のうち牛及び馬の残存価額は、同項の規定にかかわらず、同項に規定する金額と10万円とのいずれか少ない金額とする。

(注) 1　――部分の規定は、令和６年４月１日以後について適用する。

2　改正後の減価償却資産の耐用年数等に関する省令第１条第２項第２号の規定は、個人の令和７年分以後の所得税及び法人（法人税法（昭和40年法律第34号）第２条第８号に規定する人格のない社団等を含む。以下同じ。）のこの省令の施行の日以後に開始する事業年度の所得に対する法人税について適用し、個人の令和６年分以前の所得税及び法人の同日前に開始した事業年度の所得に対する法人税については、なお従前の例による。

附　　　則

1　この省令は、昭和40年４月１日から施行する。

2　この省令は、法人の昭和40年４月１日以後に終了する事業年度分の法人税について適用し、法人の同日前に終了した事業年度分の法人税については、なお従前の例による。

3　固定資産の耐用年数等に関する省令の一部を改正する省令(昭和27年大蔵省令第23号)附則第３項（住宅用建物の耐用年数の特例）に規定する住宅用の建物の耐用年数及び同令附則第４項（鉱山労務者用住宅の耐用年数の特例）に規定する鉱山労務者の居住の用に供される建物の耐用年数については、同令附則第３項及び第４項の規定は、なおその効力を有する。

4　固定資産の耐用年数等に関する省令の一部を改正する省令(昭和36年大蔵省令第21号)附則第３項（機械及び装置の耐用年数の特例）の表に掲げる機械及び装置の耐用年数については、同項の規定は、なおその効力を有する。

5　租税特別措置法施行規則（昭和32年大蔵省令第15号）の一部を次のように改正する。

第５条の６第１項中「固定資産の耐用年数等に関する省令（昭和26年大蔵省令第50号）別表四（開発研究用固定資産の耐用年数）」を「減価償却資産の耐用年数等に関する省令（昭和40年大蔵省令第15号）別表第九（開発研究用減価償却資産の耐用年数表）」に改める。

第20条第１項中「固定資産の耐用年数等に関する省令別表四（開発研究用固定資産の耐用年数）」を「減価償却資産の耐用年数等に関する省令別表第九（開発研究用減価償却資産の耐用年数表）」に改める。

附　　　則（昭和41年蔵令第37号）

1　この省令は、昭和41年６月13日から施行する。（以下省略）

附　　　則（昭和43年蔵令第20号）

1　この省令は、昭和43年４月20日から施行する。（以下省略）

附　　　則（昭和44年蔵令第27号）

1　この省令は、昭和44年４月８日から施行する。（以下省略）

附　　則（昭和45年蔵令第33号）

1　この省令は、昭和45年５月１日から施行する。（以下省略）

附　　則（昭和46年蔵令第23号）

1　この省令は、昭和46年４月12日から施行する。（以下省略）

附　　則（昭和47年蔵令第52号）

1　この省令は、昭和47年６月６日から施行する。（以下省略）

附　　則（昭和47年蔵令第69号）

1　この省令は、公布の日（昭和47年８月26日）から施行する。（以下省略）

附　　則（昭和48年蔵令第32号）

1　この省令は、昭和48年５月29日から施行する。（以下省略）

附　　則（昭和49年蔵令第35号）

1　この省令は、公布の日（昭和49年４月18日）から施行する。（以下省略）

附　　則（昭和50年蔵令第12号）

1　この省令は、昭和50年４月１日から施行する。（以下省略）

附　　則（昭和52年蔵令第９号）

1　この省令は、昭和52年４月１日から施行する。（以下省略）

附　　則（昭和53年蔵令第37号）

1　この省令は、公布の日（昭和53年５月24日）から施行する。（以下省略）

附　　則（昭和54年蔵令第16号）

1　この省令は、昭和54年４月１日から施行する。（以下省略）

附　　則（昭和56年蔵令第14号）

1　この省令は、昭和56年４月１日から施行する。（以下省略）

附　　則（昭和58年蔵令第19号）

この省令は、昭和58年４月１日から施行する。

附　　則（昭和60年蔵令第15号）

1　この省令は、昭和60年４月１日から施行する。（以下省略）

附　　則（昭和62年蔵令第50号）

1　この省令は、公布の日（昭和62年9月29日）から施行する。（以下省略）

附　　則（昭和63年蔵令第16号）

1　この省令は、昭和63年４月１日から施行する。（以下省略）

附　　則（平成元年蔵令第42号）

1　この省令は、平成元年４月１日から施行する。（以下省略）

附　　則（平成２年蔵令第17号）

1　この省令は、平成２年４月１日から施行する。（以下省略）

附　　則（平成３年蔵令第18号）

1　この省令は、平成３年４月１日から施行する。（以下省略）

附　　則（平成５年蔵令第48号）

1　この省令は、平成５年４月１日から施行する。（以下省略）

附　　則（平成６年蔵令第42号）

1　この省令は、平成６年４月１日から施行する。（以下省略）

附　　則（平成７年蔵令第34号）

1　この省令は、平成７年４月１日から施行する。（以下省略）

附　　則（平成10年蔵令第50号）
1　この省令は、平成10年４月１日から施行する。(以下省略)
附　　則（平成10年蔵令第175号）
1　この省令は、公布の日（平成10年12月24日）から施行する。(以下省略)
附　　則（平成12年蔵令第35号）
1　この省令は、平成12年４月１日から施行する。(以下省略)
附　　則（平成13年財令第34号）
1　この省令は、平成13年４月１日から施行する。(以下省略)
附　　則（平成15年財令第38号）
1　この省令は、平成15年４月１日から施行する。(以下省略)
附　　則（平成16年財令第33号）
1　この省令は、平成16年４月１日から施行する。(以下省略)
附　　則（平成19年財令第21号）
1　この省令は、平成19年４月１日から施行する。(以下省略)
附　　則（平成20年財令第32号）
1　この省令は、平成20年４月30日から施行する。(以下省略)
附　　則（平成22年財令第20号）
1　この省令は、平成22年10月１日から施行する。(以下省略)
附　　則（平成23年財令第81号）
1　この省令は、平成23年11月30日から施行する。(以下省略)
附　　則（平成24年財令第10号）
1　この省令は、平成24年４月１日から施行する。(以下省略)
附　　則（平成25年財令第24号）
1　この省令は、平成25年４月１日から施行する。(以下省略)
附　　則（平成25年財令第52号）
1　この省令は、民間資金等の活用による公共施設等の整備等の促進に関する法律の一部を改正する法律（平成25年法律第34号）の施行の日（平成25年９月５日）から施行する。
附　　則（平成26年財令第55号）
1　この省令は、行政手続における特定の個人を識別するための番号の利用等に関する法律（平成25年法律第27号）附則第１条第４号に掲げる規定の施行の日（平成28年１月１日）から施行する。(以下省略)
附　　則（平成27年財令第38号）
1　この省令は、平成27年４月１日から施行する。
附　　則（平成28年財令第27号）
1　この省令は、平成28年４月１日から施行する。(以下省略)
附　　則（平成29年財令第29号）
この省令は、平成29年10月１日から施行する。
附　　則（平成30年財令第31号）
この省令は、平成30年４月１日から施行する。
附　　則（令和２年財令第26号）
この省令は、令和２年４月１日から施行する。
附　　則（令和２年財令第56号）
この省令は、令和４年４月１日から施行する。

附　　　則（令和６年財令第30号）

この省令は、令和６年４月１日から施行する。

減価償却資産の耐用年数・償却率表

別表第一　機械及び装置以外の有形減価償却資産の耐用年数表 …… 10
建　　物 …… 10
建物附属設備 …… 14
構　築　物 …… 15
船　　舶 …… 20
航　空　機 …… 22
車両及び運搬具 …… 22
工　　具 …… 23
器具及び備品 …… 24
別表第二　機械及び装置の耐用年数表 …… 29
別表第三　無形減価償却資産の耐用年数表 …… 33
別表第四　生物の耐用年数表 …… 34
別表第五　公害防止用減価償却資産の耐用年数表 …… 36
別表第六　開発研究用減価償却資産の耐用年数表 …… 36
別表第七　平成19年３月31日以前に取得をされた減価償却資産の償却率表 …… 37
別表第八　平成19年４月１日以後に取得をされた減価償却資産の定額法の償却率表 …… 38
別表第九　平成19年４月１日から平成24年３月31日までの間に取得をされた減価償却資産の定率法の償却率、改定償却率及び保証率の表 …… 39
別表第十　平成24年４月１日以後に取得をされた減価償却資産の定率法の償却率、改定償却率及び保証率の表 …… 41
別表第十一　平成19年３月31日以前に取得をされた減価償却資産の残存割合表 …… 43

半年率について

以下の各耐用年数表の「償却率」欄は、それぞれの法定耐用年数に応ずる別表第七・第八・第九・第十に定める償却率（年率）を掲げています。半年決算法人（年２回決算法人）が使用すべき、又は１年決算法人が仮決算による中間事業年度において使用すべき償却率又は改定償却率は、耐用年数省令第４条第２項又は第５条第２項若しくは第３項の規定により計算した率（４ページ参照）によることになります。この場合の償却率又は改定償却率を、別表第七・第八・第九・第十の「年率」の右欄に「半年率」として掲げていますので参考にしてください。

なお、１年決算法人が、事業年度を上期と下期とに区分して、それぞれの期間ごとに償却限度額を計算する場合においては、上期と下期のそれぞれの期間にこの半年率を使用することはできません。この場合は、耐用年数通達５－１－２（75ページ）の適用がありますので参照してください。

別表第一　機械及び装置以外の有形減価償却資産の耐用年数表

種類	構造又は用途	細目	耐用年数	償却率 定額法（別表第八）	定率法（別表第九）	新定率法（別表第十）
建物	鉄骨鉄筋コンクリート造又は鉄筋コンクリート造のもの	事務所用又は美術館用のもの及び下記以外のもの	年 50	0.020		
		住宅用、寄宿舎用、宿泊所用、学校用又は体育館用のもの	47	0.022		
		飲食店用、貸席用、劇場用、演奏場用、映画館用又は舞踏場用のもの 飲食店用又は貸席用のもので、延べ面積のうちに占める木造内装部分の面積が３割を超えるもの その他のもの	34 41	0.030 0.025		
		旅館用又はホテル用のもの 延べ面積のうちに占める木造内装部分の面積が３割を超えるもの その他のもの	31 39	0.033 0.026		
		店舗用のもの	39	0.026		
		病院用のもの	39	0.026		
		変電所用、発電所用、送受信所用、停車場用、車庫用、格納庫用、荷扱所用、映画製作ステージ用、屋内スケート場用、魚市場用又はと畜場用のもの	38	0.027		
		公衆浴場用のもの	31	0.033		
		工場（作業場を含む。）用又は倉庫用のもの 塩素、塩酸、硫酸、硝酸その他の著しい腐食性を有する液体又は気体の影響を直接全面的に受けるもの、冷蔵倉庫用のもの（倉庫事業の倉庫用のものを除く。）及び放射性同位元素の放射線を直接受けるもの 塩、チリ硝石その他の著しい潮解性を有する固体を常時蔵置するためのもの及び著しい蒸気の影響を直接全面的に受けるもの その他のもの 倉庫事業の倉庫用のもの 冷蔵倉庫用のもの その他のもの その他のもの	24 31 21 31 38	0.042 0.033 0.048 0.033 0.027		

別表第一　機械及び装置以外の有形減価償却資産の耐用年数表

種類	構造又は用途	細目	耐用年数	償却率 定額法(別表第八)	定率法(別表第九)	新定率法(別表第十)
建物	れんが造、石造又はブロック造のもの	事務所用又は美術館用のもの及び下記以外のもの	年 41	0.025		
		店舗用、住宅用、寄宿舎用、宿泊所用、学校用又は体育館用のもの	38	0.027		
		飲食店用、貸席用、劇場用、演奏場用、映画館用又は舞踏場用のもの	38	0.027		
		旅館用、ホテル用又は病院用のもの	36	0.028		
		変電所用、発電所用、送受信所用、停車場用、車庫用、格納庫用、荷扱所用、映画製作ステージ用、屋内スケート場用、魚市場用又はと畜場用のもの	34	0.030		
		公衆浴場用のもの	30	0.034		
		工場（作業場を含む。）用又は倉庫用のもの				
		塩素、塩酸、硫酸、硝酸その他の著しい腐食性を有する液体又は気体の影響を直接全面的に受けるもの及び冷蔵倉庫用のもの（倉庫事業の倉庫用のものを除く。）	22	0.046		
		塩、チリ硝石その他の著しい潮解性を有する固体を常時蔵置するためのもの及び著しい蒸気の影響を直接全面的に受けるもの	28	0.036		
		その他のもの				
		倉庫事業の倉庫用のもの				
		冷蔵倉庫用のもの	20	0.050		
		その他のもの	30	0.034		
		その他のもの	34	0.030		
	金属造のもの（骨格材の肉厚が４ミリメートルを超えるものに限る。）	事務所用又は美術館用のもの及び下記以外のもの	38	0.027		
		店舗用、住宅用、寄宿舎用、宿泊所用、学校用又は体育館用のもの	34	0.030		
		飲食店用、貸席用、劇場用、演奏場用、映画館用又は舞踏場用のもの	31	0.033		
		変電所用、発電所用、送受信所用、停車場用、車庫用、格納庫用、荷扱所用、映画製作ステージ用、屋内スケート場用、魚市場用又はと畜場用のもの	31	0.033		
		旅館用、ホテル用又は病院用のもの	29	0.035		
		公衆浴場用のもの	27	0.038		

別表第一　機械及び装置以外の有形減価償却資産の耐用年数表

種類	構造又は用途	細目	耐用年数	償却率 定額法（別表第八）	定率法（別表第九）	新定率法（別表第十）
建物		工場（作業場を含む。）用又は倉庫用のもの	年			
		塩素、塩酸、硫酸、硝酸その他の著しい腐食性を有する液体又は気体の影響を直接全面的に受けるもの、冷蔵倉庫用のもの（倉庫事業の倉庫用のものを除く。）及び放射性同位元素の放射線を直接受けるもの	20	0.050		
		塩、チリ硝石その他の著しい潮解性を有する固体を常時蔵置するためのもの及び著しい蒸気の影響を直接全面的に受けるもの	25	0.040		
		その他のもの				
		倉庫事業の倉庫用のもの				
		冷蔵倉庫用のもの	19	0.053		
		その他のもの	26	0.039		
		その他のもの	31	0.033		
	金属造のもの（骨格材の肉厚が３ミリメートルを超え４ミリメートル以下のものに限る。）	事務所用又は美術館用のもの及び下記以外のもの	30	0.034		
		店舗用、住宅用、寄宿舎用、宿泊所用、学校用又は体育館用のもの	27	0.038		
		飲食店用、貸席用、劇場用、演奏場用、映画館用又は舞踏場用のもの	25	0.040		
		変電所用、発電所用、送受信所用、停車場用、車庫用、格納庫用、荷扱所用、映画製作ステージ用、屋内スケート場用、魚市場用又はと畜場用のもの	25	0.040		
		旅館用、ホテル用又は病院用のもの	24	0.042		
		公衆浴場用のもの	19	0.053		
		工場（作業場を含む。）用又は倉庫用のもの				
		塩素、塩酸、硫酸、硝酸その他の著しい腐食性を有する液体又は気体の影響を直接全面的に受けるもの及び冷蔵倉庫用のもの	15	0.067		
		塩、チリ硝石その他の著しい潮解性を有する固体を常時蔵置するためのもの及び著しい蒸気の影響を直接全面的に受けるもの	19	0.053		
		その他のもの	24	0.042		
	金属造のもの（骨格材の肉厚が３ミリメートル以下のも	事務所用又は美術館用のもの及び下記以外のもの	22	0.046		
		店舗用、住宅用、寄宿舎用、宿泊所用、学校用又は体育館用のもの	19	0.053		

別表第一　機械及び装置以外の有形減価償却資産の耐用年数表

種類	構造又は用途	細目	耐用年数	償却率 定額法（別表第八）	定率法（別表第九）	新定率法（別表第十）
建物	のに限る。）	飲食店用、貸席用、劇場用、演奏場用、映画館用又は舞踏場用のもの	年 19	0.053		
		変電所用、発電所用、送受信所用、停車場用、車庫用、格納庫用、荷扱所用、映画製作ステージ用、屋内スケート場用、魚市場用又はと畜場用のもの	19	0.053		
		旅館用、ホテル用又は病院用のもの	17	0.059		
		公衆浴場用のもの	15	0.067		
		工場（作業場を含む。）用又は倉庫用のもの				
		塩素、塩酸、硫酸、硝酸その他の著しい腐食性を有する液体又は気体の影響を直接全面的に受けるもの及び冷蔵倉庫用のもの	12	0.084		
		塩、チリ硝石その他の著しい潮解性を有する固体を常時蔵置するためのもの及び著しい蒸気の影響を直接全面的に受けるもの	14	0.072		
		その他のもの	17	0.059		
	木造又は合成樹脂造のもの	事務所用又は美術館用のもの及び下記以外のもの	24	0.042		
		店舗用、住宅用、寄宿舎用、宿泊所用、学校用又は体育館用のもの	22	0.046		
		飲食店用、貸席用、劇場用、演奏場用、映画館用又は舞踏場用のもの	20	0.050		
		変電所用、発電所用、送受信所用、停車場用、車庫用、格納庫用、荷扱所用、映画製作ステージ用、屋内スケート場用、魚市場用又はと畜場用のもの	17	0.059		
		旅館用、ホテル用又は病院用のもの	17	0.059		
		公衆浴場用のもの	12	0.084		
		工場（作業場を含む。）用又は倉庫用のもの				
		塩素、塩酸、硫酸、硝酸その他の著しい腐食性を有する液体又は気体の影響を直接全面的に受けるもの及び冷蔵倉庫用のもの	9	0.112		
		塩、チリ硝石その他の著しい潮解性を有する固体を常時蔵置するためのもの及び著しい蒸気の影響を直接全面的に受けるもの	11	0.091		
		その他のもの	15	0.067		
	木骨モルタル造のもの	事務所用又は美術館用のもの及び下記以外のもの	22	0.046		

別表第一　機械及び装置以外の有形減価償却資産の耐用年数表

種類	構造又は用途	細目	耐用年数	償却率 定額法（別表第八）	定率法（別表第九）	新定率法（別表第十）
建物		店舗用、住宅用、寄宿舎用、宿泊所用、学校用又は体育館用のもの	年 20	0.050		
		飲食店用、貸席用、劇場用、演奏場用、映画館用又は舞踏場用のもの	19	0.053		
		変電所用、発電所用、送受信所用、停車場用、車庫用、格納庫用、荷扱所用、映画製作ステージ用、屋内スケート場用、魚市場用又はと畜場用のもの	15	0.067		
		旅館用、ホテル用又は病院用のもの	15	0.067		
		公衆浴場用のもの	11	0.091		
		工場（作業場を含む。）用又は倉庫用のもの 塩素、塩酸、硫酸、硝酸その他の著しい腐食性を有する液体又は気体の影響を直接全面的に受けるもの及び冷蔵倉庫用のもの	7	0.143		
		塩、チリ硝石その他の著しい潮解性を有する固体を常時蔵置するためのもの及び著しい蒸気の影響を直接全面的に受けるもの	10	0.100		
		その他のもの	14	0.072		
	簡易建物	木製主要柱が10センチメートル角以下のもので、土居ぶき、杉皮ぶき、ルーフィングぶき又はトタンぶきのもの	10	0.100		
		掘立造のもの及び仮設のもの	7	0.143		
建物附属設備	電気設備（照明設備を含む。）	蓄電池電源設備	6	0.167	0.417	0.333
		その他のもの	15	0.067	0.167	0.133
	給排水又は衛生設備及びガス設備		15	0.067	0.167	0.133
	冷房、暖房、通風又はボイラー設備	冷暖房設備（冷凍機の出力が22キロワット以下のもの）	13	0.077	0.192	0.154
		その他のもの	15	0.067	0.167	0.133
	昇降機設備	エレベーター	17	0.059	0.147	0.118
		エスカレーター	15	0.067	0.167	0.133
	消火、排煙又は災害報知設備及び格納式避難設備		8	0.125	0.313	0.250

（注）　平成28年4月1日以後に取得する建物附属設備及び構築物の償却方法について、定額法に一本化されました。

別表第一　機械及び装置以外の有形減価償却資産の耐用年数表

種類	構造又は用途	細目	耐用年数	償却率 定額法(別表第八)	償却率 定率法(別表第九)	償却率 新定率法(別表第十)
			年			
建物附属設備	エヤーカーテン又はドアー自動開閉設備		12	0.084	0.208	0.167
	アーケード又は日よけ設備	主として金属製のもの	15	0.067	0.167	0.133
		その他のもの	8	0.125	0.313	0.250
	店用簡易装備		3	0.334	0.833	0.667
	可動間仕切り	簡易なもの	3	0.334	0.833	0.667
		その他のもの	15	0.067	0.167	0.133
	前掲のもの以外のもの及び前掲の区分によらないもの	主として金属製のもの	18	0.056	0.139	0.111
		その他のもの	10	0.100	0.250	0.200
構築物	鉄道業用又は軌道業用のもの	軌条及びその附属品	20	0.050	0.125	0.100
		まくら木				
		木製のもの	8	0.125	0.313	0.250
		コンクリート製のもの	20	0.050	0.125	0.100
		金属製のもの	20	0.050	0.125	0.100
		分岐器	15	0.067	0.167	0.133
		通信線、信号線及び電灯電力線	30	0.034	0.083	0.067
		信号機	30	0.034	0.083	0.067
		送配電線及びき電線	40	0.025	0.063	0.050
		電車線及び第三軌条	20	0.050	0.125	0.100
		帰線ボンド	5	0.200	0.500	0.400
		電線支持物（電柱及び腕木を除く。）	30	0.034	0.083	0.067
		木柱及び木塔（腕木を含む。）				
		架空索道用のもの	15	0.067	0.167	0.133
		その他のもの	25	0.040	0.100	0.080
		前掲以外のもの				
		線路設備				
		軌道設備				
		道床	60	0.017	0.042	0.033
		その他のもの	16	0.063	0.156	0.125
		土工設備	57	0.018	0.044	0.035
		橋りょう				
		鉄筋コンクリート造のもの	50	0.020	0.050	0.040
		鉄骨造のもの	40	0.025	0.063	0.050
		その他のもの	15	0.067	0.167	0.133

別表第一　機械及び装置以外の有形減価償却資産の耐用年数表

種類	構造又は用途	細目	耐用年数	償却率 定額法(別表第八)	定率法(別表第九)	新定率法(別表第十)
構築物		トンネル	年			
		鉄筋コンクリート造のもの	60	0.017	0.042	0.033
		れんが造のもの	35	0.029	0.071	0.057
		その他のもの	30	0.034	0.083	0.067
		その他のもの	21	0.048	0.119	0.095
		停車場設備	32	0.032	0.078	0.063
		電路設備				
		鉄柱、鉄塔、コンクリート柱及びコンクリート塔	45	0.023	0.056	0.044
		踏切保安又は自動列車停止設備	12	0.084	0.208	0.167
		その他のもの	19	0.053	0.132	0.105
		その他のもの	40	0.025	0.063	0.050
	その他の鉄道用又は軌道用のもの	軌条及びその附属品並びにまくら木	15	0.067	0.167	0.133
		道床	60	0.017	0.042	0.033
		土工設備	50	0.020	0.050	0.040
		橋りょう				
		鉄筋コンクリート造のもの	50	0.020	0.050	0.040
		鉄骨造のもの	40	0.025	0.063	0.050
		その他のもの	15	0.067	0.167	0.133
		トンネル				
		鉄筋コンクリート造のもの	60	0.017	0.042	0.033
		れんが造のもの	35	0.029	0.071	0.057
		その他のもの	30	0.034	0.083	0.067
		その他のもの	30	0.034	0.083	0.067
	発電用又は送配電用のもの	小水力発電用のもの（農山漁村電気導入促進法（昭和27年法律第358号）に基づき建設したものに限る。）	30	0.034	0.083	0.067
		その他の水力発電用のもの（貯水池、調整池及び水路に限る。）	57	0.018	0.044	0.035
		汽力発電用のもの（岸壁、さん橋、堤防、防波堤、煙突、その他汽力発電用のものをいう。）	41	0.025	0.061	0.049
		送電用のもの				
		地中電線路	25	0.040	0.100	0.080
		塔、柱、がい子、送電線、地線及び添架電話線	36	0.028	0.069	0.056
		配電用のもの				
		鉄塔及び鉄柱	50	0.020	0.050	0.040
		鉄筋コンクリート柱	42	0.024	0.060	0.048

別表第一　機械及び装置以外の有形減価償却資産の耐用年数表

種類	構造又は用途	細目	耐用年数	償却率 定額法（別表第八）	定率法（別表第九）	新定率法（別表第十）
構築物		木柱	15年	0.067	0.167	0.133
		配電線	30	0.034	0.083	0.067
		引込線	20	0.050	0.125	0.100
		添架電話線	30	0.034	0.083	0.067
		地中電線路	25	0.040	0.100	0.080
	電気通信事業用のもの	通信ケーブル				
		光ファイバー製のもの	10	0.100	0.250	0.200
		その他のもの	13	0.077	0.192	0.154
		地中電線路	27	0.038	0.093	0.074
		その他の線路設備	21	0.048	0.119	0.095
	放送用又は無線通信用のもの	鉄塔及び鉄柱				
		円筒空中線式のもの	30	0.034	0.083	0.067
		その他のもの	40	0.025	0.063	0.050
		鉄筋コンクリート柱	42	0.024	0.060	0.048
		木塔及び木柱	10	0.100	0.250	0.200
		アンテナ	10	0.100	0.250	0.200
		接地線及び放送用配線	10	0.100	0.250	0.200
	農林業用のもの	主としてコンクリート造、れんが造、石造又はブロック造のもの				
		果樹棚又はホップ棚	14	0.072	0.179	0.143
		その他のもの	17	0.059	0.147	0.118
		主として金属造のもの	14	0.072	0.179	0.143
		主として木造のもの	5	0.200	0.500	0.400
		土管を主としたもの	10	0.100	0.250	0.200
		その他のもの	8	0.125	0.313	0.250
	広告用のもの	金属造のもの	20	0.050	0.125	0.100
		その他のもの	10	0.100	0.250	0.200
	競技場用、運動場用、遊園地用又は学校用のもの	スタンド				
		主として鉄骨鉄筋コンクリート造又は鉄筋コンクリート造のもの	45	0.023	0.056	0.044
		主として鉄骨造のもの	30	0.034	0.083	0.067
		主として木造のもの	10	0.100	0.250	0.200
		競輪場用競走路				
		コンクリート敷のもの	15	0.067	0.167	0.133
		その他のもの	10	0.100	0.250	0.200
		ネット設備	15	0.067	0.167	0.133

別表第一　機械及び装置以外の有形減価償却資産の耐用年数表

種類	構造又は用途	細目	耐用年数	償却率 定額法（別表第八）	定率法（別表第九）	新定率法（別表第十）
			年			
構築物		野球場、陸上競技場、ゴルフコースその他のスポーツ場の排水その他の土工施設	30	0.034	0.083	0.067
		水泳プール	30	0.034	0.083	0.067
		その他のもの				
		児童用のもの				
		すべり台、ぶらんこ、ジャングルジムその他の遊戯用のもの	10	0.100	0.250	0.200
		その他のもの	15	0.067	0.167	0.133
		その他のもの				
		主として木造のもの	15	0.067	0.167	0.133
		その他のもの	30	0.034	0.083	0.067
	緑化施設及び庭園	工場緑化施設	7	0.143	0.357	0.286
		その他の緑化施設及び庭園（工場緑化施設に含まれるものを除く。）	20	0.050	0.125	0.100
	舗装道路及び舗装路面	コンクリート敷、ブロック敷、れんが敷又は石敷のもの	15	0.067	0.167	0.133
		アスファルト敷又は木れんが敷のもの	10	0.100	0.250	0.200
		ビチューマルス敷のもの	3	0.334	0.833	0.667
	鉄骨鉄筋コンクリート造又は鉄筋コンクリート造のもの（前掲のものを除く。）	水道用ダム	80	0.013	0.031	0.025
		トンネル	75	0.014	0.033	0.027
		橋	60	0.017	0.042	0.033
		岸壁、さん橋、防壁(爆発物用のものを除く。)、堤防、防波堤、塔、やぐら、上水道、水そう及び用水用ダム	50	0.020	0.050	0.040
		乾ドック	45	0.023	0.056	0.044
		サイロ	35	0.029	0.071	0.057
		下水道、煙突及び焼却炉	35	0.029	0.071	0.057
		高架道路、製塩用ちんでん池、飼育場及びへい	30	0.034	0.083	0.067
		爆発物用防壁及び防油堤	25	0.040	0.100	0.080
		造船台	24	0.042	0.104	0.083
		放射性同位元素の放射線を直接受けるもの	15	0.067	0.167	0.133
		その他のもの	60	0.017	0.042	0.033
	コンクリート造又はコンクリート	やぐら及び用水池	40	0.025	0.063	0.050
		サイロ	34	0.030	0.074	0.059

別表第一　機械及び装置以外の有形減価償却資産の耐用年数表

種類	構造又は用途	細目	耐用年数	償却率 定額法(別表第八)	定率法(別表第九)	新定率法(別表第十)
			年			
構築物	ブロック造のもの（前掲のものを除く。）	岸壁、さん橋、防壁（爆発物用のものを除く。）、堤防、防波堤、トンネル、上水道及び水そう	30	0.034	0.083	0.067
		下水道、飼育場及びへい	15	0.067	0.167	0.133
		爆発物用防壁	13	0.077	0.192	0.154
		引湯管	10	0.100	0.250	0.200
		鉱業用廃石捨場	5	0.200	0.500	0.400
		その他のもの	40	0.025	0.063	0.050
	れんが造のもの（前掲のものを除く。）	防壁（爆発物用のものを除く。）、堤防、防波堤及びトンネル	50	0.020	0.050	0.040
		煙突、煙道、焼却炉、へい及び爆発物用防壁				
		塩素、クロールスルホン酸その他の著しい腐食性を有する気体の影響を受けるもの	7	0.143	0.357	0.286
		その他のもの	25	0.040	0.100	0.080
		その他のもの	40	0.025	0.063	0.050
	石造のもの（前掲のものを除く。）	岸壁、さん橋、防壁（爆発物用のものを除く。）、堤防、防波堤、上水道及び用水池	50	0.020	0.050	0.040
		乾ドック	45	0.023	0.056	0.044
		下水道、へい及び爆発物用防壁	35	0.029	0.071	0.057
		その他のもの	50	0.020	0.050	0.040
	土造のもの（前掲のものを除く。）	防壁（爆発物用のものを除く。）、堤防、防波堤及び自動車道	40	0.025	0.063	0.050
		上水道及び用水池	30	0.034	0.083	0.067
		下水道	15	0.067	0.167	0.133
		へい	20	0.050	0.125	0.100
		爆発物用防壁及び防油堤	17	0.059	0.147	0.118
		その他のもの	40	0.025	0.063	0.050
	金属造のもの（前掲のものを除く。）	橋（はね上げ橋を除く。）	45	0.023	0.056	0.044
		はね上げ橋及び鋼矢板岸壁	25	0.040	0.100	0.080
		サイロ	22	0.046	0.114	0.091
		送配管				
		鋳鉄製のもの	30	0.034	0.083	0.067
		鋼鉄製のもの	15	0.067	0.167	0.133
		ガス貯そう				
		液化ガス用のもの	10	0.100	0.250	0.200
		その他のもの	20	0.050	0.125	0.100

別表第一　機械及び装置以外の有形減価償却資産の耐用年数表

種類	構造又は用途	細目	耐用年数	償却率 定額法(別表第八)	定率法(別表第九)	新定率法(別表第十)
構築物		薬品貯そう	年			
		塩酸、ふっ酸、発煙硫酸、濃硝酸その他の発煙性を有する無機酸用のもの	8	0.125	0.313	0.250
		有機酸用又は硫酸、硝酸その他前掲のもの以外の無機酸用のもの	10	0.100	0.250	0.200
		アルカリ類用、塩水用、アルコール用その他のもの	15	0.067	0.167	0.133
		水そう及び油そう				
		鋳鉄製のもの	25	0.040	0.100	0.080
		鋼鉄製のもの	15	0.067	0.167	0.133
		浮きドック	20	0.050	0.125	0.100
		飼育場	15	0.067	0.167	0.133
		つり橋、煙突、焼却炉、打込み井戸、へい、街路灯及びガードレール	10	0.100	0.250	0.200
		露天式立体駐車設備	15	0.067	0.167	0.133
		その他のもの	45	0.023	0.056	0.044
	合成樹脂造のもの（前掲のものを除く。）		10	0.100	0.250	0.200
	木造のもの（前掲のものを除く。）	橋、塔、やぐら及びドック	15	0.067	0.167	0.133
		岸壁、さん橋、防壁、堤防、防波堤、トンネル、水そう、引湯管及びへい	10	0.100	0.250	0.200
		飼育場	7	0.143	0.357	0.286
		その他のもの	15	0.067	0.167	0.133
	前掲のもの以外のもの及び前掲の区分によらないもの	主として木造のもの	15	0.067	0.167	0.133
		その他のもの	50	0.020	0.050	0.040
船舶	船舶法（明治32年法律第46号）第4条から第19条までの適用を受ける鋼船					
	漁船	総トン数が500トン以上のもの	12	0.084	0.208	0.167
		総トン数が500トン未満のもの	9	0.112	0.278	0.222
	油そう船	総トン数が2,000トン以上のもの	13	0.077	0.192	0.154
		総トン数が2,000トン未満のもの	11	0.091	0.227	0.182

別表第一　機械及び装置以外の有形減価償却資産の耐用年数表

種類	構造又は用途	細目	耐用年数	償却率 定額法(別表第八)	定率法(別表第九)	新定率法(別表第十)
船舶	薬品そう船		10年	0.100	0.250	0.200
	その他のもの	総トン数が2,000トン以上のもの	15	0.067	0.167	0.133
		総トン数が2,000トン未満のもの				
		しゅんせつ船及び砂利採取船	10	0.100	0.250	0.200
		カーフェリー	11	0.091	0.227	0.182
		その他のもの	14	0.072	0.179	0.143
	船舶法第4条から第19条までの適用を受ける木船					
	漁船		6	0.167	0.417	0.333
	薬品そう船		8	0.125	0.313	0.250
	その他のもの		10	0.100	0.250	0.200
	船舶法第4条から第19条までの適用を受ける軽合金船（他の項に掲げるものを除く。）		9	0.112	0.278	0.222
	船舶法第4条から第19条までの適用を受ける強化プラスチック船		7	0.143	0.357	0.286
	船舶法第4条から第19条までの適用を受ける水中翼船及びホバークラフト		8	0.125	0.313	0.250
	その他のもの					
	鋼船	しゅんせつ船及び砂利採取船	7	0.143	0.357	0.286
		発電船及びとう載漁船	8	0.125	0.313	0.250
		ひき船	10	0.100	0.250	0.200
		その他のもの	12	0.084	0.208	0.167
	木船	とう載漁船	4	0.250	0.625	0.500
		しゅんせつ船及び砂利採取船	5	0.200	0.500	0.400
		動力漁船及びひき船	6	0.167	0.417	0.333

別表第一　機械及び装置以外の有形減価償却資産の耐用年数表

種類	構造又は用途	細目	耐用年数	償却率 定額法（別表第八）	定率法（別表第九）	新定率法（別表第十）
船舶		薬品そう船	7年	0.143	0.357	0.286
		その他のもの	8	0.125	0.313	0.250
	その他のもの	モーターボート及びとう載漁船	4	0.250	0.625	0.500
		その他のもの	5	0.200	0.500	0.400
航空機	飛行機	主として金属製のもの				
		最大離陸重量が130トンを超えるもの	10	0.100	0.250	0.200
		最大離陸重量が130トン以下のもので5.7トンを超えるもの	8	0.125	0.313	0.250
		最大離陸重量が5.7トン以下のもの	5	0.200	0.500	0.400
		その他のもの	5	0.200	0.500	0.400
	その他のもの	ヘリコプター及びグライダー	5	0.200	0.500	0.400
		その他のもの	5	0.200	0.500	0.400
車両及び運搬具	鉄道用又は軌道用車両（架空索道用搬器を含む。）	電気又は蒸気機関車	18	0.056	0.139	0.111
		電車	13	0.077	0.192	0.154
		内燃動車（制御車及び附随車を含む。）	11	0.091	0.227	0.182
		貨車				
		高圧ボンベ車及び高圧タンク車	10	0.100	0.250	0.200
		薬品タンク車及び冷凍車	12	0.084	0.208	0.167
		その他のタンク車及び特殊構造車	15	0.067	0.167	0.133
		その他のもの	20	0.050	0.125	0.100
		線路建設保守用工作車	10	0.100	0.250	0.200
		鋼索鉄道用車両	15	0.067	0.167	0.133
		架空索道用搬器				
		閉鎖式のもの	10	0.100	0.250	0.200
		その他のもの	5	0.200	0.500	0.400
		無軌条電車	8	0.125	0.313	0.250
		その他のもの	20	0.050	0.125	0.100
	特殊自動車（この項には別表第二に掲げる減価償却資産に含まれるブルドーザー、パワーショベルその他の自走式作業用機械並びにトラクター及び農林業用	消防車、救急車、レントゲン車、散水車、放送宣伝車、移動無線車及びチップ製造車	5	0.200	0.500	0.400
		モータースィーパー及び除雪車	4	0.250	0.625	0.500
		タンク車、じんかい車、し尿車、寝台車、霊きゅう車、トラックミキサー、レッカーその他特殊車体を架装したもの				
		小型車（じんかい車及びし尿車にあっては積載量が２トン以下、その他のものにあっては総排気量が２リットル以下のものをいう。）	3	0.334	0.833	0.667

別表第一　機械及び装置以外の有形減価償却資産の耐用年数表

種類	構造又は用途	細目	耐用年数	償却率		
				定額法（別表第八）	定率法（別表第九）	新定率法（別表第十）
車両及び運搬具	運搬機具を含まない。）	その他のもの	4年	0.250	0.625	0.500
	運送事業用、貸自動車業用又は自動車教習所用の車両及び運搬具（前掲のものを除く。）	自動車（二輪又は三輪自動車を含み、乗合自動車を除く。）				
		小型車（貨物自動車にあっては積載量が２トン以下、その他のものにあっては総排気量が２リットル以下のものをいう。）	3	0.334	0.833	0.667
		その他のもの				
		大型乗用車（総排気量が３リットル以上のものをいう。）	5	0.200	0.500	0.400
		その他のもの	4	0.250	0.625	0.500
		乗合自動車	5	0.200	0.500	0.400
		自転車及びリヤカー	2	0.500	1.000	1.000
		被けん引車その他のもの	4	0.250	0.625	0.500
	前掲のもの以外のもの	自動車（二輪又は三輪自動車を除く。）				
		小型車（総排気量が0.66リットル以下のものをいう。）	4	0.250	0.625	0.500
		その他のもの				
		貨物自動車				
		ダンプ式のもの	4	0.250	0.625	0.500
		その他のもの	5	0.200	0.500	0.400
		報道通信用のもの	5	0.200	0.500	0.400
		その他のもの	6	0.167	0.417	0.333
		二輪又は三輪自動車	3	0.334	0.833	0.667
		自転車	2	0.500	1.000	1.000
		鉱山用人車、炭車、鉱車及び台車				
		金属製のもの	7	0.143	0.357	0.286
		その他のもの	4	0.250	0.625	0.500
		フォークリフト	4	0.250	0.625	0.500
		トロッコ				
		金属製のもの	5	0.200	0.500	0.400
		その他のもの	3	0.334	0.833	0.667
		その他のもの				
		自走能力を有するもの	7	0.143	0.357	0.286
		その他のもの	4	0.250	0.625	0.500
工具	測定工具及び検査工具（電気又は電子を利用するものを		5	0.200	0.500	0.400

別表第一　機械及び装置以外の有形減価償却資産の耐用年数表

種類	構造又は用途	細目	耐用年数	償却率 定額法（別表第八）	定率法（別表第九）	新定率法（別表第十）
工具	含む。）		年			
	治具及び取付工具		3	0.334	0.833	0.667
	ロール	金属圧延用のもの	4	0.250	0.625	0.500
		なつ染ロール、粉砕ロール、混練ロールその他のもの	3	0.334	0.833	0.667
	型（型枠(わく)を含む。）、鍛圧工具及び打抜工具	プレスその他の金属加工用金型、合成樹脂、ゴム又はガラス成型用金型及び鋳造用型	2	0.500	1.000	1.000
		その他のもの	3	0.334	0.833	0.667
	切削工具		2	0.500	1.000	1.000
	金属製柱及びカッペ		3	0.334	0.833	0.667
	活字及び活字に常用される金属	購入活字（活字の形状のまま反復使用するものに限る。）	2	0.500	1.000	1.000
		自製活字及び活字に常用される金属	8	0.125	0.313	0.250
	前掲のもの以外のもの	白金ノズル	13	0.077	0.192	0.154
		その他のもの	3	0.334	0.833	0.667
	前掲の区分によらないもの	白金ノズル	13	0.077	0.192	0.154
		その他の主として金属製のもの	8	0.125	0.313	0.250
		その他のもの	4	0.250	0.625	0.500
器具及び備品	1　家具、電気機器、ガス機器及び家庭用品（他の項に掲げるものを除く。）	事務机、事務いす及びキャビネット				
		主として金属製のもの	15	0.067	0.167	0.133
		その他のもの	8	0.125	0.313	0.250
		応接セット				
		接客業用のもの	5	0.200	0.500	0.400
		その他のもの	8	0.125	0.313	0.250
		ベッド	8	0.125	0.313	0.250
		児童用机及びいす	5	0.200	0.500	0.400
		陳列だな及び陳列ケース				
		冷凍機付及び冷蔵機付のもの	6	0.167	0.417	0.333
		その他のもの	8	0.125	0.313	0.250
		その他の家具				
		接客業用のもの	5	0.200	0.500	0.400
		その他のもの				
		主として金属製のもの	15	0.067	0.167	0.133
		その他のもの	8	0.125	0.313	0.250

別表第一　機械及び装置以外の有形減価償却資産の耐用年数表

種類	構造又は用途	細目	耐用年数	償却率 定額法(別表第八)	定率法(別表第九)	新定率法(別表第十)
器具及び備品		ラジオ、テレビジョン、テープレコーダーその他の音響機器	年 5	0.200	0.500	0.400
		冷房用又は暖房用機器	6	0.167	0.417	0.333
		電気冷蔵庫、電気洗濯機その他これらに類する電気又はガス機器	6	0.167	0.417	0.333
		氷冷蔵庫及び冷蔵ストッカー（電気式のものを除く。）	4	0.250	0.625	0.500
		カーテン、座ぶとん、寝具、丹前その他これらに類する繊維製品	3	0.334	0.833	0.667
		じゅうたんその他の床用敷物				
		小売業用、接客業用、放送用、レコード吹込用又は劇場用のもの	3	0.334	0.833	0.667
		その他のもの	6	0.167	0.417	0.333
		室内装飾品				
		主として金属製のもの	15	0.067	0.167	0.133
		その他のもの	8	0.125	0.313	0.250
		食事又はちゅう房用品				
		陶磁器製又はガラス製のもの	2	0.500	1.000	1.000
		その他のもの	5	0.200	0.500	0.400
		その他のもの				
		主として金属製のもの	15	0.067	0.167	0.133
		その他のもの	8	0.125	0.313	0.250
	2　事務機器及び通信機器	謄写機器及びタイプライター				
		孔版印刷又は印書業用のもの	3	0.334	0.833	0.667
		その他のもの	5	0.200	0.500	0.400
		電子計算機				
		パーソナルコンピュータ（サーバー用のものを除く。）	4	0.250	0.625	0.500
		その他のもの	5	0.200	0.500	0.400
		複写機、計算機（電子計算機を除く。）、金銭登録機、タイムレコーダーその他これらに類するもの	5	0.200	0.500	0.400
		その他の事務機器	5	0.200	0.500	0.400
		テレタイプライター及びファクシミリ	5	0.200	0.500	0.400
		インターホーン及び放送用設備	6	0.167	0.417	0.333
		電話設備その他の通信機器				
		デジタル構内交換設備及びデジタルボタン電話設備	6	0.167	0.417	0.333

別表第一　機械及び装置以外の有形減価償却資産の耐用年数表

種類	構造又は用途	細目	耐用年数	償却率		
				定額法(別表第八)	定率法(別表第九)	新定率法(別表第十)
器具及び備品		その他のもの	10年	0.100	0.250	0.200
	3　時計、試験機器及び測定機器	時　計	10	0.100	0.250	0.200
		度量衡器	5	0.200	0.500	0.400
		試験又は測定機器	5	0.200	0.500	0.400
	4　光学機器及び写真製作機器	オペラグラス	2	0.500	1.000	1.000
		カメラ、映画撮影機、映写機及び望遠鏡	5	0.200	0.500	0.400
		引伸機、焼付機、乾燥機、顕微鏡その他の機器	8	0.125	0.313	0.250
	5　看板及び広告器具	看板、ネオンサイン及び気球	3	0.334	0.833	0.667
		マネキン人形及び模型	2	0.500	1.000	1.000
		その他のもの				
		主として金属製のもの	10	0.100	0.250	0.200
		その他のもの	5	0.200	0.500	0.400
	6　容器及び金庫	ボンベ				
		溶接製のもの	6	0.167	0.417	0.333
		鍛造製のもの				
		塩素用のもの	8	0.125	0.313	0.250
		その他のもの	10	0.100	0.250	0.200
		ドラムかん、コンテナーその他の容器				
		大型コンテナー（長さが6メートル以上のものに限る。）	7	0.143	0.357	0.286
		その他のもの				
		金属製のもの	3	0.334	0.833	0.667
		その他のもの	2	0.500	1.000	1.000
		金　庫				
		手さげ金庫	5	0.200	0.500	0.400
		その他のもの	20	0.050	0.125	0.100
	7　理容又は美容機器		5	0.200	0.500	0.400
	8　医療機器	消毒殺菌用機器	4	0.250	0.625	0.500
		手術機器	5	0.200	0.500	0.400
		血液透析又は血しょう交換用機器	7	0.143	0.357	0.286
		ハバードタンクその他の作動部分を有する機能回復訓練機器	6	0.167	0.417	0.333
		調剤機器	6	0.167	0.417	0.333
		歯科診療用ユニット	7	0.143	0.357	0.286

別表第一　機械及び装置以外の有形減価償却資産の耐用年数表

種類	構造又は用途	細目	耐用年数	償却率 定額法(別表第八)	償却率 定率法(別表第九)	償却率 新定率法(別表第十)
器具及び備品		光学検査機器	年			
		ファイバースコープ	6	0.167	0.417	0.333
		その他のもの	8	0.125	0.313	0.250
		その他のもの				
		レントゲンその他の電子装置を使用する機器				
		移動式のもの、救急医療用のもの及び自動血液分析器	4	0.250	0.625	0.500
		その他のもの	6	0.167	0.417	0.333
		その他のもの				
		陶磁器製又はガラス製のもの	3	0.334	0.833	0.667
		主として金属製のもの	10	0.100	0.250	0.200
		その他のもの	5	0.200	0.500	0.400
	9　娯楽又はスポーツ器具及び興行又は演劇用具	たまつき用具	8	0.125	0.313	0.250
		パチンコ器、ビンゴ器その他これらに類する球戯用具及び射的用具	2	0.500	1.000	1.000
		ご、しょうぎ、まあじゃん、その他の遊戯具	5	0.200	0.500	0.400
		スポーツ具	3	0.334	0.833	0.667
		劇場用観客いす	3	0.334	0.833	0.667
		どんちょう及び幕	5	0.200	0.500	0.400
		衣しょう、かつら、小道具及び大道具	2	0.500	1.000	1.000
		その他のもの				
		主として金属製のもの	10	0.100	0.250	0.200
		その他のもの	5	0.200	0.500	0.400
	10　生物	植物				
		貸付業用のもの	2	0.500	1.000	1.000
		その他のもの	15	0.067	0.167	0.133
		動物				
		魚類	2	0.500	1.000	1.000
		鳥類	4	0.250	0.625	0.500
		その他のもの	8	0.125	0.313	0.250
	11　前掲のもの以外のもの	映画フィルム（スライドを含む。）、磁気テープ及びレコード	2	0.500	1.000	1.000
		シート及びロープ	2	0.500	1.000	1.000
		きのこ栽培用ほだ木	3	0.334	0.833	0.667
		漁具	3	0.334	0.833	0.667
		葬儀用具	3	0.334	0.833	0.667
		楽器	5	0.200	0.500	0.400

別表第一　機械及び装置以外の有形減価償却資産の耐用年数表

種類	構造又は用途	細目	耐用年数	償却率 定額法(別表第八)	定率法(別表第九)	新定率法(別表第十)
器具及び備品		自動販売機（手動のものを含む。）	5年	0.200	0.500	0.400
		無人駐車管理装置	5	0.200	0.500	0.400
		焼　却　炉	5	0.200	0.500	0.400
		その他のもの				
		主として金属製のもの	10	0.100	0.250	0.200
		その他のもの	5	0.200	0.500	0.400
	12　前掲する資産のうち、当該資産について定められている前掲の耐用年数によるもの以外のもの及び前掲の区分によらないもの	主として金属製のもの	15	0.067	0.167	0.133
		その他のもの	8	0.125	0.313	0.250

別表第二　機械及び装置の耐用年数表

番号	設備の種類	細目	耐用年数	償却率 定額法（別表第八）	償却率 定率法（別表第九）	償却率 新定率法（別表第十）
1	食料品製造業用設備		10年	0.100	0.250	0.200
2	飲料、たばこ又は飼料製造業用設備		10	0.100	0.250	0.200
3	繊維工業用設備	炭素繊維製造設備				
		黒鉛化炉	3	0.334	0.833	0.667
		その他の設備	7	0.143	0.357	0.286
		その他の設備	7	0.143	0.357	0.286
4	木材又は木製品（家具を除く。）製造業用設備		8	0.125	0.313	0.250
5	家具又は装備品製造業用設備		11	0.091	0.227	0.182
6	パルプ、紙又は紙加工品製造業用設備		12	0.084	0.208	0.167
7	印刷業又は印刷関連業用設備	デジタル印刷システム設備	4	0.250	0.625	0.500
		製本業用設備	7	0.143	0.357	0.286
		新聞業用設備				
		モノタイプ、写真又は通信設備	3	0.334	0.833	0.667
		その他の設備	10	0.100	0.250	0.200
		その他の設備	10	0.100	0.250	0.200
8	化学工業用設備	臭素、よう素又は塩素、臭素若しくはよう素化合物製造設備	5	0.200	0.500	0.400
		塩化りん製造設備	4	0.250	0.625	0.500
		活性炭製造設備	5	0.200	0.500	0.400
		ゼラチン又はにかわ製造設備	5	0.200	0.500	0.400
		半導体用フォトレジスト製造設備	5	0.200	0.500	0.400
		フラットパネル用カラーフィルター、偏光板又は偏光板用フィルム製造設備	5	0.200	0.500	0.400
		その他の設備	8	0.125	0.313	0.250
9	石油製品又は石炭製品製造業用設備		7	0.143	0.357	0.286
10	プラスチック製品製造業用設備（他の号に掲げるものを除く。）		8	0.125	0.313	0.250
11	ゴム製品製造業用設備		9	0.112	0.278	0.222
12	なめし革、なめし革製品又は毛皮製造業用設備		9	0.112	0.278	0.222
13	窯業又は土石製品製造業用設備		9	0.112	0.278	0.222
14	鉄鋼業用設備	表面処理鋼材若しくは鉄粉製造業又は鉄スクラップ加工処理業用設備	5	0.200	0.500	0.400

別表第二

別表第二　機械及び装置の耐用年数表

番号	設備の種類	細目	耐用年数	償却率		
				定額法（別表第八）	定率法（別表第九）	新定率法（別表第十）
			年			
		純鉄、原鉄、ベースメタル、フェロアロイ、鉄素形材又は鋳鉄管製造業用設備	9	0.112	0.278	0.222
		その他の設備	14	0.072	0.179	0.143
15	非鉄金属製造業用設備	核燃料物質加工設備	11	0.091	0.227	0.182
		その他の設備	7	0.143	0.357	0.286
16	金属製品製造業用設備	金属被覆及び彫刻業又は打はく及び金属製ネームプレート製造業用設備	6	0.167	0.417	0.333
		その他の設備	10	0.100	0.250	0.200
17	はん用機械器具（はん用性を有するもので、他の器具及び備品並びに機械及び装置に組み込み、又は取り付けることによりその用に供されるものをいう。）製造業用設備（第20号及び第22号に掲げるものを除く。）		12	0.084	0.208	0.167
18	生産用機械器具（物の生産の用に供されるものをいう。）製造業用設備（次号及び第21号に掲げるものを除く。）	金属加工機械製造設備	9	0.112	0.278	0.222
		その他の設備	12	0.084	0.208	0.167
19	業務用機械器具（業務用又はサービスの生産の用に供されるもの（これらのものであって物の生産の用に供されるものを含む。）をいう。）製造業用設備（第17号、第21号及び第23号に掲げるものを除く。）		7	0.143	0.357	0.286
20	電子部品、デバイス又は電子回路製造業用設備	光ディスク（追記型又は書換え型のものに限る。）製造設備	6	0.167	0.417	0.333
		プリント配線基板製造設備	6	0.167	0.417	0.333
		フラットパネルディスプレイ、半導体集積回路又は半導体素子製造設備	5	0.200	0.500	0.400
		その他の設備	8	0.125	0.313	0.250
21	電気機械器具製造業用設備		7	0.143	0.357	0.286
22	情報通信機械器具製造業用設備		8	0.125	0.313	0.250
23	輸送用機械器具製造業用設備		9	0.112	0.278	0.222
24	その他の製造業用設備		9	0.112	0.278	0.222
25	農業用設備		7	0.143	0.357	0.286
26	林業用設備		5	0.200	0.500	0.400
27	漁業用設備（次号に掲げるものを除く。）		5	0.200	0.500	0.400
28	水産養殖業用設備		5	0.200	0.500	0.400

別表第二　機械及び装置の耐用年数表

番号	設備の種類	細目	耐用年数	償却率 定額法(別表第八)	償却率 定率法(別表第九)	償却率 新定率法(別表第十)
29	鉱業、採石業又は砂利採取業用設備	石油又は天然ガス鉱業用設備	年			
		坑井設備	3	0.334	0.833	0.667
		掘さく設備	6	0.167	0.417	0.333
		その他の設備	12	0.084	0.208	0.167
		その他の設備	6	0.167	0.417	0.333
30	総合工事業用設備		6	0.167	0.417	0.333
31	電気業用設備	電気業用水力発電設備	22	0.046	0.114	0.091
		その他の水力発電設備	20	0.050	0.125	0.100
		汽力発電設備	15	0.067	0.167	0.133
		内燃力又はガスタービン発電設備	15	0.067	0.167	0.133
		送電又は電気業用変電若しくは配電設備				
		需要者用計器	15	0.067	0.167	0.133
		柱上変圧器	18	0.056	0.139	0.111
		その他の設備	22	0.046	0.114	0.091
		鉄道又は軌道業用変電設備	15	0.067	0.167	0.133
		その他の設備				
		主として金属製のもの	17	0.059	0.147	0.118
		その他のもの	8	0.125	0.313	0.250
32	ガス業用設備	製造用設備	10	0.100	0.250	0.200
		供給用設備				
		鋳鉄製導管	22	0.046	0.114	0.091
		鋳鉄製導管以外の導管	13	0.077	0.192	0.154
		需要者用計量器	13	0.077	0.192	0.154
		その他の設備	15	0.067	0.167	0.133
		その他の設備				
		主として金属製のもの	17	0.059	0.147	0.118
		その他のもの	8	0.125	0.313	0.250
33	熱供給業用設備		17	0.059	0.147	0.118
34	水道業用設備		18	0.056	0.139	0.111
35	通信業用設備		9	0.112	0.278	0.222
36	放送業用設備		6	0.167	0.417	0.333
37	映像、音声又は文字情報制作業用設備		8	0.125	0.313	0.250
38	鉄道業用設備	自動改札装置	5	0.200	0.500	0.400
		その他の設備	12	0.084	0.208	0.167
39	道路貨物運送業用設備		12	0.084	0.208	0.167
40	倉庫業用設備		12	0.084	0.208	0.167

別表第二　機械及び装置の耐用年数表

番号	設備の種類	細目	耐用年数	償却率 定額法（別表第八）	償却率 定率法（別表第九）	償却率 新定率法（別表第十）
41	運輸に附帯するサービス業用設備		10年	0.100	0.250	0.200
42	飲食料品卸売業用設備		10	0.100	0.250	0.200
43	建築材料、鉱物又は金属材料等卸売業用設備	石油又は液化石油ガス卸売用設備（貯そうを除く。）	13	0.077	0.192	0.154
		その他の設備	8	0.125	0.313	0.250
44	飲食料品小売業用設備		9	0.112	0.278	0.222
45	その他の小売業用設備	ガソリン又は液化石油ガススタンド設備	8	0.125	0.313	0.250
		その他の設備				
		主として金属製のもの	17	0.059	0.147	0.118
		その他のもの	8	0.125	0.313	0.250
46	技術サービス業用設備（他の号に掲げるものを除く。）	計量証明業用設備	8	0.125	0.313	0.250
		その他の設備	14	0.072	0.179	0.143
47	宿泊業用設備		10	0.100	0.250	0.200
48	飲食店業用設備		8	0.125	0.313	0.250
49	洗濯業、理容業、美容業又は浴場業用設備		13	0.077	0.192	0.154
50	その他の生活関連サービス業用設備		6	0.167	0.417	0.333
51	娯楽業用設備	映画館又は劇場用設備	11	0.091	0.227	0.182
		遊園地用設備	7	0.143	0.357	0.286
		ボウリング場用設備	13	0.077	0.192	0.154
		その他の設備				
		主として金属製のもの	17	0.059	0.147	0.118
		その他のもの	8	0.125	0.313	0.250
52	教育業（学校教育業を除く。）又は学習支援業用設備	教習用運転シミュレータ設備	5	0.200	0.500	0.400
		その他の設備				
		主として金属製のもの	17	0.059	0.147	0.118
		その他のもの	8	0.125	0.313	0.250
53	自動車整備業用設備		15	0.067	0.167	0.133
54	その他のサービス業用設備		12	0.084	0.208	0.167
55	前掲の機械及び装置以外のもの並びに前掲の区分によらないもの	機械式駐車設備	10	0.100	0.250	0.200
		ブルドーザー、パワーショベルその他の自走式作業用機械設備	8	0.125	0.313	0.250
		その他の設備				
		主として金属製のもの	17	0.059	0.147	0.118
		その他のもの	8	0.125	0.313	0.250

別表第三　無形減価償却資産の耐用年数表

種　　　類	細　　　目	耐用年数	償却率 定額法年率
漁　業　権		10年	0.100
ダム使用権		55	0.019
水　利　権		20	0.050
特　許　権		8	0.125
実用新案権		5	0.200
意　匠　権		7	0.143
商　標　権		10	0.100
ソフトウエア	複写して販売するための原本	3	0.334
	その他のもの	5	0.200
育成者権	種苗法(平成10年法律第83号)第４条第２項に規定する品種	10	0.100
	そ　の　他	8	0.125
営　業　権		5	0.200
専用側線利用権		30	0.034
鉄道軌道連絡通行施設利用権		30	0.034
電気ガス供給施設利用権		15	0.067
水道施設利用権		15	0.067
工業用水道施設利用権		15	0.067
電気通信施設利用権		20	0.050

別表第三

別表第四　生物の耐用年数表

種　類	細　目	耐用年数	償却率 定額法年率
牛	繁殖用（家畜改良増殖法（昭和25年法律第209号）に基づく種付証明書、授精証明書、体内受精卵移植証明書又は体外受精卵移植証明書のあるものに限る。）	年	
	役肉用牛	6	0.167
	乳用牛	4	0.250
	種付用（家畜改良増殖法に基づく種畜証明書の交付を受けた種おす牛に限る。）	4	0.250
	その他用	6	0.167
馬	繁殖用（家畜改良増殖法に基づく種付証明書又は授精証明書のあるものに限る。）	6	0.167
	種付用（家畜改良増殖法に基づく種畜証明書の交付を受けた種おす馬に限る。）	6	0.167
	競走用	4	0.250
	その他用	8	0.125
豚		3	0.334
綿羊及びやぎ	種付用	4	0.250
	その他用	6	0.167
かんきつ樹	温州みかん	28	0.036
	その他	30	0.034
りんご樹	わい化りんご	20	0.050
	その他	29	0.035
ぶどう樹	温室ぶどう	12	0.084
	その他	15	0.067
なし樹		26	0.039
桃樹		15	0.067
桜桃樹		21	0.048
びわ樹		30	0.034
くり樹		25	0.040
梅樹		25	0.040
かき樹		36	0.028
あんず樹		25	0.040
すもも樹		16	0.063

別表第四　生物の耐用年数表

種　類	細　　目	耐用年数	償却率 定額法年率
いちじく樹		11年	0.091
キウイフルーツ樹		22	0.046
ブルーベリー樹		25	0.040
パイナップル		3	0.334
茶　樹		34	0.030
オリーブ樹		25	0.040
つばき樹		25	0.040
桑　樹	立て通し	18	0.056
	根刈り、中刈り、高刈り	9	0.112
こりやなぎ		10	0.100
みつまた		5	0.200
こうぞ		9	0.112
もう宗竹		20	0.050
アスパラガス		11	0.091
ラミー		8	0.125
まおらん		10	0.100
ホップ		9	0.112

別表第四

別表第五　公害防止用減価償却資産の耐用年数表

種類	耐用年数	償却率		
		定額法（別表第八）	定率法（別表第九）	新定率法（別表第十）
構築物	18年	0.056	0.139	0.111
機械及び装置	5	0.200	0.500	0.400

別表第六　開発研究用減価償却資産の耐用年数表

種類	細目	耐用年数	償却率		
			定額法（別表第八）	定率法（別表第九）	新定率法（別表第十）
建物及び建物附属設備	建物の全部又は一部を低温室、恒温室、無響室、電磁しゃへい室、放射性同位元素取扱室その他の特殊室にするために特に施設した内部造作又は建物附属設備	5年	0.200	0.500	0.400
構築物	風どう、試験水そう及び防壁	5	0.200	0.500	0.400
	ガス又は工業薬品貯そう、アンテナ、鉄塔及び特殊用途に使用するもの	7	0.143	0.357	0.286
工具		4	0.250	0.625	0.500
器具及び備品	試験又は測定機器、計算機器、撮影機及び顕微鏡	4	0.250	0.625	0.500
機械及び装置	汎用ポンプ、汎用モーター、汎用金属工作機械、汎用金属加工機械その他これらに類するもの	7	0.143	0.357	0.286
	その他のもの	4	0.250	0.625	0.500
ソフトウエア		3	0.334		

別表第七　平成19年３月31日以前に取得をされた減価償却資産の償却率表

耐用年数	旧定額法の償却率 年　率	旧定額法の償却率 半年率	旧定率法の償却率 年　率	旧定率法の償却率 半年率	耐用年数	旧定額法の償却率 年　率	旧定額法の償却率 半年率	旧定率法の償却率 年　率	旧定率法の償却率 半年率
年					51年	0.020	0.010	0.044	
2	0.500	0.250	0.684	0.438	52	0.020	0.010	0.043	
3	0.333	0.167	0.536	0.319	53	0.019	0.010	0.043	
4	0.250	0.125	0.438	0.250	54	0.019	0.010	0.042	
5	0.200	0.100	0.369	0.206	55	0.019	0.010	0.041	
6	0.166	0.083	0.319	0.175	56	0.018	0.009	0.040	
7	0.142	0.071	0.280	0.152	57	0.018	0.009	0.040	
8	0.125	0.063	0.250	0.134	58	0.018	0.009	0.039	
9	0.111	0.056	0.226	0.120	59	0.017	0.009	0.038	
10	0.100	0.050	0.206	0.109	60	0.017	0.009	0.038	
11	0.090	0.045	0.189	0.099	61	0.017	0.009	0.037	
12	0.083	0.042	0.175	0.092	62	0.017	0.009	0.036	
13	0.076	0.038	0.162	0.085	63	0.016	0.008	0.036	
14	0.071	0.036	0.152	0.079	64	0.016	0.008	0.035	
15	0.066	0.033	0.142	0.074	65	0.016	0.008	0.035	
16	0.062	0.031	0.134	0.069	66	0.016	0.008	0.034	
17	0.058	0.029	0.127	0.066	67	0.015	0.008	0.034	
18	0.055	0.028	0.120	0.062	68	0.015	0.008	0.033	
19	0.052	0.026	0.114	0.059	69	0.015	0.008	0.033	
20	0.050	0.025	0.109	0.056	70	0.015	0.008	0.032	
21	0.048	0.024	0.104	0.053	71	0.014	0.007	0.032	
22	0.046	0.023	0.099	0.051	72	0.014	0.007	0.032	
23	0.044	0.022	0.095	0.049	73	0.014	0.007	0.031	
24	0.042	0.021	0.092	0.047	74	0.014	0.007	0.031	
25	0.040	0.020	0.088	0.045	75	0.014	0.007	0.030	
26	0.039	0.020	0.085	0.043	76	0.014	0.007	0.030	
27	0.037	0.019	0.082	0.042	77	0.013	0.007	0.030	
28	0.036	0.018	0.079	0.040	78	0.013	0.007	0.029	
29	0.035	0.018	0.076	0.039	79	0.013	0.007	0.029	
30	0.034	0.017	0.074	0.038	80	0.013	0.007	0.028	
31	0.033	0.017	0.072	0.036	81	0.013	0.007	0.028	
32	0.032	0.016	0.069	0.035	82	0.013	0.007	0.028	
33	0.031	0.016	0.067	0.034	83	0.012	0.006	0.027	
34	0.030	0.015	0.066	0.033	84	0.012	0.006	0.027	
35	0.029	0.015	0.064	0.032	85	0.012	0.006	0.026	
36	0.028	0.014	0.062	0.032	86	0.012	0.006	0.026	
37	0.027	0.014	0.060	0.031	87	0.012	0.006	0.026	
38	0.027	0.014	0.059	0.030	88	0.012	0.006	0.026	
39	0.026	0.013	0.057	0.029	89	0.012	0.006	0.026	
40	0.025	0.013	0.056	0.028	90	0.012	0.006	0.025	
41	0.025	0.013	0.055	0.028	91	0.011	0.006	0.025	
42	0.024	0.012	0.053	0.027	92	0.011	0.006	0.025	
43	0.024	0.012	0.052	0.026	93	0.011	0.006	0.025	
44	0.023	0.012	0.051	0.026	94	0.011	0.006	0.024	
45	0.023	0.012	0.050	0.025	95	0.011	0.006	0.024	
46	0.022	0.011	0.049	0.025	96	0.011	0.006	0.024	
47	0.022	0.011	0.048	0.024	97	0.011	0.006	0.023	
48	0.021	0.011	0.047	0.024	98	0.011	0.006	0.023	
49	0.021	0.011	0.046	0.023	99	0.011	0.006	0.023	
50	0.020	0.010	0.045	0.023	100	0.010	0.005	0.023	

（注１）「半年率」は編集部で付け加えたものです。９ページの「半年率について」を参照してください。

（注２）改定耐用年数が100年を超える場合の旧定率法の償却限度額については、法人税基本通達7-4-1（203ページ）を参照してください。

別表第八　平成19年４月１日以後に取得をされた減価償却資産の定額法の償却率表

耐用年数	償却率 年率	償却率 半年率	耐用年数	償却率 年率	償却率 半年率
年			51年	0.020	0.010
2	0.500	0.250	52	0.020	0.010
3	0.334	0.167	53	0.019	0.010
4	0.250	0.125	54	0.019	0.010
5	0.200	0.100	55	0.019	0.010
6	0.167	0.084	56	0.018	0.009
7	0.143	0.072	57	0.018	0.009
8	0.125	0.063	58	0.018	0.009
9	0.112	0.056	59	0.017	0.009
10	0.100	0.050	60	0.017	0.009
11	0.091	0.046	61	0.017	0.009
12	0.084	0.042	62	0.017	0.009
13	0.077	0.039	63	0.016	0.008
14	0.072	0.036	64	0.016	0.008
15	0.067	0.034	65	0.016	0.008
16	0.063	0.032	66	0.016	0.008
17	0.059	0.030	67	0.015	0.008
18	0.056	0.028	68	0.015	0.008
19	0.053	0.027	69	0.015	0.008
20	0.050	0.025	70	0.015	0.008
21	0.048	0.024	71	0.015	0.008
22	0.046	0.023	72	0.014	0.007
23	0.044	0.022	73	0.014	0.007
24	0.042	0.021	74	0.014	0.007
25	0.040	0.020	75	0.014	0.007
26	0.039	0.020	76	0.014	0.007
27	0.038	0.019	77	0.013	0.007
28	0.036	0.018	78	0.013	0.007
29	0.035	0.018	79	0.013	0.007
30	0.034	0.017	80	0.013	0.007
31	0.033	0.017	81	0.013	0.007
32	0.032	0.016	82	0.013	0.007
33	0.031	0.016	83	0.013	0.007
34	0.030	0.015	84	0.012	0.006
35	0.029	0.015	85	0.012	0.006
36	0.028	0.014	86	0.012	0.006
37	0.028	0.014	87	0.012	0.006
38	0.027	0.014	88	0.012	0.006
39	0.026	0.013	89	0.012	0.006
40	0.025	0.013	90	0.012	0.006
41	0.025	0.013	91	0.011	0.006
42	0.024	0.012	92	0.011	0.006
43	0.024	0.012	93	0.011	0.006
44	0.023	0.012	94	0.011	0.006
45	0.023	0.012	95	0.011	0.006
46	0.022	0.011	96	0.011	0.006
47	0.022	0.011	97	0.011	0.006
48	0.021	0.011	98	0.011	0.006
49	0.021	0.011	99	0.011	0.006
50	0.020	0.010	100	0.010	0.005

（注）「半年率」は編集部で付け加えたものです。９ページの「半年率について」を参照してください。

別表第九　平成19年４月１日から平成24年３月31日までの間に取得をされた減価償却資産の定率法の償却率、改定償却率及び保証率の表

耐用年数	償却率		改定償却率		保証率
	年率	半年率	年率	半年率	
年					
2	1.000	0.500	—	—	—
3	0.833	0.417	1.000	0.500	0.02789
4	0.625	0.313	1.000	0.500	0.05274
5	0.500	0.250	1.000	0.500	0.06249
6	0.417	0.209	0.500	0.250	0.05776
7	0.357	0.179	0.500	0.250	0.05496
8	0.313	0.157	0.334	0.167	0.05111
9	0.278	0.139	0.334	0.167	0.04731
10	0.250	0.125	0.334	0.167	0.04448
11	0.227	0.114	0.250	0.125	0.04123
12	0.208	0.104	0.250	0.125	0.03870
13	0.192	0.096	0.200	0.100	0.03633
14	0.179	0.090	0.200	0.100	0.03389
15	0.167	0.084	0.200	0.100	0.03217
16	0.156	0.078	0.167	0.084	0.03063
17	0.147	0.074	0.167	0.084	0.02905
18	0.139	0.070	0.143	0.072	0.02757
19	0.132	0.066	0.143	0.072	0.02616
20	0.125	0.063	0.143	0.072	0.02517
21	0.119	0.060	0.125	0.063	0.02408
22	0.114	0.057	0.125	0.063	0.02296
23	0.109	0.055	0.112	0.056	0.02226
24	0.104	0.052	0.112	0.056	0.02157
25	0.100	0.050	0.112	0.056	0.02058
26	0.096	0.048	0.100	0.050	0.01989
27	0.093	0.047	0.100	0.050	0.01902
28	0.089	0.045	0.091	0.046	0.01866
29	0.086	0.043	0.091	0.046	0.01803
30	0.083	0.042	0.084	0.042	0.01766
31	0.081	0.041	0.084	0.042	0.01688
32	0.078	0.039	0.084	0.042	0.01655
33	0.076	0.038	0.077	0.039	0.01585
34	0.074	0.037	0.077	0.039	0.01532
35	0.071	0.036	0.072	0.036	0.01532
36	0.069	0.035	0.072	0.036	0.01494
37	0.068	0.034	0.072	0.036	0.01425
38	0.066	0.033	0.067	0.034	0.01393
39	0.064	0.032	0.067	0.034	0.01370
40	0.063	0.032	0.067	0.034	0.01317
41	0.061	0.031	0.063	0.032	0.01306
42	0.060	0.030	0.063	0.032	0.01261
43	0.058	0.029	0.059	0.030	0.01248
44	0.057	0.029	0.059	0.030	0.01210
45	0.056	0.028	0.059	0.030	0.01175
46	0.054	0.027	0.056	0.028	0.01175
47	0.053	0.027	0.056	0.028	0.01153
48	0.052	0.026	0.053	0.027	0.01126
49	0.051	0.026	0.053	0.027	0.01102
50	0.050	0.025	0.053	0.027	0.01072

別表第九　平成19年４月１日から平成24年３月31日までの間に取得をされた減価償却資産の定率法の償却率、改定償却率及び保証率の表

耐用年数	償却率		改定償却率		保証率
	年率	半年率	年率	半年率	
51年	0.049	0.025	0.050	0.025	0.01053
52	0.048	0.024	0.050	0.025	0.01036
53	0.047	0.024	0.048	0.024	0.01028
54	0.046	0.023	0.048	0.024	0.01015
55	0.045	0.023	0.046	0.023	0.01007
56	0.045	0.023	0.046	0.023	0.00961
57	0.044	0.022	0.046	0.023	0.00952
58	0.043	0.022	0.044	0.022	0.00945
59	0.042	0.021	0.044	0.022	0.00934
60	0.042	0.021	0.044	0.022	0.00895
61	0.041	0.021	0.042	0.021	0.00892
62	0.040	0.020	0.042	0.021	0.00882
63	0.040	0.020	0.042	0.021	0.00847
64	0.039	0.020	0.040	0.020	0.00847
65	0.038	0.019	0.039	0.020	0.00847
66	0.038	0.019	0.039	0.020	0.00828
67	0.037	0.019	0.038	0.019	0.00828
68	0.037	0.019	0.038	0.019	0.00810
69	0.036	0.018	0.038	0.019	0.00800
70	0.036	0.018	0.038	0.019	0.00771
71	0.035	0.018	0.036	0.018	0.00771
72	0.035	0.018	0.036	0.018	0.00751
73	0.034	0.017	0.035	0.018	0.00751
74	0.034	0.017	0.035	0.018	0.00738
75	0.033	0.017	0.034	0.017	0.00738
76	0.033	0.017	0.034	0.017	0.00726
77	0.032	0.016	0.033	0.017	0.00726
78	0.032	0.016	0.033	0.017	0.00716
79	0.032	0.016	0.033	0.017	0.00693
80	0.031	0.016	0.032	0.016	0.00693
81	0.031	0.016	0.032	0.016	0.00683
82	0.030	0.015	0.031	0.016	0.00683
83	0.030	0.015	0.031	0.016	0.00673
84	0.030	0.015	0.031	0.016	0.00653
85	0.029	0.015	0.030	0.015	0.00653
86	0.029	0.015	0.030	0.015	0.00645
87	0.029	0.015	0.030	0.015	0.00627
88	0.028	0.014	0.029	0.015	0.00627
89	0.028	0.014	0.029	0.015	0.00620
90	0.028	0.014	0.029	0.015	0.00603
91	0.027	0.014	0.027	0.014	0.00649
92	0.027	0.014	0.027	0.014	0.00632
93	0.027	0.014	0.027	0.014	0.00615
94	0.027	0.014	0.027	0.014	0.00598
95	0.026	0.013	0.027	0.014	0.00594
96	0.026	0.013	0.027	0.014	0.00578
97	0.026	0.013	0.027	0.014	0.00563
98	0.026	0.013	0.027	0.014	0.00549
99	0.025	0.013	0.026	0.013	0.00549
100	0.025	0.013	0.026	0.013	0.00546

(注)　「半年率」は編集部で付け加えたものです。９ページの「半年率について」を参照してください。

なお、償却保証額と比較する調整前償却額の計算に使用する定率法の償却率は、事業年度の期間が１年未満の場合でも「年率」によります。

別表第十　平成24年４月１日以後に取得をされた減価償却資産の定率法の償却率、改定償却率及び保証率の表

耐用年数	償却率		改定償却率		保証率
	年　率	半年率	年　率	半年率	
年					
2	1.000	0.500	—	—	—
3	0.667	0.334	1.000	0.500	0.11089
4	0.500	0.250	1.000	0.500	0.12499
5	0.400	0.200	0.500	0.250	0.10800
6	0.333	0.167	0.334	0.167	0.09911
7	0.286	0.143	0.334	0.167	0.08680
8	0.250	0.125	0.334	0.167	0.07909
9	0.222	0.111	0.250	0.125	0.07126
10	0.200	0.100	0.250	0.125	0.06552
11	0.182	0.091	0.200	0.100	0.05992
12	0.167	0.084	0.200	0.100	0.05566
13	0.154	0.077	0.167	0.084	0.05180
14	0.143	0.072	0.167	0.084	0.04854
15	0.133	0.067	0.143	0.072	0.04565
16	0.125	0.063	0.143	0.072	0.04294
17	0.118	0.059	0.125	0.063	0.04038
18	0.111	0.056	0.112	0.056	0.03884
19	0.105	0.053	0.112	0.056	0.03693
20	0.100	0.050	0.112	0.056	0.03486
21	0.095	0.048	0.100	0.050	0.03335
22	0.091	0.046	0.100	0.050	0.03182
23	0.087	0.044	0.091	0.046	0.03052
24	0.083	0.042	0.084	0.042	0.02969
25	0.080	0.040	0.084	0.042	0.02841
26	0.077	0.039	0.084	0.042	0.02716
27	0.074	0.037	0.077	0.039	0.02624
28	0.071	0.036	0.072	0.036	0.02568
29	0.069	0.035	0.072	0.036	0.02463
30	0.067	0.034	0.072	0.036	0.02366
31	0.065	0.033	0.067	0.034	0.02286
32	0.063	0.032	0.067	0.034	0.02216
33	0.061	0.031	0.063	0.032	0.02161
34	0.059	0.030	0.063	0.032	0.02097
35	0.057	0.029	0.059	0.030	0.02051
36	0.056	0.028	0.059	0.030	0.01974
37	0.054	0.027	0.056	0.028	0.01950
38	0.053	0.027	0.056	0.028	0.01882
39	0.051	0.026	0.053	0.027	0.01860
40	0.050	0.025	0.053	0.027	0.01791
41	0.049	0.025	0.050	0.025	0.01741
42	0.048	0.024	0.050	0.025	0.01694
43	0.047	0.024	0.048	0.024	0.01664
44	0.045	0.023	0.046	0.023	0.01664
45	0.044	0.022	0.046	0.023	0.01634
46	0.043	0.022	0.044	0.022	0.01601
47	0.043	0.022	0.044	0.022	0.01532
48	0.042	0.021	0.044	0.022	0.01499
49	0.041	0.021	0.042	0.021	0.01475
50	0.040	0.020	0.042	0.021	0.01440

別表第十　平成24年４月１日以後に取得をされた減価償却資産の定率法の償却率、改定償却率及び保証率の表

耐用年数	償却率		改定償却率		保証率
	年率	半年率	年率	半年率	
51年	0.039	0.020	0.040	0.020	0.01422
52	0.038	0.019	0.039	0.020	0.01422
53	0.038	0.019	0.039	0.020	0.01370
54	0.037	0.019	0.038	0.019	0.01370
55	0.036	0.018	0.038	0.019	0.01337
56	0.036	0.018	0.038	0.019	0.01288
57	0.035	0.018	0.036	0.018	0.01281
58	0.034	0.017	0.035	0.018	0.01281
59	0.034	0.017	0.035	0.018	0.01240
60	0.033	0.017	0.034	0.017	0.01240
61	0.033	0.017	0.034	0.017	0.01201
62	0.032	0.016	0.033	0.017	0.01201
63	0.032	0.016	0.033	0.017	0.01165
64	0.031	0.016	0.032	0.016	0.01165
65	0.031	0.016	0.032	0.016	0.01130
66	0.030	0.015	0.031	0.016	0.01130
67	0.030	0.015	0.031	0.016	0.01097
68	0.029	0.015	0.030	0.015	0.01097
69	0.029	0.015	0.030	0.015	0.01065
70	0.029	0.015	0.030	0.015	0.01034
71	0.028	0.014	0.029	0.015	0.01034
72	0.028	0.014	0.029	0.015	0.01006
73	0.027	0.014	0.027	0.014	0.01063
74	0.027	0.014	0.027	0.014	0.01035
75	0.027	0.014	0.027	0.014	0.01007
76	0.026	0.013	0.027	0.014	0.00980
77	0.026	0.013	0.027	0.014	0.00954
78	0.026	0.013	0.027	0.014	0.00929
79	0.025	0.013	0.026	0.013	0.00929
80	0.025	0.013	0.026	0.013	0.00907
81	0.025	0.013	0.026	0.013	0.00884
82	0.024	0.012	0.024	0.012	0.00929
83	0.024	0.012	0.024	0.012	0.00907
84	0.024	0.012	0.024	0.012	0.00885
85	0.024	0.012	0.024	0.012	0.00864
86	0.023	0.012	0.023	0.012	0.00885
87	0.023	0.012	0.023	0.012	0.00864
88	0.023	0.012	0.023	0.012	0.00844
89	0.022	0.011	0.022	0.011	0.00863
90	0.022	0.011	0.022	0.011	0.00844
91	0.022	0.011	0.022	0.011	0.00825
92	0.022	0.011	0.022	0.011	0.00807
93	0.022	0.011	0.022	0.011	0.00790
94	0.021	0.011	0.021	0.011	0.00807
95	0.021	0.011	0.021	0.011	0.00790
96	0.021	0.011	0.021	0.011	0.00773
97	0.021	0.011	0.021	0.011	0.00757
98	0.020	0.010	0.020	0.010	0.00773
99	0.020	0.010	0.020	0.010	0.00757
100	0.020	0.010	0.020	0.010	0.00742

(注)　「半年率」は編集部で付け加えたものです。９ページの「半年率について」を参照してください。

なお、償却保証額と比較する調整前償却額の計算に使用する定率法の償却率は、事業年度の期間が１年未満の場合でも「年率」によります。

別表第十一　平成19年３月31日以前に取得をされた減価償却資産の残存割合表

種　　　　類	細　　　　目	残存割合
別表第一、別表第二、別表第五及び別表第六に掲げる減価償却資産（同表に掲げるソフトウエアを除く。）		0.100
別表第三に掲げる無形減価償却資産、別表第六に掲げるソフトウエア並びに鉱業権及び坑道		0
別表第四に掲げる生物	牛	
	繁殖用の乳用牛及び種付用の役肉用牛	0.200
	種付用の乳用牛	0.100
	その他用のもの	0.500
	馬	
	繁殖用及び競走用のもの	0.200
	種付用のもの	0.100
	その他用のもの	0.300
	豚	0.300
	綿羊及びやぎ	0.050
	果樹その他の植物	0.050

耐用年数の適用等に関する取扱通達

（昭和45年５月25日付直法４－25他１課共同
最終改正　令５．６．20課法２－８他１課共同）

目　　　次

序　章　本通達運用上の基本的留意事項……47
第１章　耐用年数関係総論……47
　第１節　通　　　則……47
　第２節　建物関係共通事項……49
　第３節　構築物関係共通事項……49
　第４節　機械及び装置関係共通事項……50
　第５節　中古資産の耐用年数……51
　第６節　耐用年数の短縮……53
　第７節　そ　の　他……54
第２章　耐用年数関係各論……54
　第１節　建　　　物……54
　第２節　建物附属設備……57
　第３節　構　築　物……59
　第４節　船　　　舶……62
　第５節　車両及び運搬具……62
　第６節　工　　　具……63
　第７節　器具及び備品……64
　第８節　機械及び装置……66
　第９節　公害防止用減価償却資産……67
　第10節　開発研究用減価償却資産……69
第３章　増　加　償　却……70
第４章　特別な償却率による償却……72
　第１節　対象資産の範囲、残存価額等……72
　第２節　特別な償却率等の算定式……73
　第３節　特別な償却率の認定……74
第５章　その他……75
　附　　則……76
　付表１　塩素、塩酸、硫酸、硝酸その他の著しい腐食性を有する液体又は気体の影響を直接全面的に受ける建物の例示……77
　付表２　塩、チリ硝石……の影響を直接全面的に受ける建物の例示……84
　付表３　鉄道業及び軌道業の構築物（総合償却資産であるものに限る。）の細目と個別耐用年数……85
　付表４　電気業の構築物（総合償却資産であるものに限る。）の細目と個別耐用年数……86
　付表５　通常の使用時間が８時間又は16時間の機械装置……87
　付表６　漁網、活字地金及び専用金型等以外の資産の基準率、基準回数及び基準直径表……94

付表７（１）　旧定率法未償却残額表（平成19年３月31日以前取得分）
付表７（２）　定率法未償却残額表（平成19年４月１日から平成24年３月31日取得分）
付表７（３）　定率法未償却残額表（平成24年４月１日以後取得分）
……巻末折込み
付表８　「設備の種類」と日本標準産業分類の分類との対比表……………………………… 95
付表９　機械及び装置の耐用年数表（別表第二）における新旧資産区分の対照表……………… 112
付表10　機械及び装置の耐用年数表（旧別表第二）………………………………………… 134

〈省略用語例〉

耐用年数の適用等に関する取扱通達において使用した次の省略用語は、それぞれ次に掲げる法令等を示すものである。

法……………………………法人税法
令……………………………法人税法施行令
規　　則………………法人税法施行規則
省　　令………………減価償却資産の耐用年数等に関する省令
別表第○………………減価償却資産の耐用年数等に関する省令別表第○
旧別表第二………………減価償却資産の耐用年数等に関する省令の一部を改正する省令（平成20年財務省令第32号）による改正前の減価償却資産の耐用年数等に関する省令別表第二
基本通達………………昭和44年５月１日付直審(法)25　法人税基本通達
日本標準産業分類………日本標準産業分類（総務省統計局統計基準部編）

序章　本通達運用上の基本的留意事項

耐用年数の適用等に関する取扱通達（以下「耐用年数通達」という。）は、さきに制定された基本通達に呼応し、従来の耐用年数等減価償却の技術的事項に関する通達について全面的な再検討を行い、これを整備統合すると共に、その取扱いにつき可及的に簡素化と弾力化を図ったものである。

もとより、耐用年数通達は、主として技術的な事項に関するものであるから、その簡素化及び弾力化については、ある程度制約があることは否めないが、個々の減価償却資産の種類、構造、用途等の判断については、合理的な社会的慣行を尊重しつつ、弾力的な処理を行うべきものと考えられる。

したがって、耐用年数通達の制定に当たっては、単なる解説的な事項及び公正な社会的慣行にその判断を委ねることが相当と認められる事項は、原則として通達として定めず、おおむね次のことに主眼をおいて定めた。

(1)　耐用年数表の適用区分についての基本的判定基準として定めることが相当な事項
(2)　現行耐用年数省令等の規定のもとにおいて、個々の実情に即し弾力的な取扱いをする場合として明らかにすることが必要と認められる事項
(3)　減価償却資産の属性、その区分等につき誤解を生ずることのないよう明らかにすることが相当と認められる事項
(4)　税法上の特別な制度についての具体的な適用に関してその取扱いを明らかにする必要があると認められる事項

この耐用年数通達において、上記に定めた事項については、その取扱いに従って処理することとなるが、その取扱いを定めていない事項については、個々の具体的実情に応じ、それが会計処理のあり方に関するものであるときは基本通達及びその制定の趣旨にのっとって処理することとし、減価償却資産の属性、その区分等の技術的な事項に関するものであるときは第一次的には適正かつ合理的な社会慣行に従い、なお明確な判定等が困難なときは物品の分類等に関する文献等を参酌して合理的な判定等を行うよう留意する必要がある。

いやしくも、通達に定めがないとの理由で法令の規定の趣旨や社会通念等から逸脱した運用を行ったり、解釈を行ったりすることのないように留意されたい。

第１章　耐用年数関係総論

第１節　通　　則

（２以上の用途に共用されている資産の耐用年数）

1-1-1　同一の減価償却資産について、その用途により異なる耐用年数が定められている場合において、減価償却資産が２以上の用途に共通して使用されているときは、その減価償却資産の用途については、その使用目的、使用の状況等より勘案して合理的に判定するものとする。この場合、その判定した用途に係る耐用年数は、その判定の基礎となった事実が著しく異ならない限り、継続して適用する。

（資本的支出後の耐用年数）

1-1-2　省令に定める耐用年数を適用している減価償却資産について資本的支出をした場合には、その資本的支出に係る部分の減価償却資産についても、現に適用している耐用年数により償却限度額を計算することに留意する。

令第55条第４項及び第５項《資本的支出の取得価額の特例》の規定により新たに取得したものとされる一の減価償却資産については、同条第４項に規定する旧減価償却資産に現に適用している耐用年数により償却限度額を計算することに留意する。

（他人の建物に対する造作の耐用年数）

1-1-3　法人が建物を賃借し自己の用に供するため造作した場合（現に使用している用途を他の用途に変えるために造作した場合を含む。）の造作に要した金額は、当該造作が、建物についてされたときは、当該建物の耐用年数、その造作の種類、用途、使用材質等を勘案して、合理的に見積もった耐用年数により、建物附属設備に

ついてされたときは、建物附属設備の耐用年数により償却する。ただし、当該建物について賃借期間の定めがあるもの（賃借期間の更新のできないものに限る。）で、かつ、有益費の請求又は買取請求をすることができないものについては、当該賃借期間を耐用年数として償却することができる。

（注）同一の建物（一の区画ごとに用途を異にしている場合には、同一の用途に属する部分）についてした造作は、その全てを一の資産として償却をするのであるから、その耐用年数は、その造作全部を総合して見積もることに留意する。

（賃借資産についての改良費の耐用年数）

1-1-4　法人が使用する他人の減価償却資産（1-1-3によるものを除く。）につき支出した資本的支出の金額は、当該減価償却資産の耐用年数により償却する。

この場合において、1-1-3のただし書の取扱いを準用する。

（貸与資産の耐用年数）

1-1-5　貸与している減価償却資産の耐用年数は、別表において貸付業用として特掲されているものを除き、原則として、貸与を受けている者のその資産の用途等に応じて判定する。

（前掲の区分によらない資産の意義等）

1-1-6　別表第一又は別表第二に掲げる「前掲の区分によらないもの」とは、法人が別表第一に掲げる一の種類に属する減価償却資産又は別表第二の機械及び装置について「構造又は用途」、「細目」又は「設備の種類」ごとに区別しないで、当該一の種類に属する減価償却資産又は機械及び装置の全部を一括して償却する場合のこれらの資産をいい、別表第一に掲げる一の種類に属する減価償却資産又は別表第二の機械及び装置のうち、その一部の資産については区別されて定められた耐用年数を適用し、その他のものについては「前掲の区分によらないもの」の耐用年数を適用することはできないことに留意する。

ただし、当該その他のものに係る「構造又は用途」、「細目」又は「設備の種類」による区分ごとの耐用年数の全てが、「前掲の区分によらないもの」の耐用年数より短いものである場合には、この限りでない。

（器具及び備品の耐用年数の選択適用）

1-1-7　器具及び備品の耐用年数については、1-1-6にかかわらず、別表第一に掲げる「器具及び備品」の「1」から「11」までに掲げる品目のうちそのいずれか一についてその区分について定められている耐用年数により、その他のものについて一括して「12前掲する資産のうち、当該資産について定められている前掲の耐用年数によるもの以外のもの及び前掲の区分によらないもの」の耐用年数によることができることに留意する。

（耐用年数の選択適用ができる資産を法人が資産に計上しなかった場合に適用する耐用年数）

1-1-8　法人が減価償却資産として計上すべきものを資産に計上しなかった場合において、基本通達7-5-1によりその取得価額に相当する金額を償却費として損金経理をしたものとして取り扱うときにおける当該計上しなかった資産（1-1-6ただし書又は1-1-7の適用がある場合に限る。）の耐用年数は、次による。

（1）　法人が当該計上しなかった資産と品目を一にするものを有している場合には、その品目について法人が適用している耐用年数による。

（2）　法人が当該計上しなかった資産と品目を一にするものを有していない場合には、それぞれ区分された耐用年数によるか、「前掲の区分によらないもの」の耐用年数によるかは、法人の申出によるものとし、その申出のないときは、「前掲の区分によらないもの」の耐用年数による。

（「構築物」又は「器具及び備品」で特掲されていないものの耐用年数）

1-1-9　「構築物」又は「器具及び備品」（以下1-1-9において「構築物等」という。）で細目が特掲されていないもののうちに、当該構築物等と「構造又は用途」及び使用状況が類似している別表第一に特掲されている構築物等がある場合には、別に定めるものを除き、税務署長（調査部(課)所管法人にあっては、国税局長）の確認を受けて、当該特掲されている構築物等の耐用年数を適用することができる。

（特殊の減価償却資産の耐用年数の適用の特例）

1-1-10　法人が別表第五又は別表第六に掲げられている減価償却資産について、別表第一又は別表第二の耐用年数を適用している場合には、継続して適用することを要件としてこれを認める。

第２節　建物関係共通事項

（建物の構造の判定）

1-2-1　建物を構造により区分する場合において、どの構造に属するかは、その主要柱、耐力壁又ははり等その建物の主要部分により判定する。

（２以上の構造から成る建物）

1-2-2　一の建物が別表第一の「建物」に掲げる２以上の構造により構成されている場合において、構造別に区分することができ、かつ、それぞれが社会通念上別の建物とみられるもの（例えば、鉄筋コンクリート造３階建ての建物の上に更に木造建物を建築して４階建てとしたようなもの）であるときは、その建物については、それぞれの構造の異なるごとに区分して、その構造について定められた耐用年数を適用する。

（建物の内部造作物）

1-2-3　建物の内部に施設された造作については、その造作が建物附属設備に該当する場合を除き、その造作の構造が当該建物の骨格の構造と異なっている場合においても、それを区分しないで当該建物に含めて当該建物の耐用年数を適用する。したがって、例えば、旅館等の鉄筋コンクリート造の建物について、その内部を和風の様式とするため特に木造の内部造作を施設した場合においても、当該内部造作物を建物から分離して、木造建物の耐用年数を適用することはできず、また、工場建物について、温湿度の調整制御、無菌又は無じん空気の汚濁防止、防音、しゃ光、放射線防御等のために特に内部造作物を施設した場合には、当該内部造作物が機械装置とその効用を一にするとみられるときであっても、当該内部造作物は建物に含めることに留意する。

（２以上の用途に使用される建物に適用する耐用年数の特例）

1-2-4　一の建物を２以上の用途に使用するため、当該建物の一部について特別な内部造作その他の施設をしている場合、例えば、鉄筋コンクリート造の６階建てのビルディングのうち１階から５階までを事務所に使用し、６階を劇場に使用するため、６階について特別な内部造作をしている場合には、1-1-1にかかわらず、当該建物について別表第一の「建物」の「細目」に掲げる２以上の用途ごとに区分して、その用途について定められている耐用年数をそれぞれ適用することができる。ただし、鉄筋コンクリート造の事務所用ビルディングの地階等に附属して設けられている電気室、機械室、車庫又は駐車場等のようにその建物の機能を果たすに必要な補助的部分（専ら区分した用途に供されている部分を除く。）については、これを用途ごとに区分しないで、当該建物の主たる用途について定められている耐用年数を適用する。

第３節　構築物関係共通事項

（構築物の耐用年数の適用）

1-3-1　構築物については、まず、その用途により判定し、用途の特掲されていない構築物については、その構造の異なるごとに判定する。

（構築物と機械及び装置の区分）

1-3-2　次に掲げるもののように生産工程の一部としての機能を有しているものは、構築物に該当せず、機械及び装置に該当するものとする。

（1） 醸成、焼成等の用に直接使用される貯蔵槽、仕込槽、窯等

（2） ガス貯槽、薬品貯槽又は水槽及び油槽のうち、製造工程中にある中間受槽及びこれに準ずる貯槽で、容量、規模等から見て機械及び装置の一部であると認められるもの

（3） 工業薬品、ガス、水又は油の配管施設のうち、製造工程に属するもの

(注) タンカーから石油精製工場内の貯蔵タンクまで原油を陸揚げするために施設されたパイプライン等は、構築物に該当する。

（構築物の附属装置）

1-3-3　構築物である石油タンクに固着する消火設備、塔の昇降設備等構築物の附属装置については、法人が継続して機械及び装置としての耐用年数を適用している場合には、これを認める。

第4節　機械及び装置関係共通事項

（機械及び装置の耐用年数）

1-4-1　機械及び装置の耐用年数の適用については、機械及び装置を別表第二、別表第五又は別表第六に属するもの（別表第二に属する機械及び装置については、更に設備の種類ごと）に区分し、その耐用年数を適用する。

(注)「前掲の区分によらないもの」の意義については、1-1-6参照。

（いずれの「設備の種類」に該当するかの判定）

1-4-2　機械及び装置が一の設備を構成する場合には、当該機械及び装置の全部について一の耐用年数を適用するのであるが、当該設備が別表第二の「設備の種類」に掲げる設備（以下「業用設備」という。）のいずれに該当するかは、原則として、法人の当該設備の使用状況等からいずれの業種用の設備として通常使用しているかにより判定することに留意する。

（最終製品に基づく判定）

1-4-3　1-4-2の場合において、法人が当該設備をいずれの業種用の設備として通常使用しているかは、当該設備に係る製品（役務の提供を含む。以下「製品」という。）のうち最終的な製品（製品のうち中間の工程において生ずる製品以外のものをいう。以下「最終製品」という。）に基づき判定する。なお、最終製品に係る設備が業用設備のいずれに該当するかの判定は、原則として、日本標準産業分類の分類によることに留意する。

（中間製品に係る設備に適用する耐用年数）

1-4-4　1-4-3の場合において、最終製品に係る一連の設備を構成する中間製品（最終製品以外の製品をいう。以下同じ。）に係る設備の規模が当該一連の設備の規模に占める割合が相当程度であるときは、当該中間製品に係る設備については、最終製品に係る業用設備の耐用年数を適用せず、当該中間製品に係る業用設備の耐用年数を適用する。

この場合において、次のいずれかに該当すると認められるときは、当該割合が相当程度であると判定して差し支えない。

（1） 法人が中間製品を他に販売するとともに、自己の最終製品の材料、部品等として使用している場合において、他に販売している数量等の当該中間製品の総生産量等に占める割合がおおむね50%を超えるとき

（2） 法人が工程の一部をもって、他から役務の提供を請け負う場合において、当該工程における稼動状況に照らし、その請負に係る役務の提供の当該工程に占める割合がおおむね50%を超えるとき

（自家用設備に適用する耐用年数）

1-4-5　次に掲げる設備のように、その設備から生ずる最終製品を専ら用いて他の最終製品が生産等される場合の当該設備については、当該最終製品に係る設備ではなく、当該他の最終製品に係る設備として、その使用状況等から1-4-2の判定を行うものとする。

（1） 製造業を営むために有する発電設備及び送電設備

（2） 製造業を営むために有する金型製造設備

（3） 製造業を営むために有するエレベーター、スタッカー等の倉庫用設備
（4） 道路旅客運送業を営むために有する修理工場設備、洗車設備及び給油設備

（複合的なサービス業に係る設備に適用する耐用年数）

1-4-6　それぞれの設備から生ずる役務の提供が複合して一の役務の提供を構成する場合の当該設備については、それぞれの設備から生ずる役務の提供に係る業種用の設備の耐用年数を適用せず、当該一の役務の提供に係る業種用の設備の耐用年数を適用する。したがって、例えば、ホテルにおいて宿泊業の業種用の設備の一部として通常使用しているクリーニング設備や浴場設備については、「47宿泊業用設備」の耐用年数を適用することとなる。

（プレス及びクレーンの基礎）

1-4-7　プレス及びクレーンの基礎は、原則として機械装置に含めるのであるが、次に掲げるものは、それぞれ次による。
（1） プレス　自動車ボデーのタンデムプレスラインで多量生産方式に即するため、ピットを構築してプレスを装架する等の方式（例えば「総地下式」、「連続ピット型」、「連続基礎型」等と呼ばれているものをいう。）の場合における当該ピットの部分は、建物に含める。
（2） クレーン　造船所の大型ドック等において、地上組立用、船台取付用、ドック用又はぎ装用等のために有する走行クレーン（門型、ジブ型、塔形等）でその走行区間が長く、構築物と一体となっていると認められる場合には、その基礎に係る部分についてはその施設されている構築物に含め、そのレールに係る部分についてはその施設されている構築物以外の構築物に該当するものとする。

第5節　中古資産の耐用年数

（中古資産の耐用年数の見積法及び簡便法）

1-5-1　中古資産についての省令第3条第1項第1号に規定する方法（以下1-7-2までにおいて「見積法」という。）又は同項第2号に規定する方法(以下1-5-7までにおいて「簡便法」という。)による耐用年数の算定は、その事業の用に供した事業年度においてすることができるのであるから当該事業年度においてその算定をしなかったときは、その後の事業年度においてはその算定をすることができないことに留意する。

（注） 法人が、法第72条第1項に規定する期間（当該法人が通算子法人である場合には、同条第5項第1号に規定する期間。以下「中間期間」という。）において取得した中古の減価償却資産につき法定耐用年数を適用した場合であっても、当該中間期間を含む事業年度においては当該資産につき見積法又は簡便法により算定した耐用年数を適用することができることに留意する。

（見積法及び簡便法を適用することができない中古資産）

1-5-2　法人が中古資産を取得した場合において、当該減価償却資産を事業の用に供するに当たって支出した資本的支出の金額が当該減価償却資産の再取得価額の100分の50に相当する金額を超えるときは、当該減価償却資産については、別表第一、別表第二、別表第五又は別表第六に定める耐用年数によるものとする。

（中古資産に資本的支出をした後の耐用年数）

1-5-3　1-5-2の取扱いは、法人が見積法又は簡便法により算定した耐用年数により減価償却を行っている中古資産につき、各事業年度において資本的支出を行った場合において、一の計画に基づいて支出した資本的支出の金額の合計額又は当該各事業年度中に支出した資本的支出の金額の合計額が、当該減価償却資産の再取得価額の100分の50に相当する金額を超えるときにおける当該減価償却資産及びこれらの資本的支出の当該事業年度における資本的支出をした後の減価償却について準用する。

（中古資産の耐用年数の見積りが困難な場合）

1-5-4　省令第3条第1項第2号に規定する「前

号の年数を見積もることが困難なもの」とは、その見積りのために必要な資料がないため技術者等が積極的に特別の調査をしなければならないこと又は耐用年数の見積りに多額の費用を要すると認められることにより使用可能期間の年数を見積もることが困難な減価償却資産をいう。

（経過年数が不明な場合の経過年数の見積り）

1-5-5　法人がその有する中古資産に適用する耐用年数を簡便法により計算する場合において、その資産の経過年数が不明なときは、その構造、形式、表示されている製作の時期等を勘案してその経過年数を適正に見積もるものとする。

（資本的支出の額を区分して計算した場合の耐用年数の簡便計算）

1-5-6　法人がその有する中古資産に適用する耐用年数について、省令第３条第１項ただし書の規定により簡便法によることができない場合であっても、法人が次の算式により計算した年数（１年未満の端数があるときは、これを切り捨てた年数とする。）を当該中古資産に係る耐用年数として計算したときには、当該中古資産を事業の用に供するに当たって支出した資本的支出の金額が当該減価償却資産の再取得価額の100分の50に相当する金額を超えるときを除き、これを認める。

（算　式）

$$\text{当該中古資産の取得価額（資本的支出の額を含む。）} \div \left[\frac{\text{当該中古資産の取得価額（資本的支出の額を含まない。）}}{\text{当該中古資産につき省令第３条第１項第２号の規定により算定した耐用年数}} + \frac{\text{当該中古資産の資本的支出の額}}{\text{当該中古資産に係る法定耐用年数}} \right]$$

（中古資産の耐用年数を簡便法により算定している場合において法定耐用年数が短縮されたときの取扱い）

1-5-7　法人が、中古資産を取得し、その耐用年数を簡便法により算定している場合において、その取得の日の属する事業年度後の事業年度においてその資産に係る法定耐用年数が短縮されたときには、改正後の省令の規定が適用される最初の事業年度において改正後の法定耐用年数を基礎にその資産の耐用年数を簡便法により再計算することを認める。

（注）この場合の再計算において用いられる経過年数はその中古資産を取得したときにおける経過年数によることに留意する。

（中古の総合償却資産を取得した場合の総合耐用年数の見積り）

1-5-8　総合償却資産（機械及び装置並びに構築物で、当該資産に属する個々の資産の全部につき、その償却の基礎となる価額を個々の資産の全部を総合して定められた耐用年数により償却することとされているものをいう。以下同じ。）については、法人が工場を一括して取得する場合等別表第一、別表第二、別表第五又は別表第六に掲げる一の「設備の種類」又は「種類」に属する資産の相当部分につき中古資産を一時に取得した場合に限り、次により当該資産の総合耐用年数を見積もって当該中古資産以外の資産と区別して償却することができる。

（1）　中古資産の総合耐用年数は、同時に取得した中古資産のうち、別表第一、別表第二、別表第五又は別表第六に掲げる一の「設備の種類」又は「種類」に属するものの全てについて次の算式により計算した年数（その年数に１年未満の端数があるときは、その端数を切り捨て、その年数が２年に満たない場合には、２年とする。）による。

（算　式）

$$\text{当該中古資産の取得価額の合計額} \div \text{当該中古資産を構成する個々の資産の全部につき、それぞれ個々の資産の取得価額を当該個々の資産について使用可能と見積もられる耐用年数で除して得た金額の合計額}$$

（2）　（1）の算式において、個々の中古資産の耐用年数の見積りが困難な場合には、当該資産の種類又は設備の種類について定められた旧別表第二の法定耐用年数の算定の基礎となった当該個々の資産の個別耐用年数を基礎として省令第３条第１項第２号の規定の例によりその耐用年数を算定することができる。この場合において、当該資産が同項ただし書の場合に該当するときは1-5-6の取扱いを準用する。

(注) 個々の資産の個別耐用年数とは、「機械装置の個別年数と使用時間表」の「機械及び装置の細目と個別年数」の「同上算定基礎年数」をいい、構築物については、付表３又は付表４に定める算定基礎年数をいう。

ただし、個々の資産の個別耐用年数がこれらの表に掲げられていない場合には、当該資産と種類等を同じくする資産又は当該資産に類似する資産の個別耐用年数を基準として見積もられる耐用年数とする。

(取得した中古機械装置等が設備の相当部分を占めるかどうかの判定)

1-5-9　1-5-8の場合において、取得した中古資産がその設備の相当部分であるかどうかは、当該取得した資産の再取得価額の合計額が、当該資産を含めた当該資産の属する設備全体の再取得価額の合計額のおおむね100分の30以上であるかどうかにより判定するものとする。

この場合において、当該法人が２以上の工場を有するときは、工場別に判定する。

(総合償却資産の総合耐用年数の見積りの特例)

1-5-10　法人が工場を一括して取得する場合のように中古資産である一の設備の種類に属する総合償却資産の全部を一時に取得したときは、1-5-8にかかわらず、当該総合償却資産について定められている法定耐用年数から経過年数（当該資産の譲渡者が譲渡した日において付していた当該資産の帳簿価額を当該資産のその譲渡者に係る取得価額をもって除して得た割合に応ずる当該法定耐用年数に係る未償却残額割合に対応する譲渡者が採用していた償却の方法に応じた経過年数による。）を控除した年数に、経過年数の100分の20に相当する年数を加算した年数(その年数に１年未満の端数があるときは、その端数を切り捨て、その年数が２年に満たない場合には、２年とする。)を当該中古資産の耐用年数とすることができる。

(注)１　償却の方法を旧定率法又は定率法によっている場合にあっては、未償却残額割合に対応する経過年数は、それぞれ付表７(１)旧定率法未償却残額表又は付表７(２)定率法未償却残額表若しくは付表７(３)定率法未償却残額表によることができる。

２　租税特別措置法に規定する特別償却をした資産（当該特別償却を準備金方式によったものを除く。）については、未償却残額割合を計算する場合の当該譲渡者が付していた帳簿価額は、合理的な方法により調整した金額によるものとする。

(見積法及び簡便法によることができない中古の総合償却資産)

1-5-11　1-5-2の取扱いは、総合償却資産に属する中古資産を事業の用に供するに当たって資本的支出を行った場合に準用する。

(取り替えた資産の耐用年数)

1-5-12　総合耐用年数を見積もった中古資産の全部又は一部を新たな資産と取り替えた場合（その全部又は一部について資本的支出を行い、1-5-3に該当することとなった場合を含む。）のその資産については、別表第一、別表第二、別表第五又は別表第六に定める耐用年数による。

第６節　耐用年数の短縮

(総合償却資産の使用可能期間の算定)

1-6-1　総合償却資産の使用可能期間は、総合償却資産に属する個々の資産の償却基礎価額の合計額を個々の資産の年要償却額（償却基礎価額を個々の資産の使用可能期間で除した額をいう。以下1-6-1の2において同じ。)の合計額で除して得た年数（１年未満の端数がある場合には、その端数を切り捨てて、その年数が２年に満たない場合には、２年とする。）とする。

(総合償却資産の未経過使用可能期間の算定)

1-6-1の2　総合償却資産の未経過使用可能期間は、総合償却資産の未経過期間対応償却基礎価額を個々の資産の年要償却額の合計額で除して得た年数（その年数に１年未満の端数がある場合には、その端数を切り捨て、その年数が２年に満たない場合には、２年とする。）による。

(注)１　未経過期間対応償却基礎価額とは、個々の資産の年要償却額に経過期間（資産の取得の時から使用可能期間を算定しようとする時までの期間をいう。）の月数を乗じてこれを12で除して計算した金額の合計額を個々の資産の償却基礎価額の合計額から控除した残額をいう。

２　月数は暦に従って計算し、１月に満たない端数を生じたときは、これを１月とする。

（陳腐化による耐用年数の短縮）

1-6-2　製造工程の一部の工程に属する機械及び装置が陳腐化したため耐用年数の短縮を承認した場合において、陳腐化した当該機械及び装置の全部を新たな機械及び装置と取り替えたときは、令第57条第４項の「不適当とする」特別の事由が生じた場合に該当することに留意する。

第７節　そ　の　他

（定率法を定額法に変更した資産の耐用年数改正後の適用年数）

1-7-1　法人が減価償却資産の償却方法について、旧定率法から旧定額法に又は定率法から定額法に変更し、その償却限度額の計算につき基本通達7-4-4《定率法を定額法に変更した場合等の償却限度額の計算》の(２)のロに定める年数によっている場合において、耐用年数が改正されたときは、次の算式により計算した年数（その年数に１年未満の端数があるときは、その端数を切り捨て、その年数が２年に満たない場合には、２年とする。）により償却限度額を計算することができる。

$$\text{耐用年数改正前において適用していた年数} \times \frac{\text{改正後の耐用年数}}{\text{改正前の耐用年数}} = \text{新たに適用する年数}$$

（見積法を適用していた中古資産の耐用年数）

1-7-2　見積法により算定した耐用年数を適用している中古資産について、法定耐用年数の改正があったときは、その改正後の法定耐用年数を基礎として当該中古資産の使用可能期間の見積り替えをすることはできないのであるが、改正後の法定耐用年数が従来適用していた見積法により算定した耐用年数より短いときは、改正後の法定耐用年数を適用することができる。

（耐用年数の短縮承認を受けていた減価償却資産の耐用年数）

1-7-3　令第57条の規定により耐用年数短縮の承認を受けている減価償却資産について、耐用年数の改正があった場合において、改正後の耐用年数が当該承認を受けた耐用年数より短いときは、当該減価償却資産については、改正後の耐用年数によるのであるから留意する。

第２章　耐用年数関係各論

第１節　建　　物

（下記以外のもの）

2-1-1　別表第一の「建物」に掲げる「事務所用……及び下記以外のもの」の「下記以外のもの」には、社寺、教会、図書館、博物館の用に供する建物のほか、工場の食堂（2-1-10に該当するものを除く。）、講堂（学校用のものを除く。）、研究所、設計所、ゴルフ場のクラブハウス等の用に供する建物が該当する。

（内部造作を行わずに賃貸する建物）

2-1-2　一の建物のうち、その階の全部又は適宜に区分された場所を間仕切り等をしないで賃貸することとされているもので間仕切り等の内部造作については賃借人が施設するものとされている建物のその賃貸の用に供している部分の用途の判定については、1-1-5にかかわらず、「下記以外のもの」に該当するものとする。

（店　　舗）

2-1-3　別表第一の「建物」に掲げる「店舗用」の建物には、いわゆる小売店舗の建物のほか、次の建物（建物の細目欄に特掲されているものを除く。）が該当する。

（1） サンプル、モデル等を店頭に陳列し、顧客の求めに応じて当該サンプル等に基づいて製造、修理、加工その他のサービスを行うための建物、例えば、洋装店、写真業、理容業、美容業等の用に供される建物

（2） 商品等又はポスター類を陳列してＰ・Ｒをするいわゆるショールーム又はサービスセンターの用に供する建物

（3） 遊戯場用又は浴場業用の建物

（4） 金融機関、保険会社又は証券会社がその用に供する営業所用の建物で、常時多数の顧客が出入りし、その顧客と取引を行うための建物

（保育所用、託児所用の建物）

2-1-4 保育所用及び託児所用の建物は、別表第一の「建物」に掲げる「学校用」のものに含まれるものとする。

（ボーリング場用の建物）

2-1-5 ボーリング場用の建物は、別表第一の「建物」に掲げる「体育館用」のものに含まれるものとする。

（診療所用、助産所用の建物）

2-1-6 診療所用及び助産所用の建物は、別表第一の「建物」に掲げる「病院用」のものに含めることができる。

（木造内装部分が３割を超えるかどうかの判定）

2-1-7 旅館用、ホテル用、飲食店用又は貸席用の鉄骨鉄筋コンクリート造又は鉄筋コンクリート造の建物について、その木造内装部分の面積が延べ面積の３割を超えるかどうかを判定する場合には、その木造内装部分の面積は、客室、ホール、食堂、廊下等一般に顧客の直接利用の用に供される部分の面積により、延べ面積は、従業員控室、事務室その他顧客の利用の用に供されない部分の面積を含めた総延べ面積による。この場合における木造内装部分とは、通常の建物について一般的に施設されている程度の木造内装でなく客室等として顧客の直接利用の用に供するために相当の費用をかけて施設されている場合のその内装部分をいう。

（飼育用の建物）

2-1-8 家畜、家きん、毛皮獣等の育成、肥育、採卵、採乳等の用に供する建物については、別表第一の「建物」に掲げる「と畜場用のもの」に含めることができる。

（公衆浴場用の建物）

2-1-9 別表第一の「建物」に掲げる「公衆浴場用のもの」の「公衆浴場」とは、その営業につき公衆浴場法（昭和23年法律第139号）第２条の規定により都道府県知事の許可を受けた者が、公衆浴場入浴料金の統制額の指定等に関する省令（昭和32年厚生省令38号）に基づき公衆浴場入浴料金として当該知事の指定した料金を収受して不特定多数の者を入浴させるための浴場をいう。したがって、特殊浴場、スーパー銭湯、旅館、ホテルの浴場又は浴室については、当該「公衆浴場用」に該当しないことに留意する。

（工場構内の附属建物）

2-1-10 工場の構内にある守衛所、詰所、監視所、タイムカード置場、自転車置場、消火器具置場、更衣所、仮眠所、食堂（簡易なものに限る。）、浴場、洗面所、便所その他これらに類する建物は、工場用の建物としてその耐用年数を適用することができる。

（給食加工場の建物）

2-1-11 給食加工場の建物は、別表第一の「建物」に掲げる「工場（作業場を含む。）」に含まれるものとする。

（立体駐車場）

2-1-12 いわゆる立体駐車場については、構造体、外壁、屋根その他建物を構成している部分は、別表第一の「建物」に掲げる「車庫用のもの」の耐用年数を適用する。

（塩素等を直接全面的に受けるものの意義）

2-1-13　別表第一の「建物」に掲げる「塩素、塩酸、硫酸、硝酸その他の著しい腐食性を有する液体又は気体の影響を直接全面的に受けるもの」とは、これらの液体又は気体を当該建物の内部で製造、処理、使用又は蔵置（以下「製造等」という。）し、当該建物の一棟の全部にわたりこれらの液体又は気体の腐食の影響を受けるものをいうのであるが、当該法人が有する次に掲げる建物についても当該腐食の影響を受ける建物としての耐用年数を適用することができる。

（1）　腐食性薬品の製造等をする建物が上屋式（建物の内部と外部との間に隔壁がなく機械装置を被覆するための屋根のみがあるものをいう。）であるため、又は上屋式に準ずる構造であるため、その建物に直接隣接する建物（腐食性薬品の製造等をする建物からおおむね50メートル以内に存するものに限る。）についても腐食性薬品の製造等をする建物とほぼ同様の腐食が進行すると認められる場合におけるその隣接する建物

（2）　2階以上の建物のうち特定の階で腐食性薬品の製造等が行われ、その階については全面的に腐食性薬品の影響がある場合に、当該建物の帳簿価額を当該特定の階とその他の階の部分とに区分経理をしたときにおける当該特定の階に係る部分

（3）　建物の同一の階のうち隔壁その他により画然と区分された特定の区画については全面的に腐食性薬品の影響がある場合に、当該建物の帳簿価額を当該特定の区画とその他の区画の部分とに区分経理をしたときにおける当該特定の区画に係る部分

（塩素等を直接全面的に受けるものの例示）

2-1-14　別表第一の「建物」に掲げる「塩素、塩酸、硫酸、硝酸その他の著しい腐食性を有する液体又は気体の影響を直接全面的に受けるもの」に通常該当すると思われる建物を例示すると、この通達の付表（以下「付表」という。）1の「塩素、塩酸、硫酸、硝酸その他の著しい腐食性を有する液体又は気体の影響を直接全面的に受ける建物の例示」のとおりである。

（冷 蔵 倉 庫）

2-1-15　別表第一の「建物」に掲げる「冷蔵倉庫用のもの」には、冷凍倉庫、低温倉庫及び氷の貯蔵庫の用に供される建物も含まれる。

（放射線を直接受けるもの）

2-1-16　別表第一の「建物」に掲げる「放射性同位元素の放射線を直接受けるもの」とは、放射性同位元素の使用等に当たり、放射性同位元素等の規制に関する法律（昭和32年法律第167号）に定める使用許可等を受けた者が有する放射性同位元素の使用等のされる建物のうち、同法第３条《使用の許可》又は第４条の２《廃棄の業の許可》に定める使用施設、貯蔵施設、廃棄施設、廃棄物詰替施設又は廃棄物貯蔵施設として同法に基づく命令の規定により特に設けた作業室、貯蔵室、廃棄作業室等の部分をいう。

（放射線発生装置使用建物）

2-1-17　サイクロトロン、シンクロトロン等の放射線発生装置の使用により放射線を直接受ける工場用の建物についても、「放射性同位元素の放射線を直接受けるもの」の耐用年数を適用することができる。

（著しい蒸気の影響を直接全面的に受けるもの）

2-1-18　別表第一の「建物」に掲げる「著しい蒸気の影響を直接全面的に受けるもの」とは、操業時間中常時建物の室内の湿度が95％以上であって、当該建物の一棟の全部にわたり蒸気の影響を著しく受けるものをいう。

（塩、チリ硝石等を常置する建物及び蒸気の影響を受ける建物の区分適用）

2-1-19　塩、チリ硝石その他の著しい潮解性を有する固体を一の建物のうちの特定の階等に常時蔵置している場合若しくは蒸気の影響が一の建物のうちの特定の階等について直接全面的である場合には、2-1-13の（2）及び（3）の取扱いを準用する。

（塩、チリ硝石等を常置する建物及び著しい蒸気の影響を受ける建物の例示）

2-1-20　別表第一の「建物」に掲げる「塩、チリ硝石その他の著しい潮解性……及び著しい蒸気の影響を直接全面的に受けるもの」に通常該当すると思われる建物を例示すると、付表２「塩、チリ硝石……の影響を直接全面的に受ける建物の例示」のとおりである。

（バナナの熟成用むろ）

2-1-21　鉄筋コンクリート造りのバナナ熟成用むろについては、別表第一の「建物」の「鉄筋コンクリート造」に掲げる「著しい蒸気の影響を直接全面的に受けるもの」に該当するものとして取り扱う。

（ビルの屋上の特殊施設）

2-1-22　ビルディングの屋上にゴルフ練習所又は花壇その他通常のビルディングとしては設けることがない特殊施設を設けた場合には、その練習所又は花壇等の特殊施設は、当該ビルディングと区分し、構築物としてその定められている耐用年数を適用することができる。

（仮設の建物）

2-1-23　別表第一の「建物」の「簡易建物」の「仮設のもの」とは、建設業における移動性仮設建物（建設工事現場において、その工事期間中建物として使用するためのもので、工事現場の移動に伴って移設することを常態とする建物をいう。）のように解体、組立てを繰り返して使用することを常態とするものをいう。

第２節　建物附属設備

（木造建物の特例）

2-2-1　建物の附属設備は、原則として建物本体と区分して耐用年数を適用するのであるが、木造、合成樹脂造又は木骨モルタル造の建物の附属設備については、建物と一括して建物の耐用年数を適用することができる。

（電 気 設 備）

2-2-2　別表第一の「建物附属設備」に掲げる「電気設備」の範囲については、それぞれ次による。

（1）「蓄電池電源設備」とは、停電時に照明用に使用する等のためあらかじめ蓄電池に充電し、これを利用するための設備をいい、蓄電池、充電器及び整流器(回転変流機を含む。)並びにこれらに附属する配線、分電盤等が含まれる。

（2）「その他のもの」とは、建物に附属する電気設備で(1)以外のものをいい、例えば、次に掲げるものがこれに該当する。

イ　工場以外の建物については、受配電盤、変圧器、蓄電器、配電施設等の電気施設、電灯用配線施設及び照明設備（器具及び備品並びに機械装置に該当するものを除く。以下2-2-2において同じ。）並びにホテル、劇場等が停電時等のために有する内燃力発電設備

ロ　工場用建物については、電灯用配線施設及び照明設備

（給水設備に直結する井戸等）

2-2-3　建物に附属する給水用タンク及び給水設備に直結する井戸又は衛生設備に附属する浄化水槽等でその取得価額等からみて強いて構築物として区分する必要がないと認められるものについては、それぞれ、別表第一の「建物附属設備」に掲げる「給排水設備」又は「衛生設備」に含めることができる。

（冷房、暖房、通風又はボイラー設備）

2-2-4　別表第一の「建物附属設備」に掲げる「冷房、暖房、通風又はボイラー設備」の範囲については、次による。

（1）冷却装置、冷風装置等が一つのキャビネットに組み合わされたパッケージドタイプのエヤーコンディショナーであっても、ダクトを通じて相当広範囲にわたって冷房するものは、「器具及び備品」に掲げる「冷房用機器」に該当せず、「建物附属設備」の冷房設備に該当することに留意する。

（2） 「冷暖房設備（冷凍機の出力が22キロワット以下のもの）」には、冷暖房共用のもののほか、冷房専用のものも含まれる。

(注) 冷暖房共用のものには、冷凍機及びボイラーのほか、これらの機器に附属する全ての機器を含めることができる。

（3） 「冷暖房設備」の「冷凍機の出力」とは、冷凍機に直結する電動機の出力をいう。

（4） 浴場業用の浴場ボイラー、飲食店業用のちゅう房ボイラー並びにホテル又は旅館のちゅう房ボイラー及び浴場ボイラーは、建物附属設備に該当しない。

(注) これらのボイラーには、その浴場設備又はちゅう房設備の該当する業用設備の耐用年数を適用する。

（格納式避難設備）

2-2-4の2 別表第一の「建物附属設備」に掲げる「格納式避難設備」とは、火災、地震等の緊急時に機械により作動して避難階段又は避難通路となるもので、所定の場所にその避難階段又は避難通路となるべき部分を収納しているものをいう。

(注) 折たたみ式縄ばしご、救助袋のようなものは、器具及び備品に該当することに留意する。

（エヤーカーテン又はドアー自動開閉設備）

2-2-5 別表第一の「建物附属設備」に掲げる「エヤーカーテン又はドアー自動開閉設備」とは、電動機、圧縮機、駆動装置その他これらの附属機器をいうのであって、ドアー自動開閉機に直結するドアーは、これに含まれず、建物に含まれることに留意する。

（店用簡易装備）

2-2-6 別表第一の「建物附属設備」に掲げる「店用簡易装備」とは、主として小売店舗等に取り付けられる装飾を兼ねた造作（例えば、ルーバー、壁板等）、陳列棚（器具及び備品に該当するものを除く。）及びカウンター（比較的容易に取替えのできるものに限り、単に床の上においたものを除く。）等で短期間（おおむね別表第一の「店用簡易装備」に係る法定耐用年数の期間）内に取替えが見込まれるものをいう。

（可動間仕切り）

2-2-6の2 別表第一の「建物附属設備」に掲げる「可動間仕切り」とは、一の事務室等を適宜仕切って使用するために間仕切りとして建物の内部空間に取り付ける資材のうち、取り外して他の場所で再使用することが可能なパネル式若しくはスタッド式又はこれらに類するものをいい、その「簡易なもの」とは、可動間仕切りのうち、その材質及び構造が簡易で、容易に撤去することができるものをいう。

(注) 会議室等に設置されているアコーディオンドア、スライディングドア等で他の場所に移設して再使用する構造になっていないものは、「可動間仕切り」に該当しない。

（前掲のもの以外のものの例示）

2-2-7 別表第一の「建物附属設備」の「前掲のもの以外のもの」には、例えば、次のようなものが含まれる。

（1） 雪害対策のため建物に設置された融雪装置で、電気設備に該当するもの以外のもの（当該建物への出入りを容易にするため設置するものを含む。）

(注) 構築物に設置する融雪装置は、構築物に含め、公共的施設又は共同的施設に設置する融雪装置の負担金は、基本通達8-1-3又は8-1-4に定める繰延資産に該当する。

（2） 危険物倉庫等の屋根の過熱防止のために設置された散水装置

（3） 建物の外窓清掃のために設置された屋上のレール、ゴンドラ支持装置及びこれに係るゴンドラ

（4） 建物に取り付けられた避雷針その他の避雷装置

（5） 建物に組み込まれた書類搬送装置（簡易なものを除く。）

第３節　構　築　物

（鉄道用の土工設備）

2-3-1　別表第一の「構築物」の「鉄道業用又は軌道業用のもの」及び「その他の鉄道用又は軌道用のもの」に掲げる「土工設備」とは、鉄道軌道施設のため構築した線路切取り、線路築堤、川道付替え、土留め等の土工施設をいう。

（高架鉄道の高架構造物のく体）

2-3-2　高架鉄道の高架構造物のく(躯)体は「高架道路」に該当せず、「構築物」に掲げる「鉄道業用又は軌道業用のもの」又は「その他の鉄道用又は軌道用のもの」の「橋りょう」に含まれる。

（配電線、引込線及び地中電線路）

2-3-3　別表第一の「構築物」に掲げる「発電用又は送配電用のもの」の「配電用のもの」の「配電線」、「引込線」及び「地中電線路」とは、電気事業者が需用者に電気を供給するための配電施設に含まれるこれらのものをいう。

（注）電気事業以外の事業を営む者の有するこれらの資産のうち、建物の配線施設は別表第一の「建物附属設備」の「電気設備」に該当し、機械装置に係る配電設備は当該機械装置に含まれる。

（有線放送電話線）

2-3-4　いわゆる有線放送電話用の木柱は、別表第一の「構築物」の「放送用又は無線通信用のもの」に掲げる「木塔及び木柱」に該当する。

（広告用のもの）

2-3-5　別表第一の「構築物」に掲げる「広告用のもの」とは、いわゆる野立看板、広告塔等のように広告のために構築された工作物（建物の屋上又は他の構築物に特別に施設されたものを含む。）をいう。

（注）広告用のネオンサインは、「器具及び備品」の「看板及び広告器具」に該当する。

（野球場、陸上競技場、ゴルフコース等の土工施設）

2-3-6　別表第一の「構築物」の「競技場用、運動場用、遊園地用又は学校用のもの」に掲げる「野球場、陸上競技場、ゴルフコースその他のスポーツ場の排水その他の土工施設」とは、野球場、庭球場等の暗きょ、アンツーカー等の土工施設をいう。

（注）ゴルフコースのフェアウェイ、グリーン、築山、池その他これらに類するもので、一体となって当該ゴルフコースを構成するものは土地に該当する。

（「構築物」の「学校用」の意義）

2-3-7　2-1-4の取扱いは、「構築物」の「学校用のもの」についても準用する。

（幼稚園等の水飲場等）

2-3-8　幼稚園、保育所等が屋外に設けた水飲場、足洗場及び砂場は、別表第一の「構築物」の「競技場用、運動場用、遊園地用又は学校用のもの」の「その他のもの」の「児童用のもの」の「その他のもの」に該当する。

（緑 化 施 設）

2-3-8の2　別表第一の「構築物」に掲げる「緑化施設」とは、植栽された樹木、芝生等が一体となって緑化の用に供されている場合の当該植栽された樹木、芝生等をいい、いわゆる庭園と称されるもののうち、花壇、植樹等植物を主体として構成されているものはこれに含まれるが、ゴルフ場、運動競技場の芝生等のように緑化以外の本来の機能を果たすために植栽されたものは、これに含まれない。

（注）1　緑化施設には、並木、生垣等はもとより、緑化の用に供する散水用配管、排水溝等の土工施設も含まれる。

2　緑化のための土堤等であっても、その規模、構造等からみて緑化施設以外の独立した構築物と認められるものは、当該構築物につき定められている耐用年数を適用する。

（緑化施設の区分）

2-3-8の3　緑化施設が別表第一の「構築物」に掲げる「緑化施設」のうち、工場緑化施設に該当するかどうかは、一の構内と認められる区域ごとに判定するものとし、その区域内に施設される建物等が主として工場用のものである場合のその区域内の緑化施設は、工場緑化施設に該当するものとする。

（注）工場緑化施設には、工場の構外に施設された緑化施設であっても、工場の緑化を目的とすることが明らかなものを含む。

（工場緑化施設を判定する場合の工場用の建物の判定）

2-3-8の4　2-3-8の3において工場用の建物には、作業場及び2-1-10に掲げる附属建物のほか、発電所又は変電所の用に供する建物を含むものとする。

（注）倉庫用の建物は、工場用の建物に該当しない。

（緑化施設を事業の用に供した日）

2-3-8の5　緑化施設を事業の用に供した日の判定は、一の構内と認められる区域に施設される緑化施設の全体の工事が完了した日によるものとするが、その緑化施設が２以上の計画により施工される場合には、その計画ごとの工事の完了の日によることができるものとする。

（庭　　園）

2-3-9　別表第一の「構築物」に掲げる「庭園（工場緑化施設に含まれるものを除く。）」とは、泉水、池、とうろう、築山、あづまや、花壇、植樹等により構成されているもののうち、緑化施設に該当しないものをいう。

（舗 装 道 路）

2-3-10　別表第一の「構築物」に掲げる「舗装道路」とは、道路の舗装部分をいうのであるが、法人が舗装のための路盤部分を含めて償却している場合には、これを認める。

（舗 装 路 面）

2-3-11　別表第一の「構築物」に掲げる「舗装路面」とは、道路以外の地面の舗装の部分をいう。したがって、工場の構内、作業広場、飛行場の滑走路（オーバーラン及びショルダーを含む。）、誘導路、エプロン等の舗装部分が、これに該当する。この場合2-3-10の取扱いは、「舗装路面」の償却についても準用する。

（ビチューマルス敷のもの）

2-3-12　別表第一の「構築物」に掲げる「舗装道路及び舗装路面」の「ビチューマルス敷のもの」とは、道路又は地面を舗装する場合に基礎工事を全く行わないで、砕石とアスファルト乳剤類とを材料としてこれを地面に直接舗装したものをいう。

（砂　利　道）

2-3-13　表面に砂利、砕石等を敷設した砂利道又は砂利路面については、別表第一の「構築物」の「舗装道路及び舗装路面」に掲げる「石敷のもの」の耐用年数を適用する。

（高 架 道 路）

2-3-14　別表第一の「構築物」に掲げる「高架道路」とは、高架道路の高架構築物のく（躯）体をいい、道路の舗装部分については、「舗装道路」の耐用年数を適用する。

（飼　育　場）

2-3-15　別表第一の「構築物」に掲げる「飼育場」とは、家きん、毛皮獣等の育成、肥育のための飼育小屋、さくその他の工作物をいうのであるが、これに附帯する養鶏用のケージ等の一切の施設もこれに含めてその耐用年数を適用することができる。

（爆発物用防壁）

2-3-16　別表第一の「構築物」に掲げる「爆発物用防壁」とは、火薬類取締法（昭和25年法律第149号）、高圧ガス保安法（昭和26年法律第204号）等火薬類の製造、蔵置又は販売等の規制に関する法令に基づいて構築される爆発物用の防壁をいうのであるから、単なる延焼防止用の防火壁等については「防壁（爆発物用のものを除く。）」の耐用年数を適用することに留意する。

（防　油　堤）

2-3-17　別表第一の「構築物」の「防油堤」とは、危険物貯蔵タンクに貯蔵されている危険物の流出防止のために設けられた危険物の規制に関する政令（昭和34年政令第306号）第11条第１項第15号に規定する防油堤をいう。

（放射性同位元素の放射線を直接受けるもの）

2-3-18　別表第一の「構築物」に掲げる「鉄骨鉄筋コンクリート造又は鉄筋コンクリート造のもの」の「放射性同位元素の放射線を直接受けるもの」とは、放射性同位元素等の規制に関する法律（昭和32年法律第167号）第３条《使用の許可》又は第４条の２《廃棄の業の許可》に定める使用施設、貯蔵施設、廃棄施設、詰替施設、廃棄物詰替施設又は廃棄物貯蔵施設の設置のため必要なしゃへい壁等をいう。

（放射線発生装置のしゃへい壁等）

2-3-19　2-1-17の取扱いは、別表第一の「構築物」に掲げる「鉄骨鉄筋コンクリート造又は鉄筋コンクリート造のもの」の「放射性同位元素の放射線を直接受けるもの」について準用する。

（塩素等著しい腐食性を有するガスの影響を受けるもの）

2-3-20　2-1-13の（1）の取扱いは、別表第一の「構築物」に掲げる「れんが造のもの」の「塩素、クロールスルホン酸その他の著しい腐食性を有するガスの影響を受けるもの」について準用する。

（自 動 車 道）

2-3-21　別表第一の「構築物」の「土造のもの」に掲げる「自動車道」とは、道路運送法（昭和26年法律第183号）第47条《免許》の規定により国土交通大臣の免許を受けた自動車道事業者がその用に供する一般自動車道（自動車道事業者以外の者が専ら自動車の交通の用に供する道路で一般自動車道に類するものを含む。）で、原野、山林等を切り開いて構築した切土、盛土、路床、路盤、土留め等の土工施設をいう。

（打込み井戸）

2-3-22　別表第一の「構築物」の「金属造のもの」に掲げる「打込み井戸」には、いわゆるさく井（垂直に掘削した円孔に鉄管等の井戸側を装置した井戸をいう。）を含むものとする。

（注）いわゆる掘り井戸については、井戸側の構造に応じ、別表第一の構築物について定められている耐用年数を適用することに留意する。

（地盤沈下による防潮堤、防波堤等の積上げ費）

2-3-23　地盤沈下のため、防潮堤、防波堤等の積上げ工事を行った場合におけるその積上げ工事の償却の基礎とする耐用年数は、積上げ工事により積み上げた高さをその工事の完成前５年間における地盤沈下の１年当たり平均沈下高で除して計算した年数（１年未満の端数は、切り捨てる。）による。

（注）法人が地盤沈下に基因して、防潮堤、防波堤、防水堤等の積上げ工事を行った場合において、数年内に再び積上げ工事を行わなければならないものであると認められるときは、基本通達7-8-8によりその積上げ工事に要した費用を一の減価償却資産として償却することができる。

（地盤沈下対策設備）

2-3-24　地盤沈下による浸水の防止又は排水のために必要な防水塀、排水溝、排水ポンプ及びモーター等の地盤沈下対策設備の耐用年数は、それぞれ次の年数によることができる。ただし、（3）に掲げる排水ポンプ、モーター等の機械装置及び排水溝その他これに類する構築物で簡易なものについては、これらの資産を一括して耐用年数10年を適用することができる。

（1）　防水塀については、2-3-23に準じて計算した年数

（2） 通常機械及び装置と一体となって使用される排水ポンプ及びモーター等については、当該機械及び装置に含めて当該機械及び装置に適用すべき耐用年数

（3） （2）以外の排水ポンプ及びモーター等については、別表第二「55前掲の機械及び装置以外のもの並びに前掲の区分によらないもの」の耐用年数

（4） コンクリート造等のような恒久的な排水溝その他これに類する構築物については、それぞれの構造に係る「下水道」の耐用年数

第4節　船　　舶

（船舶搭載機器）

2-4-1　船舶に搭載する機器等についての耐用年数の適用は、次による。

（1） 船舶安全法（昭和8年法律第11号）及びその関係法規により施設することを規定されている電信機器、救命ボートその他の法定備品については、船舶と一括してその耐用年数を適用する。

（2） （1）以外の工具、器具及び備品並びに機械及び装置で船舶に常時搭載するものについても船舶と一括してその耐用年数を適用すべきであるが、法人が、これらの資産を船舶と区分して別表第一又は別表第二に定める耐用年数を適用しているときは、それが特に不合理と認められる場合を除き、これを認める。

（注） 別表第一の「船舶」に掲げる「しゅんせつ船」、「砂利採取船」及び「発電船」に搭載されている掘削機、砂利採取用機械等の作業用機器及び発電機のようにその船舶の細目の区分に関係する機器について、これらを搭載している船舶本体と分離して別個の耐用年数を適用することは、不合理と認められる場合に該当する。

（L・P・Gタンカー）

2-4-2　L・P・G（液化石油ガス）タンカーについては、油そう船の耐用年数を適用する。

（しゅんせつ船及び砂利採取船）

2-4-3　別表第一の「船舶」に掲げる「しゅんせつ船及び砂利採取船」とは、しゅんせつ又は砂利採取（地表上にある砂、砂利及び岩石の採取を含む。以下「2-4-3」において同じ。）用の機器を搭載しているなど、主としてしゅんせつ又は砂利採取に使用される構造を有する船舶をいうのであるが、しゅんせつ又は砂利採取を行うとともに、その採取した砂、砂利、岩石等を運搬することができる構造となっている船舶も含めることができる。

（サルベージ船等の作業船、かき船等）

2-4-4　サルベージ船、工作船、起重機船その他の作業船は、自力で水上を航行しないものであっても船舶に該当するが、いわゆるかき船、海上ホテル等のようにその形状及び構造が船舶に類似していても、主として建物又は構築物として用いることを目的として建造（改造を含む。）されたものは、船舶に該当しないことに留意する。

第5節　車両及び運搬具

（車両に搭載する機器）

2-5-1　車両に常時搭載する機器（例えば、ラジオ、メーター、無線通信機器、クーラー、工具、スペアータイヤ等をいう。）については、車両と一括してその耐用年数を適用する。

（高圧ボンベ車及び高圧タンク車）

2-5-2　別表第一の「車両及び運搬具」の「鉄道用又は軌道用車両」に掲げる「高圧ボンベ車及び高圧タンク車」とは、車体と一体となってその用に供される高圧ボンベ又は高圧タンクで、高圧ガス保安法（昭和26年法律第204号）第44条《容器検査》の規定により搭載タンクの耐圧試験又は気密試験を必要とするものを架装した貨車をいう。

（薬品タンク車）

2-5-3　別表第一の「車両及び運搬具」の「鉄道用又は軌道用車両」に掲げる「薬品タンク車」

とは、液体薬品を専ら輸送するタンク車をいう。

（架空索道用搬器）

2-5-4　別表第一の「車両及び運搬具」に掲げる「架空索道用搬器」とは、架空索条に搬器をつるして人又は物を運送する設備の当該搬器をいい、ロープウェイ、観光リフト、スキーリフト、貨物索道等の搬器がこれに該当する。

（特殊自動車に該当しない建設車両等）

2-5-5　トラッククレーン、ブルドーザー、ショベルローダー、ロードローラー、コンクリートポンプ車等のように人又は物の運搬を目的とせず、作業場において作業することを目的とするものは、「特殊自動車」に該当せず、機械及び装置に該当する。この場合において、当該建設車両等の耐用年数の判定は、1-4-2によることに留意する。

（運送事業用の車両及び運搬具）

2-5-6　別表第一の「車両及び運搬具」に掲げる「運送事業用の車両及び運搬具」とは、道路運送法（昭和26年法律第183号）第４条《一般旅客自動車運送事業の許可》の規定により国土交通大臣の許可を受けた者及び貨物自動車運送事業法（平成元年法律第83号）第３条《一般貨物自動車運送事業の許可》の規定により国土交通大臣の許可を受けた者が自動車運送事業の用に供するものとして登録された車両及び運搬具をいう。

（貸自動車業用）

2-5-7　別表第一の「車両及び運搬具」に掲げる「貸自動車業用の車両」とは、不特定多数の者に一時的に自動車を賃貸することを業とする者がその用に供する自動車をいい、いわゆるレンタカーがこれに該当する。なお、特定者に長期にわたって貸与するいわゆるリース事業を行う者がその用に供する自動車は、貸自動車業用の耐用年数を適用せず、その貸与先の実際の用途に応じた耐用年数を適用することに留意する。

（貨物自動車と乗用自動車との区分）

2-5-8　貨客兼用の自動車が貨物自動車であるかどうかの区分は、自動車登録規則（昭和45年運輸省令第７号）第13条《自動車登録番号》の規定による自動車登録番号により判定する。

（乗合自動車）

2-5-9　別表第一の「車両及び運搬具」の「運送事業用」に掲げる「乗合自動車」とは、道路交通法（昭和35年法律第105号）第３条《自動車の種類》に定める大型自動車又は中型自動車で、専ら人の運搬を行う構造のものをいう。

（報道通信用のもの）

2-5-10　別表第一の「車両及び運搬具」の「前掲のもの以外のもの」に掲げる「報道通信用のもの」とは、日刊新聞の発行、ラジオ放送若しくはテレビ放送を業とする者又は主として日刊新聞、ラジオ放送等に対するニュースを提供することを業とする者が、報道通信用として使用する自動車をいう。したがって、週刊誌、旬刊誌等の発行事業用のものは、これに該当しないことに留意する。

（電気自動車に適用する耐用年数）

2-5-11　電気自動車のうち道路運送車両法（昭和26年法律第185号）第３条《自動車の種別》に規定する軽自動車に該当するものは、「車両及び運搬具」の「前掲のもの以外のもの」の「自動車（２輪又は３輪自動車を除く。）」の「小型車」に該当することに取り扱う。

第６節　工　　具

（測定工具及び検査工具）

2-6-1　別表第一の「工具」に掲げる「測定工具及び検査工具」とは、ブロックゲージ、基準巻尺、ダイヤルゲージ、粗さ測定器、硬度計、マイクロメーター、限界ゲージ、温度計、圧力計、回転計、ノギス、水準器、小型トランシット、スコヤー、Ｖ型ブロック、オシロスコープ、電圧計、電力計、信号発生器、周波数測定器、抵抗測定器、インピーダンス測定器その他測定又は検査に使用するもので、主として生産工程(製品の検査等を含む。)で使用する可搬式のものをいう。

(ロ　ー　ル)

2-6-2　別表第一の「工具」に掲げる「ロール」とは、鉄鋼圧延ロール、非鉄金属圧延ロール、なっ染ロール、製粉ロール、製麦ロール、火薬製造ロール、塗料製造ロール、ゴム製品製造ロール、菓子製造ロール、製紙ロール等の各種ロールで被加工物の混練、圧延、成型、調質、つや出し等の作業を行うものをいう。したがって、その形状がロール状のものであっても、例えば、移送用ロールのようにこれらの作業を行わないものは、機械又は装置の部品としてその機械又は装置に含まれることに留意する。

(金属製柱及びカッペ)

2-6-3　別表第一の「工具」に掲げる「金属製柱及びカッペ」とは、鉱業の坑道において使用する金属製の支柱及び横はり(梁)で鉱物の採掘等の作業に使用するものをいう。

(建設用の足場材料)

2-6-4　建設業者等が使用する建設用の金属製の足場材料は、別表第一の「工具」に掲げる「金属製柱及びカッペ」の耐用年数を適用する。

第７節　器具及び備品

(前掲する資産のうち当該資産について定められている前掲の耐用年数によるもの以外のもの及び前掲の区分によらないもの)

2-7-1　「12前掲する資産のうち、当該資産について定められている前掲の耐用年数によるもの以外のもの」とは、器具及び備品について「1家具、電気機器、ガス機器及び家庭用品」から「11前掲のもの以外のもの」までに掲げる細目のうち、そのいずれか一についてはその区分に特掲されている耐用年数により、その他のものについては一括して償却する場合のその一括して償却するものをいい、「前掲の区分によらないもの」とは、「1」から「11」までの区分によらず、一括して償却する場合のそのよらないものをいう。

(注)　1-1-7参照。

(主として金属製のもの)

2-7-2　器具及び備品が別表第一の「器具及び備品」の「細目」欄に掲げる「主として金属製のもの」又は「その他のもの」のいずれに該当するかの判定は、耐用年数に最も影響があると認められるフレームその他の主要構造部分の材質が金属製であるかどうかにより行う。

(接客業用のもの)

2-7-3　別表第一の「器具及び備品」の「1家具、電気機器、ガス機器及び家庭用品」に掲げる「接客業用のもの」とは、飲食店、旅館等においてその用に直接供するものをいう。

(冷房用又は暖房用機器)

2-7-4　別表第一の「器具及び備品」の「1家具、電気機器、ガス機器及び家庭用品」に掲げる「冷房用又は暖房用機器」には、いわゆるウインドータイプのルームクーラー又はエアーコンディショナー、電気ストーブ等が該当する。

(注)　パッケージドタイプのエアーコンディショナーでダクトを通じて相当広範囲にわたって冷房するものは、「器具及び備品」に該当せず、「建物附属設備」の「冷房、暖房、通風又はボイラー設備」に該当する。

(謄 写 機 器)

2-7-5　別表第一の「器具及び備品」の「2事務機器及び通信機器」に掲げる「謄写機器」とは、いわゆる謄写印刷又はタイプ印刷の用に供する手刷機、輪転謄写機等をいい、フォトオフセット、タイプオフセット、フォトタイプオフセット等の印刷機器は、別表第二の「7印刷業又は印刷関連業用設備」に該当することに留意する。

(電子計算機)

2-7-6　別表第一の「器具及び備品」の「2事務機器及び通信機器」に掲げる「電子計算機」と

は、電子管式又は半導体式のもので、記憶装置、演算装置、制御装置及び入出力装置からなる計算機をいう。

(注) 電子計算機のうち記憶容量(検査ビットを除く。)が12万ビット未満の主記憶装置(プログラム及びデータが記憶され、中央処理装置から直接アクセスできる記憶装置をいう。)を有するもの(附属の制御装置を含む。)は、計算機として取り扱うことができる。

(旅館、ホテル業における客室冷蔵庫自動管理機器)

2-7-6の2 旅館業又はホテル業における客室冷蔵庫自動管理機器(客室の冷蔵庫における物品の出し入れを自動的に記録するため、フロント等に設置された機器並びにこれと冷蔵庫を連結する配線及び附属の機器をいう。)は、別表第一の「器具及び備品」の耐用年数を適用する。

(注) 冷蔵庫については、「電気冷蔵庫、……ガス機器」の耐用年数を適用する。

(オンラインシステムの端末機器等)

2-7-7 いわゆるオンラインシステムにおける端末機器又は電子計算機に附属するせん孔機、検査機、カーボンセパレーター、カッター等は、別表第一の「器具及び備品」の「2事務機器及び通信機器」の「その他の事務機器」に該当する。

(書類搬送機器)

2-7-8 建物附属設備に該当しない簡易な書類搬送機器は、別表第一の「器具及び備品」の「2事務機器及び通信機器」の「その他の事務機器」に該当する。

(テレビジョン共同聴視用装置)

2-7-9 テレビジョン共同聴視用装置のうち、構築物に該当するもの以外のものについては、別表第一の「器具及び備品」の「2事務機器及び通信機器」に掲げる「電話設備その他の通信機器」の耐用年数を、当該装置のうち構築物に該当するものについては、同表の「構築物」に掲げる「放送用又は無線通信用のもの」の耐用年数をそれぞれ適用する。

(ネオンサイン)

2-7-10 別表第一の「器具及び備品」の「5看板及び広告器具」に掲げる「ネオンサイン」とは、ネオン放電管及びこれに附属する変圧器等の電気施設をいうのであるから、ネオン放電管が取り付けられている鉄塔、木塔等は、構築物の「広告用のもの」の耐用年数を適用することに留意する。

(染色見本)

2-7-11 染色見本は、別表第一の「器具及び備品」の「5看板及び広告器具」に掲げる「模型」の耐用年数を適用する。

(金　庫)

2-7-12 金融機関等の建物にみられる「金庫室」は、別表第一の「器具及び備品」の「6容器及び金庫」に掲げる「金庫」に該当せず、その全部が建物に含まれることに留意する。

(医療機器)

2-7-13 病院、診療所等における診療用又は治療用の器具及び備品は、全て別表第一の「器具及び備品」の「8医療機器」に含まれるが、法人が同表の「器具及び備品」の他の区分に特掲されているものについて当該特掲されているものの耐用年数によっているときは、これを認める。

この場合、「8医療機器」に含まれるものについての当該「8医療機器」の区分の判定については、次のものは、次による。

(1) 例えば、ポータブル式のように携帯することができる構造の診断用(歯科用のものを含む。)のレントゲン装置は、「レントゲンその他の電子装置を使用する機器」の「移動式のもの」に該当する。

(注) レントゲン車に積載しているレントゲンは、レントゲン車に含めてその耐用年数を適用する。

(2) 治療用、断層撮影用等のレントゲン装置に附属する電圧調整装置、寝台等は、「レントゲンその他の電子装置を使用する機器」の「その他のもの」に含まれる。

（3） 歯科診療用椅子は、「歯科診療用ユニット」に含まれるものとする。

（4） 医療用蒸りゅう水製造器、太陽灯及びレントゲンフィルムの現像装置は、「その他のもの」に含まれる。

（自動遊具等）

2-7-14 遊園地、遊技場、百貨店、旅館等に施設されている自動遊具（硬貨又はメダルを投入することにより自動的に一定時間遊具自体が駆動する機構又は遊具の操作をすることができる機構となっているもの、例えば、馬、ステレオトーキー、ミニドライブ、レットガン、クレーンピック、スロットマシン、マスゲームマシン（球戯用具に該当するものを除く。）、テレビゲームマシン等の遊具をいう。）、モデルカーレーシング用具及び遊園地内において一定のコースを走行するいわゆるゴーカート、ミニカー等は、別表第一の「器具及び備品」の「９娯楽又はスポーツ器具及び興行又は演劇用具」に掲げる「スポーツ具」の耐用年数を適用することができる。

（貸　衣　装）

2-7-15 婚礼用衣装等の貸衣装業者がその用に供する衣装及びかつらについては、別表第一の「器具及び備品」の「９娯楽又はスポーツ器具及び興行又は演劇用具」に掲げる「衣しょう」の耐用年数を適用することができる。

（生　　　物）

2-7-16 別表第一の「器具及び備品」に掲げる「10生物」には、動物園、水族館等の生物並びに備品として有する盆栽及び熱帯魚等の生物が含まれるのであるが、次のものについても生物について定められている耐用年数を適用することができる。

（1） 医療用の生物

（2） 熱帯魚、カナリヤ、番犬その他の生物を入れる容器（器具及び備品に該当するものに限る。）

（天　幕　等）

2-7-17 天幕、組立式プール等器具及び備品に該当するもので、通常、その支柱と本体とが材質的に異なるため、その耐久性に著しい差異がある場合には、その支柱と本体とをそれぞれ区分し、その区分ごとに耐用年数を適用することができる。

（自動販売機）

2-7-18 別表第一の「器具及び備品」の「11前掲のもの以外のもの」に掲げる「自動販売機」には、自動両替機、自動理容具等を含み、コインロッカーは含まれない。

（注） コインロッカーは、「11前掲のもの以外のもの」の「主として金属製のもの」に該当する。

（無人駐車管理装置）

2-7-19 別表第一の「器具及び備品」の「11前掲のもの以外のもの」に掲げる「無人駐車管理装置」には、バイク又は自転車用の駐輪装置は含まれないことに留意する。

（注） バイク又は自転車用の駐輪装置は、「11前掲のもの以外のもの」の「主として金属製のもの」に該当する。

第８節　機械及び装置

（鉱業用の軌条、まくら木等）

2-8-1 坑内の軌条、まくら木及び坑内動力線で、鉱業の業種用のものとして通常使用しているものは、別表第二の「29鉱業、採石業又は砂利採取業用設備」に含まれるものとする。

また、建設作業現場の軌条及びまくら木で、総合工事業の業種用のものとして通常使用しているものは、同表の「30総合工事業用設備」に含まれるものとする。

（総合工事業以外の工事業用設備）

2-8-2 機械及び装置で、職別工事業又は設備工事業の業種用の設備として通常使用しているものは、別表第二の「30総合工事業用設備」に含まれるものとする。

（鉄道業以外の自動改札装置）

2-8-3　自動改札装置で、鉄道業以外の業種用の設備として通常使用しているものについても、別表第二の「38鉄道業用設備」の「自動改札装置」の耐用年数を適用して差し支えないものとする。

（その他の小売業用設備）

2-8-4　別表第二の「45その他の小売業用設備」には、機械及び装置で、日本標準産業分類の中分類「60その他の小売業」の業種用の設備として通常使用しているものが該当することに留意する。

（ホテル内のレストラン等のちゅう房設備）

2-8-5　ホテル内にある宿泊客以外も利用可能なレストラン等のちゅう房用の機械及び装置は、別表第二の「48飲食店業用設備」に含まれることに留意する。

（持ち帰り・配達飲食サービス業用のちゅう房設備）

2-8-6　ちゅう房用の機械及び装置で、持ち帰り・配達飲食サービス業の業種用の設備として通常使用しているものは、別表第二の「48飲食店業用設備」に含まれるものとする。

（その他のサービス業用設備）

2-8-7　別表第二の「54その他のサービス業用設備」には、機械及び装置で、日本標準産業分類の中分類「95その他のサービス業」の業種用の設備として通常使用しているものが該当することに留意する。

（道路旅客運送業用設備）

2-8-8　機械及び装置で、道路旅客運送業の業種用の設備として通常使用しているものは、別表第二の「55前掲の機械及び装置以外のもの並びに前掲の区分によらないもの」に含まれることに留意する。

（電光文字設備等）

2-8-9　電光文字設備は、例えば、総合工事業の業種用の設備として通常使用しているものであっても、別表第二の「55前掲の機械及び装置以外のもの並びに前掲の区分によらないもの」に含まれるものとする。

蓄電池電源設備及びフライアッシュ採取設備についても同様とする。

第９節　公害防止用減価償却資産

（汚水処理用減価償却資産の範囲）

2-9-1　別表第五の公害防止用減価償却資産のうち省令第２条第１号の汚水処理の用に供される減価償却資産（以下この節において「汚水処理用減価償却資産」という。）とは、工場等内で生じた汚水等（同号に規定する汚水、坑水、廃水及び廃液をいい、温水を含む。以下同じ。）でそのまま排出すれば公害が生ずると認められるものを公害の生じない水液（水その他の液体をいう。以下「2-9-1」において同じ。）にして排出するために特に施設された汚水処理の用に直接供される減価償却資産（専ら当該汚水等を当該汚水処理の用に直接供される減価償却資産に導入するための送配管等及び処理後の水液を排出口に誘導するための送配管等を含む。）をいうのであるが、次に掲げる減価償却資産についても、汚水処理用減価償却資産に含めることができることに取り扱う。

（1）　汚水等の処理後の水液（当該処理によって抽出した有用成分を含む。）を工場等外に排出しないで製造工程等において再使用する場合における汚水処理の用に直接供される減価償却資産（専ら当該汚水等を当該汚水処理の用に直接供される減価償却資産へ導入するための送配管等を含む。）

（2）　汚水等の処理の過程において得た有用成分を自己の主製品の原材料等として使用する場合（当該有用成分がそのまま原材料等として使用できる場合を除く。）において、次のいずれにも該当するときにおける当該有用成分

を原材料等として使用するための加工等の用に供される減価償却資産

イ　当該有用成分を廃棄することにより公害を生ずる恐れがあると認められる事情があること。

ロ　当該有用成分を原材料等として使用するための加工等を行うことにより、その原材料等を他から購入することに比べ、明らかに継続して損失が生ずると認められること。

（3）　汚水等の処理の過程において得た有用成分を製品化する場合（当該有用成分を他から受け入れて製品化する場合を除く。）において、次のいずれにも該当するときにおける当該製品化工程の用に供される減価償却資産

イ　当該有用成分を廃棄することにより公害を生ずれ恐れがあると認められる事情があること。

ロ　当該有用成分を製品化して販売することにより、その有用成分をそのまま廃棄することに比べ、明らかに継続して損失が生ずると認められること。

（注）汚水処理用減価償却資産を図示すれば、それぞれ次の区分に応じ、斜線の部分が汚水処理用減価償却資産に該当することとなる。

（イ）通常の汚水処理用減価償却資産

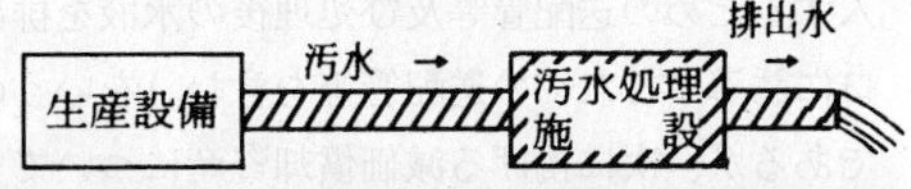

（ロ）（1）に掲げる減価償却資産

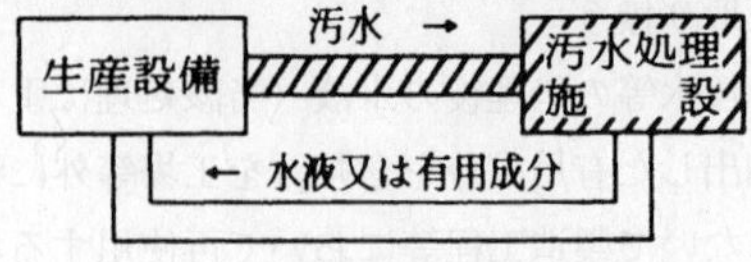

（ハ）（2）に掲げる減価償却資産

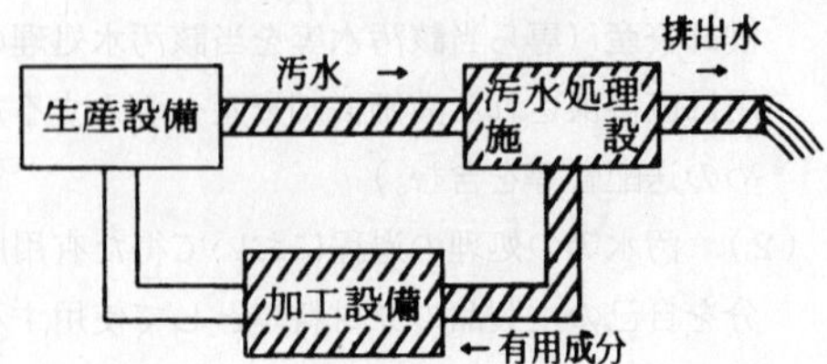

（ニ）（3）に掲げる減価償却資産

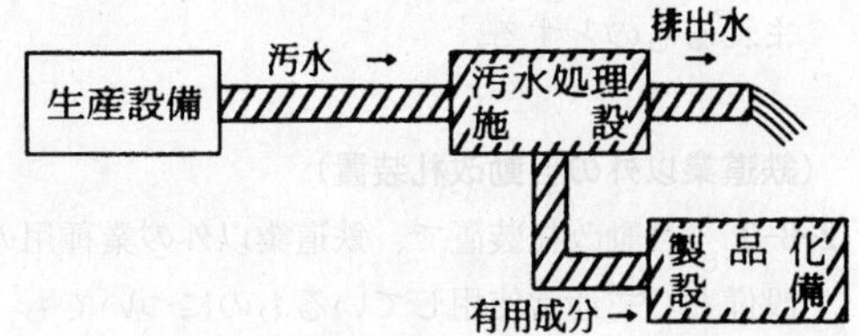

（建物に係る浄化槽等）

2-9-2　ビル、寄宿舎等から排出される汚水を浄化するために施設した浄化槽等で、構築物に該当するものは、汚水処理用減価償却資産に含まれるものとする。

（家畜し尿処理設備）

2-9-3　牛、馬、豚等のし尿処理をする場合における地中蒸散による処理方法は、省令第２条第１号に規定するろ過に準じ、汚水処理の方法に該当するものとして取り扱う。

（汚水処理用減価償却資産に該当する機械及び装置）

2-9-4　汚水処理用減価償却資産には、例えば、沈殿又は浮上装置、油水分離装置、汚泥処理装置、ろ過装置、濃縮装置、抜気装置、洗浄又は冷却装置、中和又は還元装置、燃焼装置、凝縮沈殿装置、生物化学的処理装置、輸送装置、貯留装置等及びこれらに附属する計測機器、調整用機器、電動機、ポンプ等が含まれる。

（ばい煙処理用減価償却資産の範囲）

2-9-5　別表第五の公害防止用減価償却資産のうち省令第２条第１号のばい煙処理の用に供される減価償却資産（以下この節において「ばい煙処理用減価償却資産」という。）とは、工場等内で生じたばい煙等（同号に規定するばい煙、粉じん又は特定物質をいう。以下同じ。）を公害の生ずるおそれのない状態で排出（大気中に飛散しないよう防止して公害のおそれのない状態を維持することを含む。）をするため、特に施設されたばい煙処理の用に直接供される減価償却資産をいうのであるが、次に掲げる減価償却資産についても、ばい煙処理用減価償却資産に含め

ることができることに取り扱う。

（1） ばい煙等の処理の過程において得た物質を自己の主製品の原材料等として使用する場合（当該物質がそのまま原材料等として使用できる場合を除く。）において、次のいずれにも該当するときにおける当該物質を原材料等として使用するための加工等の用に供される減価償却資産

イ 当該物質を廃棄することにより公害を生ずる恐れがあると認められる事情があること。

ロ 当該物質を原材料等として使用するための加工等を行うことにより、その原材料等を他から購入することに比べ、明らかに継続して損失が生ずると認められること。

（2） ばい煙等の処理の過程において得た物質を製品化する場合（当該物質を他から受け入れて製品化する場合を除く。）において、次のいずれにも該当するときにおける当該製品化工程の用に供される減価償却資産

イ 当該物質を廃棄することにより公害を生ずるおそれがあると認められる事情があること。

ロ 当該物質を製品化して販売することにより、その物質をそのまま廃棄することに比べ、明らかに継続して損失が生ずると認められること。

(注)1 ばい煙等の処理によって得られる余熱等を利用するために施設された減価償却資産は、ばい煙処理用減価償却資産に該当しない。

2 ばい煙処理用減価償却資産を図示すれば、それぞれ次の区分に応じ、斜線の部分がばい煙処理用減価償却資産に該当することとなる。

（イ） 通常のばい煙処理用減価償却資産

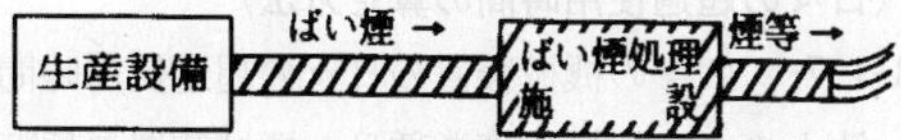

（ロ） （1）に掲げる減価償却資産

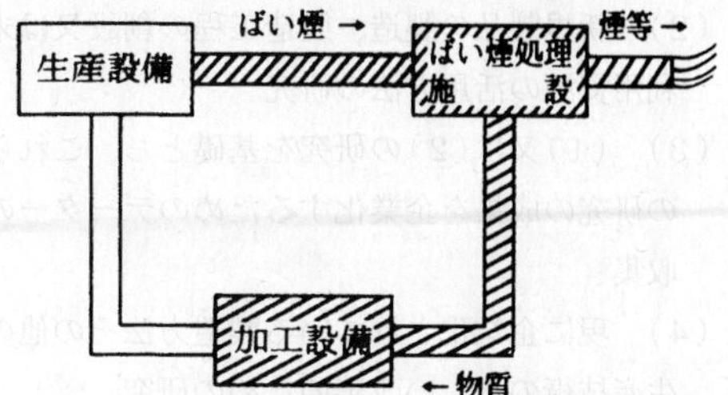

（ハ） （2）に掲げる減価償却資産

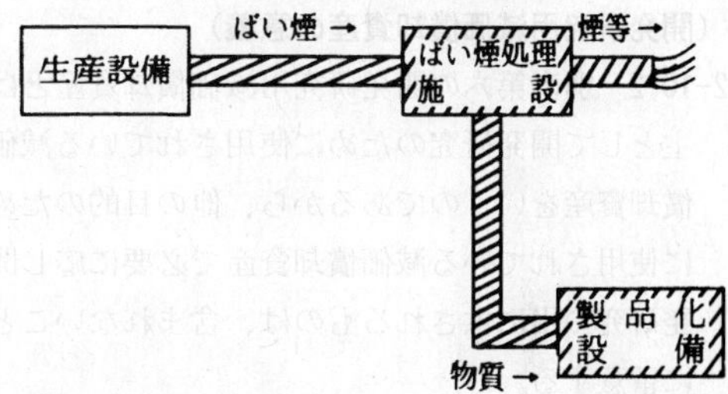

（建物附属設備に該当するばい煙処理用の機械及び装置）

2-9-6 ビル等の建物から排出されるばい煙を処理するために施設した機械及び装置は、原則として建物附属設備に該当するのであるが、当該機械及び装置が省令第２条第１号に定めるばい煙処理のために施設されたものであり、かつ、その処理の用に直接供されるものであるときは、別表第五に掲げる機械及び装置の耐用年数を適用することができる。

（ばい煙処理用減価償却資産に該当する機械及び装置）

2-9-7 ばい煙処理用減価償却資産には、集じん装置及び処理装置の本体（電気捕集式のものにあっては、本体に直結している変圧器及び整流器を含む。）のほか、これらに附属するガス導管、水管、ガス冷却器、通風機、ダスト搬送器、ダスト貯留器、ミスト除却機等が含まれる。

第10節 開発研究用減価償却資産

（開発研究の意義）

2-10-1 省令第２条第２号に規定する「開発研究」とは、次に掲げる試験研究をいう。

（1） 新規原理の発見又は新規製品の発明のた

めの研究

(2) 新規製品の製造、製造工程の創設又は未利用資源の活用方法の研究

(3) (1)又は(2)の研究を基礎とし、これらの研究の成果を企業化するためのデーターの収集

(4) 現に企業化されている製造方法その他の生産技術の著しい改善のための研究

(開発研究用減価償却資産の意義)

2-10-2 別表第六の開発研究用減価償却資産とは、主として開発研究のために使用されている減価償却資産をいうのであるから、他の目的のために使用されている減価償却資産で必要に応じ開発研究の用に供されるものは、含まれないことに留意する。

(開発研究用減価償却資産の範囲)

2-10-3 開発研究用減価償却資産には、開発研究の用に供するため新たに取得された減価償却資産のほか、従来から有していた減価償却資産で他の用途から開発研究の用に転用されたものも該当する。

第３章 増加償却

(増加償却の適用単位)

3-1-1 法人が同一工場構内に２以上の棟を有している場合において、一の設備の種類を構成する機械装置が独立して存在する棟があるときは、当該棟ごとに増加償却を適用することができる。

(中古機械等の増加償却割合)

3-1-2 同一用途に供される中古機械と新規取得機械のように、別表第二に掲げる設備の種類を同じくするが、償却限度額の計算をそれぞれ別個に行う機械装置についても、増加償却の適用単位を同一にするものにあっては、増加償却割合の計算に当たっては、当該設備に含まれる機械装置の全てを通算して一の割合をそれぞれ適用することに留意する。

(平均超過使用時間の意義)

3-1-3 増加償却割合の計算の基礎となる平均超過使用時間とは、当該法人の属する業種に係る設備の標準稼働時間（通常の経済事情における機械及び装置の平均的な使用時間をいう。）を超えて使用される個々の機械装置の１日当たりのその超える部分の当該事業年度における平均時間をいう。この場合において、法人が週５日制（機械装置の稼働を休止する日が１週間に２日あることを常態とする操業体制をいう。）を採用している場合における機械装置の標準稼働時間は、当該法人の属する業種における週６日制の場合の機械装置の標準稼働時間に、当該標準稼働時間を５で除した数を加算した時間とする。

(機械装置の単位)

3-1-4 平均超過使用時間の算定は、通常取引される個々の機械装置の単位ごとに行う。

(標準稼働時間内における休止時間)

3-1-5 個々の機械装置の日々の超過使用時間の計算に当たっては、標準稼働時間内における個々の機械装置の稼働状況は、超過使用時間の計算に関係のないことに留意する。

(日曜日等の超過使用時間)

3-1-6 日曜、祭日等通常休日とされている日（週５日制による日曜日以外の休日とする日を含む。）における機械装置の稼働時間は、その全てを超過使用時間とする。

(注)1 この取扱いは、機械装置の標準稼働時間が24時間であるものについては適用がない。

2 週５日制による日曜日以外の休日とする日は、通常使用されるべき日数に含めることとされているので留意する。

(日々の超過使用時間の算定方法)

3-1-7 個々の機械装置の日々の超過使用時間は、法人の企業規模、事業種目、機械装置の種類等に応じて、次に掲げる方法のうち適当と認められる方法により求めた稼働時間を基礎として算定するものとするが、この場合に個々の機械装

置の稼働時間が不明のときは、これらの方法に準じて推計した時間によるものとする。

（1） 個々の機械装置の従事員について労務管理のため記録された勤務時間を基として算定する方法

（2） 個々の機械装置の従事員が報告した機械装置の使用時間を基として算定する方法

（3） 生産1単位当たりの標準所要時間を生産数量に乗じ、又は単位時間当たり標準生産能力で生産数量を除して得た時間を基として算定する方法

（4） 常時機械装置に運転計の付してあるもの又は「作業時間調」（就業時間中の機械装置の稼働状況を個別に時間集計しているもの）等のあるものについては、それらに記録され、又は記載された時間を基として算定する方法

（5） 当該法人の企業規模等に応じ適当と認められる（1）から（4）までに掲げられている方法に準ずる方法

（日々の超過使用時間の簡便計算）

3-1-8 機械装置の日々の超過使用時間は、個々の機械装置ごとに算定することを原則とするが、その算定が困難である場合には、一の製造設備を製造単位（同一の機能を果たす機械装置を組織的に、かつ、場所的に集約した単位をいう。）ごとに分割して、その分割された製造単位の超過使用時間をもって当該製造単位に含まれる個々の機械装置の超過使用時間とすることができる。

（月ごとの計算）

3-1-9 機械装置の平均超過使用時間は、月ごとに計算することができる。この場合における当該事業年度の機械装置の平均超過使用時間は、月ごとの機械装置の平均超過使用時間の合計時間を当該事業年度の月数で除して得た時間とする。

（超過使用時間の算定の基礎から除外すべき機械装置）

3-1-10 次のいずれかに該当する機械装置及びその稼働時間は、日々の超過使用時間の算定の基礎には含めないものとする。

（1） 受電盤、変圧器、配電盤、配線、配管、貯槽、架台、定盤その他これらに準ずるもので、その構造等からみて常時使用の状態にあることを通常の態様とする機械装置

（2） 熱処理装置、冷蔵装置、発酵装置、熟成装置その他これらに準ずるもので、その用法等からみて長時間の仕掛りを通常の態様とする機械装置

（注） この取扱いによって除外した機械装置であっても、増加償却の対象になることに留意する。3-1-11の取扱いを適用した場合も同様とする。

（超過使用時間の算定の基礎から除外することができる機械装置）

3-1-11 次に掲げる機械装置（3-1-10に該当するものを除く。）及びその稼働時間は、法人の選択によりその全部について継続して除外することを条件として日々の超過使用時間の算定の基礎には含めないことができる。

（1） 電気、蒸気、空気、ガス、水等の供給用機械装置

（2） 試験研究用機械装置

（3） 倉庫用機械装置

（4） 空気調整用機械装置

（5） 汚水、ばい煙等の処理用機械装置

（6） 教育訓練用機械等の生産に直接関連のない機械装置

（通常使用されるべき日数の意義）

3-1-12 増加償却割合の算定の基礎となる機械装置の通常使用されるべき日数は、当該事業年度の日数から、日曜、祭日等当該法人の営む事業の属する業界において通常休日とされている日数を控除した日数をいう。この場合において、週5日制による日曜日以外の休日とする日は、通常使用されるべき日数に含むものとする。

第４章　特別な償却率による償却

第１節　対象資産の範囲、残存価額等

（漁網の範囲）

4-1-1　漁網には、網地、浮子（あば）、沈子（いわ）及び綱並びに延縄を含むものとする。

（鉛 板 地 金）

4-1-2　活字地金には、鉛板地金を含むものとする。

（映画用フィルムの取得価額）

4-1-3　映画用フィルムの取得価額には、ネガティブフィルム（サウンドフィルム及びデューブネガを含む。）及びポジティブフィルム（デューブポジを含む。）の取得に直接、間接に要した一切の費用が含まれるが、自己の所有に係るネガティブフィルムからポジティブフィルムを作成する場合には、当該ポジティブフィルムの複製費用は、映画フィルムの取得価額に算入しないことができる。

（映画フィルムの範囲と上映権）

4-1-4　法人が他人の有するネガティブフィルムから作成される16ミリ版ポジティブフィルム（公民館、学校等を巡回上映するもの又はこれらに貸与することを常態とするものに限る。）を取得した場合の当該フィルム又は上映権を取得した場合の当該上映権は、規則第12条第５号に掲げる資産に該当するものとして取り扱う。

（非鉄金属圧延用ロール）

4-1-5　非鉄金属圧延用ロールには、作動ロール（ワーキングロール）のほか、押さえロール（バックアップロール）を含むものとする。

（譲渡、滅失資産の除却価額）

4-1-6　特別な償却率により償却費の額を計算している一の資産の一部につき、除却、廃棄、滅失又は譲渡（以下「除却等」という。）をした場合における当該資産の除却等による損益の計算の基礎となる帳簿価額は、次による。

（１）　活字地金については、除却等の直前の帳簿価額を除却等の直前の保有量で除して算出した価額を当該活字地金の一単位当たりの価額とする。

（２）　なつ染用銅ロール、非鉄金属圧延用ロール及び規則第12条第４号に掲げる金型その他の工具（以下「専用金型等」という。）については、個々の資産につき償却費の額を配賦しているものはその帳簿価額とし、個々の資産につき償却費の額を配賦していないものは4-1-8の残存価額とする。

（３）　漁網につき、その一部を修繕等により取り替えた場合におけるその取り替えた部分については、ないものとする。

（修繕費と資本的支出の区分）

4-1-7　特別な償却率により償却費を計算する資産に係る次の費用についての修繕費と資本的支出の区分は次による。

（１）　漁網については、各事業年度において漁網の修繕等（災害等により漁網の一部が滅失又は損傷した場合におけるその修繕等を含む。）のために支出した金額のうち、次の算式により計算される金額は、資本的支出とする。この場合における計算は、原則として、法人の有する漁網について一統ごとに行うのであるが、その計算が著しく困難であると認められるときは、特別な償却率の異なるごとに、かつ事業場の異なるごとに行うことができる。

$$\text{算式}=\frac{A}{B}\left\{B-(C\times\text{一定割合})\right\}$$

（注）１　A……当該事業年度において修繕等のために当該漁網に支出した金額をいう。

２　B……当該事業年度において修繕等のために当該漁網に使用した網地等の合計量をいう。

３　C……当該事業年度開始の日における当該漁網の全構成量をいう。

４　一定割合……30%（法人の事業年度

が１年に満たない場合には、当該事業年度の月数を12で除し、これに30％を乗じて得た割合）とする。

（２） 活字地金については、鋳造に要した費用及び地金かすから地金を抽出するために要した費用は修繕費とし、地金の補給のために要した費用は資本的支出とする。

（３） なつ染用銅ロールの彫刻に要した費用は彫刻したときの修繕費とし、銅板の巻替えに要した費用は資本的支出とする。

（４） 非鉄金属圧延用ロールについては、ロールの研磨又は切削に要した費用は研磨又は切削をしたときの修繕費とする。

（残 存 価 額）

4-1-8 特別な償却率による償却費の額を計算する資産の残存価額は、次による。

（１）	漁　　網	零
（２）	活字地金	零
（３）	なつ染用銅ロール	取得価額の100分の15
（４）	映画用フィルム	零
（５）	非鉄金属圧延用ロール	取得価額の100分の３
（６）	専用金型等	処分可能価額

（残存価額となった資産）

4-1-9 特別な償却率は、その認定を受けた資産の償却累積額が当該資産の取得価額から4-1-8に定める残存価額を控除した金額に相当する額に達するまで償却を認めることとして認定する建前としているから、特別な償却率により償却費の額を計算している資産で、特別な償却率が同一であるため、一括して償却しているものについて、その償却費が個々の資産に配賦されている場合において、当該個々の資産の帳簿価額が残存価額に達したときは、その後においては、償却限度額の計算の基礎となる取得価額から当該資産の取得価額を除くことに留意する。

第２節　特別な償却率等の算定式

（特別な償却率等の算定式）

4-2-1 令第50条の規定による特別な償却率は、次の区分に応じ、次により算定する。

（１） 漁網　原則として一統ごとに、当該漁網の種類に応じて、次により算定される月数（法人の事業年度が１年に満たない場合には、当該月数を12倍し、これを当該事業年度の月数で除して得た月数）に応じた次表に定める割合とする。

（イ） 一時に廃棄されることがなく修繕等により継続してほぼ恒久的に漁ろうの用に供することができる漁網については、当該漁網が新たに漁ろうの用に供された日からその法人の操業状態において修繕等のために付加される網地等の合計量（反数その他適正な量的単位により計算した量）が当該漁網の全構成量に達すると予想される日までの経過月数

（ロ） （イ）以外の漁網については、当該漁網が新たに漁ろうの用に供された日から、その法人の操業状態において当該漁網が一時に廃棄されると予想される日までの経過月数

月		数		割　合
12	以　上	15	未　満	90 ％
15	〃	18	〃	85
18	〃	20	〃	80
20	〃	23	〃	75
23	〃	27	〃	70
27	〃	31	〃	65
31	〃	35	〃	60
35	〃	40	〃	55
40	〃	47	〃	50
47	〃	54	〃	45
54	〃	65	〃	40
65	〃	77	〃	35
77	〃	96	〃	30
96	〃	124	〃	25
124	〃	170	〃	20
170	〃	262	〃	15
262	〃	540	〃	10
540	〃			5

(注) 1　(1)の(イ)及び(ロ)の月数は、法人が当該漁網と種類、品質、修繕等の状況及び使用状態等がほぼ同一であるものを有していた場合にはその実績を、当該法人にその実績がない場合には当該法人と事業内容か操業状態等が類似するものが有する漁網の実績を考慮して算定する。

2　1の場合において、その月数は法人が予備網を有し、交互に使用しているようなときは、当該漁網と予備網を通常交互に使用した状態に基づいて算定することに留意する。

(2)　活字地金　活字地金が活字の鋳造等によって1年間に減量する率とする。

(3)　なつ染用銅ロール　各事業年度におけるロールの実際彫刻回数の彫刻可能回数のうちに占める割合とする。

(4)　映画用フィルム　ポジティブフィルムの封切館における上映日から経過した月数ごとに、その月までの収入累計額の全収入予定額のうちに占める割合とする。

(5)　非鉄金属圧延用ロール　各事業年度におけるロールの直径の減少値の使用可能直径(事業の用に供したときのロールの直径からロールとして使用し得る最小の直径を控除した値をいう。)のうちに占める割合とする。

(6)　専用金型等　各事業年度における専用金型等による実際生産数量の当該専用金型等に係る総生産計画数量のうちに占める割合とする。

第3節　特別な償却率の認定

(特別な償却率の認定)

4-3-1　特別な償却率の認定は、申請資産の実情により認定するのであるが、当該資産が漁網、活字地金及び専用金型等以外の資産である場合において、申請に係る率又は回数若しくは直径が付表6に掲げる基準率以下のもの又は基準回数若しくは基準直径以上であるときは、その申請どおり認定する。

(中古資産の特別な償却率)

4-3-2　特別な償却率の認定を受けている法人が、当該認定を受けた資産と同様の中古資産を取得した場合には、当該中古資産については、その取得後の状況に応じて特別な償却率を見積もることができる。

(特別な償却率による償却限度額)

4-3-3　特別な償却率による各事業年度の償却限度額は、次の区分に応じ、次により算定する。

(1)　漁網　認定を受けた特別な償却率の異なるごとに当該事業年度開始の日における漁網の帳簿価額に特別な償却率を乗じて計算した金額とする。この場合において、事業年度の中途に事業の用に供した漁網については、その取得価額に特別な償却率を乗じて計算した金額に次の割合を乗じて計算した金額とする。

イ　当該漁網による漁獲について漁期の定めがある場合

$$\frac{\text{当該漁網を当該事業年度において漁ろうの用に供した期間の月数}}{\text{当該漁期の期間（当該事業年度に2以上の漁期を含むときは、各漁期の期間の合計の期間）の月数}}$$

ロ　イ以外の場合

$$\frac{\text{当該漁網を事業の用に供した日から当該事業年度終了の日までの期間の月数}}{\text{当該事業年度の月数}}$$

(2)　活字地金　各事業年度開始の日における帳簿価額に特別な償却率（事業年度が1年未満の場合には、特別な償却率に当該事業年度の月数を乗じ、これを12で除した率。以下4-3-3の(2)において同じ。）を乗じて計算した金額とする。この場合において、当該事業年度の中途に事業の用に供した活字地金については、その取得価額に特別な償却率を乗じて計算した金額に、その供した日から当該事業年度終了の日までの期間の月数を乗じてこれを当該事業年度の月数で除して計算した金額とする。

(3)　なつ染用銅ロール　ロールの取得価額から残存価額を控除した金額に当該事業年度の特別な償却率を乗じて計算した金額とする。

（注）なつ染用銅ロールが２以上ある場合における特別な償却率は、ロールの種類ごとに、各事業年度における実際の彫刻回数（当該事業年度において譲渡又は廃棄したロールの彫刻回数を除き、基準模様以外の模様を彫刻した場合の彫刻回数は、実際彫刻回数に換算率を乗じた回数とする。）の合計数の当該事業年度終了の日において有するロールの彫刻可能回数の合計数のうちに占める割合による。

（4）　映画用フィルム　取得価額に当該フィルムの上映日から当該事業年度終了の日までに経過した期間の月数に応ずる特別な償却率（当該事業年度前の事業年度において上映したフィルムについては、当該特別な償却率から当該事業年度直前の事業年度終了の日における特別な償却率を控除した率）を乗じて計算した金額とする。

ただし、付表６の(2)のただし書の適用を受ける場合には、各事業年度ごとに封切上映したものの取得価額の総額に同ただし書の割合を乗じて計算した金額の合計額とする。

（5）　非鉄金属圧延用ロール　使用可能の直径の異なるごとに、当該ロールの取得価額から残存価額を控除した金額に当該事業年度の特別な償却率を乗じて計算した金額とする。

（注）非鉄金属圧延用ロールが２以上ある場合における特別な償却率は、使用可能の直径の異なるごとに、各事業年度におけるロールの直径の減少値（当該事業年度において譲渡又は廃棄したロールに係る減少値を除く。）の合計数の当該事業年度終了の日において有するロールの使用可能直径の合計数のうちに占める割合による。

（6）　専用金型等　その種類及び形状を同じくするものごとに、当該専用金型等の取得価額から残存価額を控除した金額に当該事業年度の特別な償却率を乗じて計算した金額とする。

（特別な償却率の認定を受けている資産に資本的支出をした場合の取扱い）

4-3-4　特別な償却率の認定を受けている減価償却資産について資本的支出をした場合には、当該資本的支出は当該認定を受けている特別な償却率により償却を行うことができることに留意する。

第５章　その他

（事業年度が１年に満たない場合の償却率等）

5-1-1　減価償却資産の償却の方法につき旧定額法、旧定率法、定額法又は定率法を選定している法人の事業年度が１年に満たないため、省令第４条第２項又は第５条第２項若しくは第４項の規定を適用する場合の端数計算については、次によるものとする。

（1）　旧定額法、定額法又は定率法を選定している場合

当該減価償却資産の旧定額法、定額法又は定率法に係る償却率又は改定償却率に当該事業年度の月数を乗じてこれを12で除した数に小数点以下３位未満の端数があるときは、その端数は切り上げる。

（注）令第48条の２第１項第１号イ（2）《定率法》に規定する償却保証額の計算は、法人の事業年度が１年に満たない場合においても、別表第九又は別表第十に定める保証率により計算することに留意する。なお、当該償却保証額に満たない場合に該当するかどうかの判定に当たっては、同号イ(2)に規定する取得価額に乗ずることとなる定率法の償却率は、上記の月数による按分前の償却率によることに留意する。

（2）　旧定率法を選定している場合

当該減価償却資産の耐用年数に12を乗じてこれを当該事業年度の月数で除して得た年数に１年未満の端数があるときは、その端数は切り捨てる。

（中間期間における償却率等）

5-1-2　１年決算法人で旧定額法、旧定率法、定額法又は定率法を採用しているものが、その事業年度を６月ごとに区分してそれぞれの期間につき償却限度額を計算し、その合計額をもって

当該事業年度の償却限度額としている場合において、当該各期間に適用する償却率又は改定償却率を、それぞれ別表第七から別表第十までの償却率又は改定償却率に２分の１を乗じて得た率（小数点以下第４位まで求めた率）とし、当該事業年度の期首における帳簿価額（旧定額法又は定額法を採用している場合は、取得価額）又は当該減価償却資産の改定取得価額を基礎として当該償却限度額を計算しているときは、これを認める。

(注) 令第48条の２第１項第１号イ（２）《定率法》に規定する償却保証額に満たない場合に該当するかどうかの判定に当たっては、同号イ（２）に規定する取得価額に乗ずることとなる定率法の償却率は、２分の１を乗ずる前の償却率によることに留意する。

（取替法の承認基準）

5-1-3　税務署長は、次に掲げる取替資産について令第49条第４項の規定による申請書の提出があった場合には、原則としてこれを承認する。

（1）　鉄道事業者又は鉄道事業者以外の法人でおおむね５キロメートル以上の単路線（仮設路線を除く。）を有するものの有する規則第10条第１号に掲げる取替資産

（2）　電気事業者又は電気事業者以外の法人でおおむね回線延長10キロメートル以上の送電線を有するものの有する規則第10条第２号及び第３号に掲げる取替資産

（3）　電気事業者の有する規則第10条第４号に掲げる取替資産

（4）　ガス事業者又はガス事業者以外の法人でおおむね延長10キロメートル以上のガス導管を有するものの有する規則第10条第５号に掲げる取替資産

附　　則

（施 行 期 日）

1　耐用年数通達は、昭和45年６月１日から施行する。

〈以下省略〉

（経過的取扱い）

法人が、平成13年４月１日以後に開始する事業年度において、同日前に開始した事業年度に取得したＬＡＮ設備を構成する個々の減価償却資産について、この法令解釈通達による改正前の2-7-6の2（ＬＡＮ設備の耐用年数）の本文の取扱いの例により、引き続き当該取得したものの全体を一の減価償却資産として償却費の計算を行っている場合には、これを認める。（平14課法２－１第３「五　経過的取扱い」）

(注)　当該取得したものの全体を一の減価償却資産として償却費の計算を行っている場合において、その後の事業年度において、個々の減価償却資産ごとに償却費の計算を行う方法に変更する場合には、既に計上した償却費の額をその取得価額比等により個々の減価償却資産に合理的に配賦するものとする。

（経過的取扱い…新旧資産区分の対照表）

平成20年４月１日前に開始する事業年度において取得をされた機械及び装置が、同日以後に開始する事業年度において別表第二「機械及び装置の耐用年数表」における機械及び装置のいずれに該当するかの判定は、付表９「機械及び装置の耐用年数表（別表第二）における新旧資産区分の対照表」を参考として行う。（平20課法２－14第５「三十一　経過的取扱い」）

付表１　塩素、塩酸、硫酸、硝酸その他の著しい腐食性を有する液体又は気体の影響を直接全面的に受ける建物の例示

	旧別表第二の「番号」	旧別表第二の「設備の種類」	薬品名	腐食の影響を受ける工程
1	9	化学調味料製造設備	塩酸	化学調味料製造設備のうち、グルタミン酸塩酸塩製造工程
2	72	セロファン製造設備	硫酸	セロファン製造設備のうち、二硫化炭素反応工程、硫化反応工程及び製膜工程
3	82	硫酸又は硝酸製造設備	無水硫酸 発煙硫酸 硫酸	硫酸製造設備のうち、硫酸製造工程の反応工程及び吸収工程
			硝酸 硫酸	1.　濃硝酸製造設備のうち、硝酸濃縮工程及び硫酸回収工程 2.　希硝酸製造設備のうち、アンモニア酸化工程及び希硝酸製造工程
4	83	溶成りん肥製造設備	ふっ酸	溶成りん肥製造設備のうち、溶成りん肥電気炉工程
5	84	その他の化学肥料製造設備	硫酸	高度化成肥料製造設備のうち、中和工程
			ふっ酸 硫酸	過りん酸製造設備のうち、原料配合工程
			硫酸	硫安製造設備のうち、合成工程
			アンモニア 尿素液	尿素製造設備のうち、送液ポンプ、合成筒、濃縮槽、結晶機及び乾燥機の作業工程
6	86	ソーダ灰、塩化アンモニウム、か性ソーダ又はか性カリ製造設備（塩素処理設備を含む。）	塩素 塩酸	ソーダ製造設備のうち、食塩電解工程、合成塩酸製造工程、液体塩素製造工程並びにさらし粉及びさらし液製造工程
			か性ソーダ アンモニア 炭酸ソーダ 塩水	1.　ソーダ灰製造設備のうち、粗重曹製造工程、たん（煆）焼工程及びアンモニア回収工程 2.　アンモニア性か性ソーダ製造設備のうち、か性化工程、煮詰工程及び塩化アンモニウム製造工程 3.　塩水電解工程に使用する原料塩水の精製工程
7	87	硫化ソーダ、水硫化ソーダ、無水ぼう硝、青化ソーダ又は過酸化ソーダ製造設備	アルカリ（濃度が20%以上のもの）	硫化ソーダ製造設備のうち、黒灰抽出工程及び煮詰工程
			硫酸	無水ぼう硝製造設備のうち、蒸発煮詰工程
			シアン	青化ソーダ製造設備のうち、反応工程及び濃縮工程
8	88	その他のソーダ塩又はカリ塩（第97号（塩素酸	塩素	塩素酸カリ製造設備のうち、電解工程及び精製工程のうちの濃縮工程

	旧別表第二の「番号」	旧別表第二の「設備の種類」	薬品名	腐食の影響を受ける工程
		塩を除く。)、第98号及び第106号に掲げるものを除く。) 製造設備	硝酸	亜硝酸ソーダ製造設備のうち、酸化窒素製造工程のうちの酸化工程
9	90	アンモニウム塩(硫酸アンモニウム及び塩化アンモニウムを除く。) 製造設備	硫酸	重炭酸アンモニア製造設備のうち、重炭酸アンモニア製造工程及びアンモニア回収工程
			硝酸	硝酸ソーダ及び硝酸アンモニア製造設備のうち、中和蒸発工程及び仕上工程
10	95	硫酸鉄製造設備	硫酸	硫酸鉄製造設備のうち、反応工程及び仕上工程
11	96	その他の硫酸塩又は亜硫酸塩製造設備(他の号に掲げるものを除く。)	硫酸	硫酸アルミニウム製造設備のうち、反応工程
12	97	臭素、よう素又は塩素、臭素若しくはよう素化合物製造設備	クロールスルホン酸	クロールスルホン酸製造設備のうち、反応工程及び塩酸ガス発生塔
			塩酸	塩化亜鉛製造設備のうち、反応工程
			塩化亜鉛	塩化亜鉛製造設備のうち、煮詰工程、ろ過工程及び粉砕工程
			塩素 塩酸	塩素誘導体製造設備のうち、電解工程、濃縮工程、反応工程及び塩素回収工程
			塩素	臭素製造設備のうち、発生工程及び蒸留工程
13	98	ふっ酸その他のふっ素化合物製造設備	ふっ酸	ふっ酸その他のふっ素化合物製造設備のうち、反応工程及び精製工程
14	99	塩化りん製造設備	塩素	塩化りん製造設備のうち、三塩化反応がま及びその他の反応工程
15	100	りん酸又は硫化りん製造設備	りん酸	1. 湿式によるりん酸製造設備のうち、分解槽、水和槽及びろ過機の作業工程 2. 電気炉によるりん酸製造設備のうち、電気炉、燃焼炉、溶融槽、吸収塔、分解器及び送排風機の作業工程 3. 硫化りん製造設備のうち、反応がま、反応器、精製器、洗浄器、ろ過機及び遠心分離機の作業工程
16	101	りん又はりん化合物製造設備(他の号に掲げるものを除く。)	りん酸	密閉式電気炉によるりん又はその他のりん化合物製造設備のうち、密閉式電気炉、送風機、凝縮機、圧搾がま、反応機、精製器、洗浄器及びろ過器の作業工程
17	102	べんがら製造設備	硫酸	べんがら製造設備のうち、ばい焼工程及び仕上工程
18	104	酸化チタン、リトポン又はバリウム塩製造設備	硫酸	リトポン製造設備のうち、硫酸亜鉛の反応工程、酸化チタン製造設備のうち、反応工程及

	旧別表第二の「番号」	旧別表第二の「設備の種類」	薬品名	腐食の影響を受ける工程
				び仕上工程
			塩酸	塩化バリウム製造設備のうち、反応工程及び仕上工程
			硝酸	硝酸バリウム製造設備のうち、反応工程及び仕上工程
19	105	無水クロム酸製造設備	硫酸	無水クロム酸製造設備のうち、反応工程及び仕上工程
			無水クロム酸	無水クロム酸製造設備のうち、結晶かん、遠心分離機及び乾燥機の作業工程
20	106	その他のクロム化合物製造設備	硫酸	重クロム酸塩製造設備のうち、反応工程及び仕上工程
21	109	青酸製造設備	青酸	フォルムアミド法による青酸製造設備のうち、フォルムアミド合成工程、アンモニア冷凍工程及び合成工程
22	110	硝酸銀製造設備	硝酸	硝酸銀製造設備のうち、溶解工程及び結晶工程
23	111	二硫化炭素製造設備	亜硫酸ガス 硫化水素	二硫化炭素製造設備のうち、反応工程、蒸留工程及び精製工程
24	112	過酸化水素製造設備	硫酸	過酸化水素製造設備のうち、原料処理工程
			酸性硫酸アンモニウム 過硫酸アンモニウム	過酸化水素製造設備のうち、電解工程、蒸留工程及び過硫安回収工程
25	113	ヒドラジン製造設備	硫酸	ヒドラジン製造設備のうち、硫酸ヒドラジンの反応工程
			アンモニア か性ソーダ	ヒドラジン製造設備のうち、反応工程及び精製工程
26	117	活性炭製造設備	塩酸 硫酸	活性炭製造設備のうち、焼成賦活工程、ガス洗浄工程、酸洗浄工程、乾燥工程及び塩化亜鉛処理工程
27	118	その他の無機化学薬品製造設備	硫化水素	硫化水素製造設備のうち、回収製造工程及び充てん工程
			過酸化水素	過ほう酸ソーダ製造設備のうち、化合工程及び乾燥工程
28	119	石炭ガス、オイルガス又は石油を原料とする芳香族その他の化合物分離精製設備	硫酸	タール酸製造設備のうち、分解工程
29	120	染料中間体製造設備	硫酸、発煙硫	染料中間体製造設備のうち、硫酸化工程、塩

	旧別表第二の「番号」	旧別表第二の「設備の種類」	薬品名	腐食の影響を受ける工程
			酸、無水硫酸、硝酸、塩素、塩酸、クロールスルホン酸	素化工程、硝化工程その他の反応工程及び精製工程
			希硫酸、亜硫酸ガス、硫化ソーダ、りん酸、酢酸	染料中間体製造設備のうち、反応工程及び精製工程
30	122	カプロラクタム、シクロヘキサノン又はテレフタル酸(テレフタル酸ジメチルを含む。)製造設備	発煙硫酸 塩酸	カプロラクタム製造設備のうち、亜硫酸製造工程、ニトロ亜硫安製造工程、アミノ反応工程、シクロヘキサンオキシム製造工程、ラクタム転位工程及びラクタム中和工程
			酢酸	パラキシロールを原料とするテレフタル酸製造設備のうち、乾燥工程
31	123	イソシアネート類製造設備	塩素 塩酸 硝酸	トルイレンジイソシアネート製造設備のうち、ホスゲン製造工程、アミン製造工程及びニトロ化工程
32	124	炭化水素の塩化物、臭化物又はふっ化物製造設備	塩素 塩酸	1.　フロンガス製造設備のうち、反応工程、塩酸回収工程及び精製工程 2.　クロロメタン製造設備のうち、反応工程及び精製工程
33	127	アセトアルデヒド又は酢酸製造設備	塩酸 硝酸 硫酸	酢酸製造設備のうち、アセチレンガス清浄工程並びにアセトアルデヒド水加反応工程
			酢酸	酢酸製造設備のうち、酢酸反応工程及び蒸留工程
34	128	シクロヘキシルアミン製造設備	無水硫酸 塩酸	シクロヘキシルアミン製造設備のうち、反応工程及び精製工程
35	130	ぎ酸、しゅう酸、乳酸、酒石酸(酒石酸塩類を含む。)、こはく酸、くえん酸、タンニン酸又は没食子酸製造設備	硫酸	ぎ酸及びしゅう酸製造設備のうち、分解工程及び反応工程
			硫酸 塩酸	乳酸製造設備及びこはく酸製造設備のうち、酸化工程
36	133	アクリルニトリル又はアクリル酸エステル製造設備	シアン	アクリルニトリル製造設備のうち、合成工程、蒸留工程及び精製工程
37	136	その他のオレフィン系又はアセチレン系誘導体製造設備(他の号に掲げるものを除く。)	硝酸	グリキザール製造設備のうち、硝酸酸化工程
			硫酸	デヒドロ酢酸製造設備のうち、硫酸酸化工程
			塩素	モノクロール酢酸製造設備のうち、反応工程、蒸留工程及び塩酸回収工程

	旧別表第二の「番号」	旧別表第二の「設備の種類」	薬品名	腐食の影響を受ける工程
			酢酸 無水酢酸	酢酸エチル製造設備、アセト酢酸エステル製造設備、無水酢酸製造設備並びにジケテン製造設備のうち、反応工程及び酢酸回収工程
38	139	セルロイド又は硝化綿製造設備	硝酸 硫酸	硝化綿製造設備のうち、硝化用混酸調合工程、硝化工程及び洗浄工程
39	140	酢酸繊維素製造設備	酢酸 無水酢酸	酢酸綿製造設備のうち、酸化工程、熟成工程、ろ過工程、沈殿工程、洗浄工程、回収抽出工程、蒸留工程及び反応工程
40	143	塩化ビニリデン系樹脂、酢酸ビニール系樹脂、ナイロン樹脂、ポリエチレンテレフタレート系樹脂、ふっ素樹脂又はけい素樹脂製造設備	塩素	塩化ビニリデン系樹脂製造設備のうち、重合工程
			塩酸	酢酸ビニール系樹脂製造設備のうち、酢酸回収における塩酸賦活工程
			酢酸	酢酸ビニール樹脂製造設備のうち、アセチレン発生工程、モノマー反応工程及び精留工程並びに重合工程、けん化工程及び酢酸回収工程
41	145	尿素系、メラミン系又は石炭酸系合成樹脂製造設備	硫酸 塩酸 アンモニア ぎ酸	尿素系、メラミン系及び石炭酸系合成樹脂製造設備のうち、反応工程
42	146	その他の合成樹脂又は合成ゴム製造設備	塩素 塩酸	塩化ビニール系合成樹脂製造設備のうち、モノマー合成工程、重合工程及び乾燥工程
			硫酸	合成ゴム製造設備のうち、凝固工程
43	147	レーヨン糸又はレーヨンステープル製造設備	塩素 塩酸 希硫酸	レーヨン糸又はレーヨンステープル製造設備のうち、紡糸酸浴工程、回収工程及び精練工程
			か性ソーダ 硫化水素 二硫化炭素 硫化ソーダ 亜硫酸ガス 硫酸銅 アンモニア	レーヨン糸又はレーヨンステープル製造設備のうち、パルプ及びリンター処理工程、紡糸酸浴工程及び精練仕上工程
44	149	合成繊維製造設備	硝酸	アクリルニトリル系合成繊維製造設備のうち、原料処理工程、回収工程及び紡糸工程
			アセトン ベンゼン エチレングリコール	乾式紡糸法によるポリ塩化ビニール繊維製造設備のうち、原料処理工程及び紡糸工程
			ぼう硝	ビニロン製造設備のうち、原料処理工程及び

	旧別表第二の「番号」	旧別表第二の「設備の種類」	薬品名	腐食の影響を受ける工程
			希硫酸 ホルマリン	紡糸工程
			チオシアン酸ソーダ	アクリルニトリル系合成繊維製造設備のうち、原料処理工程
45	151	硬化油、脂肪酸又はグリセリン製造設備	硝酸 硫酸 塩酸	1. 硬化油製造設備のうち、触媒回収設備の分解工程 2. 脂肪酸製造設備のうち、硫酸処理工程 3. グリセリン製造設備のうち、塩酸処理工程
46	152	合成洗剤又は界面活性剤製造設備	発煙硫酸 無水硫酸 塩酸ガス	合成洗剤又は界面活性剤製造設備のうち、反応工程
			りん酸 亜硫酸ガス 硫化水素	潤滑油添加剤製造設備のうち、反応工程、蒸留工程、ろ過工程及び溶解工程
47	153	ビタミン剤製造設備	塩素 塩酸 硝酸 シアン 硫酸	ビタミンB_1、ビタミンB_6、ビタミンC、葉酸、ビタミンB_2、パントテン酸カルシウム製造設備（これらの誘導体製造設備を含む。）のうち、合成工程、抽出工程及び発酵工程
48	154	その他の医薬品製造設備（製剤又は小分包装設備を含む。）	塩酸ガス 塩酸 クロールスルホン酸 塩素 硫酸 硝酸	合成代謝性医薬品、結核治療剤、活性アスパラギン酸製剤、サルファ剤、解熱鎮痛剤の製造設備のうち、合成工程及び抽出工程
49	155	殺菌剤、殺虫剤、殺そ剤、除草剤その他の動植物用製剤製造設備	硫酸 塩酸	水銀系農薬製造設備（農薬原体の製造に係るものに限る。）のうち、反応工程及び乾燥工程
50	156	産業用火薬類（花火を含む。）製造設備	発煙硫酸 硫酸 硝酸	1. 産業用火薬類製造設備のうち、硫酸及び硝酸の濃縮工程、混酸製造工程、綿薬の硝化工程及び煮洗工程 2. 爆薬（起爆薬を含む。）の硝化工程及び精製工程並びに廃酸処理工程
51	157	その他の火薬類製造設備（弾薬装てん又は組立設備を含む。）	発煙硫酸 硝酸 硫酸	1. 産業用以外の火薬類製造設備のうち、硫酸及び硝酸の濃縮工程、混酸製造工程、綿薬の硝化工程及び煮洗工程 2. 爆薬（起爆薬を含む。）の硝化工程及び精製工程並びに廃酸処理工程
52	160	染料又は顔料製造設備	硫酸、発煙硫	染料及び顔料製造設備のうち、硫酸化工程、

	旧別表第二の「番号」	旧別表第二の「設備の種類」	薬品名	腐食の影響を受ける工程
		(他の号に掲げるものを除く。)	酸、無水硫酸、硝酸、塩素、塩酸、クロールスルホン酸	塩素化工程、硝化工程、その他の反応工程並びに精製工程及び仕上工程
			希硫酸、亜硫酸ガス、硫化ソーダ、りん酸、酢酸	染料及び顔料製造設備のうち、反応工程、精製工程及び仕上工程
53	161	抜染剤又は漂白剤製造設備(他の号に掲げるものを除く。)	塩酸 硫酸	抜染剤製造設備のうち、化成工程
			亜硫酸ガス か性ソーダ	抜染剤製造設備のうち、反応工程
54	162	試薬製造設備	塩酸 ふっ酸 硝酸 硫酸 発煙硫酸	試薬製造設備のうち、蒸留工程及び精製工程
55	163	合成樹脂用可塑剤製造設備	希硫酸、二酸化塩素ガス	可塑剤製造設備のうち、反応工程、蒸留工程、ろ過工程、溶解工程及び晶出工程
56	164	合成樹脂用安定剤製造設備	硫酸 塩酸 無水硫酸	合成樹脂用安定剤製造設備のうち、反応工程及び精製工程
57	165	有機ゴム薬品、写真薬品又は人造香料製造設備	硫酸 塩酸 塩素	有機ゴム薬品、写真薬品及び人造香料製造設備のうち、反応工程及び精製工程
			希硫酸 か性ソーダ 硫化水素 亜硫酸ガス アンモニア	有機ゴム薬品及び写真薬品製造設備のうち、反応工程
58	181	石油精製設備(廃油再生又はグリース類製造設備を含む。)	硫酸	潤滑油製造設備のうち、硫酸洗浄工程
59	189	糸ゴム製造設備	氷酢酸 酢酸	紡糸法による糸ゴム製造設備のうち、紡糸工程
60	198	人造研削材製造設備	塩酸 硫酸	人造研削材製造設備のうち、酸洗工程

付表２　　塩、チリ硝石…………の影響を直接全面的に受ける建物の例示

	旧別表第二の「番号」	旧別表第二の「設備の種類」	薬品名	腐食等の影響を受ける工程
1	46	染色整理又は仕上設備	蒸気	浸染工程
2	86	ソーダ灰、塩化アンモニウム、か性ソーダ又はか性カリ製造設備（塩素処理設備を含む。）	塩	塩水精製工程のうち、原塩倉庫
			塩化アンモニウム	塩安倉庫
3	87	硫化ソーダ、水硫化ソーダ、無水ぼう硝、青化ソーダ又は過酸化ソーダ製造設備	人絹結晶ぼう硝	原料倉庫
4	105	無水クロム酸製造設備	無水クロム酸	製品倉庫
5	106	その他のクロム化合物製造設備	重クロム酸塩類	重クロム酸ソーダ倉庫
			塩	副生食塩倉庫
			消石灰	消石灰倉庫
6	126	その他のアルコール又はケトン製造設備	蒸気	蒸留アルコール製造設備のうち、けん化蒸留工程
7	154	その他の医薬品製造設備（製剤又は小分包装設備を含む。）	蒸気	注射薬製造設備のうち、蒸留水製造工程及び滅菌工程
			食塩、硫化アンモニア、塩化アンモニア、か性ソーダ、ソーダ灰	原料倉庫
8	156	産業用火薬類（花火を含む。）製造設備	硝酸アンモニウム 過塩素酸アンモニウム 塩	原料倉庫並びに原料処理設備のうち、粉砕工程及び乾燥工程
9	157	その他の火薬類製造設備（弾薬装てん又は組立設備を含む。）	硝酸アンモニウム 過塩素酸アンモニウム	原料倉庫
10	160	染料又は顔料製造設備（他の号に掲げるものを除く。）	塩 塩化カルシウム	染料及び顔料製造設備のうち、乾燥工程、粉砕工程及び配合工程

付表３　　　**鉄道業及び軌道業の構築物（総合償却資産であるものに限る。）の細目と個別耐用年数**

耐用年数省令別表第一				細目	算定基礎年数
種類	構造又は用途	細目	耐用年数		
構築物	鉄道業用又は軌道業用のもの	前掲以外のもの			
		線路設備			
		軌道設備			
		道床	60年	道床	60年
		その他のもの	16	舗装	15
				諸標車止め	20
		土工設備	57	線路切取り	70
				線路築堤	70
				川道付替え	70
				土留め	40
		その他のもの	21	排水設備	30
				線路諸設備	
				踏切道	15
				防護設備	15
				さく垣	15
				雑設備	15
		停車場設備	32	転車及び遷車台	25
				給水及び給炭設備	25
				給油設備	25
				検車洗浄設備	25
				乗降場及び積卸場	30
				地下道	55
				雑設備	30
		電路設備			
		その他のもの	19	通信設備	15
				電気保安設備	20
				電力線設備	25

付表４　　電気業の構築物（総合償却資産であるものに限る。）の細目と個別耐用年数

耐用年数省令別表第一				細目	算定基礎年数
種類	構造又は用途	細目	耐用年数		
構築物	発電用又は送配電用のもの	その他の水力発電用のもの（貯水池、調整池及び水路に限る。）	57年	貯水池	80年
				調整池	80
				水路	
				えん堤	70
				洪水路	70
				取水路	70
				開渠	55
				がい渠	55
				ずい道	55
				水圧鉄管	40
				沈砂池	55
				水槽	55
				放水路	55
				その他	
		汽力発電用のもの（岸壁、桟橋、堤防、防波堤、煙突、その他汽力発電用のものをいう。）	41	岸壁	50
				貯水池	40
				桟橋	50
				深井戸	40
				防波堤及び堤防	50
				取水路	40
				煙突	35
				排水路	40
				その他	
		送電用のもの			
		地中電線路	25	管路	25
				ケーブル	25
				その他	
		塔、柱、がい子、送電線、地線及び添架電話線	36	鉄塔	50
				鉄柱	50
				コンクリート柱	50
				木柱	25
				がい子	25
				送電線	40
				地線	20
				電話線	30

付表５　通常の使用時間が８時間又は16時間の機械装置

旧別表第二の「番号」	旧別表第二の「設備の種類」	区分	通常の使用時間	備考
1	食肉又は食鳥処理加工設備		8	
2	鶏卵処理加工及びマヨネーズ製造設備		8	
3	市乳処理設備及び発酵乳、乳酸菌飲料その他の乳製品製造設備（集乳設備を含む。）	発酵乳及び乳酸菌飲料製造設備	24	
		その他	8	
4	水産練製品、つくだ煮、寒天その他の水産食料品製造設備		8	
5	漬物製造設備		8	
6	トマト加工品製造設備		8	
7	その他の果実又はそ菜処理加工設備		8	
8	缶詰又は瓶詰製造設備		8	
10	味そ又はしょうゆ（だしの素類を含む。）製造設備		8	
10の2	食酢又はソース製造設備	食酢製造設備	24	
		ソース製造設備	8	
11	その他の調味料製造設備		8	
12	精穀設備		16	
14	豆腐類、こんにゃく又は食ふ製造設備		8	
15	その他の豆類処理加工設備		8	
17	その他の農産物加工設備		8	
19	その他の乾めん、生めん又は強化米製造設備		16	
23	パン又は菓子類製造設備	生パン類製造設備	16	
		その他	8	
24	荒茶製造設備		8	
25	再製茶製造設備		8	
26	清涼飲料製造設備		8	
30	その他の飲料製造設備		8	
34	発酵飼料又は酵母飼料製造設備	酵母飼料製造設備	24	
		その他	8	
35	その他の飼料製造設備		8	
36	その他の食料品製造設備		8	
37	生糸製造設備	自動繰糸式生糸製造設備	16	
		その他	8	ただし、繭乾燥工程は、16時間
38	繭乾燥業用設備		16	
39	紡績設備	和紡績設備	8	
		その他	24	
43	ねん糸業用又は糸（前号に掲げるものを除く。）製造業用設備	ねん糸業用設備	8	
		その他	16	
45	メリヤス生地、編み手袋又は靴下製造設備	フルファッション式製編設備及び縦編メリヤス生地製造設備	24	
		その他	16	

旧別表第二の「番号」	旧別表第二の「設備の種類」	区分	通常の使用時間	備考
46	染色整理又は仕上設備		8	
48	洗毛、化炭、羊毛トップ、ラップペニー、反毛、製綿又は再生綿業用設備	洗毛、化炭、羊毛トップ及び反毛設備	16	
		その他	8	
50	不織布製造設備		16	
51	フェルト又はフェルト製品製造設備	羊毛フェルト及び極硬質フェルト製造設備	16	
		その他	8	
52	綱、網又はひも製造設備		8	
53	レース製造設備		16	
54	塗装布製造設備		8	
55	繊維製又は紙製衛生材料製造設備		8	
56	縫製品製造業用設備		8	
57	その他の繊維製品製造設備		8	
58	可搬式造林、伐木又は搬出設備		8	
59	製材業用設備		8	
60	チップ製造業用設備		8	
61	単板又は合板製造設備		8	ただし、乾燥工程は、16時間
62	その他の木製品製造設備		8	
63	木材防腐処理設備		8	
65	手すき和紙製造設備		8	
68	ヴァルカナイズドファイバー又は加工紙製造設備	ヴァルカナイズドファイバー製造設備	16	
		その他	8	
69	段ボール、段ボール箱又は板紙製容器製造設備		8	
70	その他の紙製品製造設備		8	
71	枚葉紙樹脂加工設備		8	
74	日刊新聞紙印刷設備		8	
75	印刷設備		8	
76	活字鋳造業用設備		8	
77	金属板その他の特殊物印刷設備		8	
78	製本設備		8	
79	写真製版業用設備		8	
80	複写業用設備		8	
85	配合肥料その他の肥料製造設備		8	
154	その他の医薬品製造設備（製剤又は小分包装設備を含む。）	錠剤、液剤及び注射薬製造設備並びに小分包装設備	8	
		その他	24	
156	産業用火薬類（花火を含む。）製造設備		8	
157	その他の火薬類製造設備（弾薬装てん又は組立設備を含む。）		8	
158	塗料又は印刷インキ製造設備		8	ただし、合成樹脂製造工程は、24時間
159	その他のインキ製造設備		8	

旧別表第二の「番号」	旧別表第二の「設備の種類」	区　　分	通常の使用時間	備　　考
166	つや出し剤、研磨油剤又は乳化油剤製造設備		8	
167	接着剤製造設備		8	
170	化粧品製造設備		8	
174	磁気テープ製造設備		16	
178	電気絶縁材料（マイカ系を含む。）製造設備		8	
182	アスファルト乳剤その他のアスファルト製品製造設備		8	
184	練炭、豆炭類、オガライト（オガタンを含む。）又は炭素粉末製造設備	炭素粉末製造設備 その他	24 8	
186	タイヤ又はチューブ製造設備		8	ただし、加硫工程は、24時間
187	再生ゴム製造設備		8	ただし、加硫工程は、24時間
190	その他のゴム製品製造設備		8	ただし、加硫工程は、24時間
191	製革設備		8	ただし、じゅう成工程は、24時間
192	機械靴製造設備		8	
193	その他の革製品製造設備		8	
195	その他のガラス製品製造設備（光学ガラス製造設備を含む。）		8	ただし、炉設備は、24時間
196	陶磁器、粘土製品、耐火物、けいそう土製品、はい土又はうわ薬製造設備		8	ただし、炉設備は、24時間
197	炭素繊維製造設備		8	ただし、炉設備は、24時間
197の2	その他の炭素製品製造設備		8	ただし、炉設備は、24時間
198	人造研削材製造設備		8	ただし、炉設備は、24時間
199	研削と石又は研磨布紙製造設備		8	ただし、炉設備は、24時間
201	生コンクリート製造設備		16	
202	セメント製品（気泡コンクリート製品を含む。）製造設備		8	ただし、養生及び乾燥工程は24時間
205	石こうボード製造設備		8	ただし、炉設備は、24時間
206	ほうろう鉄器製造設備		8	ただし、炉設備は、24時間
207	石綿又は石綿セメント製品製造設備		8	ただし、養生及び乾燥工程は、24時間
209	石工品又は擬石製造設備		8	
215	鉄鋼熱間圧延設備		16	
216	鉄鋼冷間圧延又は鉄鋼冷間成形設備	冷延鋼板圧延設備 その他	16 8	
217	鋼管製造設備	継目無鋼管及び鍛接鋼管製造設備 その他	16 8	
218	鉄鋼伸線（引抜きを含む。）設備及び鉄鋼卸売業用シャーリング設備並びに伸鉄又はシャーリング業用設備	伸鉄及びシャーリング業用設備 その他	16 8	
218の2	鉄くず処理業用設備		8	
219	鉄鋼鍛造業用設備		8	
220	鋼鋳物又は銑鉄鋳物製造業用設備		8	
221	金属熱処理業用設備		16	
229	非鉄金属圧延、押出し又は伸線設備		8	

旧別表第二の「番号」	旧別表第二の「設備の種類」	区　分	通常の使用時間	備　考
230	非鉄金属鋳物製造業用設備		8	
231	電線又はケーブル製造設備		8	ただし、銅線の荒引工程及び巻線の焼付工程は、16時間
231の2	光ファイバー製造設備		8	
232	金属粉末又ははく（圧延によるものを除く。）製造設備	打はく設備	8	
		その他	24	
233	粉末冶金製品製造設備		8	
234	鋼索製造設備		8	
235	鎖製造設備		8	
236	溶接棒製造設備		8	
237	くぎ、リベット又はスプリング製造業用設備		8	
237の2	ねじ製造業用設備		8	
238	溶接金網製造設備		8	
239	その他の金網又は針金製品製造設備		8	
240	縫針又はミシン針製造設備		8	
241	押出しチューブ又は自動組立方式による金属缶製造設備		8	
242	その他の金属製容器製造設備		8	
243	電気錫めっき鉄板製造設備		16	
244	その他のめっき又はアルマイト加工設備		8	
245	金属塗装設備		8	
245の2	合成樹脂被覆、彫刻又はアルミニウムはくの加工設備		8	
246	手工具又はのこぎり刃その他の刃物類（他の号に掲げるものを除く。）製造設備		8	
247	農業用機具製造設備		8	
248	金属製洋食器又はかみそり刃製造設備		8	
249	金属製家具若しくは建具又は建築金物製造設備		8	
250	鋼製構造物製造設備		8	
251	プレス、打抜き、搾出しその他の金属加工品製造業用設備		8	
251の2	核燃料物質加工設備		8	
252	その他の金属製品製造設備		8	
253	ボイラー製造設備		8	
254	エンジン、タービン又は水車製造設備		8	
255	農業用機械製造設備		8	
256	建設機械、鉱山機械又は原動機付車両（他の号に掲げるものを除く。）製造設備		8	
257	金属加工機械製造設備		8	
258	鋳造用機械、合成樹脂加工機械又は木材加工用機械製造設備		8	

旧別表第二の「番号」	旧別表第二の「設備の種類」	区分	通常の使用時間	備考
259	機械工具、金型又は治具製造業用設備		8	
260	繊維機械（ミシンを含む。）又は同部分品若しくは附属品製造設備		8	
261	風水力機器、金属製弁又は遠心分離機製造設備		8	
261の2	冷凍機製造設備		8	
262	玉又はコロ軸受け若しくは同部分品製造設備		8	
263	歯車、油圧機器その他の動力伝達装置製造業用設備		8	
263の2	産業用ロボット製造設備		8	
264	その他の産業用機器又は部分品若しくは附属品製造設備		8	
265	事務用機器製造設備		8	
266	食品用、暖ちゅう房用、家庭用又はサービス用機器（電気機器を除く。）製造設備		8	
267	産業用又は民生用電気機器製造設備		8	
268	電気計測器、電気通信用機器、電子応用機器又は同部分品（他の号に掲げるものを除く。）製造設備		8	
268の2	フラットパネルディスプレイ又はフラットパネル用フィルム材料製造設備		8	
269	交通信号保安機器製造設備		8	
270	電球、電子管又は放電灯製造設備		8	
271	半導体集積回路（素子数が500以上のものに限る。）製造設備		8	
271の2	その他の半導体素子製造設備		8	
272	抵抗器又は蓄電器製造設備		8	
272の2	プリント配線基板製造設備		8	
272の3	フェライト製品製造設備		8	
273	電気機器部分品製造設備		8	
274	乾電池製造設備		8	
274の2	その他の電池製造設備		8	
275	自動車製造設備		8	
276	自動車車体製造又は架装設備		8	
277	鉄道車両又は同部分品製造設備		8	
278	車両用エンジン、同部分品又は車両用電装品製造設備（ミッション又はクラッチ製造設備を含む。）		8	
279	車両用ブレーキ製造設備		8	
280	その他の車両部分品又は附属品製造設備		8	
281	自転車又は同部分品若しくは附属品製造設備		8	
282	鋼船製造又は修理設備		8	
283	木船製造又は修理設備		8	

旧別表第二の「番号」	旧別表第二の「設備の種類」	区分	通常の使用時間	備考
284	舶用推進器、甲板機械又はハッチカバー製造設備		8	
285	航空機若しくは同部分品（エンジン、機内空気加圧装置、回転機器、プロペラ、計器、降着装置又は油圧部品に限る。）製造又は修理設備		8	
286	その他の輸送用機器製造設備		8	
287	試験機、測定器又は計量機製造設備		8	
288	医療用機器製造設備		8	
288の2	理化学用機器製造設備		8	
289	レンズ又は光学機器若しくは同部分品製造設備		8	
290	ウォッチ若しくは同部分品又は写真機用シャッター製造設備		8	
291	クロック若しくは同部分品、オルゴールムーブメント又は写真フィルム用スプール製造設備		8	
292	銃弾製造設備		8	
293	銃砲、爆発物又は信管、薬きょうその他の銃砲用品製造設備		8	
294	自動車分解整備業用設備		8	
295	前掲以外の機械器具、部分品又は附属品製造設備		8	
297	楽器製造設備		8	
298	レコード製造設備		8	
299	がん具製造設備	合成樹脂成形設備	16	
		その他の設備	8	
300	万年筆、シャープペンシル又はペン先製造設備		8	
301	ボールペン製造設備		8	
302	鉛筆製造設備		8	
303	絵の具その他の絵画用具製造設備		8	
304	身辺用細貨類、ブラシ又はシガレットライター製造設備		8	
305	ボタン製造設備		8	
306	スライドファスナー製造設備		8	
307	合成樹脂成形加工又は合成樹脂製品加工業用設備		16	
309	繊維壁材製造設備		8	
310	歯科材料製造設備		8	
311	真空蒸着処理業用設備		16	
312	マッチ製造設備		8	
313	コルク又はコルク製品製造設備		8	
314	釣りざお又は附属品製造設備		8	
315	墨汁製造設備		8	
316	ろうそく製造設備		8	
317	リノリウム、リノタイル又はアスファルトタイル製造設備		8	
318	畳表製造設備		8	

旧別表第二の「番号」	旧別表第二の「設備の種類」	区分	通常の使用時間	備考
319	畳製造設備		8	
319の2	その他のわら工品製造設備		8	
323	真珠、貴石又は半貴石加工設備		8	
344	ラジオ又はテレビジョン放送設備		16	
359	クリーニング設備		8	
360の2	故紙梱包設備		8	
364	天然色写真現像焼付設備		16	
365	その他の写真現像焼付設備		16	
367	遊園地用遊戯設備（原動機付のものに限る。）		8	

付表６　漁網、活字地金及び専用金型等以外の資産の基準率、基準回数及び基準直径表

（1）　なつ染用銅ロールの特別な償却率の算定の基礎となる彫刻可能回数

ロールの種類 ／ 区分 ／ 彫刻模様	普通ロール 長さ92センチ未満 彫刻可能回数	普通ロール 長さ92センチ未満 換算率	普通ロール 長さ92センチ以上115センチ未満 彫刻可能回数	普通ロール 長さ92センチ以上115センチ未満 換算率	普通ロール 長さ115センチ以上 彫刻可能回数	普通ロール 長さ115センチ以上 換算率	カンガー用ロール 彫刻可能回数	カンガー用ロール 換算率
抜染なつ染を除いた服地柄（基準模様）	22	—	20	—	18	—	—	—
抜染なつ染による服地柄	20	1.1	18	1.111	16	1.125	—	—
和装柄、夜具地柄、起毛織物、服地及び和装柄	18	1.222	16	1.25	14	1.286	—	—
ワックス、サロン及びサロン類似柄	—	—	14	1.429	12	1.5	—	—
カンガー	—	—	—	—	—	—	5	1

（注）（イ）　換算率とは、抜染なつ染を除いた服地柄（以下「基準模様」という。）を彫刻する場合における彫刻可能回数（以下「基礎回数」という。）の基準模様以外の模様を彫刻する場合における当該模様の彫刻可能回数に対する割合であって、基準模様以外の模様を彫刻した場合においても計算の便宜上、彫刻可能回数を基礎回数とし、実際彫刻回数を実際彫刻回数に当該模様の換算率を乗じたものとするためのものである。

（ロ）　普通ロールとは、カンガー用ロール以外のロールをいう。

（2）　映画用フィルムの特別な償却率

上映日からの経過月数	1	2	3	4	5	6	7	8	9	10
特別な償却率	% 60	80	87	91	94	96	97	98	99	100

ただし、上掲の表による認定を受けている法人が各事業年度（事業年度の期間が６か月の場合に限る。）ごとに封切上映したものの全部について一律に特別な償却率を適用しようとする場合には、各事業年度において封切上映したものについては、当該事業年度にあっては85％を、当該事業年度の翌事業年度にあっては15％を、それぞれ認定に係る償却率とすることができる。

（3）　非鉄金属圧延用ロールの特別な償却率の算定の基礎となる使用可能直径

用途による区分 ／ 材質による区分		普通チルドロール	合金チルドロール	グレンロール	鋳鋼ロール	鍛鋼ロール
熱間圧延ロール		25ミリメートル	—	ロールの製作時の直径から当該ロールのロールチョックの径を控除した値の７割	同左	20ミリメートル
冷間圧延ロール	中延べ（荒延べを含む。）ロール	30ミリメートル	30ミリメートル	—	—	15ミリメートル
冷間圧延ロール	仕上げロール	30ミリメートル	30ミリメートル	—	—	10ミリメートル（はく用ロールについては５ミリメートル）

付表７　旧定率法未償却残額表及び定率法未償却残額表……（巻末折込み）

付表８　　「設備の種類」と日本標準産業分類の分類との対比表

別表第二の番号	設備の種類	小分類	左の具体例
1	食料品製造業用設備	「091」畜産食料品製造業	部分肉・冷凍肉製造業、ハム製造業、乳製品製造業、はちみつ処理加工業
		「092」水産食料品製造業	水産缶詰・瓶詰製造業、かまぼこ製造業
		「093」野菜缶詰・果実缶詰・農産保存食料品製造業	野菜缶詰・瓶詰製造業、乾燥野菜製造業、かんぴょう製造業、野菜漬物製造業
		「094」調味料製造業	味そ製造業、しょう油製造業、食酢製造業
		「095」糖類製造業	砂糖精製業、ぶどう糖製造業
		「096」精穀・製粉業	精米業、小麦粉製造業、米粉製造業
		「097」パン・菓子製造業	食パン製造業、氷菓製造業、チューインガム製造業
		「098」動植物油脂製造業	牛脂製造業、マーガリン製造業
		「099」その他の食料品製造業	レトルト食品製造業、粉末ジュース製造業、パン粉製造業
2	飲料、たばこ又は飼料製造業用設備	「101」清涼飲料製造業	清涼飲料製造業、シロップ製造業
		「102」酒類製造業	ビール製造業、清酒製造業
		「103」茶・コーヒー製造業（清涼飲料を除く。）	荒茶製造業、コーヒー豆ばい煎業
		「104」製氷業	氷製造業（天然氷を除く。）
		「105」たばこ製造業	たばこ製造業、葉たばこ処理業
		「106」飼料・有機質肥料製造業	配合飼料製造業、ドッグフード製造業、海産肥料製造業
3	繊維工業用設備		
	炭酸繊維製造設備 黒鉛化炉 その他の設備	「111」製糸業、紡績業、化学繊維・ねん糸等製造業の一部	炭素繊維製造業
	その他の設備	「111」製糸業、紡績業、化学繊維・ねん糸等製造業の一部	器械生糸製造業、綿紡績業、かさ高加工糸製造業
		「112」織物業	綿織物業、織フェルト製造業
		「113」ニット生地製造業	丸編ニット生地製造業
		「114」染色整理業	毛織物・毛風合成繊維織物機械無地染業、織物乾燥業

別表第二の番号	設備の種類		小分類	左の具体例
			「115」綱・網・レース・繊維粗製品製造業	ロープ製造業、漁網製造業、洗毛化炭業
			「116」外衣・シャツ製造業(和式を除く。)	織物製ワイシャツ製造業、織物製学校服製造業
			「117」下着類製造業	ニット製下着製造業、織物製パジャマ製造業
			「118」和装製品・その他の衣服・繊維製身の回り品製造業	帯製造業、ネクタイ製造業、マフラー製造業
			「119」その他の繊維製品製造業	毛布製造業、じゅうたん製造業、脱脂綿製造業
4	木材又は木製品(家具を除く。)製造業用設備		「121」製材業、木製品製造業	製材業、木材チップ製造業
			「122」造作材・合板・建築用組立材料製造業	合板製造業、集成材製造業、床板製造業
			「123」木製容器製造業(竹、とうを含む。)	かご製造業、木箱製造業、酒たる製造業
			「129」その他の木製品製造業(竹、とうを含む。)	木材防腐処理業、コルク栓製造業、木製サンダル製造業
5	家具又は装備品製造業用設備		「131」家具製造業	たんす製造業、金属製家具製造業
			「132」宗教用具製造業	神仏具製造業、みこし製造業、仏壇製造業
			「133」建具製造業	戸・障子製造業、ふすま製造業
			「139」その他の家具・装備品製造業	陳列ケース製造業、ブラインド製造業、石製家具製造業
6	パルプ、紙又は紙加工品製造業用設備		「141」パルプ製造業	溶解サルファイトパルプ製造業
			「142」紙製造業	新聞用紙製造業、段ボール原紙製造業
			「143」加工紙製造業	バルカナイズドファイバー製造業、段ボール製造業
			「144」紙製品製造業	帳簿類製造業、包装紙製造業
			「145」紙製容器製造業	セメント袋製造業、ショッピングバッグ製造業
			「149」その他のパルプ・紙・紙加工品製造業	紙ひも製造業、セロファン製造業、紙おむつ製造業
7	印刷業又は印刷関連業用設備			
		デジタル印刷システム設備	「151」印刷業の一部	印刷業

別表第二の番号	設備の種類	小分類	左の具体例
	製本業用設備	「153」製本業、印刷物加工業の一部	製本業
	新聞業用設備 モノタイプ、写真又は通信設備 その他の設備	「151」印刷業の一部	新聞印刷業、新聞印刷発行業
	その他の設備	「151」印刷業の一部	オフセット印刷業、金属印刷業
		「152」製版業	写真製版業、グラビア製版業、活字製造業
		「153」製本業、印刷物加工業の一部	印刷物光沢加工業
		「159」印刷関連サービス業	校正刷業、刷版研磨業
8	化学工業用設備		
	臭素、よう素又は塩素、臭素若しくはよう素化合物製造設備	「162」無機化学工業製品製造業の一部	臭素製造業、よう素製造業、液体塩素製造業
	塩化りん製造設備	「162」無機化学工業製品製造業の一部	塩化りん製造業
	活性炭製造設備	「162」無機化学工業製品製造業の一部	活性炭製造業
	ゼラチン又はにかわ製造設備	「169」その他の化学工業の一部	ゼラチン製造業、にかわ製造業
	半導体用フォトレジスト製造設備	「169」その他の化学工業の一部	半導体用フォトレジスト製造業
	フラットパネル用カラーフィルター、偏光板又は偏光板用フィルム製造設備	「169」その他の化学工業の一部	偏光板用フィルム製造業
	その他の設備	「161」化学肥料製造業	アンモニア製造業、複合肥料製造業
		「162」無機化学工業製品製造業の一部	ソーダ灰製造業、ネオンガス製造業、アルゴン製造業、塩製造業
		「163」有機化学工業製品製造業	エチルアルコール製造業、ポリエチレン製造業、合成ゴム製造業
		「164」油脂加工製品・石けん・合成洗剤・界面活性剤・塗料製造業	脂肪酸製造業、ペイント製造業、ろうそく製造業
		「165」医薬品製造業	内服薬製造業、殺虫剤製造業（農薬を除く。）、ワクチン製造業

別表第二の番号	設備の種類	小分類	左の具体例
		「166」化粧品・歯磨・その他の化粧用調整品製造業	香水製造業、頭髪料製造業
		「169」その他の化学工業の一部	殺虫剤製造業（農薬に限る。）、天然香料製造業、写真感光紙製造業
9	石油製品又は石炭製品製造業用設備	「171」石油精製業	石油精製業、ガソリン製造業
		「172」潤滑油・グリース製造業（石油精製業によらないもの）	潤滑油製造業、グリース製造業
		「173」コークス製造業	コークス製造業、半成コークス製造業
		「174」舗装材料製造業	舗装材料製造業、アスファルトブロック製造業
		「179」その他の石油製品・石炭製品製造業	石油コークス製造業、練炭製造業
10	プラスチック製品製造業用設備（他の号に掲げるものを除く。）	「181」プラスチック板・棒・管・継手・異形押出製品製造業	プラスチック平板製造業、プラスチック硬質管製造業、プラスチック管加工業
		「182」プラスチックフィルム・シート・床材・合成皮革製造業	プラスチックフィルム製造業、プラスチックタイル製造業、合成皮革加工業
		「183」工業用プラスチック製品製造業	プラスチック製冷蔵庫内装用品製造業、工業用プラスチック製品加工業
		「184」発泡・強化プラスチック製品製造業	軟質ポリウレタンフォーム製造業、強化プラスチック製容器製造業
		「185」プラスチック成形材料製造業（廃プラスチックを含む。）	再生プラスチック製造業、廃プラスチック製品製造業
		「189」その他のプラスチック製品製造業	プラスチック製容器製造業、プラスチック結束テープ製造業
11	ゴム製品製造業用設備	「191」タイヤ・チューブ製造業	自動車タイヤ製造業、自転車タイヤ・チューブ製造業
		「192」ゴム製・プラスチック製履物・同附属品製造業	地下足袋製造業、プラスチック製靴製造業、合成皮革製靴製造業
		「193」ゴムベルト・ゴムホース・工業用ゴム製品製造業	工業用エボナイト製品製造業、ゴムライニング加工業
		「199」その他のゴム製品製造業	ゴム引布製造業、ゴム製医療用品製造業、更生タイヤ製造業

別表第二の番号	設備の種類	小分類	左の具体例
12	なめし革、なめし革製品又は毛皮製造業用設備	「201」なめし革製造業	皮なめし業、水産革製造業、は虫類革製造業
		「202」工業用革製品製造業（手袋を除く。）	革ベルト製造業
		「203」革製履物用材料・同附属品製造業	革製製靴材料製造業、革製靴底製造業
		「204」革製履物製造業	革靴製造業、革製サンダル製造業
		「205」革製手袋製造業	革製手袋製造業、スポーツ用革手袋製造業
		「206」かばん製造業	革製かばん製造業、繊維製かばん製造業
		「207」袋物製造業	革製袋物製造業、革製ハンドバッグ製造業
		「208」毛皮製造業	毛皮製造業、毛皮染色・仕上業
		「209」その他のなめし革製品製造業	室内用革製品製造業、腕時計用革バンド製造業
13	窯業又は土石製品製造業用設備	「211」ガラス・同製品製造業	板ガラス製造業、ビール瓶製造業、ガラス繊維製造業、ガラス製絶縁材料製造業
		「212」セメント・同製品製造業	生コンクリート製造業、空洞コンクリートブロック製造業
		「213」建設用粘土製品製造業（陶磁器製を除く。）	粘土かわら製造業、普通れんが製造業
		「214」陶磁器・同関連製品製造業	陶磁器製食器製造業、陶磁器製絶縁材料製造業、陶磁器製タイル製造業、陶土精製業
		「215」耐火物製造業	耐火れんが製造業、耐火モルタル製造業
		「216」炭素・黒鉛製品製造業	炭素電極製造業、炭素棒製造業
		「217」研磨材・同製品製造業	研削用ガーネット製造業、研磨布製造業
		「218」骨材・石工品等製造業	玉石砕石製造業、人工骨材製造業、けいそう土精製業
		「219」その他の窯業・土石製品製造業	焼石こう製造業、ほうろう鉄器製造業、七宝製品製造業
14	鉄鋼業用設備		
	表面処理鋼材若しくは鉄粉製造業又は鉄スク	「224」表面処理鋼材製造業の一部	亜鉛鉄板製造業、亜鉛めっき鋼管製造業

別表第二の番号	設備の種類		小分類	左の具体例
		ラップ加工処理業用設備	「229」その他の鉄鋼業の一部	鉄粉製造業、鉄スクラップ加工処理業
		純鉄、原鉄、ベースメタル、フェロアロイ、鉄素形材又は鋳鉄管製造業用設備	「221」製鉄業の一部	純鉄製造業、原鉄製造業、ベースメタル製造業、合金鉄製造業
			「225」鉄素形材製造業	機械用銑鉄鋳物製造業、鋳鋼製造業、鍛鋼製造業
			「229」その他の鉄鋼業の一部	鋳鉄管製造業
		その他の設備	「221」製鉄業の一部	高炉銑製造業、電気炉銑製造業
			「222」製鋼・製鋼圧延業	製鋼業、圧延鋼材製造業
			「223」製鋼を行わない鋼材製造業（表面処理鋼材を除く。）	冷延鋼板製造業、伸鉄製造業、引抜鋼管製造業、鉄線製造業
			「224」表面処理鋼材製造業の一部	ブリキ製造業
			「229」その他の鉄鋼業の一部	鉄鋼シャーリング業
15	非鉄金属製造業用設備			
		核燃料物質加工設備	「239」その他の非鉄金属製造業の一部	核燃料成形加工業
		その他の設備	「231」非鉄金属第1次製錬・精製業	銅製錬・精製業、電気亜鉛精製業、貴金属製錬・精製業
			「232」非鉄金属第2次製錬・精製業（非鉄金属合金製造業を含む。）	鉛再生業、アルミニウム合金製造業
			「233」非鉄金属・同合金圧延業（抽伸、押出しを含む。）	銅圧延業、アルミニウム管製造業
			「234」電線・ケーブル製造業	裸電線製造業、光ファイバケーブル製造業
			「235」非鉄金属素形材製造業	銅・同合金鋳物製造業、アルミニウム・同合金ダイカスト製造業
			「239」その他の非鉄金属製造業の一部	非鉄金属シャーリング業
16	金属製品製造業用設備			
		金属被覆及び彫刻業又は打はく及び金属製ネームプレート製造業用設備	「246」金属被覆・彫刻業、熱処理業（ほうろう鉄器を除く。）の一部	金属製品塗装業、溶融めっき業、金属彫刻業
			「249」その他の金属製品製造業の一部	金属製ネームプレート製造業

別表第二の番号	設備の種類		小分類	左の具体例
		その他の設備	「241」ブリキ缶・その他のめっき板等製品製造業	缶詰用缶製造業、ブリキ缶製造業
			「242」洋食器・刃物・手道具・金物類製造業	養蚕用・養きん用機器製造業、農業用刃物製造業、建築用金物製造業
			「243」暖房・調理等装置、配管工事用附属品製造業	配管工事用附属品製造業、ガス機器製造業、温風暖房機製造業
			「244」建設用・建築用金属製品製造業（製缶板金業を含む。）	鉄骨製造業、鉄塔製造業、住宅用・ビル用アルミニウム製サッシ製造業、製缶業
			「245」金属素形材製品製造業	金属プレス製品製造業、粉末冶金製品製造業
			「246」金属被覆・彫刻業、熱処理業（ほうろう鉄器を除く。）の一部	金属熱処理業
			「247」金属線製品製造業（ねじ類を除く。）	鉄くぎ製造業、ワイヤチェーン製造業
			「248」ボルト・ナット・リベット・小ねじ・木ねじ等製造業	ボルト・ナット製造業、ビス製造業
			「249」その他の金属製品製造業の一部	金庫製造業、板ばね製造業
17	はん用機械器具（はん用性を有するもので、他の器具及び備品並びに機械及び装置に組み込み、又は取り付けることによりその用に供されるものをいう。）製造業用設備（第20号及び第22号に掲げるものを除く。）		「251」ボイラ・原動機製造業	工業用ボイラ製造業、蒸気タービン製造業、はん用ガソリン機関製造業
			「252」ポンプ・圧縮機器製造業	動力ポンプ製造業、圧縮機製造業、油圧ポンプ製造業
			「253」一般産業用機械・装置製造業	歯車製造業、エレベータ製造業、コンベヤ製造業、冷凍機製造業
			「259」その他のはん用機械・同部分品製造業	消化器製造業、一般バルブ・コック製造業、ピストンリング製造業
18	生産用機械器具（物の生産の用に供されるものをいう。）製造業用設備（次号及び第21号に掲げるものを除く。）			
		金属加工機械製造設備	「266」金属加工機械製造業	金属工作機械製造業、金属加工機械製造業
		その他の設備	「261」農業用機械製造業（農業用器具を除く。）	動力耕うん機製造業、脱穀機製造業、除草機製造業

別表第二の番号	設備の種類	小分類	左の具体例
		「262」建設機械・鉱山機械製造業	建設機械・同装置・部分品・附属品製造業、建設用クレーン製造業
		「263」繊維機械製造業	綿・スフ紡績機械製造業、絹・人絹織機製造業、工業用ミシン製造業
		「264」生活関連産業用機械製造業	精米機械・同装置製造業、製材機械製造業、パルプ製造機械・同装置製造業
		「265」基礎素材産業用機械製造業	鋳造装置製造業、化学機械・同装置製造業
		「267」半導体・フラットパネルディスプレイ製造装置製造業	ウェーハ加工装置製造業、液晶パネル熱処理装置製造業
		「269」その他の生産用機械・同部分品製造業	金属製品用金型製造業、ロボット製造業
19	業務用機械器具（業務用又はサービスの生産の用に供されるもの（これらのものであって物の生産の用に供されるものを含む。）をいう。）製造業用設備（第17号、第21号及び第23号に掲げるものを除く。）	「271」事務用機械器具製造業	複写機製造業、事務用機械器具製造業
		「272」サービス用・娯楽用機械器具製造業	営業用洗濯機製造業、アミューズメント機器製造業、自動販売機・同部分品製造業
		「273」計量器・測定器・分析機器・試験機・測量機械器具・理化学機械器具製造業	ガスメータ製造業、血圧計製造業、マイクロメータ製造業、金属材料試験機製造業
		「274」医療用機械器具・医療用品製造業	医科用鋼製器具製造業、人工血管製造業、歯科用合金製造業
		「275」光学機械器具・レンズ製造業	顕微鏡製造業、写真機製造業、光学レンズ製造業
		「276」武器製造業	けん銃製造業
20	電子部品、デバイス又は電子回路製造業用設備		
	光ディスク（追記型又は書換え型のものに限る。）製造設備	「283」記録メディア製造業の一部	光ディスク製造業
	プリント配線基板製造設備	「284」電子回路製造業の一部	片面・両面・多層リジッドプリント配線板製造業
	フラットパネルディスプレイ、半導体集積回路又は半導体素子製造設備	「281」電子デバイス製造業の一部	半導体集積回路製造業、トランジスタ製造業

別表第二の番号	設備の種類	小分類	左の具体例
	その他の設備	「281」電子デバイス製造業の一部	マイクロ波管製造業、発光ダイオード製造業
		「282」電子部品製造業	抵抗器製造業、スピーカ部品製造業、スイッチ製造業
		「283」記録メディア製造業の一部	ＳＤメモリカード製造業、メモリースティック製造業
		「284」電子回路製造業の一部	チップ部品実装基板製造業
		「285」ユニット部品製造業	スイッチング電源製造業、紙幣識別ユニット製造業
		「289」その他の電子部品・デバイス・電子回路製造業	整流器製造業、ダイヤル製造業
21	電気機械器具製造業用設備	「291」発電用・送電用・配電用電気機械器具製造業	発電機製造業、変圧器製造業、配電盤製造業
		「292」産業用電気機械器具製造業	電弧溶接機製造業、スターターモータ製造業
		「293」民生用電気機械器具製造業	家庭用電気洗濯機製造業、電気ストーブ製造業
		「294」電球・電気照明器具製造業	映写機用ランプ製造業、天井灯照明器具製造業
		「295」電池製造業	蓄電池製造業、乾電池製造業
		「296」電子応用装置製造業	医療用・歯科用Ｘ線装置製造業、磁気探知機製造業
		「297」電気計測器製造業	電流計製造業、温度自動調節装置製造業、心電計製造業
		「299」その他の電気機械器具製造業	電球口金製造業、太陽電池製造業
22	情報通信機械器具製造業用設備	「301」通信機械器具・同関連機械器具製造業	携帯電話機製造業、テレビジョン放送装置製造業、カーナビゲーション製造業、火災警報装置製造業
		「302」映像・音響機械器具製造業	ＤＶＤプレーヤ製造業、デジタルカメラ製造業、ステレオ製造業
		「303」電子計算機・同附属装置製造業	デジタル形電子計算機製造業、パーソナルコンピュータ製造業、外部記憶装置製造業、スキャナー製造業
23	輸送用機械器具製造業用設備	「311」自動車・同附属品製造業	自動車製造業、自動車エンジン・同部分品製造業
		「312」鉄道車両・同部分品製造業	電車製造業、戸閉装置製造業

別表第二の番号	設備の種類	小分類	左の具体例
		「313」船舶製造・修理業、舶用機関製造業	鋼船製造・修理業、船体ブロック製造業、舟艇製造業、舶用機関製造業
		「314」航空機・同附属品製造業	飛行機製造業、気球製造業
		「315」産業用運搬車両・同部分品・附属品製造業	フォークリフトトラック・同部分品・附属品製造業、動力付運搬車製造業
		「319」その他の輸送用機械器具製造業	自転車製造組立業、車いす製造組立業
24	その他の製造業用設備	「321」貴金属・宝石製品製造業	装身具製造業（貴金属・宝石製のもの)、宝石附属品加工業
		「322」装身具・装飾品・ボタン・同関連品製造業（貴金属・宝石製を除く。）	装身具製造業（貴金属・宝石製を除く。)、造花製造業、針製造業、かつら製造業
		「323」時計・同部分品製造業	時計製造業、電気時計製造業
		「324」楽器製造業	ピアノ製造業、ギター製造業、オルゴール製造業
		「325」がん具・運動用具製造業	家庭用テレビゲーム機製造業、人形製造業、スポーツ用具製造業
		「326」ペン・鉛筆・絵画用品・その他の事務用品製造業	シャープペンシル製造業、油絵具製造業、手押スタンプ製造業
		「327」漆器製造業	漆塗り家具製造業、漆器製造業
		「328」畳等生活雑貨製品製造業	麦わら帽子製造業、扇子・扇子骨製造業、ブラシ類製造業、喫煙用具製造業
		「329」他に分類されない製造業	花火製造業、ネオンサイン製造業、模型製造業、眼鏡製造業
25	農業用設備	「011」耕種農業	水稲作農業、野菜作農業、しいたけ栽培農業、たばこ作農業
		「012」畜産農業	酪農業、肉用牛肥育業、昆虫類飼育業、養蚕農業、養蜂業
		「013」農業サービス業（園芸サービス業を除く。）	共同選果場、花き共同選別場
		「014」園芸サービス業	造園業
26	林業用設備	「021」育林業	私有林経営業
		「022」素材生産業	一般材生産業、パルプ材生産業

別表第二の番号	設備の種類	小分類	左の具体例
		「023」特用林産物生産業（きのこ類の栽培を除く。）	薪製造業、木炭製造業、松やに採取業
		「024」林業サービス業	育林請負業、薪請負製造業
		「029」その他の林業	狩猟業、昆虫類採捕業、山林用種苗業
27	漁業用設備（次号に掲げるものを除く。）	「031」海面漁業	遠洋底びき網漁業、あさり採取業
		「032」内水面漁業	河川漁業、湖沼漁業
28	水産養殖業用設備	「041」海面養殖業	魚類養殖業、貝類養殖業、藻類養殖業、真珠養殖業
		「042」内水面養殖業	こい養殖業、すっぽん養殖業
29	鉱業、採石業又は砂利採取業用設備		
	石油又は天然ガス鉱業用設備 坑井設備 掘さく設備 その他の設備	「053」原油・天然ガス鉱業	原油鉱業、天然ガス鉱業
	その他の設備	「051」金属鉱業	金鉱業、鉄鉱業
		「052」石炭・亜炭鉱業	石炭鉱業、石炭回収業
		「054」採石業、砂・砂利・玉石採取業	花こう岩採石業、大理石採石業、砂採取業
		「055」窯業原料用鉱物鉱業（耐火物・陶磁器・ガラス・セメント原料用に限る。）	耐火粘土鉱業、ろう石鉱業、石灰石鉱業
		「059」その他の鉱業	酸性白土鉱業、けいそう土鉱業、天然氷採取業
30	総合工事業用設備	「061」一般土木建築工事業	一般土木建築工事業
		「062」土木工事業（舗装工事業を除く。）	土木工事業、造園工事業、しゅんせつ工事業
		「063」舗装工事業	道路舗装工事業
		「064」建築工事業（木造建築工事業を除く。）	建築工事請負業、組立鉄筋コンクリート造建築工事業
		「065」木造建築工事業	木造住宅建築工事業
		「066」建築リフォーム工事業	住宅リフォーム工事業
		「071」大工工事業	大工工事業、型枠大工工事業
		「072」とび・土工・コンクリート工事業	とび工事業、土工工事業、特殊コンクリート基礎工事業

別表第二の番号	設備の種類	小分類	左の具体例
		「073」鉄骨・鉄筋工事業	鉄骨工事業、鉄筋工事業
		「074」石工・れんが・タイル・ブロック工事業	石工工事業、れんが工事業、タイル工事業、コンクリートブロック工事業
		「075」左官工事業	左官業、漆くい工事業
		「076」板金・金物工事業	鉄板屋根ふき業、板金工事業、建築金物工事業
		「077」塗装工事業	塗装工事業、道路標示・区画線工事業
		「078」床・内装工事業	床張工事業、壁紙工事業
		「079」その他の職別工事業	ガラス工事業、金属製建具取付業、防水工事業
		「081」電気工事業	電気設備工事業、電気配線工事業
		「082」電気通信・信号装置工事業	電気通信工事業、有線テレビジョン放送設備設置工事業
		「083」管工事業（さく井工事業を除く。）	一般管工事業、給排水設備工事業
		「084」機械器具設置工事業	機械器具設置工事業、昇降設備工事業
		「089」その他の設備工事業	築炉工事業、さく井工事業
31	電気業用設備 電気業用水力発電設備 その他の水力発電設備 汽力発電設備 内燃力又はガスタービン発電設備 送電又は電気業用変電若しくは配電設備 需要者用計器 柱上変圧器 その他の設備 鉄道又は軌道業用変電設備 その他の設備 主として金属製のもの その他のもの	「331」電気業	水力発電所、火力発電所、変電所

別表第二の番号	設備の種類	小分類	左の具体例
32	ガス業用設備 製造用設備 供給用設備 鋳鉄製導管 鋳鉄製導管以外の導管 需要者用計量器 その他の設備 その他の設備 主として金属製のもの その他のもの	「341」ガス業	ガス製造工場、ガス供給所、ガス整圧所
33	熱供給業用設備	「351」熱供給業	地域暖冷房業、蒸気供給業
34	水道業用設備	「361」上水道業	上水道業、水道用水供給事業
		「362」工業用水道業	工業用水道業、工業用水浄水場
		「363」下水道業	下水道処理施設維持管理業、下水道管路施設維持管理業
35	通信業用設備	「371」固定電気通信業	インターネット・サービス・プロバイダ
		「372」移動電気通信業	携帯電話業、無線呼出し業
		「373」電気通信に附帯するサービス業	電気通信業務受託会社、移動無線センター
36	放送業用設備	「382」民間放送業（有線放送業を除く）	テレビジョン放送事業者、ラジオ放送事業者
		「383」有線放送業	有線テレビジョン放送業、有線ラジオ放送業
37	映像、音声又は文字情報制作業用設備	「411」映像情報制作・配給業	映画撮影所、テレビジョン番組制作業、アニメーション制作業
		「412」音声情報制作業	レコード会社、ラジオ番組制作業
		「413」新聞業	新聞社、新聞発行業
		「414」出版業	書籍出版・印刷出版業、パンフレット出版・印刷出版業
		「415」広告制作業	広告制作業、広告制作プロダクション
		「416」映像・音声・文字情報制作に附帯するサービス業	ニュース供給業、映画フィルム現像業
38	鉄道業用設備 自動改札装置	「421」鉄道業	鉄道事業者、モノレール鉄道業、ケーブルカー業、リフト業

別表第二の番号	設備の種類	小分類	左の具体例
	その他の設備		
39	道路貨物運送業用設備	「441」一般貨物自動車運送業	一般貨物自動車運送業
		「442」特定貨物自動車運送業	特定貨物自動車運送業
		「443」貨物軽自動車運送業	貨物軽自動車運送業
		「444」集配利用運送業	集配利用運送業（第二種利用運送業）
		「449」その他の道路貨物運送業	自転車貨物運送業
40	倉庫業用設備	「471」倉庫業（冷蔵倉庫業を除く。）	普通倉庫業、水面木材倉庫業
		「472」冷蔵倉庫業	冷蔵倉庫業
41	運輸に附帯するサービス業用設備	「481」港湾運送業	一般港湾運送業、はしけ運送業
		「482」貨物運送取扱業（集配利用運送業を除く。）	利用運送業（第一種利用運送業）、運送取次業
		「483」運送代理店	海運代理店、航空運送代理店
		「484」こん包業	荷造業、貨物こん包業、組立こん包業
		「485」運輸施設提供業	鉄道施設提供業（第三種鉄道事業者）、自動車道業、バスターミナル業
		「489」その他の運輸に附帯するサービス業	海運仲立業、検数業、検量業、サルベージ業
42	飲食料品卸売業用設備	「521」農畜産物・水産物卸売業	米穀卸売業、青物卸売業、精肉卸売業、原毛皮卸売業
		「522」食料・飲料卸売業	砂糖卸売業、乾物問屋、清涼飲料卸売業
43	建築材料、鉱物又は金属材料等卸売業用設備		
	石油又は液化石油ガス卸売用設備（貯そうを除く。）	「533」石油・鉱物卸売業の一部	石油卸売業、液化石油ガス卸売業
	その他の設備	「531」建築材料卸売業	木材卸売業、セメント卸売業、板ガラス卸売業
		「532」化学製品卸売業	塗料卸売業、プラスチック卸売業、工業薬品卸売業
		「533」石油・鉱物卸売業の一部	石炭卸売業、鉄鉱卸売業
		「534」鉄鋼製品卸売業	銑鉄卸売業、鋼板卸売業

別表第二の番号	設備の種類	小分類	左の具体例
		「535」非鉄金属卸売業	銅地金卸売業、アルミニウム板卸売業
		「536」再生資源卸売業	空缶問屋、鉄スクラップ問屋、製紙原料古紙問屋
44	飲食料品小売業用設備	「581」各種食料品小売業	各種食料品店、食料雑貨店
		「582」野菜・果実小売業	八百屋、果物屋
		「583」食肉小売業	肉屋、肉製品小売業
		「584」鮮魚小売業	魚屋
		「585」酒小売業	酒屋
		「586」菓子・パン小売業	洋菓子小売業、パン小売業
		「589」その他の飲食料品小売業	コンビニエンスストア、コーヒー小売業、豆腐小売業
45	その他の小売業用設備		
	ガソリン又は液化石油ガススタンド設備	「605」燃料小売業の一部	ガソリンスタンド、液化石油ガススタンド
	その他の設備 主として金属製のもの その他もの	「601」家具・建具・畳小売業	家具小売業、建具小売業、畳小売業
		「602」じゅう器小売業	金物店、漆器小売業
		「603」医薬品・化粧品小売業	ドラッグストア、化粧品店
		「604」農耕用品小売業	農業用機械器具小売業、種苗小売業、飼料小売業
		「605」燃料小売業の一部	プロパンガス小売業
		「606」書籍・文房具小売業	書店、新聞販売店
		「607」スポーツ用品・がん具・娯楽用品・楽器小売業	運動具小売業、おもちゃ屋、洋楽器小売業
		「608」写真機・時計・眼鏡小売業	写真機小売業、時計屋、眼鏡小売業
		「609」他に分類されない小売業	ホームセンター、花屋、宝石小売業
46	技術サービス業用設備（他の号に掲げるものを除く。）		
	計量証明業用設備	「745」計量証明業	質量計量証明業
	その他の設備	「742」土木建築サービス業	設計監理業、測量業、地質調査業
		「743」機械設計業	機械設計業、機械設計製図業
		「744」商品・非破壊検査業	商品検査業、非破壊検査業
		「746」写真業	写真撮影業、商業写真業

別表第二の番号	設備の種類	小分類	左の具体例
		「749」その他の技術サービス業	プラントエンジニアリング業、プラントメンテナンス業
47	宿泊業用設備	「751」旅館、ホテル	シティホテル、民宿
		「752」簡易宿所	簡易宿泊所、カプセルホテル
		「759」その他の宿泊業	リゾートクラブ、キャンプ場
48	飲食店業用設備	「761」食堂、レストラン（専門料理店を除く。）	食堂、ファミリーレストラン
		「762」専門料理店	てんぷら料理店、中華料理店、焼肉店、西洋料理店
		「763」そば・うどん店	そば屋、うどん店
		「764」すし店	すし屋
		「765」酒場、ビヤホール	大衆酒場、焼鳥屋
		「766」バー、キャバレー、ナイトクラブ	バー、スナックバー
		「767」喫茶店	喫茶店
		「769」その他の飲食店	ハンバーガー店、お好み焼店、ドーナツ店
		「771」持ち帰り飲食サービス業	持ち帰りすし店、持ち帰り弁当屋
		「772」配達飲食サービス業	宅配ピザ屋、仕出し料理・弁当屋、給食センター
49	洗濯業、理容業、美容業又は浴場業用設備	「781」洗濯業	クリーニング業、リネンサプライ業
		「782」理容業	理容店
		「783」美容業	美容室、ビューティサロン
		「784」一般公衆浴場業	銭湯業
		「785」その他の公衆浴場業	温泉浴場業、スパ業、スーパー銭湯
		「789」その他の洗濯・理容・美容・浴場業	洗張業、エステティックサロン、コインランドリー業
50	その他の生活関連サービス業用設備	「791」旅行業	旅行業
		「793」衣服裁縫修理業	衣服修理業
		「794」物品預り業	自転車預り業
		「795」火葬・墓地管理業	火葬業
		「796」冠婚葬祭業	葬儀屋、結婚式場業
		「799」他に分類されない生活関連サービス業	写真現像・焼付業、ペット美容室

別表第二の番号	設備の種類	小分類	左の具体例
51	娯楽業用設備		
	映画館又は劇場用設備	「801」映画館	映画館
		「802」興行場、興行団の一部	劇場
	遊園地用設備	「805」公園、遊園地の一部	遊園地、テーマパーク
	ボウリング場用設備	「804」スポーツ施設提供業の一部	ボウリング場
	その他の設備 主として金属製のもの その他のもの	「802」興行場、興行団の一部	寄席、曲芸・軽業興行場、ボクシングジム
		「804」スポーツ施設提供業の一部	スケートリンク、乗馬クラブ、ゴルフ練習場、バッティングセンター、フィットネスクラブ
		「805」公園、遊園地の一部	公園、庭園
		「806」遊戯場	ゲームセンター
		「809」その他の娯楽業	マリーナ業、カラオケボックス、釣堀業
52	教育業（学校教育業を除く。）又は学習支援業用設備		
	教習用運転シミュレータ設備	「829」他に分類されない教育、学習支援業の一部	自動車教習所
	その他の設備 主として金属製のもの その他のもの	「821」社会教育	天文博物館、動物園、水族館
		「823」学習塾	学習塾
		「824」教養・技能教授業	スイミングスクール、ゴルフスクール
		「829」他に分類されない教育、学習支援業の一部	料理学校
53	自動車整備業用設備	「891」自動車整備業	自動車整備業、自動車修理業
54	その他のサービス業用設備	「952」と畜場	と畜請負業
55	前掲の機械及び装置以外のもの並びに前掲の区分によらないもの		
	機械式駐車設備		
	その他の設備 主として金属製のもの その他のもの		

付表９　　　機械及び装置の耐用年数表（別表第二）における新旧資産区分の対照表

改正後の資産区分		改正前の資産区分	
番号	設備の種類及び細目	番号	設備の種類及び細目
1	食料品製造業用設備	1	食肉又は食鳥処理加工設備
		2	鶏卵処理加工又はマヨネーズ製造設備
		3	市乳処理設備及び発酵乳、乳酸菌飲料その他の乳製品製造設備（集乳設備を含む。）
		4	水産練製品、つくだ煮、寒天その他の水産食料品製造設備
		5	つけ物製造設備
		6	トマト加工品製造設備
		7	その他の果実又はそ菜処理加工設備 むろ内用バナナ熟成装置 その他の設備
		8	かん詰又はびん詰製造設備
		9	化学調味料製造設備
		10	味そ又はしよう油（だしの素類を含む。）製造設備 コンクリート製仕込そう その他の設備
		10の2	食酢又はソース製造設備
		11	その他の調味料製造設備
		12	精穀設備
		13	小麦粉製造設備
		14	豆腐類、こんにやく又は食ふ製造設備
		15	その他の豆類処理加工設備
		16	コーンスターチ製造設備
		17	その他の農産物加工設備 粗製でん粉貯そう その他の設備
		18	マカロニ類又は即席めん類製造設備
		19	その他の乾めん、生めん又は強化米製造設備
		20	砂糖製造設備
		21	砂糖精製設備
		22	水あめ、ぶどう糖又はカラメル製造設備
		23	パン又は菓子類製造設備
		30	その他の飲料製造設備
		31	酵母、酵素、種菌、麦芽又はこうじ製造設備（医薬用のものを除く。）
		32	動植物油脂製造又は精製設備（マーガリン又はリンター製造設備を含む。）
		36	その他の食料品製造設備
2	飲料、たばこ又は飼料製造業用設備	15	その他の豆類処理加工設備

耐用年数の適用等に関する取扱通達付表

改正後の資産区分		改正前の資産区分	
番号	設備の種類及び細目	番号	設備の種類及び細目
		24	荒茶製造設備
		25	再製茶製造設備
		26	清涼飲料製造設備
		27	ビール又は発酵法による発ぽう酒製造設備
		28	清酒、みりん又は果実酒製造設備
		29	その他の酒類製造設備
		30	その他の飲料製造設備
		33	冷凍、製氷又は冷蔵業用設備 結氷かん及び凍結さら その他の設備
		34	発酵飼料又は酵母飼料製造設備
		35	その他の飼料製造設備
		36の2	たばこ製造設備
		85	配合肥料その他の肥料製造設備
3	繊維工業用設備		
	炭素繊維製造設備 黒鉛化炉	197	炭素繊維製造設備 黒鉛化炉
	その他の設備	197	炭素繊維製造設備 その他の設備
	その他の設備	37	生糸製造設備 自動繰糸機 その他の設備
		38	繭乾燥業用設備
		39	紡績設備
		42	合成繊維かさ高加工糸製造設備
		43	ねん糸業用又は糸（前号に掲げるものを除く。）製造業用設備
		44	織物設備
		45	メリヤス生地、編み手袋又はくつ下製造設備
		46	染色整理又は仕上設備 圧縮用電極板 その他の設備
		48	洗毛、化炭、羊毛トップ、ラップペニー、反毛、製綿又は再生綿業用設備
		49	整経又はサイジング業用設備
		50	不織布製造設備
		51	フエルト又はフエルト製品製造設備
		52	綱、網又はひも製造設備
		53	レース製造設備 ラッセルレース機 その他の設備
		54	塗装布製造設備

耐用年数の適用等に関する取扱通達付表

改正後の資産区分			改正前の資産区分	
番号	設備の種類及び細目		番号	設備の種類及び細目
			55	繊維製又は紙製衛生材料製造設備
			56	縫製品製造業用設備
			57	その他の繊維製品製造設備
			147	レーヨン糸又はレーヨンステープル製造設備
			148	酢酸繊維製造設備
			149	合成繊維製造設備
4	木材又は木製品（家具を除く。）製造業用設備		59	製材業用設備 製材用自動送材装置 その他の設備
			60	チップ製造業用設備
			61	単板又は合板製造設備
			62	その他の木製品製造設備
			63	木材防腐処理設備
			313	コルク又はコルク製品製造設備
5	家具又は装備品製造業用設備		62	その他の木製品製造設備
			209	石工品又は擬石製造設備
			249	金属製家具若しくは建具又は建築金物製造設備 めつき又はアルマイト加工設備 溶接設備 その他の設備
6	パルプ、紙又は紙加工品製造業用設備		55	繊維製又は紙製衛生材料製造設備
			64	パルプ製造設備
			65	手すき和紙製造設備
			66	丸網式又は短網式製紙設備
			67	長網式製紙設備
			68	ヴァルカナイズドファイバー又は加工紙製造設備
			69	段ボール、段ボール箱又は板紙製容器製造設備
			70	その他の紙製品製造設備
			72	セロファン製造設備
			73	繊維板製造設備
7	印刷業又は印刷関連業用設備			
		デジタル印刷システム設備	75	印刷設備
			79	写真製版業用設備
		製本業用設備	78	製本設備
		新聞業用設備 モノタイプ、写真又は通信設備 その他の設備	74	日刊新聞紙印刷設備 モノタイプ、写真又は通信設備 その他の設備
		その他の設備	75	印刷設備
			76	活字鋳造業用設備

改正後の資産区分		改正前の資産区分	
番号	設備の種類及び細目	番号	設備の種類及び細目
		77	金属板その他の特殊物印刷設備
		71	枚葉紙樹脂加工設備
		80	複写業用設備
8	化学工業用設備		
	臭素、よう素又は塩素、臭素若しくはよう素化合物製造設備	97	臭素、よう素又は塩素、臭素若しくはよう素化合物製造設備 よう素用坑井設備 その他の設備
	塩化りん製造設備	99	塩化りん製造設備
	活性炭製造設備	117	活性炭製造設備
	ゼラチン又はにかわ製造設備	171	ゼラチン又はにかわ製造設備
	半導体用フォトレジスト製造設備	173	半導体用フォトレジスト製造設備
	フラットパネル用カラーフィルター、偏光板又は偏光板用フィルム製造設備	268の2	フラットパネルディスプレイ又はフラットパネル用フィルム材料製造設備
	その他の設備	81	アンモニア製造設備
		82	硫酸又は硝酸製造設備
		83	溶成りん肥製造設備
		84	その他の化学肥料製造設備
		86	ソーダ灰、塩化アンモニウム、か性ソーダ又はか性カリ製造設備（塩素処理設備を含む。）
		87	硫化ソーダ、水硫化ソーダ、無水ぼう硝、青化ソーダ又は過酸化ソーダ製造設備
		88	その他のソーダ塩又はカリ塩（第97号（塩素酸塩を除く。）、第98号及び第106号に掲げるものを除く。）製造設備
		89	金属ソーダ製造設備
		90	アンモニウム塩（硫酸アンモニウム及び塩化アンモニウムを除く。）製造設備
		91	炭酸マグネシウム製造設備
		92	苦汁製品又はその誘導体製造設備
		93	軽質炭酸カルシウム製造設備
		94	カーバイド製造設備（電極製造設備を除く。）
		95	硫酸鉄製造設備
		96	その他の硫酸塩又は亜硫酸塩製造設備（他の号に掲げるものを除く。）
		98	ふっ酸その他のふっ素化合物製造設備
		100	りん酸又は硫化りん製造設備
		101	りん又はりん化合物製造設備（他の号に掲げるものを除く。）
		102	べんがら製造設備
		103	鉛丹、リサージ又は亜鉛華製造設備

改正後の資産区分		改正前の資産区分	
番号	設備の種類及び細目	番号	設備の種類及び細目
		104	酸化チタン、リトポン又はバリウム塩製造設備
		105	無水クロム酸製造設備
		106	その他のクロム化合物製造設備
		107	二酸化マンガン製造設備
		108	ほう酸その他のほう素化合物製造設備（他の号に掲げるものを除く。）
		109	青酸製造設備
		110	硝酸銀製造設備
		111	二硫化炭素製造設備
		112	過酸化水素製造設備
		113	ヒドラジン製造設備
		114	酸素、水素、二酸化炭素又は溶解アセチレン製造設備
		115	加圧式又は真空式製塩設備
		116	その他のかん水若しくは塩製造又は食塩加工設備 合成樹脂製濃縮盤及びイオン交換膜 その他の設備
		118	その他の無機化学薬品製造設備
		119	石炭ガス、オイルガス又は石油を原料とする芳香族その他の化合物分離精製設備
		120	染料中間体製造設備
		121	アルキルベンゾール又はアルキルフェノール製造設備
		122	カプロラクタム、シクロヘキサノン又はテレフタル酸（テレフタル酸ジメチルを含む。）製造設備
		123	イソシアネート類製造設備
		124	炭化水素の塩化物、臭化物又はふっ化物製造設備
		125	メタノール、エタノール又はその誘導体製造設備（他の号に掲げるものを除く。）
		126	その他のアルコール又はケトン製造設備
		127	アセトアルデヒド又は酢酸製造設備
		128	シクロヘキシルアミン製造設備
		129	アミン又はメラミン製造設備
		130	ぎ酸、しゅう酸、乳酸、酒石酸（酒石酸塩類を含む。）、こはく酸、くえん酸、タンニン酸又は没食子酸製造設備
		131	石油又は天然ガスを原料とするエチレン、プロピレン、ブチレン、ブタジエン又はア

耐用年数の適用等に関する取扱通達付表

改正後の資産区分		改正前の資産区分	
番号	設備の種類及び細目	番号	設備の種類及び細目
			セチレン製造設備
		132	ビニールエーテル製造設備
		133	アクリルニトリル又はアクリル酸エステル製造設備
		134	エチレンオキサイド、エチレングリコール、プロピレンオキサイド、プロピレングリコール、ポリエチレングリコール又はポリプロピレングリコール製造設備
		135	スチレンモノマー製造設備
		136	その他オレフィン系又はアセチレン系誘導体製造設備（他の号に掲げるものを除く。）
		137	アルギン酸塩製造設備
		138	フルフラル製造設備
		139	セルロイド又は硝化綿製造設備
		140	酢酸繊維素製造設備
		141	繊維素グリコール酸ソーダ製造設備
		142	その他の有機薬品製造設備
		143	塩化ビニリデン系樹脂、酢酸ビニール系樹脂、ナイロン樹脂、ポリエチレンテレフタレート系樹脂、ふっ素樹脂又はけい素樹脂製造設備
		144	ポリエチレン、ポリプロピレン又はポリブテン製造設備
		145	尿素系、メラミン系又は石炭酸系合成樹脂製造設備
		146	その他の合成樹脂又は合成ゴム製造設備
		150	石けん製造設備
		151	硬化油、脂肪酸又はグリセリン製造設備
		152	合成洗剤又は界面活性剤製造設備
		153	ビタミン剤製造設備
		154	その他の医薬品製造設備（製剤又は小分包装設備を含む。）
		155	殺菌剤、殺虫剤、殺そ剤、除草剤その他の動植物用製剤製造設備
		156	産業用火薬類（花火を含む。）製造設備
		157	その他の火薬類製造設備（弾薬装てん又は組立設備を含む。）
		158	塗料又は印刷インキ製造設備
		159	その他のインキ製造設備
		160	染料又は顔料製造設備（他の号に掲げるものを除く。）
		161	抜染剤又は漂白剤製造設備（他の号に掲げるものを除く。）

改正後の資産区分		改正前の資産区分	
番号	設備の種類及び細目	番号	設備の種類及び細目
		162	試薬製造設備
		163	合成樹脂用可塑剤製造設備
		164	合成樹脂用安定剤製造設備
		165	有機ゴム薬品、写真薬品又は人造香料製造設備
		166	つや出し剤、研摩油剤又は乳化油剤製造設備
		167	接着剤製造設備
		168	トール油精製設備
		169	りゅう脳又はしょう脳製造設備
		170	化粧品製造設備
		172	写真フイルムその他の写真感光材料（銀塩を使用するものに限る。）製造設備（他の号に掲げるものを除く。）
		175	化工でん粉製造設備
		176	活性白土又はシリカゲル製造設備
		177	選鉱剤製造設備
		178	電気絶縁材料（マイカ系を含む。）製造設備
		179	カーボンブラック製造設備
		180	その他の化学工業製品製造設備
		197の2	その他の炭素製品製造設備 黒鉛化炉 その他の設備
		316	ろうそく製造設備
		320	木ろう製造又は精製設備
9	石油製品又は石炭製品製造業用設備	181	石油精製設備（廃油再生又はグリース類製造設備を含む。）
		182	アスファルト乳剤その他のアスファルト製品製造設備
		183	ピッチコークス製造設備
		184	練炭、豆炭類、オガライト（オガタンを含む。）又は炭素粉末製造設備
		185	その他の石油又は石炭製品製造設備
		354	石炭ガス、石油ガス又はコークス製造設備（ガス精製又はガス事業用特定ガス発生設備を含む。）
10	プラスチック製品製造業用設備（他の号に掲げるものを除く。）	307	合成樹脂成形加工又は合成樹脂製品加工業用設備
		308	発ぽうポリウレタン製造設備
11	ゴム製品製造業用設備	186	タイヤ又はチューブ製造設備
		187	再生ゴム製造設備
		188	フォームラバー製造設備
		189	糸ゴム製造設備

耐用年数の適用等に関する取扱通達付表

改正後の資産区分		改正前の資産区分	
番号	設備の種類及び細目	番号	設備の種類及び細目
		190	その他のゴム製品製造設備
		192	機械ぐつ製造設備
		307	合成樹脂成形加工又は合成樹脂製品加工業用設備
12	なめし革、なめし革製品又は毛皮製造業用設備	191	製革設備
		192	機械ぐつ製造設備
		193	その他の革製品製造設備
13	窯業又は土石製品製造業用設備	194	板ガラス製造設備（みがき設備を含む。） 溶解炉 その他の設備
		195	その他のガラス製品製造設備（光学ガラス製造設備を含む。） るつぼ炉及びデータンク炉 溶解炉 その他の設備
		196	陶磁器、粘土製品、耐火物、けいそう土製品、はい土又はうわ薬製造設備 倒炎がま 塩融式のもの その他のもの トンネルがま その他の炉 その他の設備
		197の2	その他の炭素製品製造設備 黒鉛化炉 その他の設備
		198	人造研削材製造設備 溶解炉 その他の設備
		199	研削と石又は研摩布紙製造設備 加硫炉 トンネルがま その他の焼成炉 その他の設備
		200	セメント製造設備
		201	生コンクリート製造設備
		202	セメント製品（気ほうコンクリート製品を含む。）製造設備 移動式製造又は架設設備及び振動加圧式成形設備 その他の設備
		204	石灰又は苦石灰製造設備
		205	石こうボード製造設備

改正後の資産区分			改正前の資産区分	
番号	設備の種類及び細目		番号	設備の種類及び細目
				焼成炉 その他の設備
			206	ほうろう鉄器製造設備 るつぼ炉 その他の炉 その他の設備
			207	石綿又は石綿セメント製品製造設備
			208	岩綿（鉱さい繊維を含む。）又は岩綿製品製造設備
			209	石工品又は擬石製造設備
			210	その他の窯業製品又は土石製品製造設備 トンネルがま その他の炉 その他の設備
			326	砂利採取又は岩石の採取若しくは砕石設備
14	鉄鋼業用設備			
		表面処理鋼材若しくは鉄粉製造業又は鉄スクラップ加工処理業用設備	218の2	鉄くず処理業用設備
			232	金属粉末又ははく（圧延によるものを除く。）製造設備
			244	その他のめつき又はアルマイト加工設備
			245の2	合成樹脂被覆、彫刻又はアルミニウムはくの加工設備 脱脂又は洗浄設備及び水洗塗装装置 その他の設備
		純鉄、原鉄、ベースメタル、フェロアロイ、鉄素形材又は鋳鉄管製造業用設備	212	純鉄又は合金鉄製造設備
			219	鉄鋼鍛造業用設備
			220	鋼鋳物又は銑鉄鋳物製造業用設備
		その他の設備	211	製銑設備
			213	製鋼設備
			214	連続式鋳造鋼片製造設備
			215	鉄鋼熱間圧延設備
			216	鉄鋼冷間圧延又は鉄鋼冷間成形設備
			217	鋼管製造設備
			218	鉄鋼伸線（引き抜きを含む。）設備及び鉄鋼卸売業用シャーリング設備並びに伸鉄又はシャーリング業用設備
			222	その他の鉄鋼業用設備
			234	鋼索製造設備
			237	くぎ、リベット又はスプリング製造業用設備
			238	溶接金網製造設備
			243	電気錫めつき鉄板製造設備

改正後の資産区分			改正前の資産区分	
番号	設備の種類及び細目		番号	設備の種類及び細目
15	非鉄金属製造業用設備			
		核燃料物質加工設備	251の2	核燃料物質加工設備
		その他の設備	218	鉄鋼伸線（引き抜きを含む。）設備及び鉄鋼卸売業用シャーリング設備並びに伸鉄又はシャーリング業用設備
			223	銅、鉛又は亜鉛製錬設備
			224	アルミニウム製錬設備
			225	ベリリウム銅母合金、マグネシウム、チタニウム、ジルコニウム、タンタル、クロム、マンガン、シリコン、ゲルマニウム又は希土類金属製錬設備
			226	ニッケル、タングステン又はモリブデン製錬設備
			227	その他の非鉄金属製錬設備
			228	チタニウム造塊設備
			229	非鉄金属圧延、押出又は伸線設備
			230	非鉄金属鋳物製造業用設備 ダイカスト設備 その他の設備
			231	電線又はケーブル製造設備
			231の2	光ファイバー製造設備
			232	金属粉末又ははく（圧延によるものを除く。）製造設備
			252	その他の金属製品製造設備
16	金属製品製造業用設備			
		金属被覆及び彫刻業又は打はく及び金属製ネームプレート製造業用設備	232	金属粉末又ははく（圧延によるものを除く。）製造設備
			244	その他のめつき又はアルマイト加工設備
			245	金属塗装設備 脱脂又は洗浄設備及び水洗塗装装置 その他の設備
			245の2	合成樹脂被覆、彫刻又はアルミニウムはくの加工設備 脱脂又は洗浄設備及び水洗塗装装置 その他の設備
		その他の設備	221	金属熱処理業用設備
			233	粉末冶金製品製造設備
			234	鋼索製造設備
			235	鎖製造設備
			236	溶接棒製造設備

改正後の資産区分		改正前の資産区分	
番号	設備の種類及び細目	番号	設備の種類及び細目
		237	くぎ、リベット又はスプリング製造業用設備
		237の2	ねじ製造業用設備
		238	溶接金網製造設備
		239	その他の金網又は針金製品製造設備
		241	押出しチューブ又は自動組立方式による金属かん製造設備
		242	その他の金属製容器製造設備
		246	手工具又はのこぎり刃その他の刃物類（他の号に掲げるものを除く。）製造設備
		247	農業用機具製造設備
		248	金属製洋食器又はかみそり刃製造設備
		249	金属製家具若しくは建具又は建築金物製造設備 めつき又はアルマイト加工設備 溶接設備 その他の設備
		250	鋼製構造物製造設備
		251	プレス、打抜き、しぼり出しその他の金属加工品製造業用設備 めつき又はアルマイト加工設備 その他の設備
		252	その他の金属製品製造設備
		259	機械工具、金型又は治具製造業用設備
		266	食品用、暖ちゆう房用、家庭用又はサービス用機器（電気機器を除く。）製造設備
		280	その他の車両部分品又は附属品製造設備
17	はん用機械器具（はん用性を有するもので、他の器具及び備品並びに機械及び装置に組み込み、又は取り付けることによりその用に供されるものをいう。）製造業用設備（第20号及び第22号に掲げるものを除く。）	253	ボイラー製造設備
		254	エンジン、タービン又は水車製造設備
		259	機械工具、金型又は治具製造業用設備
		261	風水力機器、金属製弁又は遠心分離機製造設備
		261の2	冷凍機製造設備
		262	玉又はコロ軸受若しくは同部分品製造設備
		263	歯車、油圧機器その他の動力伝達装置製造業用設備
		264	その他の産業用機器又は部分品若しくは附属品製造設備
		278	車両用エンジン、同部分品又は車両用電装品製造設備（ミッション又はクラッチ製造設備を含む。）
		286	その他の輸送用機器製造設備

改正後の資産区分		改正前の資産区分	
番号	設備の種類及び細目	番号	設備の種類及び細目
		295	前掲以外の機械器具、部分品又は附属品製造設備
18	生産用機械器具（物の生産の用に供されるものをいう。）製造業用設備（次号及び第21号に掲げるものを除く。）		
	金属加工機械製造設備	257	金属加工機械製造設備
	その他の設備	255	農業用機械製造設備
		256	建設機械、鉱山機械又は原動機付車両（他の号に掲げるものを除く。）製造設備
		258	鋳造用機械、合成樹脂加工機械又は木材加工用機械製造設備
		259	機械工具、金型又は治具製造業用設備
		260	繊維機械（ミシンを含む。）又は同部分品若しくは附属品製造設備
		261	風水力機器、金属製弁又は遠心分離機製造設備
		263の2	産業用ロボット製造設備
		264	その他の産業用機器又は部分品若しくは附属品製造設備
		266	食品用、暖ちゆう房用、家庭用又はサービス用機器（電気機器を除く。）製造設備
19	業務用機械器具（業務用又はサービスの生産の用に供されるもの（これらのものであつて物の生産の用に供されるものを含む。）をいう。）製造業用設備（第17号、第21号及び第23号に掲げるものを除く。）	157	その他の火薬類製造設備（弾薬装てん又は組立設備を含む。）
		252	その他の金属製品製造設備
		256	建設機械、鉱山機械又は原動機付車両（他の号に掲げるものを除く。）製造設備
		265	事務用機器製造設備
		266	食品用、暖ちゆう房用、家庭用又はサービス用機器（電気機器を除く。）製造設備
		280	その他の車両部分品又は附属品製造設備
		285	航空機若しくは同部分品（エンジン、機内空気加圧装置、回転機器、プロペラ、計器、降着装置又は油圧部品に限る。）製造又は修理設備
		287	試験機、測定器又は計量機製造設備
		288	医療用機器製造設備
		288の2	理化学用機器製造設備
		289	レンズ又は光学機器若しくは同部分品製造設備
		290	ウオッチ若しくは同部分品又は写真機用シャッター製造設備
		292	銃弾製造設備

改正後の資産区分			改正前の資産区分	
番号	設備の種類及び細目		番号	設備の種類及び細目
			293	銃砲、爆発物又は信管、薬きようその他の銃砲用品製造設備
			295	前掲以外の機械器具、部分品又は附属品製造設備
			310	歯科材料製造設備
20	電子部品、デバイス又は電子回路製造業用設備			
		光ディスク（追記型又は書換え型のものに限る。）製造設備	268の3	光ディスク（追記型又は書換え型のものに限る。）製造設備
		プリント配線基板製造設備	272の2	プリント配線基板製造設備
		フラットパネルディスプレイ、半導体集積回路又は半導体素子製造設備	268の2	フラットパネルディスプレイ又はフラットパネル用フィルム材料製造設備
			271	半導体集積回路（素子数が五百以上のものに限る。）製造設備
			271の2	その他の半導体素子製造設備
		その他の設備	174	磁気テープ製造設備
			268	電気計測器、電気通信用機器、電子応用機器又は同部分品（他の号に掲げるものを除く。）製造設備
			270	電球、電子管又は放電燈製造設備
			272	抵抗器又は蓄電器製造設備
			272の3	フェライト製品製造設備
			273	電気機器部分品製造設備
21	電気機械器具製造業用設備		267	産業用又は民生用電気機器製造設備
			268	電気計測器、電気通信用機器、電子応用機器又は同部分品（他の号に掲げるものを除く。）製造設備
			270	電球、電子管又は放電燈製造設備
			272	抵抗器又は蓄電器製造設備
			273	電気機器部分品製造設備
			274	乾電池製造設備
			274の2	その他の電池製造設備
			278	車両用エンジン、同部分品又は車両用電装品製造設備（ミッション又はクラッチ製造設備を含む。）
22	情報通信機械器具製造業用設備		268	電気計測器、電気通信用機器、電子応用機器又は同部分品（他の号に掲げるものを除く。）製造設備
			269	交通信号保安機器製造設備
23	輸送用機械器具製造業用設備		56	縫製品製造業用設備
			254	エンジン、タービン又は水車製造設備
			256	建設機械、鉱山機械又は原動機付車両（他の号に掲げるものを除く。）製造設備

改正後の資産区分		改正前の資産区分	
番号	設備の種類及び細目	番号	設備の種類及び細目
		275	自動車製造設備
		276	自動車車体製造又は架装設備
		277	鉄道車両又は同部分品製造設備
		278	車両用エンジン、同部分品又は車両用電装品製造設備（ミッション又はクラッチ製造設備を含む。）
		279	車両用ブレーキ製造設備
		280	その他の車両部分品又は附属品製造設備
		281	自転車又は同部分品若しくは附属品製造設備 めつき設備 その他の設備
		282	鋼船製造又は修理設備
		283	木船製造又は修理設備
		284	船用推進器、甲板機械又はハッチカバー製造設備 鋳造設備 その他の設備
		285	航空機若しくは同部分品（エンジン、機内空気加圧装置、回転機器、プロペラ、計器、降着装置又は油圧部品に限る。）製造又は修理設備
		286	その他の輸送用機器製造設備
24	その他の製造業用設備	62	その他の木製品製造設備
		156	産業用火薬類（花火を含む。）製造設備
		184	練炭、豆炭類、オガライト（オガタンを含む。）又は炭素粉末製造設備
		195	その他のガラス製品製造設備（光学ガラス製造設備を含む。） るつぼ炉及びデータンク炉 溶解炉 その他の設備
		239	その他の金網又は針金製品製造設備
		240	縫針又はミシン針製造設備
		252	その他の金属製品製造設備
		265	事務用機器製造設備
		270	電球、電子管又は放電燈製造設備
		281	自転車又は同部分品若しくは附属品製造設備 めつき設備 その他の設備
		289	レンズ又は光学機器若しくは同部分品製造設備

改正後の資産区分		改正前の資産区分	
番号	設備の種類及び細目	番号	設備の種類及び細目
		290	ウオッチ若しくは同部分品又は写真機用シャッター製造設備
		291	クロック若しくは同部分品、オルゴールムーブメント又は写真フイルム用スプール製造設備
		293	銃砲、爆発物又は信管、薬きようその他の銃砲用品製造設備
		296	機械産業以外の設備に属する修理工場用又は工作工場用機械設備
		297	楽器製造設備
		298	レコード製造設備 吹込設備 その他の設備
		299	がん具製造設備 合成樹脂成形設備 その他の設備
		300	万年筆、シャープペンシル又はペン先製造設備
		301	ボールペン製造設備
		302	鉛筆製造設備
		303	絵の具その他の絵画用具製造設備
		304	身辺用細貨類、ブラシ又はシガレットライター製造設備 製鎖加工設備 その他の設備 前掲の区分によらないもの
		305	ボタン製造設備
		306	スライドファスナー製造設備 自動務歯成形又はスライダー製造機 自動務歯植付機 その他の設備
		309	繊維壁材製造設備
		311	真空蒸着処理業用設備
		312	マッチ製造設備
		314	つりざお又は附属品製造設備
		315	墨汁製造設備
		317	リノリウム、リノタイル又はアスファルトタイル製造設備
		318	畳表製造設備 織機、い草選別機及びい割機 その他の設備
		319	畳製造設備

耐用年数の適用等に関する取扱通達付表

改正後の資産区分		改正前の資産区分	
番号	設備の種類及び細目	番号	設備の種類及び細目
		319の2	その他のわら工品製造設備
		323	真珠、貴石又は半貴石加工設備
		325	前掲以外の製造設備
25	農業用設備	322	蚕種製造設備 人工ふ化設備 その他の設備
		368	種苗花き園芸設備
		別表第七	電動機
		〃	内燃機関、ボイラー及びポンプ
		〃	トラクター 歩行型トラクター その他のもの
		〃	耕うん整地用機具
		〃	耕土造成改良用機具
		〃	栽培管理用機具
		〃	防除用機具
		〃	穀類収穫調製用機具 自脱型コンバイン、刈取機（ウインドロウアーを除くものとし、バインダーを含む。）、稲わら収集機（自走式のものを除く。）及びわら処理カッター その他のもの
		〃	飼料作物収穫調製用機具 モーア、ヘーコンディショナー(自走式のものを除く。)、ヘーレーキ、ヘーテッダー、ヘーテッダーレーキ、フォレージハーベスター（自走式のものを除く。)、ヘーベーラー（自走式のものを除く。)、ヘープレス、ヘーローダー、ヘードライヤー（連続式のものを除く。)、ヘーエレベーター、フォレージブロアー、サイレージディストリビューター、サイレージアンローダー及び飼料細断機 その他のもの
		〃	果樹、野菜又は花き収穫調製用機具 野菜洗浄機、清浄機及び掘取機 その他のもの
		〃	その他の農作物収穫調製用機具 い苗分割機、い草刈取機、い草選別機、い割機、粒選機、収穫機、

改正後の資産区分		改正前の資産区分	
番号	設備の種類及び細目	番号	設備の種類及び細目
			掘取機、つる切機及び茶摘機 その他のもの
		別表第七	農産物処理加工用機具（精米又は精麦機を除く。） 花莚織機及び畳表織機 その他のもの
		〃	家畜飼養管理用機具 自動給じ機、自動給水機、搾乳機、牛乳冷却機、ふ卵機、保温機、畜衡機、牛乳成分検定用機具、人工授精用機具、育成機、育すう機、ケージ、電牧器、カウトレーナー、マット、畜舎清掃機、ふん尿散布機、ふん尿乾燥機及びふん焼却機 その他のもの
		〃	養蚕用機具 条桑刈取機、簡易保温用暖房機、天幕及び回転まぶし その他のもの
		〃	運搬用機具
		〃	その他の機具 その他のもの 主として金属製のもの その他のもの
26	林業用設備	58	可搬式造林、伐木又は搬出設備 動力伐採機 その他の設備
		321	松脂その他樹脂の製造又は精製設備
		334	ブルドーザー、パワーショベルその他の自走式作業用機械設備
		別表第七	造林又は伐木用機具 自動穴掘機、自動伐木機及び動力刈払機 その他のもの
		〃	その他の機具 乾燥用バーナー その他のもの 主として金属製のもの その他のもの
27	漁業用設備（次号に掲げるものを除く。）	324の2	漁ろう用設備
28	水産養殖業用設備	324	水産物養殖設備 竹製のもの その他のもの

耐用年数の適用等に関する取扱通達付表

改正後の資産区分		改正前の資産区分	
番号	設備の種類及び細目	番号	設備の種類及び細目
29	鉱業、採石業又は砂利採取業用設備		
	石油又は天然ガス鉱業用設備	330	石油又は天然ガス鉱業用設備
	坑井設備		坑井設備
	掘さく設備		掘さく設備
	その他の設備		統合→その他の設備
		331	天然ガス圧縮処理設備
	その他の設備	326	砂利採取又は岩石の採取若しくは砕石設備
		327	砂鉄鉱業設備
		328	金属鉱業設備（架空索道設備を含む。）
		329	石炭鉱業設備（架空索道設備を含む。）
			採掘機械及びコンベヤ
			その他の設備
			前掲の区分によらないもの
		332	硫黄鉱業設備（製錬又は架空索道設備を含む。）
		333	その他の非金属鉱業設備（架空索道設備を含む。）
30	総合工事業用設備	334	ブルドーザー、パワーショベルその他の自走式作業用機械設備
		335	その他の建設工業設備
			排砂管及び可搬式コンベヤ
			ジーゼルパイルハンマー
			アスファルトプラント及びバッチャープラント
			その他の設備
31	電気業用設備		
	電気業用水力発電設備	346	電気事業用水力発電設備
	その他の水力発電設備	347	その他の水力発電設備
	汽力発電設備	348	汽力発電設備
	内燃力又はガスタービン発電設備	349	内燃力又はガスタービン発電設備
	送電又は電気業用変電若しくは配電設備	350	送電又は電気事業用変電若しくは配電設備
	需要者用計器		需要者用計器
	柱上変圧器		柱上変圧器
	その他の設備		その他の設備
	鉄道又は軌道業用変電設備	351	鉄道又は軌道事業用変電設備
	その他の設備	369	前掲の機械及び装置以外のもの並びに前掲の区分によらないもの
	主として金属製のもの		主として金属製のもの
	その他のもの		その他のもの
32	ガス業用設備		
	製造用設備	354	石炭ガス、石油ガス又はコークス製造設備（ガス精製又はガス事業用特定ガス発生設備を含む。）

改正後の資産区分		改正前の資産区分	
番号	設備の種類及び細目	番号	設備の種類及び細目
	供給用設備 鋳鉄製導管	356	ガス事業用供給設備 ガス導管 鋳鉄製のもの
	鋳鉄製導管以外の導管		ガス導管 その他のもの
	需要者用計量器		需要者用計量器
	その他の設備		その他の設備
	その他の設備 主として金属製のもの その他のもの	369	前掲の機械及び装置以外のもの並びに前掲の区分によらないもの 主として金属製のもの その他のもの
33	熱供給業用設備	369	前掲の機械及び装置以外のもの並びに前掲の区分によらないもの 主として金属製のもの
34	水道業用設備	357	上水道又は下水道業用設備
35	通信業用設備	343	国内電気通信事業用設備 デジタル交換設備及び電気通信処理設備 アナログ交換設備 その他の設備
		343の2	国際電気通信事業用設備 デジタル交換設備及び電気通信処理設備 アナログ交換設備 その他の設備
		345	その他の通信設備（給電用指令設備を含む。）
36	放送業用設備	344	ラジオ又はテレビジョン放送設備
37	映像、音声又は文字情報制作業用設備	363	映画製作設備（現像設備を除く。） 照明設備 撮影又は録音設備 その他の設備
38	鉄道業用設備		
	自動改札装置	369	前掲の機械及び装置以外のもの並びに前掲の区分によらないもの 主として金属製のもの
	その他の設備	337	鋼索鉄道又は架空索道設備 鋼索 その他の設備
		351の2	列車遠隔又は列車集中制御設備
39	道路貨物運送業用設備	340	荷役又は倉庫業用設備及び卸売又は小売業の荷役又は倉庫用設備 移動式荷役設備

改正後の資産区分			改正前の資産区分	
番号	設備の種類及び細目		番号	設備の種類及び細目
				くん蒸設備 その他の設備
40	倉庫業用設備		33	冷凍、製氷又は冷蔵業用設備 結氷かん及び凍結さら その他の設備
			340	荷役又は倉庫業用設備及び卸売又は小売業の荷役又は倉庫用設備 移動式荷役設備 くん蒸設備 その他の設備
41	運輸に附帯するサービス業用設備		334	ブルドーザー、パワーショベルその他の自走式作業用機械設備
			340	荷役又は倉庫業用設備及び卸売又は小売業の荷役又は倉庫用設備 移動式荷役設備 くん蒸設備 その他の設備
			341	計量証明業用設備
			342	船舶救難又はサルベージ設備
42	飲食料品卸売業用設備		1	食肉又は食鳥処理加工設備
			7	その他の果実又はそ菜処理加工設備 むろ内用バナナ熟成装置 その他の設備
			12	精穀設備
			15	その他の豆類処理加工設備
43	建築材料、鉱物又は金属材料等卸売業用設備			
		石油又は液化石油ガス卸売用設備（貯そうを除く。）	338	石油又は液化石油ガス卸売用設備（貯そうを除く。）
		その他の設備	218	鉄鋼伸線（引き抜きを含む。）設備及び鉄鋼卸売業用シャーリング設備並びに伸鉄又はシャーリング業用設備
			218の2	鉄くず処理業用設備
			360の2	故紙梱包設備
44	飲食料品小売業用設備		1	食肉又は食鳥処理加工設備
45	その他の小売業用設備			
		ガソリン又は液化石油ガススタンド設備	339	ガソリンスタンド設備
			339の2	液化石油ガススタンド設備
		その他の設備 主として金属製のもの その他のもの	369	前掲の機械及び装置以外のもの並びに前掲の区分によらないもの 主として金属製のもの その他のもの

改正後の資産区分		改正前の資産区分	
番号	設備の種類及び細目	番号	設備の種類及び細目
46	技術サービス業用設備（他の号に掲げるものを除く。）		
	計量証明業用設備	341	計量証明業用設備
	その他の設備	336	測量業用設備 カメラ その他の設備
47	宿泊業用設備	358	ホテル、旅館又は料理店業用設備及び給食用設備 引湯管 その他の設備
48	飲食店業用設備	358	ホテル、旅館又は料理店業用設備及び給食用設備 引湯管 その他の設備
49	洗濯業、理容業、美容業又は浴場業用設備	359	クリーニング設備
		360	公衆浴場設備 かま、温水器及び温かん その他の設備
50	その他の生活関連サービス業用設備	48	洗毛、化炭、羊毛トップ、ラップペニー、反毛、製綿又は再生綿業用設備
		361	火葬設備
		364	天然色写真現像焼付設備
		365	その他の写真現像焼付設備
51	娯楽業用設備		
	映画館又は劇場用設備	366	映画又は演劇興行設備 照明設備 その他の設備
	遊園地用設備	367	遊園地用遊戯設備（原動機付のものに限る。）
	ボウリング場用設備	367の2	ボウリング場用設備 レーン その他の設備
	その他の設備 主として金属製のもの その他のもの	369	前掲の機械及び装置以外のもの並びに前掲の区分によらないもの 主として金属製のもの その他のもの
52	教育業（学校教育業を除く。）又は学習支援業用設備		
	教習用運転シミュレータ設備	369	前掲の機械及び装置以外のもの並びに前掲の区分によらないもの 主として金属製のもの
	その他の設備	369	前掲の機械及び装置以外のもの並びに前掲の区分によらないもの

改正後の資産区分			改正前の資産区分	
番号	設備の種類及び細目		番号	設備の種類及び細目
		主として金属製のもの その他のもの		主として金属製のもの その他のもの
53	自動車整備業用設備		294	自動車分解整備業用設備
			338の2	洗車業用設備
54	その他のサービス業用設備		1	食肉又は食鳥処理加工設備
55	前掲の機械及び装置以外のもの並びに前掲の区分によらないもの(注)			
		機械式駐車設備	339の3	機械式駐車設備
		その他の設備	352	蓄電池電源設備
		主として金属製のもの	353	フライアッシュ採取設備
			362	電光文字設備
		その他のもの	369	前掲の機械及び装置以外のもの並びに前掲の区分によらないもの 主として金属製のもの その他のもの

付表10　　　　機械及び装置の耐用年数表（旧別表第二）

番号	設備の種類	細目	耐用年数
1	食肉又は食鳥処理加工設備		9年
2	鶏卵処理加工又はマヨネーズ製造設備		8
3	市乳処理設備及び発酵乳、乳酸菌飲料その他の乳製品製造設備（集乳設備を含む。）		9
4	水産練製品、つくだ煮、寒天その他の水産食料品製造設備		8
5	つけ物製造設備		7
6	トマト加工品製造設備		8
7	その他の果実又はそ菜処理加工設備	むろ内用バナナ熟成装置 その他の設備	6 9
8	かん詰又はびん詰製造設備		8
9	化学調味料製造設備		7
10	味そ又はしょう油（だしの素類を含む。）製造設備	コンクリート製仕込そう その他の設備	25 9
10の2	食酢又はソース製造設備		8
11	その他の調味料製造設備		9
12	精穀設備		10
13	小麦粉製造設備		13
14	豆腐類、こんにゃく又は食ふ製造設備		8
15	その他の豆類処理加工設備		9
16	コーンスターチ製造設備		10
17	その他の農産物加工設備	粗製でん粉貯そう その他の設備	25 12
18	マカロニ類又は即席めん類製造設備		9
19	その他の乾めん、生めん又は強化米製造設備		10
20	砂糖製造設備		10
21	砂糖精製設備		13
22	水あめ、ぶどう糖又はカラメル製造設備		10
23	パン又は菓子類製造設備		9
24	荒茶製造設備		8
25	再製茶製造設備		10
26	清涼飲料製造設備		10
27	ビール又は発酵法による発ぽう酒製造設備		14
28	清酒、みりん又は果実酒製造設備		12

番号	設備の種類	細目	耐用年数
29	その他の酒類製造設備		10年
30	その他の飲料製造設備		12
31	酵母、酵素、種菌、麦芽又はこうじ製造設備（医薬用のものを除く。）		9
32	動植物油脂製造又は精製設備（マーガリン又はリンター製造設備を含む。）		12
33	冷凍、製氷又は冷蔵業用設備	結氷かん及び凍結さら その他の設備	3 13
34	発酵飼料又は酵母飼料製造設備		9
35	その他の飼料製造設備		10
36	その他の食料品製造設備		16
36の2	たばこ製造設備		8
37	生糸製造設備	自動繰糸機 その他の設備	7 10
38	繭乾燥業用設備		13
39	紡績設備		10
40	削除		
41	削除		
42	合成繊維かさ高加工糸製造設備		8
43	ねん糸業用又は糸（前号に掲げるものを除く。）製造業用設備		11
44	織物設備		10
45	メリヤス生地、編み手袋又はくつ下製造設備		10
46	染色整理又は仕上設備	圧縮用電極板 その他の設備	3 7
47	削除		
48	洗毛、化炭、羊毛トップ、ラップペニー、反毛、製綿又は再生綿業用設備		10
49	整経又はサイジング業用設備		10
50	不織布製造設備		9
51	フェルト又はフェルト製品製造設備		10
52	綱、網又はひも製造設備		10
53	レース製造設備	ラッセルレース機 その他の設備	12 14
54	塗装布製造設備		14

番号	設備の種類	細目	耐用年数
55	繊維製又は紙製衛生材料製造設備		9年
56	縫製品製造業用設備		7
57	その他の繊維製品製造設備		15
58	可搬式造林、伐木又は搬出設備	動力伐採機	3
		その他の設備	6
59	製材業用設備	製材用自動送材装置	8
		その他の設備	12
60	チップ製造業用設備		8
61	単板又は合板製造設備		9
62	その他の木製品製造設備		10
63	木材防腐処理設備		13
64	パルプ製造設備		12
65	手すき和紙製造設備		7
66	丸網式又は短網式製紙設備		12
67	長網式製紙設備		14
68	ヴァルカナイズドファイバー又は加工紙製造設備		12
69	段ボール、段ボール箱又は板紙製容器製造設備		12
70	その他の紙製品製造設備		10
71	枚葉紙樹脂加工設備		9
72	セロファン製造設備		9
73	繊維板製造設備		13
74	日刊新聞紙印刷設備	モノタイプ、写真又は通信設備	5
		その他の設備	11
75	印刷設備		10
76	活字鋳造業用設備		11
77	金属板その他の特殊物印刷設備		11
78	製本設備		10
79	写真製版業用設備		7
80	複写業用設備		6
81	アンモニア製造設備		9
82	硫酸又は硝酸製造設備		8
83	溶成りん肥製造設備		8
84	その他の化学肥料製造設備		10

番号	設備の種類	細目	耐用年数
85	配合肥料その他の肥料製造設備		13年
86	ソーダ灰、塩化アンモニウム、か性ソーダ又はか性カリ製造設備（塩素処理設備を含む。）		7
87	硫化ソーダ、水硫化ソーダ、無水ぼう硝、青化ソーダ又は過酸化ソーダ製造設備		7
88	その他のソーダ塩又はカリ塩（第97号（塩素酸塩を除く。）、第98号及び第106号に掲げるものを除く。）製造設備		9
89	金属ソーダ製造設備		10
90	アンモニウム塩（硫酸アンモニウム及び塩化アンモニウムを除く。）製造設備		9
91	炭酸マグネシウム製造設備		7
92	苦汁製品又はその誘導体製造設備		8
93	軽質炭酸カルシウム製造設備		8
94	カーバイド製造設備（電極製造設備を除く。）		9
95	硫酸鉄製造設備		7
96	その他の硫酸塩又は亜硫酸塩製造設備（他の号に掲げるものを除く。）		9
97	臭素、よう素又は塩素、臭素若しくはよう素化合物製造設備	よう素用坑井設備 その他の設備	3 7
98	ふっ酸その他のふっ素化合物製造設備		6
99	塩化りん製造設備		5
100	りん酸又は硫化りん製造設備		7
101	りん又はりん化合物製造設備（他の号に掲げるものを除く。）		10
102	べんがら製造設備		6
103	鉛丹、リサージ又は亜鉛華製造設備		11
104	酸化チタン、リトポン又はバリウム塩製造設備		9
105	無水クロム酸製造設備		7
106	その他のクロム化合物製造設備		9
107	二酸化マンガン製造設備		8
108	ほう酸その他のほう素化合物製造設備（他の号に掲げるものを除く。）		10
109	青酸製造設備		8
110	硝酸銀製造設備		7
111	二硫化炭素製造設備		8
112	過酸化水素製造設備		10

番号	設備の種類	細目	耐用年数
113	ヒドラジン製造設備		7年
114	酸素、水素、二酸化炭素又は溶解アセチレン製造設備		10
115	加圧式又は真空式製塩設備		10
116	その他のかん水若しくは塩製造又は食塩加工設備	合成樹脂製濃縮盤及びイオン交換膜 その他の設備	3 7
117	活性炭製造設備		6
118	その他の無機化学薬品製造設備		12
119	石炭ガス、オイルガス又は石油を原料とする芳香族その他の化合物分離精製設備		8
120	染料中間体製造設備		7
121	アルキルベンゾール又はアルキルフェノール製造設備		8
122	カプロラクタム、シクロヘキサノン又はテレフタル酸（テレフタル酸ジメチルを含む。）製造設備		7
123	イソシアネート類製造設備		7
124	炭化水素の塩化物、臭化物又はふっ化物製造設備		7
125	メタノール、エタノール又はその誘導体製造設備（他の号に掲げるものを除く。）		9
126	その他のアルコール又はケトン製造設備		8
127	アセトアルデヒド又は酢酸製造設備		7
128	シクロヘキシルアミン製造設備		7
129	アミン又はメラミン製造設備		8
130	ぎ酸、しゅう酸、乳酸、酒石酸（酒石酸塩類を含む。）、こはく酸、くえん酸、タンニン酸又は没食子酸製造設備		8
131	石油又は天然ガスを原料とするエチレン、プロピレン、ブチレン、ブタジエン又はアセチレン製造設備		9
132	ビニールエーテル製造設備		8
133	アクリルニトリル又はアクリル酸エステル製造設備		7
134	エチレンオキサイド、エチレングリコール、プロピレンオキサイド、プロピレングリコール、ポリエチレングリコール又はポリプロピレングリコール製造設備		8
135	スチレンモノマー製造設備		9
136	その他のオレフィン系又はアセチレン系誘導体製造設備（他の号に掲げるものを除く。）		8
137	アルギン酸塩製造設備		10
138	フルフラル製造設備		11

耐用年数の適用等に関する取扱通達付表

番号	設　備　の　種　類	細　目	耐用年数
139	セルロイド又は硝化綿製造設備		10年
140	酢酸繊維素製造設備		8
141	繊維素グリコール酸ソーダ製造設備		10
142	その他の有機薬品製造設備		12
143	塩化ビニリデン系樹脂、酢酸ビニール系樹脂、ナイロン樹脂、ポリエチレンテレフタレート系樹脂、ふっ素樹脂又はけい素樹脂製造設備		7
144	ポリエチレン、ポリプロピレン又はポリブテン製造設備		8
145	尿素系、メラミン系又は石炭酸系合成樹脂製造設備		9
146	その他の合成樹脂又は合成ゴム製造設備		8
147	レーヨン糸又はレーヨンステープル製造設備		9
148	酢酸繊維製造設備		8
149	合成繊維製造設備		7
150	石けん製造設備		9
151	硬化油、脂肪酸又はグリセリン製造設備		9
152	合成洗剤又は界面活性剤製造設備		7
153	ビタミン剤製造設備		6
154	その他の医薬品製造設備（製剤又は小分包装設備を含む。）		7
155	殺菌剤、殺虫剤、殺そ剤、除草剤その他の動植物用製剤製造設備		8
156	産業用火薬類（花火を含む。）製造設備		7
157	その他の火薬類製造設備（弾薬装てん又は組立設備を含む。）		6
158	塗料又は印刷インキ製造設備		9
159	その他のインキ製造設備		13
160	染料又は顔料製造設備（他の号に掲げるものを除く。）		7
161	抜染剤又は漂白剤製造設備（他の号に掲げるものを除く。）		7
162	試薬製造設備		7
163	合成樹脂用可塑剤製造設備		8
164	合成樹脂用安定剤製造設備		7
165	有機ゴム薬品、写真薬品又は人造香料製造設備		8
166	つや出し剤、研摩油剤又は乳化油剤製造設備		11
167	接着剤製造設備		9
168	トール油精製設備		7
169	りゅう脳又はしょう脳製造設備		9

番号	設備の種類	細目	耐用年数
170	化粧品製造設備		9年
171	ゼラチン又はにかわ製造設備		6
172	写真フィルムその他の写真感光材料（銀塩を使用するものに限る。）製造設備（他の号に掲げるものを除く。）		8
173	半導体用フォトレジスト製造設備		5
174	磁気テープ製造設備		6
175	化工でん粉製造設備		10
176	活性白土又はシリカゲル製造設備		10
177	選鉱剤製造設備		9
178	電気絶縁材料(マイカ系を含む。) 製造設備		12
179	カーボンブラック製造設備		8
180	その他の化学工業製品製造設備		13
181	石油精製設備（廃油再生又はグリース類製造設備を含む。）		8
182	アスファルト乳剤その他のアスファルト製品製造設備		14
183	ピッチコークス製造設備		7
184	練炭、豆炭類、オガライト（オガタンを含む。）又は炭素粉末製造設備		8
185	その他の石油又は石炭製品製造設備		14
186	タイヤ又はチューブ製造設備		10
187	再生ゴム製造設備		10
188	フォームラバー製造設備		10
189	糸ゴム製造設備		9
190	その他のゴム製品製造設備		10
191	製革設備		9
192	機械ぐつ製造設備		8
193	その他の革製品製造設備		11
194	板ガラス製造設備（みがき設備を含む。）	溶解炉	14
		その他の設備	14
195	その他のガラス製品製造設備（光学ガラス製造設備を含む。）	るつぼ炉及びデータンク炉	3
		溶解炉	13
		その他の設備	9
196	陶磁器、粘土製品、耐火物、けいそう土製品、はい土又はうわ薬製造設備	倒炎がま	
		塩融式のもの	3
		その他のもの	5
		トンネルがま	7

番号	設備の種類	細目	耐用年数
		その他の炉 その他の設備	8年 12
197	炭素繊維製造設備	黒鉛化炉 その他の設備	4 10
197の2	その他の炭素製品製造設備	黒鉛化炉 その他の設備	4 12
198	人造研削材製造設備	溶融炉 その他の設備	5 9
199	研削と石又は研摩布紙製造設備	加硫炉 トンネルがま その他の焼成炉 その他の設備	8 7 5 10
200	セメント製造設備		13
201	生コンクリート製造設備		9
202	セメント製品（気ほうコンクリート製品を含む。）製造設備	移動式製造又は架設設備及び振動加圧式成形設備 その他の設備	7 12
203	削除		
204	石灰又は苦石灰製造設備		8
205	石こうボード製造設備	焼成炉 その他の設備	5 12
206	ほうろう鉄器製造設備	るつぼ炉 その他の炉 その他の設備	3 7 12
207	石綿又は石綿セメント製品製造設備		12
208	岩綿（鉱さい繊維を含む。）又は岩綿製品製造設備		12
209	石工品又は擬石製造設備		12
210	その他の窯業製品又は土石製品製造設備	トンネルがま その他の炉 その他の設備	12 10 15
211	製銑設備		14
212	純鉄又は合金鉄製造設備		10
213	製鋼設備		14
214	連続式鋳造鋼片製造設備		12
215	鉄鋼熱間圧延設備		14
216	鉄鋼冷間圧延又は鉄鋼冷間成形設備		14

番号	設備の種類	細目	耐用年数
217	鋼管製造設備		14年
218	鉄鋼伸線（引き抜きを含む。）設備及び鉄鋼卸売業用シャーリング設備並びに伸鉄又はシャーリング業用設備		11
218の2	鉄くず処理業用設備		7
219	鉄鋼鍛造業用設備		12
220	鋼鋳物又は銑鉄鋳物製造業用設備		10
221	金属熱処理業用設備		10
222	その他の鉄鋼業用設備		15
223	銅、鉛又は亜鉛製錬設備		9
224	アルミニウム製錬設備		12
225	ベリリウム銅母合金、マグネシウム、チタニウム、ジルコニウム、タンタル、クロム、マンガン、シリコン、ゲルマニウム又は希土類金属製錬設備		7
226	ニッケル、タングステン又はモリブデン製錬設備		10
227	その他の非鉄金属製錬設備		12
228	チタニウム造塊設備		10
229	非鉄金属圧延、押出又は伸線設備		12
230	非鉄金属鋳物製造業用設備	ダイカスト設備	8
		その他の設備	10
231	電線又はケーブル製造設備		10
231の2	光ファイバー製造設備		8
232	金属粉末又ははく（圧延によるものを除く。）製造設備		8
233	粉末冶（や）金製品製造設備		10
234	鋼索製造設備		13
235	鎖製造設備		12
236	溶接棒製造設備		11
237	くぎ、リベット又はスプリング製造業用設備		12
237の2	ねじ製造業用設備		10
238	溶接金網製造設備		11
239	その他の金網又は針金製品製造設備		14
240	縫針又はミシン針製造設備		13
241	押出しチューブ又は自動組立方式による金属かん製造設備		11
242	その他の金属製容器製造設備		14
243	電気錫（すず）めっき鉄板製造設備		12

番号	設　備　の　種　類	細　　目	耐用年数
244	その他のめっき又はアルマイト加工設備		7年
245	金属塗装設備	脱脂又は洗浄設備及び水洗塗装装置 その他の設備	7 9
245の2	合成樹脂被覆、彫刻又はアルミニウムはくの加工設備	脱脂又は洗浄設備及び水洗塗装装置 その他の設備	7 11
246	手工具又はのこぎり刃その他の刃物類（他の号に掲げるものを除く。）製造設備		12
247	農業用機具製造設備		12
248	金属製洋食器又はかみそり刃製造設備		11
249	金属製家具若しくは建具又は建築金物製造設備	めっき又はアルマイト加工設備 溶接設備 その他の設備	7 10 13
250	鋼製構造物製造設備		13
251	プレス、打抜き、しぼり出しその他の金属加工品製造業用設備	めっき又はアルマイト加工設備 その他の設備	7 12
251の2	核燃料物質加工設備		11
252	その他の金属製品製造設備		15
253	ボイラー製造設備		12
254	エンジン、タービン又は水車製造設備		11
255	農業用機械製造設備		12
256	建設機械、鉱山機械又は原動機付車両（他の号に掲げるものを除く。）製造設備		11
257	金属加工機械製造設備		10
258	鋳造用機械、合成樹脂加工機械又は木材加工用機械製造設備		12
259	機械工具、金型又は治具製造業用設備		10
260	繊維機械（ミシンを含む。）又は同部分品若しくは附属品製造設備		12
261	風水力機器、金属製弁又は遠心分離機製造設備		12
261の2	冷凍機製造設備		11
262	玉又はコロ軸受若しくは同部分品製造設備		10
263	歯車、油圧機器その他の動力伝達装置製造業用設備		10

番号	設　備　の　種　類	細　目	耐用年数
263の2	産業用ロボット製造設備		11年
264	その他の産業用機器又は部分品若しくは附属品製造設備		13
265	事務用機器製造設備		11
266	食品用、暖ちゅう房用、家庭用又はサービス用機器（電気機器を除く。）製造設備		13
267	産業用又は民生用電気機器製造設備		11
268	電気計測器、電気通信用機器、電子応用機器又は同部分品（他の号に掲げるものを除く。）製造設備		10
268の2	フラットパネルディスプレイ又はフラットパネル用フィルム材料製造設備		5
268の3	光ディスク（追記型又は書換え型のものに限る。）製造設備		6
269	交通信号保安機器製造設備		12
270	電球、電子管又は放電灯製造設備		8
271	半導体集積回路（素子数が500以上のものに限る。）製造設備		5
271の2	その他の半導体素子製造設備		7
272	抵抗器又は蓄電器製造設備		9
272の2	プリント配線基板製造設備		6
272の3	フェライト製品製造設備		9
273	電気機器部分品製造設備		12
274	乾電池製造設備		9
274の2	その他の電池製造設備		12
275	自動車製造設備		10
276	自動車車体製造又は架装設備		11
277	鉄道車両又は同部分品製造設備		12
278	車両用エンジン、同部分品又は車両用電装品製造設備（ミッション又はクラッチ製造設備を含む。）		10
279	車両用ブレーキ製造設備		11
280	その他の車両部分品又は附属品製造設備		12
281	自転車又は同部分品若しくは附属品製造設備	めっき設備 その他の設備	7 12
282	鋼船製造又は修理設備		12
283	木船製造又は修理設備		13
284	舶用推進器、甲板機械又はハッチカバー製造設備	鋳造設備 その他の設備	10 12

耐用年数の適用等に関する取扱通達付表

番号	設備の種類	細目	耐用年数
285	航空機若しくは同部分品（エンジン、機内空気加圧装置、回転機器、プロペラ、計器、降着装置又は油圧部品に限る。）製造又は修理設備		10年
286	その他の輸送用機器製造設備		13
287	試験機、測定器又は計量機製造設備		11
288	医療用機器製造設備		12
288の2	理化学用機器製造設備		11
289	レンズ又は光学機器若しくは同部分品製造設備		10
290	ウォッチ若しくは同部分品又は写真機用シャッター製造設備		10
291	クロック若しくは同部分品、オルゴールムーブメント又は写真フィルム用スプール製造設備		12
292	銃弾製造設備		10
293	銃砲、爆発物又は信管、薬きょうその他の銃砲用品製造設備		12
294	自動車分解整備業用設備		13
295	前掲以外の機械器具、部分品又は附属品製造設備		14
296	機械産業以外の設備に属する修理工場用又は工作工場用機械設備		14
297	楽器製造設備		11
298	レコード製造設備	吹込設備 その他の設備	8 12
299	がん具製造設備	合成樹脂成形設備 その他の設備	9 11
300	万年筆、シャープペンシル又はペン先製造設備		11
301	ボールペン製造設備		10
302	鉛筆製造設備		13
303	絵の具その他の絵画用具製造設備		11
304	身辺用細貨類、ブラシ又はシガレットライター製造設備	製鎖加工設備 その他の設備 前掲の区分によらないもの	8 12 11
305	ボタン製造設備		9
306	スライドファスナー製造設備	自動務歯成形又はスライダー製造機 自動務歯植付機 その他の設備	7 5 11

番号	設備の種類	細目	耐用年数
307	合成樹脂成形加工又は合成樹脂製品加工業用設備		8年
308	発ぽうポリウレタン製造設備		8
309	繊維壁材製造設備		9
310	歯科材料製造設備		12
311	真空蒸着処理業用設備		8
312	マッチ製造設備		13
313	コルク又はコルク製品製造設備		14
314	つりざお又は附属品製造設備		13
315	墨汁製造設備		8
316	ろうそく製造設備		7
317	リノリウム、リノタイル又はアスファルトタイル製造設備		12
318	畳表製造設備	織機、い草選別機及びい割機 その他の設備	5 14
319	畳製造設備		5
319の2	その他のわら工品製造設備		8
320	木ろう製造又は精製設備		12
321	松脂その他樹脂の製造又は精製設備		11
322	蚕種製造設備	人工ふ化設備 その他の設備	8 10
323	真珠、貴石又は半貴石加工設備		7
324	水産物養殖設備	竹製のもの その他のもの	2 4
324の2	漁ろう用設備		7
325	前掲以外の製造設備		15
326	砂利採取又は岩石の採取若しくは砕石設備		8
327	砂鉄鉱業設備		8
328	金属鉱業設備（架空索道設備を含む。）		9
329	石炭鉱業設備（架空索道設備を含む。）	採掘機械及びコンベヤ その他の設備	5 9
		前掲の区分によらないもの	8
330	石油又は天然ガス鉱業設備	坑井設備 掘さく設備 その他の設備	3 5 12
331	天然ガス圧縮処理設備		10

番号	設備の種類	細目	耐用年数
332	硫黄鉱業設備（製錬又は架空索道設備を含む。）		6年
333	その他の非金属鉱業設備（架空索道設備を含む。）		9
334	ブルドーザー、パワーショベルその他の自走式作業用機械設備		5
335	その他の建設工業設備	排砂管及び可搬式コンベヤ ジーゼルパイルハンマー アスファルトプラント及びバッチャープラント その他の設備	3 4 6 7
336	測量業用設備	カメラ その他の設備	5 7
337	鋼索鉄道又は架空索道設備	鋼索 その他の設備	3 12
338	石油又は液化石油ガス卸売用設備（貯そうを除く。）		13
338の2	洗車業用設備		10
339	ガソリンスタンド設備		8
339の2	液化石油ガススタンド設備		8
339の3	機械式駐車設備		15
340	荷役又は倉庫業用設備及び卸売又は小売業の荷役又は倉庫用設備	移動式荷役設備 くん蒸設備 その他の設備	7 10 12
341	計量証明業用設備		9
342	船舶救難又はサルベージ設備		8
343	国内電気通信事業用設備	デジタル交換設備及び電気通信処理設備 アナログ交換設備 その他の設備	6 16 9
343の2	国際電気通信事業用設備	デジタル交換設備及び電気通信処理設備 アナログ交換設備 その他の設備	6 16 7
344	ラジオ又はテレビジョン放送設備		6
345	その他の通信設備（給電用指令設備を含む。）		9
346	電気事業用水力発電設備		22
347	その他の水力発電設備		20
348	汽力発電設備		15
349	内燃力又はガスタービン発電設備		15

番号	設備の種類	細目	耐用年数
350	送電又は電気事業用変電若しくは配電設備	需要者用計器 柱上変圧器 その他の設備	15年 18 22
351	鉄道又は軌道事業用変電設備		20
351の2	列車遠隔又は列車集中制御設備		12
352	蓄電池電源設備		6
353	フライアッシュ採取設備		13
354	石炭ガス、石油ガス又はコークス製造設備（ガス精製又はガス事業用特定ガス発生設備を含む。）		10
355	削除		
356	ガス事業用供給設備	ガス導管 　鋳鉄製のもの 　その他のもの 需要者用計量器 その他の設備	 22 13 13 15
357	上水道又は下水道業用設備		12
358	ホテル、旅館又は料理店業用設備及び給食用設備	引湯管 その他の設備	5 9
359	クリーニング設備		7
360	公衆浴場設備	かま、温水器及び温かん その他の設備	3 8
360の2	故紙梱（こん）包設備		7
361	火葬設備		16
362	電光文字設備		10
363	映画製作設備（現像設備を除く。）	照明設備 撮影又は録音設備 その他の設備	3 6 8
364	天然色写真現像焼付設備		6
365	その他の写真現像焼付設備		8
366	映画又は演劇興行設備	照明設備 その他の設備	5 7
367	遊園地用遊戯設備（原動機付のものに限る。）		9
367の2	ボーリング場用設備	レーン その他の設備	5 10
368	種苗花き園芸設備		10
369	前掲の機械及び装置以外のもの並びに前掲の区分によらないもの	主として金属製のもの その他のもの	17 8

減価償却資産の償却費の計算及びその償却の方法（法人税法第31条）関係法令

凡例
- 法……法人税法
- 令……法人税法施行令
- 規……法人税法施行規則

（注）――線部分は、令和６年４月１日以後適用される。

〔減価償却資産の範囲〕

（減価償却資産の意義）

法第２条第23号　減価償却資産　建物、構築物、機械及び装置、船舶、車両及び運搬具、工具、器具及び備品、鉱業権その他の資産で償却をすべきものとして政令で定めるものをいう。

（減価償却資産の範囲）

令第13条　法第２条第23号に規定する政令で定める資産は、棚卸資産、有価証券及び繰延資産以外の資産のうち次に掲げるもの（事業の用に供していないもの及び時の経過によりその価値の減少しないものを除く。）とする。

一　建物及びその附属設備（暖冷房設備、証明設備、通風設備、昇降機その他建物に附属する設備をいう。）
二　構築物（ドック、橋、岸壁、桟橋、軌道、貯水池、坑道、煙突その他土地に定着する土木設備又は工作物をいう。）
三　機械及び装置
四　船舶
五　航空機
六　車両及び運搬具
七　工具、器具及び備品（鑑賞用、興行用その他これらに準ずる用に供する生物を含む。）
八　次に掲げる無形固定資産
　イ　鉱業権（粗鉱権及び採石権その他土石を採掘し又は採取する権利を含む。）
　ロ　漁業権（入漁権を含む。）
　ハ　ダム使用権
　ニ　水利権
　ホ　特許権
　ヘ　実用新案権
　ト　意匠権
　チ　商標権
　リ　ソフトウエア
　ヌ　育成者権
　ル　公共施設等運営権
　ヲ　樹木採取権
　ワ　漁港水面施設運営権
　カ　営業権
　ヨ　専用側線利用権（鉄道事業法（昭和61年法律第92号）第２条第１項（定義）に規定する鉄道事業又は軌道法（大正10年法律第76号）第１条第１項（軌道法の適用対象）に規定する軌道を敷設して行う

運輸事業を営む者（以下この号において「鉄道事業者等」という。）に対して鉄道又は軌道の敷設に要する費用を負担し、その鉄道又は軌道を専用する権利をいう。）

タ　鉄道軌道連絡通行施設利用権（鉄道事業者等が、他の鉄道事業者等、独立行政法人鉄道建設・運輸施設整備支援機構、独立行政法人日本高速道路保有・債務返済機構又は国若しくは地方公共団体に対して当該他の鉄道事業者等、独立行政法人鉄道建設・運輸施設整備支援機構若しくは日本高速道路保有・債務返済機構の鉄道若しくは軌道との連絡に必要な橋、地下道その他の施設又は鉄道若しくは軌道の敷設に必要な施設を設けるために要する費用を負担し、これらの施設を利用する権利をいう。）

レ　電気ガス供給施設利用権（電気事業法第２条第１項第８号（定義）に規定する一般送配電事業、同項第10号に規定する送電事業、同項第11号の２に規定する配電事業若しくは同項第14号に規定する発電事業又はガス事業法（昭和29年法律第51号）第２条第５項（定義）に規定する一般ガス導管事業を営む者に対して電気又はガスの供給施設（同条第７項に規定する特定ガス導管事業の用に供するものを除く。）を設けるために要する費用を負担し、その施設を利用して電気又はガスの供給を受ける権利をいう。）

ソ　水道施設利用権（水道法（昭和32年法律第177号）第３条第５項（用語の定義）に規定する水道事業者に対して水道施設を設けるために要する費用を負担し、その施設を利用して水の供給を受ける権利をいう。）

ツ　工業用水道施設利用権（工業用水道事業法（昭和33年法律第84号）第２条第５項（定義）に規定する工業用水道事業者に対して工業用水道施設を設けるために要する費用を負担し、その施設を利用して工業用水の供給を受ける権利をいう。）

ネ　電気通信施設利用権（電気通信事業法（昭和59年法律第86号）第９条（電気通信事業の登録）に規定する電気通信回線設備を設置する同法第２条第５号（定義）に規定する電気通信事業者に対して同条第４号に規定する電気通信事業の用に供する同条第２号に規定する電気通信設備の設置に要する費用を負担し、その設備を利用して同条第３号に規定する電気通信役務の提供を受ける権利（電話加入権及びこれに準ずる権利を除く。）をいう。）

九　次に掲げる生物（第７号に掲げるものに該当するものを除く。）

イ　牛、馬、豚、綿羊及びやぎ

ロ　かんきつ樹、りんご樹、ぶどう樹、梨樹、桃樹、桜桃樹、びわ樹、くり樹、梅樹、柿樹、あんず樹、すもも樹、いちじく樹、キウイフルーツ樹、ブルーベリー樹及びパイナップル

ハ　茶樹、オリーブ樹、つばき樹、桑樹、こりやなぎ、みつまた、こうぞ、もう宗竹、アスパラガス、ラミー、まおらん及びホップ

一　減価償却資産の償却費の計算

（償却費の損金算入）

法第31条第１項　内国法人の各事業年度終了の時において有する減価償却資産につきその償却費として第22条第３項（各事業年度の所得の金額の計算の通則）の規定により当該事業年度の所得の金額の計算上損金の額に算入する金額は、その内国法人が当該事業年度においてその償却費として損金経理をした金額（以下この条において「損金経理額」という。）のうち、その取得をした日及びその種類の区分に応じ、償却費が毎年同一となる償却の方法、償却費が毎年一定の割合で逓減する償却の方法その他の政令で定める償却の方法の中からその内国法人が当該資産について選定した償却の方法（償却の方法を選定しなかった場合には、償却の方法のうち政令で定める方法）に基づき政令で定めるところにより計算した金額（次項において「償却限度額」という。）に達するまでの金額とする。

（期中損金経理額の損金算入）

法第31条第２項　内国法人が、適格分割、適格現物出資又は適格現物分配（適格現物分配にあっては、残余財産の全部の分配を除く。以下第４項までにおいて「適格分割等」という。）により分割承継法人、被現物出資法人又は被現物分配法人に減価償却資産を移転する場合において、当該減価償却資産について損金経理額に相当する金額を費用の額としたときは、当該費用の額とした金額（次項及び第４項において「期中損金経理額」という。）のうち、当該減価償却資産につき当該適格分割等の日の前日を事業年度終了の日とした場合に前項の規定により計算される償却限度額に相当する金額に達するまでの金額は、当該適格分割等の日の属する事業年度（第４項において「分割等事業年度」という。）の所得の金額の計算上、損金の額に算入する。

（期中損金経理額の損金算入に係る届出）

法第31条第３項　前項の規定は、同項の内国法人が適格分割等の日以後２月以内に期中損金経理額その他の財務省令で定める事項を記載した書類を納税地の所轄税務署長に提出した場合に限り、適用する。

規第21条の２　法第31条第３項（減価償却資産の償却費の計算及びその償却の方法）に規定する財務省令で定める事項は、次に掲げる事項とする。

一　法第31条第２項の規定の適用を受けようとする内国法人の名称、納税地及び法人番号並びに代表者の氏名

二　法第31条第２項に規定する適格分割等（第４号において「適格分割等」という。）に係る分割承継法人、被現物出資法人又は被現物分配法人（第４号において「分割承継法人等」という。）の名称及び納税地並びに代表者の氏名

三　適格分割等の日

四　適格分割等により分割承継法人等に移転をする減価償却資産に係る法第31条第２項に規定する期中損金経理額及び同項に規定する償却限度額に相当する金額並びにこれらの金額の計算に関する明細

五　その他参考となるべき事項

（繰越償却超過額）

法第31条第４項　損金経理額には、第１項の減価償却資産につき同項の内国法人が償却費として損金経理をした事業年度（以下この項において「償却事業年度」という。）前の各事業年度における当該減価償却資産に係る損金経理額（当該減価償却資産が適格合併又は適格現物分配（残余財産の全部の分配に限る。）により被合併法人又は現物分配法人（以下この項において「被合併法人等」という。）から移転を受けたものである場合にあっては当該被合併法人等の当該適格合併の日の前日又は当該残余財産の確定の日の属する事業年度以前の各事業年度の損金経理額のうち当該各事業年度の所得の金額の計算上損金の額に算入されなかった金額を、当該減価償却資産が適格分割等により分割法人、現物出資法人又は現物分配法人（以下この項において「分割法人等」という。）から移転を受けたものである場合にあっては当該分割法人等の分割等事業年度の期中損金経理額として帳簿に記載した金額及び分割等事業年度前の各事業年度の損金経理額のうち分割等事業年度以前の各事業年度の所得の金額の計算上損金の額に算入されなかった金額を含む。以下この項において同じ。）のうち当該償却事業年度前の各事業年度の所得の金額の計算上損金の額に算入されなかった金額を含むものとし、期中損金経理額には、第２項の内国法人の分割等事業年度前の各事業年度における同項の減価償却資産に係る損金経理額のうち当該各事業年度の所得の金額の計算上損金の額に算入されなかった金額を含むものとする。

（償却超過額の計算）

法第31条第５項　前項の場合において、内国法人の有する減価償却資産（適格合併により被合併法人から移転を受けた減価償却資産、第62条の９第１項（非適格株式交換等に係る株式交換完全子法人等の有する資産の時価評価損益）の規定の適用を受けた同項に規定する時価評価資産に該当する減価償却資産その他の政令で定める減価償却資産に限る。）につきその価額として帳簿に記載されていた金額として政令で定める金額が当該移転の直前に当該被合併法人の帳簿に記載されていた金額、同条第１項の規定の適用を受けた直後の帳簿価額その他の政令で定める金額に満たない場合には、当該満たない部分の金額は、政令で定める事業年度前の各事業年度の損金経理額とみなす。

（損金経理額とみなされる金額がある減価償却資産の範囲等）

令第61条の３　法第31条第５項に規定する政令で定める減価償却資産は、次の表の各号の第１欄に掲げる資産とし、同項に規定する帳簿に記載されていた金額として政令で定める金額、同項に規定する帳簿価額その他の政令で定める金額及び同項に規定する政令で定める事業年度は、当該各号の第１欄に掲げる資産の区分に応じ、それぞれ当該各号の第２欄に掲げる金額、当該各号の第３欄に掲げる金額及び当該各号の第４欄に掲げる事業年度とする。

第　１　欄	第　２　欄	第　３　欄	第４欄
一　適格合併、適格分割、適格現物出資又は適格現物分配（以下この号において「適格組織再編成」という。）により被合併法人、分割法人、現物出資法人又は現物分配法人（以下この号において「被合併法人等」という。）から移転を受けた減価償却資産（当該被合併法人等である公益法人等又は人格のない社団等の収益事業以外の事業に属していたものを除く。）	当該資産の移転を受けた内国法人により当該資産の価額としてその帳簿に記載された金額	当該被合併法人等により当該資産の価額として当該適格組織再編成の直前にその帳簿に記載されていた金額	当該適格組織再編成の日の属する事業年度
二　合併、分割、現物出資又は法第２条第12号の５の２（定義）に規定する現物分配（適格合併、適格分割、適格現物出資又は適格現物分配を除く。以下この号において「合併等」という。）により被合併法人、分割法人、現物出資法人又は現物分配法人から移転を受けた減価償却資産	当該資産の移転を受けた内国法人により当該資産の価額としてその帳簿に記載された金額	当該合併等の直後における当該資産の償却限度額の計算の基礎となる取得価額	当該合併等の日の属する事業年度

三　第48条第５項第３号ロ（減価償却資産の償却の方法）に規定する民事再生等評価換えが行われたことによりその帳簿価額が増額された減価償却資産	当該資産を有する内国法人により当該民事再生等評価換えに係る法第25条第３項（資産の評価益）に規定する事実が生じた時の直前の当該資産の価額としてその帳簿に記載された金額（当該資産につき当該事実が生じた日の属する事業年度前の各事業年度の法第31条第１項に規定する損金経理額のうち当該各事業年度の所得の金額の計算上損金の額に算入されなかった金額がある場合には、当該金額を加算した金額）	当該事実が次に掲げる事実の区分のいずれに該当するかに応じそれぞれ次に定める金額 イ　第24条の２第５項第１号（再生計画認可の決定に準ずる事実等）に掲げる事実　同号に掲げる事実が生じた時の当該資産の価額 ロ　第24条の２第５項第２号に掲げる事実　同条第１項第２号の貸借対照表に計上されている当該資産の価額	法第25条第３項の規定の適用を受けた事業年度
四　第48条第５項第３号ハに規定する非適格株式交換等時価評価が行われたことによりその帳簿価額が増額された減価償却資産	当該資産を有する内国法人により法第62条の９第１項（非適格株式交換等に係る株式交換完全子法人等の有する資産の時価評価損益）に規定する非適格株式交換等の直前の当該資産の価額としてその帳簿に記載された金額（当該資産につき当該非適格株式交換等の日の属する事業年度前の各事業年度の法第31条第１項に規定する損金経理額のうち当該各事業年度の所得の金額の計算上損金の額に算入されなかった金額がある場合には、当該金額を加算した金額）	当該資産の当該非適格株式交換等の直後の帳簿価額	法第62条の９第１項の規定の適用を受けた事業年度
五　第48条第５項第３号ニに規定する通算時価評価が行われたことによりその帳簿価額が増額された減価償却資産	当該資産を有する内国法人により当該通算時価評価が行われた事業年度（以下この号において「時価評価年度」という。）終了の時の当該資産の価額としてその帳簿に記載された金額（当該資産につき当該時価評価年度以前の各事業年度の法第31条第１項に規定する損金経理額のうち当該各事業年度の所得の金額の計算上損金の額に算入されなかった金額がある場合には、当該金額を加算した金額）	当該資産の当該通算時価評価の直後の帳簿価額	当該時価評価年度の翌事業年度

（償却超過額の処理）

令第62条　内国法人がその有する減価償却資産についてした償却の額のうち各事業年度の所得の金額の計算上損金の額に算入されなかった金額がある場合には、当該資産については、その償却をした日の属する事業年度以後の各事業年度の所得の金額の計算上、当該資産の帳簿価額は、当該損金の額に算入されなかった金額に相当する金額の減額がされなかったものとみなす。

法第31条第６項　第１項の選定をすることができる償却の方法の特例、償却の方法の選定の手続、償却費の計算の基礎となる減価償却資産の取得価額、減価償却資産について支出する金額のうち使用可能期間を延長させる部分等に対応する金額を減価償却資産の取得価額とする特例その他減価償却資産の償却に関し必要な事項は、政令で定める。

二　減価償却資産の償却の方法

（平成19年３月31日以前に取得をされた減価償却資産の償却方法）

令第48条第１項　平成19年３月31日以前に取得をされた減価償却資産（第６号に掲げる減価償却資産にあっては、当該減価償却資産についての同号に規定する改正前リース取引に係る契約が平成20年３月31日までに締結されたもの）の償却限度額（法第31条第１項（減価償却資産の償却費の計算及びその償却の方法）の規定による減価償却資産の償却費として損金の額に算入する金額の限度額をいう。以下第７目まで〔第48条から第63条まで〕において同じ。）の計算上選定をすることができる同項に規定する政令で定める償却の方法は、次の各号に掲げる資産の区分に応じ当該各号に定める方法とする。

一　建物（第３号に掲げるものを除く。）　次に掲げる区分に応じそれぞれ次に定める方法

イ　平成10年３月31日以前に取得をされた建物　次に掲げる方法

（１）　旧定額法（当該減価償却資産の取得価額からその残存価額を控除した金額にその償却費が毎年同一となるように当該資産の耐用年数に応じた償却率を乗じて計算した金額を各事業年度の償却限度額として償却する方法をいう。以下この目〔第48条から第53条まで〕及び第７目（減価償却資産の償却限度額等）〔第58条から第63条まで〕において同じ。）

（２）　旧定率法（当該減価償却資産の取得価額（既にした償却の額で各事業年度の所得の金額の計算上損金の額に算入された金額がある場合には、当該金額を控除した金額）にその償却費が毎年一定の割合で逓減するように当該資産の耐用年数に応じた償却率を乗じて計算した金額を各事業年度の償却限度額として償却する方法をいう。以下この目及び第７目において同じ。）

ロ　イに掲げる建物以外の建物　旧定額法

二　第13条第１号（減価償却資産の範囲）に掲げる建物の附属設備及び同条第２号から第７号までに掲げる減価償却資産（次号及び第６号に掲げるものを除く。）　次に掲げる方法

イ　旧定額法

ロ　旧定率法

三　鉱業用減価償却資産（第５号及び第６号に掲げるものを除く。）　次に掲げる方法

イ　旧定額法

ロ　旧定率法

ハ　旧生産高比例法（当該鉱業用減価償却資産の取得価額からその残存価額を控除した金額を当該資産の耐用年数（当該資産の属する鉱区の採掘予定年数がその耐用年数より短い場合には、当該鉱区の採掘予定年数）の期間内における当該資産の属する鉱区の採掘予定数量で除して計算した一定単位当たりの金額に各事業年度における当該鉱区の採掘数量を乗じて計算した金額を当該事業年度の償却限度額として償却する方法をいう。以下この目及び第７目において同じ。）

四　第13条第８号に掲げる無形固定資産（次号に掲げる鉱業権を除く。）及び同条第９号に掲げる生物　旧定額法

五　第13条第８号イに掲げる鉱業権　次に掲げる方法

イ　旧定額法

ロ　旧生産高比例法

六　国外リース資産（法人税法施行令の一部を改正する政令（平成19年政令第83号）による改正前の法人税法施行令第136条の３第１項（リース取引に係る所得の計算）に規定するリース取引（同項又は同条第２項の規定により資産の賃貸借取引以外の取引とされるものを除く。以下この号において「改正前リース取引」という。）の目的とされている減価償却資産で所得税法第２条第１項第５号（定義）に規定する非居住者又は外国法人に対して賃貸されているもの（これらの者の専ら国内において行う事業の用に供されるものを除く。）をいう。以下この条において同じ。）　旧国外リース期間定額法（改正前リース取引に係る国外リース資産の取得価額から見積残存価額を控除した残額を当該改正前リース取引に係る契約において定められている当該国外リース資産の賃貸借の期間の月数で除して計算した金額に当該事業年度における当該国外リース資産の賃貸借の期間の月数を乗じて計算した金額を各事業年度の償却限度額として償却する方法をいう。第７目において同じ。）

（評価換え等が行われた場合の旧定率法の計算）

令第48条第２項　前項第１号から第３号までに掲げる減価償却資産につき評価換え等が行われたことによりその帳簿価額が減額された場合には、当該評価換え等が行われた事業年度後の各事業年度（当該評価換え等が期中評価換え等である場合には、当該期中評価換え等が行われた事業年度以後の各事業年度）における当該資産に係る同項第１号イ(2)に規定する損金の額に算入された金額には、当該帳簿価額が減額された金額を含むものとする。

（評価換え等が行われた場合の旧生産高比例法の計算）

令第48条第３項　第１項第３号に掲げる鉱業用減価償却資産又は同項第５号に掲げる鉱業権につき評価換え等が行われたことによりその帳簿価額が増額され、又は減額された場合には、当該評価換え等が行われた事業年度後の各事業年度（当該評価換え等が期中評価換え等である場合には、当該期中評価換え等が行われた事業年度以後の各事業年度）におけるこれらの資産に係る同項第３号ハに規定する一定単位当たりの金額は、これらの資産の当該評価換え等の直後の帳簿価額からその残存価額を控除し、これを残存採掘予定数量（同号ハに規定する採掘予定数量から同号ハに規定する耐用年数の期間内で当該評価換え等が行われた事業年度終了の日以前の期間（当該評価換え等が期中評価換え等である場合には、当該期中評価換え等が行われた事業年度開始の日前の期間）内における採掘数量を控除した数量をいう。）で除して計算した金額とする。

（評価換え等が行われた場合の旧国外リース期間定額法の計算）

令第48条第４項　国外リース資産につき評価換え等が行われたことによりその帳簿価額が増額され、又は減額された場合には、当該評価換え等が行われた事業年度後の各事業年度（当該評価換え等が期中評価換え等である場合には、当該期中評価換え等が行われた事業年度以後の各事業年度）における当該国外リース資産に係る第１項第６号に規定する除して計算した金額は、当該国外リース資産の当該評価換え等の直後の帳簿価額から見積残存価額を控除し、これを当該国外リース資産の賃貸借の期間のうち当該評価換え等が行われた事業年度終了の日後の期間（当該評価換え等が期中評価換え等である場合には、当該期中評価換え等が行われた事業年度開始の日（当該事業年度が当該国外リース資産を賃貸の用に供した日の属する事業年度である場合には、同日）以後の期間）の月数で除して計算した金額とする。

（用語の意義）

令第48条第５項　この条において、次の各号に掲げる用語の意義は、当該各号に定めるところによる。

一　鉱業用減価償却資産　鉱業経営上直接必要な減価償却資産で鉱業の廃止により著しくその価値を減

ずるものをいう。

二　見積残存価額　国外リース資産をその賃貸借の終了の時において譲渡するとした場合に見込まれるその譲渡対価の額に相当する金額をいう。

三　評価換え等　次に掲げるものをいう。

イ　法第25条第２項（資産の評価益）に規定する評価換え及び法第33条第２項又は第３項（資産の評価損）の規定の適用を受ける評価換え

ロ　民事再生等評価換え（法第25条第３項又は第33条第４項に規定する事実が生じた日の属する事業年度において、法第25条第３項に規定する資産の同項に規定する評価益の額として政令で定める金額又は法第33条第４項に規定する資産の同項に規定する評価損の額として政令で定める金額をこれらの規定により当該事業年度の所得の金額の計算上益金の額又は損金の額に算入することをいう。）

ハ　非適格株式交換等時価評価（法第62条の９第１項（非適格株式交換等に係る株式交換完全子法人等の有する資産の時価評価損益）に規定する非適格株式交換等の日の属する事業年度において、同項に規定する時価評価資産の同項に規定する評価益の額又は評価損の額を同項の規定により当該事業年度の所得の金額の計算上益金の額又は損金の額に算入することをいう。）

ニ　通算時価評価（時価評価事業年度（法第64条の11第１項（通算制度の開始に伴う資産の時価評価損益）に規定する通算直前事業年度、法第64条の12第１項（通算制度への加入に伴う資産の時価評価損益）に規定する通算加入直前事業年度又は法第64条の13第１項（通算制度からの離脱等に伴う資産の時価評価損益）に規定する通算終了直前事業年度をいう。ニにおいて同じ。）において、これらの規定に規定する時価評価資産のこれらの規定に規定する評価益の額又は評価損の額をこれらの規定により当該時価評価事業年度の所得の金額の計算上益金の額又は損金の額に算入することをいう。）

四　期中評価換え等　法第25条第２項に規定する評価換え若しくは第33条第３項の規定の適用を受ける評価換え若しくは前号ロに規定する民事再生等評価換え又は同号ハに規定する非適格株式交換等時価評価をいう。

（国外リース資産の賃貸借期間の月数の計算）

令第48条第６項　第１項第６号及び第４項の月数は、暦に従って計算し、１月に満たない端数を生じたときは、これを１月とする。

（平成19年４月１日以後に取得をされた減価償却資産の償却方法）

令第48条の２第１項　平成19年４月１日以後に取得をされた減価償却資産（第６号に掲げる減価償却資産にあっては、当該減価償却資産についての所有権移転外リース取引に係る契約が平成20年４月１日以後に締結されたもの）の償却限度額の計算上選定をすることができる法第31条第１項（減価償却資産の償却費の計算及びその償却の方法）に規定する政令で定める償却の方法は、次の各号に掲げる資産の区分に応じ当該各号に定める方法とする。

一　第13条第１号及び第２号（減価償却資産の範囲）に掲げる減価償却資産（第３号及び第６号に掲げるものを除く。）　次に掲げる区分に応じそれぞれ次に定める方法

イ　平成28年３月31日以前に取得をされた減価償却資産（建物を除く。）　次に掲げる方法

（１）　定額法（当該減価償却資産の取得価額にその償却費が毎年同一となるように当該資産の耐用年数に応じた償却率（(２)において「定額法償却率」という。）を乗じて計算した金額を各事業年度の償却限度額として償却する方法をいう。以下この目及び第７目（減価償却資産の償却限度額等）において同じ。）

（２）　定率法（当該減価償却資産の取得価額（既にした償却の額で各事業年度の所得の金額の計算上

損金の額に算入された金額がある場合には、当該金額を控除した金額）にその償却費が毎年一から定額法償却率に２（平成24年３月31日以前に取得をされた減価償却資産にあっては、2.5）を乗じて計算した割合を控除した割合で逓減するように当該資産の耐用年数に応じた償却率を乗じて計算した金額（当該計算した金額が償却保証額に満たない場合には、改定取得価額にその償却費がその後毎年同一となるように当該資産の耐用年数に応じた改定償却率を乗じて計算した金額）を各事業年度の償却限度額として償却する方法をいう。以下第７目までにおいて同じ。）

ロ　イに掲げる減価償却資産以外の減価償却資産　定額法

二　第13条第３号から第７号までに掲げる減価償却資産（次号及び第６号に掲げるものを除く。）次に掲げる方法

イ　定額法

ロ　定率法

三　鉱業用減価償却資産（第５号及び第６号に掲げるものを除く。）　次に掲げる区分に応じそれぞれ次に掲げる方法

イ　平成28年４月１日以後に取得をされた第13条第１号及び第２号に掲げる減価償却資産　次に掲げる方法

（１）　定額法

（２）　生産高比例法（当該鉱業用減価償却資産の取得価額を当該資産の耐用年数（当該資産の属する鉱区の採掘予定年数がその耐用年数より短い場合には、当該鉱区の採掘予定年数）の期間内における当該資産の属する鉱区の採掘予定数量で除して計算した一定単位当たりの金額に当該事業年度における当該鉱区の採掘数量を乗じて計算した金額を各事業年度の償却限度額として償却する方法をいう。以下この目及び第７目において同じ。）

ロ　イに掲げる減価償却資産以外の減価償却資産　次に掲げる方法

（１）　定額法

（２）　定率法

（３）　生産高比例法

四　第13条第８号に掲げる無形固定資産（次号及び第６号に掲げるものを除く。）及び同条第９号に掲げる生物　定額法

五　第13条第８号イに掲げる鉱業権　次に掲げる方法

イ　定額法

ロ　生産高比例法

六　リース資産　リース期間定額法（当該リース資産の取得価額（当該取得価額に残価保証額に相当する金額が含まれている場合には、当該取得価額から当該残価保証額を控除した金額）を当該リース資産のリース期間（当該リース資産がリース期間の中途において適格合併、適格分割又は適格現物出資以外の事由により移転を受けたものである場合には、当該移転の日以後の期間に限る。）の月数で除して計算した金額に当該事業年度における当該リース期間の月数を乗じて計算した金額を各事業年度の償却限度額として償却する方法をいう。第７目において同じ。）

（評価換え等が行われた場合の定率法の計算）

令第48条の２第２項　前項第１号から第３号までに掲げる減価償却資産につき評価換え等が行われたことによりその帳簿価額が減額された場合には、当該評価換え等が行われた事業年度後の各事業年度（当該評価換え等が期中評価換え等である場合には、当該期中評価換え等が行われた事業年度以後の各事業年度）における当該資産に係る同項第１号イ（２）に規定する損金の額に算入された金額には、当該帳簿価額が減額

された金額を含むものとする。

（評価換え等が行われた場合の生産高比例法の計算）

令第48条の２第３項　第１項第３号又は第５号に掲げる減価償却資産につき評価換え等が行われたことによりその帳簿価額が増額され、又は減額された場合には、当該評価換え等が行われた事業年度後の各事業年度（当該評価換え等が期中評価換え等である場合には、当該期中評価換え等が行われた事業年度以後の各事業年度）における当該資産に係る同項第３号イ（２）に規定する一定単位当たりの金額は、当該資産の当該評価換え等の直後の帳簿価額を残存採掘予定数量（同号イ（２）に規定する採掘予定数量から同号イ（２）に規定する耐用年数の期間内で当該評価換え等が行われた事業年度終了の日以前の期間（当該評価換え等が期中評価換え等である場合には、当該期中評価換え等が行われた事業年度開始の日前の期間）内における採掘数量を控除した数量をいう。）で除して計算した金額とする。

（評価換え等が行われた場合のリース期間定額法の計算）

令第48条の２第４項　リース資産につき評価換え等が行われたことによりその帳簿価額が増額され、又は減額された場合には、当該評価換え等が行われた事業年度後の各事業年度（当該評価換え等が期中評価換え等である場合には、当該期中評価換え等が行われた事業年度以後の各事業年度）における当該リース資産に係る第１項第６号に規定する除して計算した金額は、当該リース資産の当該評価換え等の直後の帳簿価額（当該リース資産の取得価額に残価保証額に相当する金額が含まれている場合には、当該帳簿価額から当該残価保証額を控除した金額）を当該リース資産のリース期間のうち当該評価換え等が行われた事業年度終了の日後の期間（当該評価換え等が期中評価換え等である場合には、当該期中評価換え等が行われた事業年度開始の日（当該事業年度が当該リース資産を事業の用に供した日の属する事業年度である場合には、同日）以後の期間）の月数で除して計算した金額とする。

（用語の意義）

令第48条の２第５項　この条において、次の各号に掲げる用語の意義は、当該各号に定めるところによる。

一　償却保証額　減価償却資産の取得価額に当該資産の耐用年数に応じた保証率を乗じて計算した金額をいう。

二　改定取得価額　次に掲げる場合の区分に応じそれぞれ次に定める金額をいう。

イ　減価償却資産の第１項第１号イ（２）に規定する取得価額に同号イ（２）に規定する耐用年数に応じた償却率を乗じて計算した金額（以下この号において「調整前償却額」という。）が償却保証額に満たない場合（当該事業年度の前事業年度における調整前償却額が償却保証額以上である場合に限る。）当該減価償却資産の当該取得価額

ロ　連続する２以上の事業年度において減価償却資産の調整前償却額がいずれも償却保証額に満たない場合　当該連続する２以上の事業年度のうち最も古い事業年度における第１項第１号イ（２）に規定する取得価額（当該連続する２以上の事業年度のうちいずれかの事業年度において評価換え等が行われたことによりその帳簿価額が増額された場合には、当該評価換え等が行われた事業年度後の各事業年度（当該評価換え等が期中評価換え等である場合には、当該期中評価換え等が行われた事業年度以後の各事業年度）においては、当該取得価額に当該帳簿価額が増額された金額を加算した金額）

三　鉱業用減価償却資産　前条第５項第１号に規定する鉱業用減価償却資産をいう。

四　リース資産　所有権移転外リース取引に係る賃借人が取得したものとされる減価償却資産をいう。

五　所有権移転外リース取引　法第64条の２第３項（リース取引に係る所得の金額の計算）に規定するリース取引（以下この号及び第７号において「リース取引」という。）のうち、次のいずれかに該当する

もの（これらに準ずるものを含む。）以外のものをいう。

イ　リース期間終了の時又はリース期間の中途において、当該リース取引に係る契約において定められている当該リース取引の目的とされている資産（以下この号において「目的資産」という。）が無償又は名目的な対価の額で当該リース取引に係る賃借人に譲渡されるものであること。

ロ　当該リース取引に係る賃借人に対し、リース期間終了の時又はリース期間の中途において目的資産を著しく有利な価額で買い取る権利が与えられているものであること。

ハ　目的資産の種類、用途、設置の状況等に照らし、当該目的資産がその使用可能期間中当該リース取引に係る賃借人によってのみ使用されると見込まれるものであること又は当該目的資産の識別が困難であると認められるものであること。

ニ　リース期間が目的資産の第56条（減価償却資産の耐用年数、償却率等）に規定する財務省令で定める耐用年数に比して相当短いもの（当該リース取引に係る賃借人の法人税の負担を著しく軽減することになると認められるものに限る。）であること。

六　残価保証額　リース期間終了の時にリース資産の処分価額が所有権移転外リース取引に係る契約において定められている保証額に満たない場合にその満たない部分の金額を当該所有権移転外リース取引に係る賃借人がその賃貸人に支払うこととされている場合における当該保証額をいう。

七　リース期間　リース取引に係る契約において定められているリース資産の賃貸借の期間をいう。

八　評価換え等　前条第５項第３号に規定する評価換え等をいう。

九　期中評価換え等　前条第５項第４号に規定する期中評価換え等をいう。

（リース期間の月数の計算）

令第48条の２第６項　第１項第６号及び第４項の月数は、暦に従って計算し、１月に満たない端数を生じたときは、これを１月とする。

（適格分社型分割等があった場合の償却方法）

令第48条の３　第48条第１項各号（減価償却資産の償却の方法）又は前条第１項各号に掲げる減価償却資産が適格分社型分割、適格現物出資若しくは適格現物分配により分割法人、現物出資法人若しくは現物分配法人（以下この条において「分割法人等」という。）から移転を受けたもの又は他の者から特別の法律に基づく承継を受けたものである場合には、当該減価償却資産は、当該分割法人等又は他の者が当該減価償却資産の取得をした日において当該移転又は承継を受けた内国法人により取得をされたものとみなして、前２条の規定を適用する。

（特別な償却方法）

令第48条の４第１項　内国法人は、その有する第13条第１号から第８号まで（減価償却資産の範囲）に掲げる減価償却資産（次条又は第50条（特別な償却率による償却の方法）の規定の適用を受けるもの並びに第48条第１項第１号ロ及び第６号並びに第48条の２第１項第１号ロ及び第６号（減価償却資産の償却の方法）に掲げる減価償却資産を除く。）の償却限度額を当該資産の区分に応じて定められている第48条第１項第１号から第５号まで又は第48条の２第１項第１号から第５号までに定める償却の方法に代え当該償却の方法以外の償却の方法（同項第３号イに掲げる減価償却資産（第３項において「鉱業用建築物」という。）にあっては、定率法その他これに準ずる方法を除く。以下この項において同じ。）により計算することについて納税地の所轄税務署長の承認を受けた場合には、当該資産のその承認を受けた日の属する事業年度以後の各事業年度の償却限度額の計算については、その承認を受けた償却の方法を選定することができる。

（特別な償却方法の承認申請）

令第48条の４第２項　前項の承認を受けようとする内国法人は、その採用しようとする償却の方法の内容、その方法を採用しようとする理由、その方法により償却限度額の計算をしようとする資産の種類（償却の方法の選定の単位を設備の種類とされているものについては、設備の種類とし、２以上の事業所又は船舶を有する内国法人で事業所又は船舶ごとに償却の方法を選定しようとする場合にあっては、事業所又は船舶ごとのこれらの種類とする。次項において同じ。）その他財務省令で定める事項を記載した申請書を納税地の所轄税務署長に提出しなければならない。

規第９条の３　令第48条の４第２項に規定する財務省令で定める事項は、次に掲げる事項とする。

一　申請をする内国法人の名称、納税地及び法人番号並びに代表者の氏名

二　その採用しようとする償却の方法が令第59条第１項第１号又は第２号（事業年度の中途で事業の用に供した減価償却資産の償却限度額の特例）に掲げる償却の方法のいずれに類するかの別

三　その他参考となるべき事項

（申請の承認又は却下）

令第48条の４第３項　税務署長は、前項の申請書の提出があった場合には、遅滞なく、これを審査し、その申請に係る償却の方法及び資産の種類を承認し、又はその申請に係る償却の方法によってはその内国法人の各事業年度の所得の金額の計算が適正に行われ難いと認めるとき（その申請に係る資産の種類が鉱業用建築物である場合に当該償却の方法が定率法その他これに準ずる方法であると認めるときを含む。）は、その申請を却下する。

（承認の取消し）

令第48条の４第４項　税務署長は、第１項の承認をした後、その承認に係る償却の方法によりその承認に係る減価償却資産の償却限度額の計算をすることを不適当とする特別の事由が生じたと認める場合には、その承認を取り消すことができる。

（処分の通知）

令第48条の４第５項　税務署長は、前２項の処分をするときは、その処分に係る内国法人に対し、書面によりその旨を通知する。

（取消処分の効果）

令第48条の４第６項　第４項の処分があった場合には、その処分のあった日の属する事業年度以後の各事業年度の所得の金額を計算する場合のその処分に係る減価償却資産の償却限度額の計算についてその処分の効果が生ずるものとする。

（承認が取り消された場合の償却方法の届出）

令第48条の４第７項　内国法人は、第４項の処分を受けた場合には、その処分を受けた日の属する事業年度に係る法第74条第１項（確定申告）の規定による申告書の提出期限（同日の属する法第72条第１項（仮決算をした場合の中間申告書の記載事項等）に規定する期間（当該内国法人が通算子法人である場合には、同条第５項第１号に規定する期間）について同条第１項各号に掲げる事項を記載した中間申告書を提出する場合には、その中間申告書の提出期限）までに、その処分に係る減価償却資産につき、第51条第１項（減価償却資産の償却の方法の選定）に規定する区分（２以上の事業所又は船舶を有する内国法人で事業所又

は船舶ごとに償却の方法を選定しようとする場合にあっては、事業所又は船舶ごとの当該区分）ごとに、第48条第１項又は第48条の２第１項に規定する償却の方法のうちそのよるべき方法を書面により納税地の所轄税務署長に届け出なければならない。ただし、第48条第１項第４号及び第48条の２第１項第４号に掲げる無形固定資産については、この限りでない。

（取替資産に係る償却方法の特例）

令第49条第１項　取替資産の償却限度額の計算については、納税地の所轄税務署長の承認を受けた場合には、その採用している第48条第１項第２号又は第48条の２第１項第１号若しくは第２号に定める償却の方法に代えて、取替法を選定することができる。

（取替法の意義）

令第49条第２項　前項に規定する取替法とは、次に掲げる金額の合計額を各事業年度の償却限度額として償却する方法をいう。

一　当該取替資産につきその取得価額（当該事業年度以前の各事業年度に係る次号に掲げる新たな資産の取得価額に相当する金額を除くものとし、当該資産が昭和27年12月31日以前に取得された資産である場合には、当該資産の取得価額にその取得の時期に応じて定められた資産再評価法（昭和25年法律第110号）別表第三の倍数を乗じて計算した金額とする。）の100分の50に達するまで旧定額法、旧定率法、定額法又は定率法のうちその採用している方法により計算した金額

二　当該取替資産が使用に耐えなくなったため当該事業年度において種類及び品質を同じくするこれに代わる新たな資産と取り替えた場合におけるその新たな資産の取得価額で当該事業年度において損金経理をしたもの

（取替資産の意義）

令第49条第３項　前２項に規定する取替資産とは、軌条、枕木その他多量に同一の目的のために使用される減価償却資産で、毎事業年度使用に耐えなくなったこれらの資産の一部がほぼ同数量ずつ取り替えられるもののうち財務省令で定めるものをいう。

規第10条　令第49条第３項に規定する財務省令で定める取替資産は、次に掲げる資産とする。

一　鉄道設備又は軌道設備に属する構築物のうち、軌条及びその附属品、まくら木、分岐器、ボンド、信号機、通信線、信号線、電灯電力線、送配電線、き電線、電車線、第三軌条並びに電線支持物（鉄柱、鉄塔、コンクリート柱及びコンクリート塔を除く。）

二　送電設備に属する構築物のうち、木柱、がい子、送電線、地線及び添架電話線

三　配電設備に属する構築物のうち、木柱、配電線、引込線及び添架電話線

四　電気事業用配電設備に属する機械及び装置のうち、計器、柱上変圧器、保安開閉装置、電力用蓄電器及び屋内配線

五　ガス又はコークスの製造設備及びガスの供給設備に属する機械及び装置のうち、鋳鉄ガス導管（口径20.32センチメートル以下のものに限る。）、鋼鉄ガス導管及び需要者用ガス計量器

（取替法採用の承認申請）

令第49条第４項　第１項の承認を受けようとする内国法人は、第２項に規定する取替法（次項及び第59条第１項第１号（事業年度の中途で事業の用に供した減価償却資産の償却限度額の特例）〔第58条から第63条まで〕において「取替法」という。）を採用しようとする事業年度開始の日の前日までに、第１項の規定の適

用を受けようとする減価償却資産の種類及び名称、その所在する場所その他財務省令で定める事項を記載した申請書を納税地の所轄税務署長に提出しなければならない。

規第11条　令第49条第４項に規定する財務省令で定める事項は、次に掲げる事項とする。

一　申請をする内国法人の名称、納税地及び法人番号並びに代表者の氏名

二　令第49条第２項に規定する取替法を採用しようとする事業年度開始の時において見込まれる同条第１項の規定の適用を受けようとする減価償却資産の種類ごとの数量並びにその取得価額の合計額及び帳簿価額の合計額

三　その他参考となるべき事項

（申請の却下）

令第49条第５項　税務署長は、前項の申請書の提出があった場合において、その申請に係る減価償却資産の償却費の計算を取替法によって行う場合にはその内国法人の各事業年度の所得の金額の計算が適正に行われ難いと認めるときは、その申請を却下することができる。

（処分の通知）

令第49条第６項　税務署長は、第４項の申請書の提出があった場合において、その申請につき承認又は却下の処分をするときは、その申請をした内国法人に対し、書面によりその旨を通知する。

（みなし承認）

令第49条第７項　第４項の申請書の提出があった場合において、同項に規定する事業年度終了の日（当該事業年度について中間申告書を提出すべき内国法人については、当該事業年度（当該内国法人が通算子法人である場合には、当該事業年度開始の日の属する当該内国法人に係る通算親法人の事業年度）開始の日以後６月を経過した日の前日）までにその申請につき承認又は却下の処分がなかったときは、その日においてその承認があったものとみなす。

（リース賃貸資産の償却方法の特例）

令第49条の２第１項　リース賃貸資産（第48条第１項第６号（減価償却資産の償却の方法）に規定する改正前リース取引の目的とされている減価償却資産（同号に規定する国外リース資産を除く。）をいう。以下この条において同じ。）については、その採用している同項又は第48条の２第１項（減価償却資産の償却の方法）に規定する償却の方法に代えて、旧リース期間定額法（当該リース賃貸資産の改定取得価額を改定リース期間の月数で除して計算した金額に当該事業年度における当該改定リース期間の月数を乗じて計算した金額を各事業年度の償却限度額として償却する方法をいう。）を選定することができる。

（旧リース期間定額法採用の承認申請）

令第49条の２第２項　前項の規定の適用を受けようとする内国法人は、同項に規定する旧リース期間定額法を採用しようとする事業年度（平成20年４月１日以後に終了する事業年度に限る。）に係る法第74条第１項（確定申告）の規定による申告書の提出期限（当該採用しようとする事業年度に係る法第72条第１項（仮決算をした場合の中間申告書の記載事項等）に規定する期間（当該内国法人が通算子法人である場合には同条第５項第第１号に規定する期間とし、同日以後に終了するものに限る。）について同項各号に掲げる事項を記載した中間申告書を提出する場合には、その中間申告書の提出期限）までに、前項の規定の適用を受けようとするリース賃貸資産の第48条の４第２項（減価償却資産の特別な償却の方法）に規定する資産

の種類その他財務省令で定める事項を記載した届出書を納税地の所轄税務署長に提出しなければならない。

規第11条の２　令第49条の２第２項に規定する財務省令で定める事項は、次に掲げる事項とする。
一　届出をする内国法人の名称、納税地及び法人番号並びに代表者の氏名
二　令第49条の２第１項に規定する旧リース期間定額法を採用しようとする資産の種類（同条第２項に規定する資産の種類をいう。）ごとの同条第３項に規定する改定取得価額の合計額
三　その他参考となるべき事項

（旧リース期間定額法の計算の基礎となる取得価額及び償却期間）

令第49条の２第３項　第１項に規定する改定取得価額とは、同項の規定の適用を受けるリース賃貸資産の当該適用を受ける最初の事業年度開始の時（当該リース賃貸資産が当該最初の事業年度開始の時後に賃貸の用に供したものである場合には、当該賃貸の用に供した時）における取得価額（当該最初の事業年度の前事業年度までの各事業年度においてした償却の額（当該前事業年度までの各事業年度において第48条第５項第３号に規定する評価換え等が行われたことによりその帳簿価額が減額された場合には、当該帳簿価額が減額された金額を含む。）で当該各事業年度の所得の金額の計算上損金の額に算入された金額がある場合には、当該金額を控除した金額）から残価保証額（当該リース賃貸資産の第１項に規定する改正前リース取引に係る契約において定められている当該リース賃貸資産の賃貸借の期間（以下この項において「リース期間」という。）の終了の時に当該リース賃貸資産の処分価額が当該改正前リース取引に係る契約において定められている保証額に満たない場合にその満たない部分の金額を当該改正前リース取引に係る賃借人その他の者がその賃貸人に支払うこととされている場合における当該保証額をいい、当該保証額の定めがない場合には零とする。）を控除した金額をいい、第１項に規定する改定リース期間とは、同項の規定の適用を受けるリース賃貸資産のリース期間（当該リース賃貸資産が他の者から移転（適格合併、適格分割又は適格現物出資による移転を除く。）を受けたものである場合には、当該移転の日以後の期間に限る。）のうち同項の規定の適用を受ける最初の事業年度開始の日以後の期間（当該リース賃貸資産が同日以後に賃貸の用に供したものである場合には、当該リース期間）をいう。

（評価換え等が行われた場合の旧リース期間定額法の計算）

令第49条の２第４項　第１項の規定の適用を受けているリース賃貸資産につき第48条第５項第３号に規定する評価換え等が行われたことによりその帳簿価額が増額され、又は減額された場合には、当該評価換え等が行われた事業年度後の各事業年度（当該評価換え等が同項第４号に規定する期中評価換え等である場合には、当該期中評価換え等が行われた事業年度以後の各事業年度）における当該リース賃貸資産に係る第１項に規定する除して計算した金額は、当該リース賃貸資産の当該評価換え等の直後の帳簿価額から前項に規定する残価保証額を控除し、これを当該リース賃貸資産の同項に規定する改定リース期間のうち当該評価換え等が行われた事業年度終了の日後の期間（当該評価換え等が同条第５項第４号に規定する期中評価換え等である場合には、当該期中評価換え等が行われた事業年度開始の日（当該事業年度が当該リース賃貸資産を賃貸の用に供した日の属する事業年度である場合には、同日）以後の期間）の月数で除して計算した金額とする。

（改定リース期間の月数の計算）

令第49条の２第５項　第１項及び前項の月数は、暦に従って計算し、１月に満たない端数を生じたときは、これを１月とする。

（特別な償却率による償却方法）

令第50条第１項　減価償却資産（第48条の２第１項第６号（減価償却資産の償却の方法）に掲げるリース資産を除く。）のうち、漁網、活字に常用されている金属その他財務省令で定めるものの償却限度額の計算については、その採用している第48条第１項（減価償却資産の償却の方法）又は第48条の２第１項に規定する償却の方法に代えて、当該資産の取得価額に当該資産につき納税地の所轄国税局長の認定を受けた償却率を乗じて計算した金額を各事業年度の償却限度額として償却する方法を選定することができる。

規第12条　令第50条第１項に規定する財務省令で定めるものは、次に掲げる減価償却資産とする。

一　なつ染用銅ロール

二　映画用フィルム（２以上の常設館において順次上映されるものに限る。）

三　非鉄金属圧延用ロール（電線圧延用ロールを除く。）

四　短期間にその型等が変更される製品でその生産期間があらかじめ生産計画に基づき定められているものの生産のために使用する金型その他の工具で、当該製品以外の製品の生産のために使用することが著しく困難であるもの

五　漁網、活字に常用されている金属及び前各号に掲げる資産に類するもの

（特別な償却率の認定申請）

令第50条第２項　前項の認定を受けようとする内国法人は、同項の規定の適用を受けようとする減価償却資産の種類及び名称、その所在する場所その他財務省令で定める事項を記載した申請書に当該認定に係る償却率の算定の基礎となるべき事項を記載した書類を添付し、納税地の所轄税務署長を経由して、これを納税地の所轄国税局長に提出しなければならない。

規第13条　令第50条第２項に規定する財務省令で定める事項は、次に掲げる事項とする。

一　申請をする内国法人の名称、納税地及び法人番号並びに代表者の氏名

二　令第50条第２項に規定する申請書を提出する日の属する事業年度開始の日における同条第１項の規定の適用を受けようとする減価償却資産の種類ごとの数量並びにその取得価額の合計額及び帳簿価額の合計額

三　認定を受けようとする償却率

四　その他参考となるべき事項

（特別な償却率の認定）

令第50条第３項　国税局長は、前項の申請書の提出があった場合には、遅滞なく、これを審査し、その申請に係る減価償却資産の償却率を認定するものとする。

（認定に係る償却率の変更）

令第50条第４項　国税局長は、第１項の認定をした後、その認定に係る償却率により同項の減価償却資産の償却限度額の計算をすることを不適当とする特別の事由が生じたと認める場合には、その償却率を変更することができる。

（処分の通知）

令第50条第５項　国税局長は、前２項の処分をするときは、その認定に係る内国法人に対し、書面によりその旨を通知する。

（処分の効果）

令第50条第６項　第３項又は第４項の処分があった場合には、その処分のあった日の属する事業年度以後の各事業年度の所得の金額を計算する場合のその処分に係る減価償却資産の償却限度額の計算についてその処分の効果が生ずるものとする。

三　減価償却資産の償却の方法の選定、変更等

（償却方法の選定）

令第51条第１項　第48条第１項又は第48条の２第１項（減価償却資産の償却の方法）に規定する減価償却資産の償却の方法は、第48条第１項各号又は第48条の２第１項各号に掲げる減価償却資産ごとに、かつ、第48条第１項第１号イ、第２号、第３号及び第５号並びに第48条の２第１項第１号イ、第２号、第３号イ、同号ロ及び第５号に掲げる減価償却資産については設備の種類その他の財務省令で定める区分ごとに選定しなければならない。この場合において、２以上の事業所又は船舶を有する内国法人は、事業所又は船舶ごとに償却の方法を選定することができる。

規第14条　令第51条第１項に規定する財務省令で定める区分は、次の各号に掲げる減価償却資産の区分に応じ当該各号に定める種類の区分とする。

一　機械及び装置以外の減価償却資産のうち耐用年数省令別表第一（機械及び装置以外の有形減価償却資産の耐用年数表）の適用を受けるもの　同表に規定する種類

二　機械及び装置のうち耐用年数省令別表第二（機械及び装置の耐用年数表）の適用を受けるもの　同表に規定する設備の種類

三　耐用年数省令第２条第１号（特殊の減価償却資産の耐用年数）に規定する汚水処理又はばい煙処理の用に供されている減価償却資産のうち耐用年数省令別表第五（公害防止用減価償却資産の耐用年数表）の適用を受けるもの　同表に規定する種類

四　耐用年数省令第２条第２号に規定する開発研究の用に供されている減価償却資産のうち耐用年数省令別表第六（開発研究用減価償却資産の耐用年数表）の適用を受けるもの　同表に規定する種類

五　坑道及び令第13条第８号イ（鉱業権）に掲げる鉱業権（次号に掲げるものを除く。）　当該坑道及び鉱業権に係る耐用年数省令別表第二に規定する設備の種類

六　試掘権　当該試掘権に係る耐用年数省令別表第二に規定する設備の種類

（償却方法の選定の届出）

令第51条第２項　内国法人は、次の各号に掲げる法人（第２号に掲げる内国法人又は同項第４号に掲げる内国法人のうち収益事業を行っていない公益法人等に該当していた普通法人若しくは協同組合等にあっては、その有する減価償却資産と同一の資産区分（前項に規定する区分をいい、２以上の事業所又は船舶を有する内国法人で事業所又は船舶ごとに償却の方法を選定しようとする場合にあっては、事業所又は船舶ごとの当該区分をいう。以下この項において同じ。）に属する減価償却資産につきこれらの号に定める日の属する事業年度前の事業年度においてこの項の規定による届出をすべきものを除く。）の区分に応じ当該各号に定める日の属する事業年度に係る法第74条第１項（確定申告）の規定による申告書の提出期限（第１号又は第５号から第７号までに掲げる内国法人がこれらの号に定める日の属する法第72条第１項（仮決算をした場合の中間申告書の記載事項等）に規定する期間（当該内国法人が通算子法人である場合には、同条第５項第１号に規定する期間）について同条第１項各号に掲げる事項を記載した中間申告書を提出する場合には、その中間申告書の提出期限）までに、その有する減価償却資産と同一の資産区分に属する減価償却

資産につき、当該資産区分ごとに、第48条第１項又は第48項の２第１項に規定する償却の方法のうちそのよるべき方法を書面により納税地の所轄税務署長に届け出なければならない。ただし、第48条第１項第１号ロ、第４号及び第６号並びに第48条の２第１項第１号ロ、第４号及び第６号に掲げる減価償却資産については、この限りでない。

一　新たに設立した内国法人（公益法人等及び人格のない社団等を除く。）　設立の日

二　新たに収益事業を開始した内国法人である公益法人等及び人格のない社団等　その開始した日

三　公共法人に該当していた収益事業を行う公益法人等　当該公益法人等に該当することとなった日

四　公共法人又は収益事業を行っていない公益法人等に該当していた普通法人又は協同組合等　当該普通法人又は協同組合等に該当することとなった日

五　設立後（第２号に掲げる内国法人については新たに収益事業を開始した後とし、第３号に掲げる内国法人については収益事業を行う公益法人等に該当することとなった後とし、前号に掲げる内国法人については普通法人又は協同組合等に該当することとなった後とする。）既にそのよるべき償却の方法を選定している減価償却資産（その償却の方法を届け出なかったことにより第53条（減価償却資産の法定償却方法）に規定する償却の方法によるべきこととされているものを含む。）以外の減価償却資産の取得（適格合併又は適格分割型分割による被合併法人又は分割法人からの引継ぎを含む。以下この号及び第７号において同じ。）をした内国法人　当該資産の取得をした日

六　新たに事業所を設けた内国法人で、当該事業所に属する減価償却資産につき当該減価償却資産と同一の区分（前項に規定する区分をいう。）に属する資産について既に選定している償却の方法と異なる償却の方法を選定しようとするもの又は既に事業所ごとに異なる償却の方法を選定しているもの　新たに事業所を設けた日

七　新たに船舶の取得をした内国法人で、当該船舶につき当該船舶以外の船舶について既に選定している償却の方法と異なる償却の方法を選定しようとするもの又は既に船舶ごとに異なる償却の方法を選定しているもの　新たに船舶の取得をした日

（新償却方法のみなし選定）

令第51条第３項　平成19年３月31日以前に取得をされた減価償却資産（以下この項において「旧償却方法適用資産」という。）につき既にそのよるべき償却の方法として旧定額法、旧定率法又は旧生産高比例法を選定している場合（その償却の方法を届け出なかったことにより第53条に規定する償却の方法によるべきこととされている場合を含み、２以上の事業所又は船舶を有する場合で既に事業所又は船舶ごとに異なる償却の方法を選定している場合を除く。）において、同年４月１日以後に取得をされた減価償却資産（以下この項において「新償却方法適用資産」という。）で、同年３月31日以前に取得をされるとしたならば当該旧償却方法適用資産と同一の区分（第１項に規定する区分をいう。）に属するものにつき前項の規定による届出をしていないときは、当該新償却方法適用資産については、当該旧償却方法適用資産につき選定した次の各号に掲げる償却の方法の区分に応じ当該各号に定める償却の方法（第48条の２第１項第３号イに掲げる減価償却資産に該当する新償却方法適用資産にあっては、当該旧償却方法適用資産につき選定した第１号又は第３号に掲げる償却の方法の区分に応じそれぞれ第１号又は第３号に定める償却の方法）を選定したものとみなす。ただし、当該新償却方法適用資産と同一の区分（第１項に規定する区分をいう。）に属する他の新償却方法適用資産について、次条第１項の承認を受けている場合は、この限りでない。

一　旧定額法　定額法

二　旧定率法　定率法

三　旧生産高比例法　生産高比例法

（償却方法のみなし選定）

令第51条第４項　第48条の２第１項第３号に掲げる減価償却資産のうち平成28年３月31日以前に取得をされたもの（以下この項において「旧選定対象資産」という。）につき既にそのよるべき償却の方法として定額法を選定している場合（２以上の事業所又は船舶を有する場合で既に事業所又は船舶ごとに異なる償却の方法を選定している場合を除く。）において、同号イに掲げる減価償却資産（以下この項において「新選定対象資産」という。）で、同日以前に取得をされるとしたならば当該旧選定対象資産と同一の区分（第１項に規定する区分をいう。以下この項において同じ。）に属するものにつき第２項の規定による届出をしていないときは、当該新選定対象資産については、定額法を選定したものとみなす。ただし、当該新選定対象資産と同一の区分に属する他の新選定対象資産について、次条第１項の承認を受けている場合は、この限りでない。

（法定償却方法のみなし選定）

令第51条第５項　第２項ただし書に規定する減価償却資産については、内国法人が当該資産の取得をした日において第48条第１項第１号ロ、第４号若しくは第６号又は第48条の２第１項第１号ロ、第４号若しくは第６号に定める償却の方法を選定したものとみなす。

（償却方法の変更手続）

令第52条第１項　内国法人は、減価償却資産につき選定した償却の方法（その償却の方法を届け出なかった内国法人がよるべきこととされている次条に規定する償却の方法を含む。第６項において同じ。）を変更しようとするとき（２以上の事業所又は船舶を有する内国法人で事業所又は船舶ごとに償却の方法を選定していないものが事業所又は船舶ごとに償却の方法を選定しようとするときを含む。）は、納税地の所轄税務署長の承認を受けなければならない。

（償却方法の変更承認申請）

令第52条第２項　前項の承認を受けようとする内国法人は、その新たな償却の方法を採用しようとする事業年度開始の日の前日までに、その旨、変更しようとする理由その他財務省令で定める事項を記載した申請書を納税地の所轄税務署長に提出しなければならない。

規第15条　令第52条第２項に規定する財務省令で定める事項は、次に掲げる事項とする。

一　申請をする内国法人の名称、納税地及び法人番号並びに代表者の氏名

二　その償却の方法を変更しようとする減価償却資産の種類及び構造若しくは用途、細目又は設備の種類の区分（２以上の事業所又は船舶を有する内国法人で事業所又は船舶ごとに償却の方法を選定していないものが事業所又は船舶ごとに償却の方法を選定しようとする場合にあっては、事業所又は船舶ごとのこれらの区分）

三　現によっている償却の方法及びその償却の方法を採用した日

四　採用しようとする新たな償却の方法

五　その他参考となるべき事項

（申請の却下）

令第52条第３項　税務署長は、前項の申請書の提出があった場合において、その申請書を提出した内国法人が現によっている償却の方法を採用してから相当期間を経過していないとき、又は変更しようとする償却の方法によってはその内国法人の各事業年度の所得の金額の計算が適正に行われ難いと認めるときは、そ

の申請を却下することができる。

（処分の通知）

令第52条第４項　税務署長は、第２項の申請書の提出があった場合において、その申請につき承認又は却下の処分をするときは、その申請をした内国法人に対し、書面によりその旨を通知する。

（みなし承認）

令第52条第５項　第２項の申請書の提出があった場合において、同項に規定する事業年度終了の日（当該事業年度について中間申告書を提出すべき内国法人については、当該事業年度（当該内国法人が通算子法人である場合には、当該事業年度開始の日の属する当該内国法人に係る通算親法人の事業年度）開始の日以後６月を経過した日の前日）までにその申請につき承認又は却下の処分がなかったときは、その日においてその承認があったものとみなす。

令第52条第６項　前条第２項第２号に掲げる内国法人又は同項第４号に掲げる内国法人のうち収益事業を行っていない公益法人等に該当していた普通法人若しくは協同組合等がこれらの号に定める日の属する事業年度において、減価償却資産につき選定した償却の方法を変更しようとする場合（２以上の事業所又は船舶を有する内国法人で事業所又は船舶ごとに償却の方法を選定していないものが事業所又は船舶ごとに償却の方法を選定しようとする場合を含む。）において、当該事業年度に係る法第74条第１項（確定申告）の規定による申告書の提出期限までに、その旨及び第２項に規定する財務省令で定める事項を記載した届出書を納税地の所轄税務署長に提出したときは、当該届出書をもって同項の申請書とみなし、当該届出書の提出をもって第１項の承認があったものとみなす。この場合においては、第４項の規定は、適用しない。

（法定償却方法）

令第53条　法第31条第１項（減価償却資産の償却費の計算及びその償却の方法）に規定する償却の方法を選定しなかった場合における政令で定める方法は、次の各号に掲げる資産の区分に応じ当該各号に定める方法とする。

一　平成19年３月31日以前に取得をされた減価償却資産　次に掲げる資産の区分に応じそれぞれ次に定める方法
　イ　第48条第１項第１号イ及び同項第２号（減価償却資産の償却の方法）に掲げる減価償却資産　旧定率法
　ロ　第48条第１項第３号及び第５号に掲げる減価償却資産　旧生産高比例法

二　平成19年４月１日以後に取得をされた減価償却資産　次に掲げる資産の区分に応じそれぞれ次に定める方法
　イ　第48条の２第１項第１号イ及び第２号（減価償却資産の償却の方法）に掲げる減価償却資産　定率法
　ロ　第48条の２第１項第３号及び第５号に掲げる減価償却資産　生産高比例法

四　減価償却資産の取得価額

（取得価額）

令第54条第１項　減価償却資産の第48条から第50条までに規定する取得価額は、次の各号に掲げる資産の区分に応じ当該各号に定める金額とする。

一　購入した減価償却資産　次に掲げる金額の合計額

イ　当該資産の購入の代価（引取運賃、荷役費、運送保険料、購入手数料、関税（関税法第２条第１項第４号の２（定義）に規定する附帯税を除く。）その他当該資産の購入のために要した費用がある場合には、その費用の額を加算した金額）

ロ　当該資産を事業の用に供するために直接要した費用の額

二　自己の建設、製作又は製造（以下この項及び次項において「建設等」という。）に係る減価償却資産　次に掲げる金額の合計額

イ　当該資産の建設等のために要した原材料費、労務費及び経費の額

ロ　当該資産を事業の用に供するために直接要した費用の額

三　自己が成育させた第13条第９号イ（減価償却資産の範囲）に掲げる生物（以下この号において「牛馬等」という。）　次に掲げる金額の合計額

イ　成育させるために取得（適格合併又は適格分割型分割による被合併法人又は分割法人からの引継ぎを含む。次号イにおいて同じ。）をした牛馬等に係る第１号イ、第５号イ（１）若しくはロ（１）若しくは第６号イに掲げる金額又は種付費及び出産費の額並びに当該取得をした牛馬等の成育のために要した飼料費、労務費及び経費の額

ロ　成育させた牛馬等を事業の用に供するために直接要した費用の額

四　自己が成熟させた第13条第９号ロ及びハに掲げる生物（以下この号において「果樹等」という。）　次に掲げる金額の合計額

イ　成熟させるために取得をした果樹等に係る第１号イ、次号イ（１）若しくはロ（１）若しくは第６号イに掲げる金額又は種苗費の額並びに当該取得をした果樹等の成熟のために要した肥料費、労務費及び経費の額

ロ　成熟させた果樹等を事業の用に供するために直接要した費用の額

五　適格合併、適格分割、適格現物出資又は適格現物分配により移転を受けた減価償却資産　次に掲げる区分に応じそれぞれ次に定める金額

イ　適格合併又は適格現物分配（適格現物分配にあっては、残余財産の全部の分配に限る。以下この号において「適格合併等」という。）により移転を受けた減価償却資産　次に掲げる金額の合計額

（１）　当該適格合併等に係る被合併法人又は現物分配法人が当該適格合併の日の前日又は当該残余財産の確定の日の属する事業年度において当該資産の償却限度額の計算の基礎とすべき取得価額

（２）　当該適格合併等に係る合併法人又は被現物分配法人が当該資産を事業の用に供するために直接要した費用の額

ロ　適格分割、適格現物出資又は適格現物分配（適格現物分配分にあっては、残余財産の全部の分配を除く。以下この号において「適格分割等」という。）により移転を受けた減価償却資産　次に掲げる金額の合計額

（１）　当該適格分割等に係る分割法人、現物出資法人又は現物分配法人が当該適格分割等の日の前日を事業年度終了の日とした場合に当該事業年度において当該資産の償却限度額の計算の基礎とすべき取得価額

（２）　当該適格分割等に係る分割承継法人、被現物出資法人又は被現物分配法人が当該資産を事業の用に供するために直接要した費用の額

六　前各号に規定する方法以外の方法により取得をした減価償却資産　次に掲げる金額の合計額

イ　その取得の時における当該資産の取得のために通常要する価額

ロ　当該資産を事業の用に供するために直接要した費用の額

（自己の建設等に係る取得価額の特例）

令第54条第２項　内国法人が前項第２号に掲げる減価償却資産につき算定した建設等の原価の額が同号イ及びロに掲げる金額の合計額と異なる場合において、その原価の額が適正な原価計算に基づいて算定されているときは、その原価の額に相当する金額をもって当該資産の同号の規定による取得価額とみなす。

（圧縮記帳資産の取得価額の特例）

令第54条第３項　第１項各号に掲げる減価償却資産につき法第42条から第50条まで（圧縮記帳）の規定により各事業年度の所得の金額の計算上損金の額に算入された金額がある場合には、当該各号に定める金額から当該損金の額に算入された金額（次の各号に掲げる規定の適用があった減価償却資産につき既にその償却費として各事業年度の所得の金額の計算上損金の額に算入された金額がある場合には、当該金額の累積額に当該各号に定める割合を乗じて計算した金額を加算した金額）を控除した金額に相当する金額をもって当該資産の同項の規定による取得価額とみなす。

一　法第42条　第79条の２二（国庫補助金等の交付前に取得した固定資産等の圧縮限度額）に規定する割合

二　法第44条　第82条（特別勘定を設けた場合の国庫補助金等で取得した固定資産等の圧縮限度額）に規定する割合

三　法第45条　第82条の３（工事負担金の交付前に取得した固定資産の圧縮限度額）に規定する割合

四　法第46条　第83条の４（賦課金の納付前に取得した固定資産等の圧縮限度額）に規定する割合

五　法第47条　第85条第１項第３号（保険金等で取得した代替資産等の圧縮限度額）に掲げる金額のうちに同条第２項に規定する保険差益金の額に同条第１項に規定する圧縮基礎割合を乗じて計算した金額の占める割合

（累積所得金額から控除する金額等の計算の規定の適用を受けた取得価額の特例）

令第54条第４項　第１項第１号、第２号及び第６号に掲げる減価償却資産につき第131条の５第10項（累積所得金額から控除する金額等の計算）の規定の適用を受けた場合には、当該資産に係る同項の規定により取得価額とされた金額をもって当該資産の第１項の規定による取得価額とみなす。

（非適格合併による譲渡損益調整資産の取得価額の特例）

令第54条第５項　第１項第６号に掲げる減価償却資産が適格合併に該当しない合併で法第61条の11第１項（完全支配関係がある法人の間の取引の損益）の規定の適用があるものにより移転を受けた同項に規定する譲渡損益調整資産である場合には、同号に定める金額から当該資産に係る同条第７項に規定する譲渡利益額に相当する金額を減算し、又は同号に定める金額に当該資産に係る同項に規定する譲渡損失額に相当する金額を加算した金額をもって、当該資産の第１項の規定による取得価額とみなす。

（評価換え等が行われた資産の取得価額の特例）

令第54条第６項　第１項各号に掲げる減価償却資産につき評価換え等（第48条第５項第３号に規定する評価換え等をいう。）が行われたことによりその帳簿価額が増額された場合には、当該評価換え等が行われた事業年度後の各事業年度（当該評価換え等が同条第５項第４号に規定する期中評価換え等である場合には、当該期中評価換え等が行われた事業年度以後の各事業年度）においては、当該各号に定める金額に当該帳簿価額が増額された金額を加算した金額に相当する金額をもって当該資産の第１項の規定による取得価額とみなす。

（資本的支出の取得価額の特例）

令第55条第１項　内国法人が有する減価償却資産について支出する金額のうちに第132条（資本的支出）の規定によりその支出する日の属する事業年度の所得の金額の計算上損金の額に算入されなかった金額がある場合には、当該金額を前条第１項の規定による取得価額として、その有する減価償却資産と種類及び耐用年数を同じくする減価償却資産を新たに取得したものとする。

（旧償却方法適用資産に対する資本的支出の特例）

令第55条第２項　前項に規定する場合において、同項に規定する内国法人が有する減価償却資産についてそのよるべき償却の方法として第48条第１項（減価償却資産の償却の方法）に規定する償却の方法を採用しているときは、前項の規定にかかわらず、同項の支出した金額を当該減価償却資産の前条第１項の規定による取得価額に加算することができる。

（リース資産に対する資本的支出）

令第55条第３項　第１項に規定する場合において、同項に規定する内国法人が有する減価償却資産がリース資産（第48条の２第５項第４号（減価償却資産の償却の方法）に規定するリース資産をいう。以下この項において同じ。）であるときは、第１項の規定により新たに取得したものとされる減価償却資産は、リース資産に該当するものとする。この場合においては、当該取得したものとされる減価償却資産の同条第５項第７号に規定するリース期間は、第１項の支出した金額を支出した日から当該内国法人が有する減価償却資産に係る同号に規定するリース期間の終了の日までの期間として、同条の規定を適用する。

（漁港水面施設運営権の存続期間の規定による更新に伴う資本的支出）

令第55条第４項　第１項に規定する場合において、同項に規定する支出する金額が漁港及び漁場の整備等に関する法律（昭和25年法律第137号）第57条第３項（漁港水面施設運営権の存続期間）の規定による更新に伴い支出するものであるときは、第１項中「種類及び耐用年数」とあるのは、「種類」とする。

（定率法採用資産に対する資本的支出の特例――本体と資本的支出との合算）

令第55条第５項　内国法人の当該事業年度の前事業年度において第１項に規定する損金の額に算入されなかった金額がある場合において、同項に規定する内国法人が有する減価償却資産（平成24年３月31日以前に取得をされた資産を除く。以下この項において「旧減価償却資産」という。）及び第１項の規定により新たに取得したものとされた減価償却資産（以下この項及び次項において「追加償却資産」という。）についてそのよるべき償却の方法として定率法を採用しているときは、第１項の規定にかかわらず、当該事業年度開始の時において、その時における旧減価償却資産の帳簿価額と追加償却資産の帳簿価額との合計額を前条第１項の規定による取得価額とする一の減価償却資産を、新たに取得したものとすることができる。

（定率法採用資産に対する資本的支出の特例――複数の資本的支出の合算）

令第55条第６項　内国法人の当該事業年度の前事業年度において第１項に規定する損金の額に算入されなかった金額がある場合において、当該金額に係る追加償却資産について、そのよるべき償却の方法として定率法を採用し、かつ、前項の規定の適用を受けないときは、第１項及び前項の規定にかかわらず、当該事業年度開始の時において、当該適用を受けない追加償却資産のうち種類及び耐用年数を同じくするものの当該開始の時における帳簿価額の合計額を前条第１項の規定による取得価額とする一の減価償却資産を、新たに取得したものとすることができる。

《参　考》

（資本的支出）

令第132条　内国法人が、修理、改良その他いずれの名義をもってするかを問わず、その有する固定資産について支出する金額で次に掲げる金額に該当するもの（そのいずれにも該当する場合には、いずれか多い金額）は、その内国法人のその支出する日の属する事業年度の所得の金額の計算上、損金の額に算入しない。

一　当該支出する金額のうち、その支出により、当該資産の取得の時において当該資産につき通常の管理又は修理をするものとした場合に予測される当該資産の使用可能期間を延長させる部分に対応する金額

二　当該支出する金額のうち、その支出により、当該資産の取得の時において当該資産につき通常の管理又は修理をするものとした場合に予測されるその支出の時における当該資産の価額を増加させる部分に対応する金額

五　減価償却資産の耐用年数、償却率等

令第56条　減価償却資産の第48条第１項第１号及び第３号並びに第48条の２第１項第１号及び第３号（減価償却資産の償却の方法）に規定する耐用年数、第48条第１項第１号及び第48条の２第１項第１号に規定する耐用年数に応じた償却率、同号に規定する耐用年数に応じた改定償却率、同条第５項第１号に規定する耐用年数に応じた保証率並びに第48条第１項第１号及び第３号並びに第３項に規定する残存価額については、財務省令〔耐用年数省令〕で定めるところによる。

（耐用年数の短縮）

令第57条第１項　内国法人は、その有する減価償却資産が次に掲げる事由のいずれかに該当する場合において、その該当する減価償却資産の使用可能期間のうちいまだ経過していない期間（以下第４項までにおいて「未経過使用可能期間」という。）を基礎としてその償却限度額を計算することについて納税地の所轄国税局長の承認を受けたときは、当該資産のその承認を受けた日の属する事業年度以後の各事業年度の償却限度額の計算については、その承認に係る未経過使用可能期間をもって前条に規定する財務省令で定める耐用年数（以下この項において「法定耐用年数」という。）とみなす。

一　当該資産の材質又は製作方法がこれと種類及び構造を同じくする他の減価償却資産の通常の材質又は製作方法と著しく異なることにより、その使用可能期間が法定耐用年数に比して著しく短いこと。

二　当該資産の存する地盤が隆起し、又は沈下したことにより、その使用可能期間が法定耐用年数に比して著しく短いこととなったこと。

三　当該資産が陳腐化したことにより、その使用可能期間が法定耐用年数に比して著しく短いこととなったこと。

四　当該資産がその使用される場所の状況に基因して著しく腐食したことにより、その使用可能期間が法定耐用年数に比して著しく短いこととなったこと。

五　当該資産が通常の修理又は手入れをしなかったことに基因して著しく損耗したことにより、その使用可能期間が法定耐用年数に比して著しく短いこととなったこと。

六　前各号に掲げる事由以外の事由で財務省令で定めるものにより、当該資産の使用可能期間が法定耐用年数に比して著しく短いこと又は短いこととなったこと。

規第16条　令第57条第１項第６号に規定する財務省令で定める事由は、次に掲げる事由とする。

一　減価償却資産の耐用年数等に関する省令の一部を改正する省令（平成20年財務省令第32号）による改正前の耐用年数省令（以下この条及び第19条第２項（種類等を同じくする減価償却資産の償却限度

額）において「旧耐用年数省令」という。）を用いて償却限度額（減価償却資産の令第48条第１項（減価償却資産の償却の方法）に規定する償却限度額をいう。以下同じ。）を計算することとした場合に、旧耐用年数省令に定める一の耐用年数を用いて償却限度額を計算すべきこととなる減価償却資産の構成が当該耐用年数を用いて償却限度額を計算すべきこととなる同一種類の他の減価償却資産の通常の構成と著しく異なること。

二　当該資産が機械及び装置である場合において、当該資産の属する設備が旧耐用年数省令別表第二（機械及び装置の耐用年数表）に特掲された設備以外のものであること。

三　その他令第57条第１項第１号から第５号まで及び前２号に掲げる事由に準ずる事由

（耐用年数の短縮の承認申請）

令第57条第２項　前項の承認を受けようとする内国法人は、同項の規定の適用を受けようとする減価償却資産の種類及び名称、その所在する場所、その使用可能期間、その未経過使用可能期間その他財務省令で定める事項を記載した申請書に当該資産が前項各号に掲げる事由のいずれかに該当することを証する書類を添付し、納税地の所轄税務署長を経由して、これを納税地の所轄国税局長に提出しなければならない。

規第17条　令第57条第２項に規定する財務省令で定める事項は、次に掲げる事項とする。

一　申請をする内国法人の名称、納税地及び法人番号並びに代表者の氏名

二　令第57条第１項の規定の適用を受けようとする減価償却資産に係る耐用年数省令に定める耐用年数

三　承認を受けようとする償却限度額の計算の基礎となる令第57条第１項に規定する未経過使用可能期間の算定の基礎

四　令第57条第１項第１号から第５号まで及び前条各号に掲げる事由のいずれに該当するかの別

五　当該減価償却資産の使用可能期間が第２号に規定する耐用年数に比して著しく短い事由及びその事実

六　その他参考となるべき事項

（申請の承認又は却下）

令第57条第３項　国税局長は、前項の申請書の提出があった場合には、遅滞なく、これを審査し、その申請に係る減価償却資産の使用可能期間及び未経過使用可能期間を認め、若しくはその使用可能期間及び未経過使用可能期間を定めて第１項の承認をし、又はその申請を却下する。

（承認の取消し又は使用可能期間の伸長）

令第57条第４項　国税局長は、第１項の承認をした後、その承認に係る未経過使用可能期間により同項の減価償却資産の償却限度額の計算をすることを不適当とする特別の事由が生じたと認める場合には、その承認を取り消し、又はその承認に係る使用可能期間及び未経過使用可能期間を伸長することができる。

（処分の通知）

令第57条第５項　国税局長は、前２項の処分をするときは、その処分に係る内国法人に対し、書面によりその旨を通知する。

（処分の効果）

令第57条第６項　第３項の承認の処分又は第４項の処分があった場合には、その処分のあった日の属する事業年度以後の各事業年度の所得の金額を計算する場合のその処分に係る減価償却資産の償却限度額の計算

についてその処分の効果が生ずるものとする。

（みなし承認）

令第57条第７項　内国法人が、その有する第１項の承認に係る減価償却資産の一部についてこれに代わる新たな資産（以下この項において「更新資産」という。）と取り替えた場合その他の財務省令で定める場合において、当該更新資産の取得をした日の属する事業年度に係る法第74条第１項（確定申告）の規定による申告書の提出期限（法第72条第１項（仮決算をした場合の中間申告書の記載事項等）に規定する期間（当該内国法人が通算子法人である場合には、同条第５項第１号に規定する期間。以下この項において同じ。）について同条第１項各号に掲げる事項を記載した中間申告書を提出する場合（以下この項において「中間申告書を提出する場合」という。）には、その中間申告書の提出期限。次項において「申告書の提出期限」という。）までに、当該更新資産の名称、その所在する場所その他財務省令で定める事項を記載した届出書を納税地の所轄税務署長を経由して納税地の所轄国税局長に提出したときは、当該届出書をもって第２項の申請書とみなし、当該届出書の提出をもって当該事業年度終了の日（中間申告書を提出する場合には、法第72条第１項に規定する期間の末日。次項において「事業年度終了の日等」という。）において第１項の承認があったものとみなす。この場合においては、第５項の規定は、適用しない。

規第18条第１項　令第57条第７項に規定する財務省令で定める場合は、次に掲げる場合とする。

一　令第57条第１項の承認に係る減価償却資産（以下この項及び次項において「短縮特例承認資産」という。）の一部の資産について、種類及び品質を同じくするこれに代わる新たな資産と取り替えた場合

二　短縮特例承認資産の一部の資産について、これに代わる新たな資産（当該資産の購入の代価（令第54条第１項第１号イ（減価償却資産の取得価額）に規定する購入の代価をいう。）又は当該資産の建設等（同項第２号に規定する建設等をいう。）のために要した原材料費、労務費及び経費の額並びに当該資産を事業の用に供するために直接要した費用の額の合計額が当該短縮特例承認資産の取得価額の100分の10に相当する金額を超えるものを除く。）と取り替えた場合であって、その取り替えた後の使用可能期間の年数と当該短縮特例承認資産の令第57条第１項の承認に係る使用可能期間の年数とに差異が生じない場合

規第18条第２項　令第57条第７項に規定する財務省令で定める事項は、次に掲げる事項とする。

一　届出をする内国法人の名称、納税地及び法人番号並びに代表者の氏名

二　短縮特例承認資産の令第57条第１項の承認に係る使用可能期間の算定の基礎

三　令第57条第７項に規定する更新資産に取り替えた後の使用可能期間の算定の基礎

四　前項各号に掲げる事由のいずれに該当するかの別

五　その他参考となるべき事項

令第57条第８項　内国法人が、その有する第１項の承認（同項第１号に掲げる事由による承認その他財務省令で定める事由による承認に限る。）に係る減価償却資産と材質又は製作方法を同じくする減価償却資産（当該財務省令で定める事由による承認の場合には、財務省令で定める減価償却資産）の取得をした場合において、その取得をした日の属する事業年度に係る申告書の提出期限までに、その取得をした減価償却資産の名称、その所在する場所その他財務省令で定める事項を記載した届出書を納税地の所轄税務署長を経由して納税地の所轄国税局長に提出したときは、当該届出書をもって第２項の申請書とみなし、当該届出書の提出をもって当該事業年度終了の日等において第１項の承認があったものとみなす。この場合においては、第５項の規定は、適用しない。

規第18条第３項　令第57条第８項に規定する財務省令で定める事由は、次の各号に掲げる事由とし、同項に規定する財務省令で定める減価償却資産は、当該各号に掲げる事由の区分に応じ当該各号に定める減価償却資産とする。

一　第16条第１号（耐用年数の短縮が認められる事由）に掲げる事由　当該事由による令第57条第１項の承認に係る減価償却資産と構成を同じくする減価償却資産

二　第16条第３号（令第57条第１項第１号及び第16条第１号に係る部分に限る。）に掲げる事由　当該事由による同項の承認に係る減価償却資産と材質若しくは製作方法又は構成に準ずるものを同じくする減価償却資産

規第18条第４項　令第57条第８項に規定する財務省令で定める事項は、次に掲げる事項とする。

一　届出をする内国法人の名称、納税地及び法人番号並びに代表者の氏名

二　令第57条第８項に規定する承認に係る減価償却資産及びその取得した減価償却資産の材質若しくは製作方法若しくは構成又はこれらに準ずるもの

三　令第57条第１項第１号及び前項各号に掲げる事由のいずれに該当するかの別

四　その他参考となるべき事項

令第57条第９項　内国法人が、その有する減価償却資産につき第１項の承認を受けた場合には、当該資産の第48条第１項第１号イ（１）若しくは第３号ハ又は第48条の２第１項第１号イ（１）若しくは第３号イ（２）若しくは第５項第１号（減価償却資産の償却の方法）に規定する取得価額には、当該資産につきその承認を受けた日の属する事業年度の前事業年度までの各事業年度においてした償却の額（当該前事業年度までの各事業年度において第48条第５項第３号に規定する評価換え等が行われたことによりその帳簿価額が減額された場合にはその帳簿価額が減額された金額を含むものとし、各事業年度の所得の金額の計算上損金の額に算入されたものに限る。）の累積額（その承認を受けた日の属する事業年度において第48条第５項第４号に規定する期中評価換え等が行われたことによりその帳簿価額が減額された場合には、その帳簿価額が減額された金額を含む。）を含まないものとする。

令第57条第10項　第61条第２項（減価償却資産の償却累積額による償却限度額の特例）の規定は、第１項の承認に係る減価償却資産（そのよるべき償却の方法として定率法を採用しているものに限る。）につきその承認を受けた日の属する事業年度において同項の規定を適用しないで計算した第48条の２第５項第２号イに規定する調整前償却額が前項の規定を適用しないで計算した同条第５項第１号に規定する償却保証額に満たない場合について準用する。この場合において、第61条第２項中「同号イ又はハに定める金額及び」とあるのは「承認前償却累積額（第57条第９項の規定により取得価額に含まないものとされる金額をいう。）及び」と、「60」とあるのは「第57条第１項に規定する未経過使用可能期間の月数」と、「当該事業年度以後」とあるのは「その承認を受けた日の属する事業年度以後」と読み替えるものとする。

六　減価償却資産の償却限度額

（各事業年度の償却限度額）

令第58条　内国法人の有する減価償却資産（各事業年度終了の時における確定した決算に基づく貸借対照表に計上されているもの及びその他の資産につきその償却費として損金経理をした金額があるものに限る。以下この目〔第63条まで〕において同じ。）の各事業年度の償却限度額は、当該資産につきその内国法人が

採用している償却の方法に基づいて計算した金額とする。

規第19条第１項　内国法人の有する減価償却資産で耐用年数省令に規定する耐用年数（令第57条第１項（耐用年数の短縮）の規定により耐用年数とみなされるものを含む。以下この項において同じ。）を適用するものについての各事業年度の償却限度額は、当該耐用年数に応じ、耐用年数省令に規定する減価償却資産の種類の区分（その種類につき構造若しくは用途、細目又は設備の種類の区分が定められているものについては、その構造若しくは用途、細目又は設備の種類の区分とし、２以上の事業所又は船舶を有する内国法人で事業所又は船舶ごとに償却の方法を選定している場合にあっては、事業所又は船舶ごとのこれらの区分とする。）ごとに、かつ、当該耐用年数及びその内国法人が採用している令第48条から第49条までに規定する償却の方法の異なるものについては、その異なるごとに、当該償却の方法により計算した金額とするものとする。

規第19条第２項　前項の場合において、内国法人がその有する機械及び装置の種類の区分について旧耐用年数省令に定められている設備の種類の区分によっているときは、同項に規定する減価償却資産の種類の区分は、旧耐用年数省令に定められている設備の種類の区分とすることができる。

規第19条第３項　内国法人がそのよるべき償却の方法として令第48条の２第１項第１号イ（２）（減価償却資産の償却の方法）に規定する定率法を採用している減価償却資産のうちに平成24年３月31日以前に取得をされた資産と同年４月１日以後に取得をされた資産とがある場合には、これらの資産は、それぞれ償却の方法が異なるものとして、第１項の規定を適用する。

（期中供用資産の償却限度額の特例）

令第59条第１項　内国法人が事業年度の中途においてその事業の用に供した次の各号に掲げる減価償却資産については、当該資産の当該事業年度の償却限度額は、前条の規定にかかわらず、当該各号に定める金額とする。

一　そのよるべき償却の方法として旧定額法、旧定率法、定額法、定率法又は取替法を採用している減価償却資産（取替法を採用しているものについては、第49条第２項第２号（取替資産に係る償却の方法の特例）に規定する新たな資産に該当するものでその取得価額につき当該事業年度において損金経理をしたものを除く。）　当該資産につきこれらの方法により計算した前条の規定による当該事業年度の償却限度額に相当する金額を当該事業年度の月数で除し、これにその事業の用に供した日から当該事業年度終了の日までの期間の月数を乗じて計算した金額

二　そのよるべき償却の方法として旧生産高比例法又は生産高比例法を採用している減価償却資産　当該資産につきこれらの方法により計算した前条の規定による当該事業年度の償却限度額に相当する金額を当該事業年度における当該資産の属する鉱区の採掘数量で除し、これにその事業の用に供した日から当該事業年度終了の日までの期間における当該鉱区の採掘数量を乗じて計算した金額

三　そのよるべき償却の方法として第48条の４第１項（減価償却資産の特別な償却の方法）に規定する納税地の所轄税務署長の承認を受けた償却の方法を採用している減価償却資産　当該承認を受けた償却の方法が前２号に規定する償却の方法のいずれに類するかに応じ前２号の規定に準じて計算した金額

（月数の計算）

令第59条第２項　前項第１号の月数は、暦に従って計算し、１月に満たない端数を生じたときは、これを１月とする。

（増加償却の特例）

令第60条　内国法人が、その有する機械及び装置（そのよるべき償却の方法として旧定額法、旧定率法、定額法又は定率法を採用しているものに限る。）の使用時間がその内国法人の営む事業の通常の経済事情における当該機械及び装置の平均的な使用時間を超える場合において、当該機械及び装置の当該事業年度の償却限度額と当該償却限度額に当該機械及び装置の当該平均的な使用時間を超えて使用することによる損耗の程度に応ずるものとして財務省令で定めるところにより計算した増加償却割合を乗じて計算した金額との合計額をもって当該機械及び装置の当該事業年度の償却限度額としようとする旨その他財務省令で定める事項を記載した書類を、当該事業年度に係る法第74条第１項（確定申告）の規定による申告書の提出期限（法第31条第２項に規定する適格分割等により移転する当該機械及び装置で同項の規定の適用を受けるものについてこの条の規定の適用を受けようとする場合には、法第31条第３項に規定する書類の提出期限）までに納税地の所轄税務署長に提出し、かつ、当該平均的な使用時間を超えて使用したことを証する書類を保存しているときは、当該機械及び装置の当該事業年度の償却限度額は、前２条の規定にかかわらず、当該合計額とする。ただし、当該増加償却割合が100分の10に満たない場合は、この限りでない。

規第20条第１項　令第60条に規定する財務省令で定めるところにより計算した増加償却割合は、同条に規定する平均的な使用時間を超えて使用する機械及び装置につき、1,000分の35に当該事業年度における当該機械及び装置の１日当たりの超過使用時間の数を乗じて計算した割合（当該割合に小数点以下２位未満の端数があるときは、これを切り上げる。）とする。

規第20条第２項　前項の機械及び装置の１日当たりの超過使用時間とは、次に掲げる時間のうちその法人の選択したいずれかの時間をいう。

一　当該機械及び装置に属する個々の機械及び装置ごとにイに掲げる時間にロに掲げる割合を乗じて計算した時間の合計時間

イ　当該個々の機械及び装置の当該事業年度における平均超過使用時間（当該個々の機械及び装置が当該機械及び装置の通常の経済事情における１日当たりの平均的な使用時間を超えて当該事業年度において使用された場合におけるその超えて使用された時間の合計時間を当該個々の機械及び装置の当該事業年度において通常使用されるべき日数で除して計算した時間をいう。次号において同じ。）

ロ　当該機械及び装置の取得価額（減価償却資産の償却限度額の計算の基礎となる取得価額をいい、令第57条第９項（耐用年数の短縮）の規定の適用がある場合には同項の規定の適用がないものとした場合に減価償却資産の償却限度額の計算の基礎となる取得価額となる金額とする。以下この号及び第21条において同じ。）のうちに当該個々の機械及び装置の取得価額の占める割合

二　当該機械及び装置に属する個々の機械及び装置の当該事業年度における平均超過使用時間の合計時間を当該事業年度終了の日における当該個々の機械及び装置の総数で除して計算した時間

規第20条の２　令第60条に規定する財務省令で定める事項は、次に掲げる事項とする。

一　届出をする内国法人の名称、納税地及び法人番号並びに代表者の氏名

二　令第60条の規定の適用を受けようとする機械及び装置の設備の種類及び名称並びに所在する場所

三　届出をする内国法人の営む事業の通常の経済事情における当該機械及び装置の１日当たりの平均的な使用時間

四　当該事業年度における当該機械及び装置を通常使用すべき日数

五　当該事業年度における当該機械及び装置の第３号の平均的な使用時間を超えて使用した時間の合計

時間

六　当該機械及び装置の前条第１項に規定する１日当たりの超過使用時間

七　当該事業年度における当該機械及び装置の増加償却割合

八　当該機械及び装置を第３号の平均的な使用時間を超えて使用したことを証する書類として保存するものの名称

九　その他参考となるべき事項

（仮決算をした場合の中間申告における提出期限）

令第150条の２〈抄〉　法第72条第１項（仮決算をした場合の中間申告書の記載事項等）に規定する期間に係る課税標準である所得の金額又は欠損金額及び同項第２号に掲げる法人税の額の計算については、第60条（通常の使用時間を超えて使用される機械及び装置の償却限度額の特例）中「法第74条第１項（確定申告）の規定による申告書」とあるのは「中間申告書」とする。

七　減価償却資産の償却限度額の特例

（償却累積額による償却限度額の特例）

令第61条第１項　内国法人がその有する次の各号に掲げる減価償却資産につき当該事業年度の前事業年度までの各事業年度においてした償却の額（当該前事業年度までの各事業年度において第48条第５項第３号（減価償却資産の償却の方法）に規定する評価換え等が行われたことによりその帳簿価額が減額された場合には当該帳簿価額が減額された金額を含むものとし、各事業年度の所得の金額の計算上損金の額に算入されたものに限る。次項及び次条第１項において同じ。）の累積額（当該事業年度において第48条第５項第４号に規定する期中評価換え等が行われたことによりその帳簿価額が減額された場合には、当該帳簿価額が減額された金額を含む。次項及び次条第１項において同じ。）と当該減価償却資産につき当該各号に規定する償却の方法により計算した当該事業年度の償却限度額に相当する金額との合計額が当該各号に掲げる減価償却資産の区分に応じ当該各号に定める金額を超える場合には、当該減価償却資産については、第58条（減価償却資産の償却限度額）及び前条の規定にかかわらず、当該償却限度額に相当する金額からその超える部分の金額を控除した金額をもって当該事業年度の償却限度額とする。

一　平成19年３月31日以前に取得をされたもの（ニ及びホに掲げる減価償却資産にあっては、当該減価償却資産についての第48条第１項第６号に規定する改正前リース取引に係る契約が平成20年３月31日までに締結されたもの）で、そのよるべき償却の方法として旧定額法、旧定率法、旧生産高比例法、旧国外リース期間定額法、第48条の４第１項（減価償却資産の特別な償却の方法）に規定する償却の方法又は第49条の２第１項（リース賃貸資産の償却の方法の特例）に規定する旧リース期間定額法を採用しているもの　次に掲げる資産の区分に応じそれぞれ次に定める金額

イ　第13条第１号から第７号まで（減価償却資産の範囲）に掲げる減価償却資産（坑道並びにニ及びホに掲げる減価償却資産を除く。）　その取得価額（減価償却資産の償却限度額の計算の基礎となる取得価額をいい、第57条第９項（耐用年数の短縮）の規定の適用がある場合には同項の規定の適用がないものとした場合に減価償却資産の償却限度額の計算の基礎となる取得価額となる金額とする。以下この条及び次条第１項において同じ。）の100分の95に相当する金額

ロ　坑道及び第13条第８号に掲げる無形固定資産（ホに掲げる減価償却資産を除く。）　その取得価額に相当する金額

ハ　第13条第９号に掲げる生物（ホに掲げる減価償却資産を除く。）　その取得価額から当該生物に係る第56条（減価償却資産の耐用年数、償却率等）に規定する財務省令で定める残存価額を控除した金額

に相当する金額

ニ　第48条第１項第６号に掲げる減価償却資産　その取得価額から当該減価償却資産に係る同号に規定する見積残存価額を控除した金額に相当する金額

ホ　第49条の２第１項の規定の適用を受けている同項に規定するリース賃貸資産　その取得価額から当該リース賃貸資産に係る同条第３項に規定する残価保証額（当該残価保証額が零である場合には、１円）を控除した金額に相当する金額

二　平成19年４月１日以後に取得をされたもの（ハに掲げる減価償却資産にあっては、当該減価償却資産についての第48条の２第５項第５号（減価償却資産の償却の方法）に規定する所有権移転外リース取引に係る契約が平成20年４月１日以後に締結されたもの）で、そのよるべき償却の方法として定額法、定率法、生産高比例法、リース期間定額法又は第48条の４第１項に規定する償却の方法を採用しているもの　次に掲げる資産の区分に応じそれぞれ次に定める金額

イ　第13条第１号から第７号まで及び第９号に掲げる減価償却資産（坑道及びハに掲げる減価償却資産を除く。）　その取得価額から１円を控除した金額に相当する金額

ロ　坑道及び第13条第８号に掲げる無形固定資産　その取得価額に相当する金額

ハ　第48条の２第１項第６号に掲げる減価償却資産　その取得価額から当該減価償却資産に係る同条第５項第６号に規定する残価保証額を控除した金額に相当する金額

（旧償却方法適用資産の残存簿価の５年均等償却）

令第61条第２項　内国法人がその有する前項第１号イ又はハに掲げる減価償却資産（そのよるべき償却の方法として同号に規定する償却の方法を採用しているものに限る。）につき当該事業年度の前事業年度までの各事業年度においてした償却の額の累積額が当該資産の同号イ又はハに定める金額に達している場合には、当該資産については、第58条、前条及び前項の規定にかかわらず、当該資産の取得価額から同号イ又はハに定める金額及び１円を控除した金額を60で除し、これに当該事業年度以後の各事業年度の月数を乗じて計算した金額（当該計算した金額と当該各事業年度の前事業年度までにした償却の額の累積額との合計額が当該資産の取得価額から１円を控除した金額を超える場合には、その超える部分の金額を控除した金額）をもって当該各事業年度の償却限度額とみなす。

（月数の計算）

令第61条第３項　前項の月数は、暦に従って計算し、１月に満たない端数を生じたときは、これを１月とする。

（堅固な建物等の償却限度額の特例）

令第61条の２第１項　内国法人がその有する次に掲げる減価償却資産（前条第１項第１号の規定の適用を受けるものに限る。）につき当該事業年度の前事業年度までの各事業年度においてした償却の額の累積額が当該資産の取得価額の100分の95に相当する金額に達している場合において、その内国法人が当該事業年度開始の日から当該資産が使用不能となるものと認められる日までの期間（以下この条において「残存使用可能期間」という。）につき納税地の所轄税務署長の認定を受けたときは、当該資産については、第58条（減価償却資産の償却限度額）及び前２条の規定にかかわらず、当該資産の取得価額の100分の５に相当する金額から１円を控除した金額をその認定を受けた残存使用可能期間の月数で除し、これに当該事業年度以後の各事業年度に属する当該残存使用可能期間の月数を乗じて計算した金額をもって当該各事業年度の償却限度額とみなす。

一　鉄骨鉄筋コンクリート造、鉄筋コンクリート造、れんが造、石造又はブロック造の建物

二　鉄骨鉄筋コンクリート造、鉄筋コンクリート造、コンクリート造、れんが造、石造又は土造の構築物又は装置

（月数の計算）

令第61条の２第２項　前項の月数は、暦に従って計算し、１月に満たない端数を生じたときは、これを１月とする。

（残存使用可能期間の認定申請）

令第61条の２第３項　第１項の認定を受けようとする内国法人は、同項の規定の適用を受けようとする事業年度開始の日の前日までに、同項の規定の適用を受けようとする減価償却資産の種類及び名称、その所在する場所その他財務省令で定める事項を記載した申請書に当該認定に係る残存使用可能期間の算定の基礎となるべき事項を記載した書類を添付し、これを納税地の所轄税務署長に提出しなければならない。

規第21条　令第61条の２第３項（堅ろうな建物等の償却限度額の特例）に規定する財務省令で定める事項は、次に掲げる事項とする。

一　申請をする内国法人の名称、納税地及び法人番号並びに代表者の氏名

二　令第61条の２第１項の規定の適用を受けようとする減価償却資産を取得した日及びその取得価額

三　当該減価償却資産の令第61条第１項（減価償却資産の償却累積額による償却限度額の特例）に規定する償却の額の同項に規定する累積額がその資産の取得価額の100分の95に相当する金額に達することとなった日の属する事業年度終了の日及び同日におけるその資産の帳簿価額

四　認定を受けようとする令第61条の２第１項に規定する残存使用可能期間

五　その他参考となるべき事項

（残存使用可能期間の認定）

令第61条の２第４項　税務署長は、前項の申請書の提出があった場合には、遅滞なく、これを審査し、その申請に係る減価償却資産の残存使用可能期間を認定するものとする。

（残存使用可能期間の変更）

令第61条の２第５項　税務署長は、第１項の認定をした後、その認定に係る残存使用可能期間により同項の減価償却資産の償却限度額の計算をすることを不適当とする特別の事由が生じたと認める場合には、その残存使用可能期間を変更することができる。

（処分の通知）

令第61条の２第６項　税務署長は、前２項の処分をするときは、その認定に係る内国法人に対し、書面によりその旨を通知する。

（変更処分の効果）

令第61条の２第７項　第５項の処分があった場合には、その処分があった日の属する事業年度以後の各事業年度の所得の金額を計算する場合のその処分に係る減価償却資産の償却限度額の計算についてその処分の効果が生ずるものとする。

八　減価償却に関する明細書の添付

（償却明細書の添付）

令第63条第１項　内国法人は、各事業年度終了の時においてその有する減価償却資産につき償却費として損金経理をした金額（第131条の２第３項（リース取引の範囲）の規定により償却費として損金経理をした金額に含まれるものとされる金額を除く。）がある場合には、当該資産の当該事業年度の償却限度額その他償却費の計算に関する明細書を当該事業年度の確定申告書に添付しなければならない。

（償却明細書に代わる合計表）

令第63条第２項　内国法人は、前項に規定する明細書に記載された金額を第13条各号（減価償却資産の範囲）に掲げる資産の種類ごとに、かつ、償却の方法の異なるごとに区分し、その区分ごとの合計額を記載した書類を当該事業年度の確定申告書に添付したときは、同項の明細書を保存している場合に限り、同項の明細書の添付を要しないものとする。

規第32条第２項〈抄〉　中間申告書（当該申告書に係る修正申告書及び更正請求書を含む。）の記載事項及びこれに添付すべき書類の記載事項のうち別表十六(一)から別表十六(九)に定めるものの記載については、これらの表の書式によらなければならない。ただし、内国法人が令第63条第２項（減価償却に関する明細書の添付）の規定の適用を受ける場合には、これらの規定に規定する明細書については、別表十六(一)から別表十六(五)までに定める書式に代え、当該書式と異なる書式（これらの表の書式に定める項目を記載しているものに限る。）によることができるものとする。

規第34条第２項〈抄〉　確定申告書（当該申告書に係る修正申告書及び更正請求書を含む。）の記載事項及びこれに添付すべき書類の記載事項のうち別表十六(一)から別表十六(九)に定めるものの記載については、これらの表の書式によらなければならない。ただし、内国法人が令第63条第２項（減価償却に関する明細書の添付）の規定の適用を受ける場合には、これらの規定に規定する明細書については、別表十六(一)から別表十六(五)までに定める書式に代え、当該書式と異なる書式（これらの表の書式に定める項目を記載しているものに限る。）によることができるものとする。

九　減価償却資産の償却費の計算の細目

令第63条の２　第５目から前目まで（減価償却資産の償却の方法等）〔第48条から第63条まで〕に定めるもののほか、減価償却資産の償却費の計算に関する細目は、財務省令で定める。

十　少額の減価償却資産等

（少額の減価償却資産の取得価額の損金算入）

令第133条第１項　内国法人がその事業の用に供した減価償却資産（第48条第１項第６号及び第48条の２第１項第６号（減価償却資産の償却の方法）に掲げるものを除く。）で、取得価額（第54条第１項各号の規定により計算した価額をいう。次条第１項において同じ。）が10万円未満であるもの（貸付け（主要な事業として行われるものを除く。）の用に供したものを除く。）又は前条第１号に規定する使用可能期間が１年未満であるものを有する場合において、その内国法人が当該資産の当該取得価額に相当する金額につきその事業の用に供した日の属する事業年度において損金経理をしたときは、その損金経理をした金額は、当該事業年度の所得の金額の計算上、損金の額に算入する。

令第133条第２項　前項に規定する主要な事業として行われる貸付けに該当するかどうかの判定その他同項の規定の適用に関し必要な事項は、財務省令で定める。

（少額の減価償却資産の主要な事業として行う貸付けの判定）

規第27条の17第１項　次に掲げる貸付け（次項の規定に該当する貸付けを除く。）は、令第133条第１項（少額の減価償却資産の取得価額の損金算入）に規定する主要な事業として行われる貸付けに該当するものとする。

一　当該内国法人が当該内国法人との間に特定関係（一の者が法人の事業の経営に参加し、事業を実質的に支配し、又は株式若しくは出資を有する場合における当該一の者と法人との間の関係（以下この号において「当事者間の関係」という。）、一の者との間に当事者間の関係がある法人相互の関係その他これらに準ずる関係をいう。）がある法人の事業の管理及び運営を行う場合における当該法人に対する資産の貸付け

二　当該内国法人に対して資産の譲渡又は役務の提供を行う者の当該資産の譲渡又は役務の提供の事業の用に専ら供する資産の貸付け

三　継続的に当該内国法人の経営資源（事業の用に供される設備（その貸付けの用に供する資産を除く。）、事業に関する従業者の有する技能又は知識（租税に関するものを除く。）その他これらに準ずるものをいう。）を活用して行い、又は行うことが見込まれる事業としての資産の貸付け

四　当該内国法人が行う主要な事業に付随して行う資産の貸付け

規第27条の17第２項　資産の貸付け後に譲渡人（当該内国法人に対して当該資産を譲渡した者をいう。）その他の者が当該資産を買い取り、又は当該資産を第三者に買い取らせることをあっせんする旨の契約が締結されている場合（当該貸付けの対価の額及び当該資産の買取りの対価の額（当該対価の額が確定していない場合には、当該対価の額として見込まれる金額）の合計額が当該内国法人の当該資産の取得価額のおおむね100分の90に相当する金額を超える場合に限る。）における当該貸付けは、令第133条第１項に規定する主要な事業として行われる貸付けに該当しないものとする。

（一括償却資産の損金算入）

令第133条の２第１項　内国法人が各事業年度において減価償却資産で取得価額が20万円未満であるもの（第48条第１項第６号及び第48条の２第１項第６号に掲げるもの並びに前条第１項の規定の適用を受けるものを除く。以下この項において「対象資産」という。）を事業の用に供した場合において、その内国法人が当該対象資産（貸付け（主要な事業として行われるものを除く。）の用に供したものを除く。）の全部又は特定の一部を一括したもの（適格合併、適格分割、適格現物出資又は適格現物分配（以下この条において「適格組織再編成」という。）により被合併法人、分割法人、現物出資法人又は現物分配法人（以下この項において「被合併法人等」という。）から引継ぎを受けた当該被合併法人等の各事業年度において生じた当該一括したものを含むものとし、適格分割、適格現物出資又は適格現物分配（適格現物分配にあっては、残余財産の全部の分配を除く。以下この条において「適格分割等」という。）により分割承継法人、被現物出資法人又は被現物分配法人（以下この条において「分割承継法人等」という。）に引き継いだ当該一括したものを除く。以下この条において「一括償却資産」という。）の取得価額（適格組織再編成により被合併法人等から引継ぎを受けた一括償却資産にあっては、当該被合併法人等におけるその取得価額）の合計額（以下この項及び第11項において「一括償却対象額」という。）を当該事業年度以後の各事業年度の費用の額又

は損失の額とする方法を選定したときは、当該一括償却資産につき当該事業年度以後の各事業年度の所得の金額の計算上損金の額に算入する金額は、その内国法人が当該一括償却資産の全部又は一部につき損金経理をした金額（以下この条において「損金経理額」という。）のうち、当該一括償却資産に係る一括償却対象額を36で除しこれに当該事業年度の月数を乗じて計算した金額（適格組織再編成により被合併法人等から引継ぎを受けた当該被合併法人等の各事業年度において生じた一括償却資産につき当該適格組織再編成の日の属する事業年度において当該金額を計算する場合にあっては、当該一括償却資産に係る一括償却対象額を36で除し、これにその日から当該事業年度終了の日までの期間の月数を乗じて計算した金額。次項において「損金算入限度額」という。）に達するまでの金額とする。

（一括償却資産の主要な事業として行う貸付けの判定）

規第27条の17の２　前条の規定は、令第133条の２第１項（一括償却資産の損金算入）に規定する主要な事業として行われる貸付けに該当するかどうかの判定について準用する。

（期中損金経理額の損金算入）

令第133条の２第２項　内国法人が、適格分割等により分割承継法人等に一括償却資産（当該適格分割等により当該分割承継法人等に移転する事業の用に供するために取得した減価償却資産又は当該適格分割等により当該分割承継法人等に移転する資産に係るものであることその他の財務省令で定める要件に該当するものに限る。）を引き継ぐ場合において、当該一括償却資産について損金経理額に相当する金額を費用の額としたときは、当該費用の額とした金額（次項及び第８項において「期中損金経理額」という。）のうち、当該一括償却資産につき当該適格分割等の日の前日を事業年度終了の日とした場合に前項の規定により計算される損金算入限度額に相当する金額に達するまでの金額は、当該適格分割等の日の属する事業年度（第９項において「分割等事業年度」という。）の所得の金額の計算上、損金の額に算入する。

規第27条の17　令第133条の２第２項及び第７項第２号ロに規定する財務省令で定める要件は、次に掲げる要件とする。

一　令第133条の２第２項及び第７項第２号ロに規定する移転する事業の用に供するために取得した減価償却資産又はこれらの規定に規定する移転する資産に係るものであること。

二　前号の要件を満たすことを明らかにする書類を保存していること。

（期中損金経理額の損金算入に係る届出）

令第133条の２第３項　前項の規定は、同項の内国法人が適格分割等の日以後２月以内に期中損金経理額その他の財務省令で定める事項を記載した書類を納税地の所轄税務署長に提出した場合に限り、適用する。

規第27条の18　令第133条の２第３項（一括償却資産の損金算入）に規定する財務省令で定める事項は、次に掲げる事項とする。

一　令第133条の２第２項の規定の適用を受けようとする内国法人の名称、納税地及び法人番号並びに代表者の氏名

二　令第133条の２第２項に規定する適格分割等（次号において「適格分割等」という。）に係る分割承継法人、被現物出資法人又は被現物分配法人の名称及び納税地並びに代表者の氏名

三　適格分割等の日

四　令第133条の２第２項に規定する期中損金経理額及び同項に規定する損金算入限度額に相当する金額並びにこれらの金額の計算に関する明細

五　その他参考となるべき事項

（非適格合併による解散の場合の全額損金算入）

令第133条の２第４項　内国法人が適格合併に該当しない合併により解散した場合又は内国法人の残余財産が確定した場合（当該残余財産の分配が適格現物分配に該当する場合を除く。）には、当該合併の日の前日又は当該残余財産の確定の日の属する事業年度終了の時における一括償却資産の金額（第１項及び第２項の規定により損金の額に算入された金額を除く。）は、当該事業年度の所得の金額の計算上、損金の額に算入する。

（特定普通法人が公益法人等に該当することとなる場合の全額損金算入）

令第133条の２第５項　普通法人又は協同組合等が公益法人等に該当することとなる場合には、その該当することとなる日の前日の属する事業年度終了の時における一括償却資産の金額（第１項及び第２項の規定により損金の額に算入された金額を除く。）は、当該事業年度の所得の金額の計算上、損金の額に算入する。

（月数の計算）

令第133条の２第６項　第１項の月数は、暦に従って計算し、１月に満たない端数を生じたときは、これを１月とする。

（帳簿価額の引継ぎ）

令第133条の２第７項　内国法人が適格組織再編成を行った場合には、次の各号に掲げる適格組織再編成の区分に応じ当該各号に定める一括償却資産は、当該適格組織再編成の直前の帳簿価額により当該適格組織再編成に係る合併法人、分割承継法人、被現物出資法人又は被現物分配法人に引き継ぐものとする。

一　適格合併又は適格現物分配（残余財産の全部の分配に限る。）　当該適格合併の直前又は当該適格現物分配に係る残余財産の確定の時の一括償却資産

二　適格分割等　次に掲げる一括償却資産

イ　当該適格分割等の直前の一括償却資産のうち第２項の規定の適用を受けたもの

ロ　当該適格分割等の直前の一括償却資産のうち当該適格分割等により分割承継法人等に移転する事業の用に供するために取得した減価償却資産又は当該適格分割等により分割承継法人等に移転する資産に係るものであることその他の財務省令で定める要件に該当するもの（イに掲げるものを除く。）

（帳簿価額の引継ぎに係る届出）

令第133条の２第８項　前項（第２号ロに係る部分に限る。）の規定は、同項の内国法人が適格分割等の日以後２月以内に同項の規定により分割承継法人等に引き継ぐものとされる同号ロに掲げる一括償却資産の帳簿価額その他の財務省令で定める事項を記載した書類を納税地の所轄税務署長に提出した場合に限り、適用する。

規第27条の19　令第133条の２第８項（一括償却資産の損金算入）に規定する財務省令で定める事項は、次に掲げる事項とする。

一　令第133条の２第６項第２号ロの規定の適用を受けようとする内国法人の名称、納税地及び法人番号並びに代表者の氏名

二　令第133条の２第７項第２号ロに規定する適格分割等（次号及び第４号において「適格分割等」という。）に係る分割承継法人、被現物出資法人又は被現物分配法人（第４号において「分割承継法人等」

という。）の名称及び納税地並びに代表者の氏名

三　適格分割等の日

四　適格分割等により分割承継法人等に引き継ぐ令第133条の２第７項第２号ロに規定する一括償却資産（次号において「一括償却資産」という。）の帳簿価額及び当該一括償却資産に係る同条第１項に規定する一括償却対象額

五　一括償却資産が生じた事業年度開始の日及び終了の日

六　その他参考となるべき事項

（繰越損金算入限度超過額）

令第133条の２第９項　損金経理額には、一括償却資産につき第１項の内国法人が損金経理をした事業年度（以下この項において「損金経理事業年度」という。）前の各事業年度における当該一括償却資産に係る損金経理額（当該一括償却資産が適格合併又は適格現物分配（残余財産の全部の分配に限る。）により被合併法人又は現物分配法人（以下この項において「被合併法人等」という。）から引継ぎを受けたものである場合にあっては当該被合併法人等の当該適格合併の日の前日又は当該残余財産の確定の日の属する事業年度以前の各事業年度の損金経理額のうち当該各事業年度の所得の金額の計算上損金の額に算入されなかった金額を、当該一括償却資産が適格分割等により分割法人、現物出資法人又は現物分配法人（以下この項において「分割法人等」という。）から引継ぎを受けたものである場合にあっては当該分割法人等の分割等事業年度の期中損金経理額として帳簿に記載した金額及び分割等事業年度前の各事業年度の損金経理額のうち分割等事業年度以前の各事業年度の所得の金額の計算上損金の額に算入されなかった金額を含む。以下この項において同じ。）のうち当該損金経理事業年度前の各事業年度の所得の金額の計算上損金の額に算入されなかった金額を含むものとし、期中損金経理額には、第２項の内国法人の分割等事業年度前の各事業年度における同項に規定する一括償却資産に係る損金経理額のうち当該各事業年度の所得の金額の計算上損金の額に算入されなかった金額を含むものとする。

（損金算入限度超過額の計算）

令第133条の２第10項　前項の場合において、内国法人が適格組織再編成により被合併法人、分割法人、現物出資法人又は現物分配法人（以下この項において「被合併法人等」という。）から引継ぎを受けた一括償却資産につきその価額として帳簿に記載した金額が当該被合併法人等が当該一括償却資産の価額として当該適格組織再編成の直前に帳簿に記載していた金額に満たない場合には、当該満たない部分の金額は、当該一括償却資産の当該適格組織再編成の日の属する事業年度前の各事業年度の損金経理額とみなす。

（確定申告書の記載事項等）

令第133条の２第11項　第１項の規定は、一括償却資産を事業の用に供した日の属する事業年度の確定申告書に当該一括償却資産に係る一括償却対象額の記載があり、かつ、その計算に関する書類を保存している場合に限り、適用する。

（計算明細書の添付）

令第133条の２第12項　内国法人は、各事業年度において一括償却資産につき損金経理をした金額がある場合には、第１項の規定により損金の額に算入される金額の計算に関する明細書を当該事業年度の確定申告書に添付しなければならない。

令第133条の２第13項　第３項及び第６項から前項までに定めるもののほか、第１項に規定する主要な事業と

して行われる貸付けに該当するかどうかの判定その他同項、第２項、第４項又は第５項の規定の適用に関し必要な事項は、財務省令で定める。

（仮決算をした場合の中間申告における月数の計算）

令第150条の２〈抄〉　法第72条第１項（仮決算をした場合の中間申告書の記載事項等）に規定する期間（通算子法人にあっては、同条第５項第１号に規定する期間）に係る課税標準である所得の金額又は欠損金額については、第133条の２第１項（一括償却資産の損金算入）中「当該事業年度の月数」とあるのは「当該事業年度の月数（一括償却資産を事業の用に供した日の属する法第72条第１項（仮決算をした場合の中間申告書の記載事項等）に規定する期間（通算子法人にあっては、同条第５項第１号に規定する期間）にあっては、当該期間を１事業年度とみなさない場合の当該事業年度の月数）」とする。

《参　考》

●租税特別措置法（以下この参考において「法」という。）**第67条の５（中小企業者等の少額減価償却資産の取得価額の損金算入の特例）、租税特別措置法施行令**（以下この参考において「令」という。）**第39条の28及び租税特別措置法施行規則**（以下この参考において「規」という。）**第22条の18**

法第67条の５　中小企業者等（第42条の４第19項第７号に規定する中小企業者（同項第８号に規定する適用除外事業者に該当するものを除く。）又は同項第９号に規定する農業協同組合等で、青色申告書を提出するもの（通算法人を除く。）のうち、事務負担に配慮する必要があるものとして政令で定めるものをいう。以下この項において同じ。）が、平成18年４月１日から令和８年３月31日までの間に取得し、又は製作し、若しくは建設し、かつ、当該中小企業者等の事業の用に供した減価償却資産で、その取得価額が30万円未満であるもの（その取得価額が10万円未満であるもの及び第53条第１項各号に掲げる規定の適用を受けるものその他政令で定めるものを除く。以下この条において「少額減価償却資産」という。）を有する場合において、当該少額減価償却資産の取得価額に相当する金額につき当該中小企業者等の事業の用に供した日を含む事業年度において損金経理をしたときは、その損金経理をした金額は、当該事業年度の所得の金額の計算上、損金の額に算入する。この場合において、当該中小企業者等の当該事業年度における少額減価償却資産の取得価額の合計額が300万円（当該事業年度が１年に満たない場合には、300万円を12で除し、これに当該事業年度の月数を乗じて計算した金額。以下この項において同じ。）を超えるときは、その取得価額の合計額のうち300万円に達するまでの少額減価償却資産の取得価額の合計額を限度とする。

２　前項の月数は、暦に従って計算し、１月に満たない端数を生じたときは、これを１月とする。

３　第１項の規定は、確定申告書等に同項の規定の適用を受ける少額減価償却資産の取得価額に関する明細書の添付がある場合に限り、適用する。

４　第１項の規定の適用を受けた少額減価償却資産について法人税に関する法令の規定を適用する場合には、同項の規定により各事業年度の所得の金額の計算上損金の額に算入された金額は、当該少額減価償却資産の取得価額に算入しない。

５　〈省略〉

令第39条の28　法第67条の５第１項に規定する政令で定めるものは、次に掲げる法人（連結法人に該当するものを除く。）とする。

一　常時使用する従業員の数が500人以下の法人（特定法人（法人税法第75条の４第２項に規定する特定法人をいう。次号において同じ。）を除く。）

二　常時使用する従業員の数が300人以下の特定法人

2　法第67条の５第１項に規定する政令で定める規定は、次に掲げる規定とする。

一　法人税法施行令第133条又は第133条の２の規定

二　法第61条の３第１項、法第64条第１項（法第64条の２第７項又は第65条第３項において準用する場合を含む。）、法第65条の７第１項（法第65条の８第７項において準用する場合を含む。）又は法第67条の４第２項（同条第９項において準用する場合を含む。）の規定

三　法第64条第８項（法第64条の２第８項又は第65条第３項において準用する場合を含む。）、法第65条の７第９項（法第65条の８第８項において準用する場合を含む。）又は法第67条の４第３項（同条第10項において準用する場合を含む。）の規定

規第22条の18　法人税法施行規則第27条の17の規定は、令第39条の28第２項に規定する主要な事業として行われる貸付けに該当するかどうかの判定について準用する。この場合において、法人税法施行規則第27条の17第１項第１号中「内国法人が当該内国法人」とあるのは「中小企業者等（法第67条の５第１項（中小企業者等の少額減価償却資産の取得価額の損金算入の特例）に規定する中小企業者等をいう。以下この条において同じ。）が当該中小企業者等」と、同項第２号から第４号までの規定及び同条第２項中「内国法人」とあるのは「中小企業者等」と読み替えるものとする。

十一　個別益金額又は個別損金額の計算における届出等の規定の準用

令第155条の６第１項〈抄〉　連結法人の各連結事業年度の連結所得の金額の計算上益金の額又は損金の額に算入される個別益金額（法第81条の３第１項（個別益金額又は個別損金額）に規定する個別益金額をいう。以下この章において同じ。）又は個別損金額の計算に関する規定の適用については、次に定めるところによる。

一　次に掲げる規定により確定申告書に記載すべき事項又は確定申告書に添付すべき明細書若しくは書類は、連結確定申告書に記載し、又は添付するものとする。

ロ　第63条（減価償却に関する明細書の添付）並びに第133条の２第12項及び第13項（一括償却資産の損金算入）

二　次に掲げる規定により行うべき納税地の所轄税務署長又は所轄国税局長に対する書類の提出又は届出は、連結親法人が各連結法人について当該連結親法人の納税地の所轄税務署長又は所轄国税局長に対して行うものとする。

イ　法第31条第３項（減価償却資産の償却費の計算及びその償却の方法）並びに第32条第３及び第５項（繰延資産の償却費の計算及びその償却の方法）

ロ　第48条の４第２項及び第７項（減価償却資産の特別な償却の方法）、第49条第44項（取替資産に係る償却の方法の特例）、第49条の２第２項（リース賃貸資産の償却の方法の特例）、第50条第２項（特別な償却率による償却の方法）、第51条第２項（減価償却資産の償却の方法の選定）、第52条第２項（減価償却資産の償却の方法の変更手続）、第57条第２項、第７項及び第８項（耐用年数の短縮）、第60条（通常の使用時間を超えて使用される機械及び装置の償却限度額の特例）、第61条の２第３項（堅牢な建物等の償却限度額の特例）並びに第133条の２第３項及び第８項

三　連結法人について次に掲げる規定により税務署長又は国税局長が行うべき指定（指定に係る申請の却下を含む。）、承認（承認に係る申請の却下、承認の取消し及び承認に係る事項の変更を含む。）又は認定（認定に係る申請の却下、認定の取消し及び認定に係る事項の変更を含む。）は、連結親法人に対して行うものとする。

ロ　第48条の４第１項、第３項及び第４項、第49条第１項及び第５項、第50条第１項及び第４項、第52

条第１項及び第３項、第57条第１項、第３項及び第４項並びに第61条の２第１項及び第５項

四　連結法人についての第48条の４第７項、第49条の２第２項、第51条第２項、第57条第７項及び第８項並びに第60条に規定する提出期限は、法第81条の22第１項（連結確定申告）の規定による申告書の提出期限（法第81条の20第１項（仮決算をした場合の連結中間申告書の記載事項等）に規定する期間について同項各号に掲げる事項を記載した連結中間申告書を提出する場合には、その連結中間申告書の提出期限）とする。

令第155条の６第２項〈抄〉　内国法人が前項第２号ロに掲げる規定による届出をしていた場合又は同項第３号ロに掲げる規定による指定、承認若しくは認定を受けていた場合には、当該内国法人の当該届出の日以後に終了する連結事業年度又は当該指定、承認若しくは認定の効力が生ずる日以後に終了する連結事業年度においては、当該届出は当該内国法人に係る連結親法人が当該内国法人についてしていたものと、当該指定、承認又は認定は当該内国法人に係る連結親法人が当該内国法人について受けていたものと、それぞれみなす。

令第155条の６第３項〈抄〉　連結親法人が連結法人である内国法人について第１項第２号ロに掲げる規定による届出をしていた場合又は同項第３号ロに掲げる規定による指定、承認若しくは認定を受けていた場合には、当該内国法人の当該届出の日以後に終了する事業年度又は当該指定、承認若しくは認定の効力が生ずる日以後に終了する事業年度においては、当該届出は当該内国法人がしていたものと、当該指定、承認又は認定は当該内国法人が受けていたものと、それぞれみなす。

令第155条の６第４項〈抄〉　第１項第２号の規定の適用がある場合における同号に規定する書類の記載事項その他前３項の規定の適用に関し必要な事項は、財務省令で定める。

規第37条第１項〈抄〉　令第155条の６第１項第２号（個別益金額又は個別損金額の計算における届出等の規定の適用）の規定により連結親法人が各連結法人について書類の提出又は届出を行う場合には、当該書類又は当該届出に係る書類に記載すべき事項のうち第９条第１号（特別な評価の方法の承認申請書の記載事項）、第９条の２第１号（棚卸資産の評価の方法の変更申請書の記載事項）、第９条の３第１号（特別な償却の方法の承認申請書の記載事項）、第11条第１号（取替法を採用する場合の承認申請書の記載事項）、第11条の２第１号（旧リース期間定額法を採用する場合の届出書の記載事項）、第13条第１号（特別な償却率の認定申請書の記載事項）、第15条第１号（減価償却資産の償却の方法の変更申請書の記載事項）、第17条第１号（耐用年数短縮の承認申請書の記載事項）、第18条第２項第１号及び第４項第１号（耐用年数短縮が届出により認められる資産の更新の場合等）、第20条の２第１号（増加償却の届出書の記載事項）、第21条第１号（堅ろうな建物等の償却限度額の特例の適用を受ける場合の認定申請書の記載事項）、第21条の２第１号（適格分割等により移転する減価償却資産に係る期中損金経理額の損金算入に関する届出書の記載事項）、第27条の18第１号（適格分割等により引き継ぐ一括償却資産に係る期中損金経理額の損金算入に関する届出書の記載事項）並びに第27条の19第１号（適格分割等による一括償却資産の引継ぎに関する届出書の記載事項）に規定する名称及び納税地並びに氏名は、当該連結親法人及び当該各連結法人の名称及び納税地（連結子法人にあっては、本店又は主たる事務所の所在地）並びに代表者の氏名とする。

規第37条第２項〈抄〉　前項の場合には、同項の書類又は同項の届出に係る書類に記載すべき事項に係る第20条の２第３号に規定する事業は、同項に規定する各連結法人の営む事業とする。

規第37条第３項〈抄〉　第27条の14（期中損金経理額の損金算入等に関する届出書の記載事項に係る書式）の規定は、連結法人が次に掲げる事項を記載した法第81条の３第１項（個別益金額又は個別損金額）の規定又は租税特別措置法第３章第10節〔連結法人の特別税額控除及び減価償却の特例〕の規定に基づく書類を提出する場合について準用する。

一　第27条の14第１号に掲げる事項

二　租税特別措置法施行規則第22条の44第８号（準備金方式による特別償却）に掲げる事項

《参　考》

規第27条の14〈抄〉　内国法人が次の各号に掲げる事項を記載した法又は租税特別措置法の規定に基づく書類を提出する場合には、当該各号に掲げる事項の記載については、別表十六(一)から別表十六(九)に定める書式によらなければならない。

この場合において、第21条の２第４号（適格分割等により移転する減価償却資産に係る期中損金経理額の損金算入に関する届出書の記載事項）に掲げる事項をこれらの書式により記載するときは、同号に掲げる事項にあっては、その移転をする減価償却資産に係る記載すべき金額を令第13条各号（減価償却資産の範囲）に掲げる資産の種類ごとに、かつ、償却の方法の異なるごとに区分し、その区分ごとに合計した金額を記載することができる。

一　第21条の２第４号に掲げる事項

二〈省略〉

法　人　税　基　本　通　達
（減価償却関係）

（最終改正　令４．６．24課法２－14他１課共同）

第１節　減価償却資産の範囲

第１款　減価償却資産

（美術品等についての減価償却資産の判定）

7-1-1　「時の経過によりその価値の減少しない資産」は減価償却資産に該当しないこととされているが、次に掲げる美術品等は「時の経過によりその価値の減少しない資産」と取り扱う。

（１）　古美術品、古文書、出土品、遺物等のように歴史的価値又は希少価値を有し、代替性のないもの

（２）　（１）以外の美術品等で、取得価額が１点100万円以上であるもの（時の経過によりその価値が減少することが明らかなものを除く。）

（注）１　時の経過によりその価値が減少することが明らかなものには、例えば、会館のロビーや葬祭場のホールのような不特定多数の者が利用する場所の装飾用や展示用（有料で公開するものを除く。）として法人が取得するもののうち、移設することが困難で当該用途にのみ使用されることが明らかなものであり、かつ、他の用途に転用すると仮定した場合にその設置状況や使用状況から見て美術品等としての市場価値が見込まれないものが含まれる。

２　取得価額が１点100万円未満であるもの（時の経過によりその価値が減少しないことが明らかなものを除く。）は減価償却資産と取り扱う。

（経過的取扱い…改正通達の適用時期）

平成27年１月１日以後に取得をする美術品等について適用し、同日前に取得をした美術品等については、なお従前の例による。ただし、法人が、平成27年１月１日前に取得をした美術品等（この法令解釈通達により減価償却資産とされるもので、かつ、同日以後最初に開始する事業年度（以下「適用初年度」という。）において事業の用に供しているものに限る。）について、適用初年度から減価償却資産に該当するものとしている場合には、これを認める。（平26課法２－12等　第１「二　経過的取扱い」）

（注）ただし書の取扱いにより減価償却資産に該当するものとしている場合における減価償却に関する規定（措置法第67条の５《中小企業者等の少額減価償却資産の取得価額の損金算入の特例》の規定を含む。）の適用に当たっては、当該減価償却資産を適用初年度開始の日において取得をし、かつ、事業の用に供したものとすることができる。

（貴金属の素材の価額が大部分を占める固定資産）

7-1-2　ガラス繊維製造用の白金製溶解炉、光学ガラス製造用の白金製るつぼ、か性カリ製造用の銀製なべのように、素材となる貴金属の価額が取得価額の大部分を占め、かつ、一定期間使用後は素材に還元のうえ鋳直して再使用することを常態としているものは、減価償却資産には該当しない。この場合において、これらの資産の鋳直しに要する費用（地金の補給のために要する費用を含む。）の額は、その鋳直しをした日の属する事業年度の損金の額に算入する。

（注）白金ノズルは減価償却資産に該当するのであるが、これに類する工具で貴金属を主体とするものについても、白金ノズルに準じて減価償却をすることができるものとする。

（稼働休止資産）

7-1-3　稼働を休止している資産であっても、その休止期間中必要な維持補修が行われており、

いつでも稼働し得る状態にあるものについては、減価償却資産に該当するものとする。

（注）他の場所において使用するために移設中の固定資産については、その移設期間がその移設のために通常要する期間であると認められる限り、減価償却を継続することができる。

（建設中の資産）

7-1-4　建設中の建物、機械及び装置等の資産は減価償却資産に該当しないのであるが、建設仮勘定として表示されている場合であっても、その完成した部分が事業の用に供されているときは、その部分は減価償却資産に該当するものとする。

（常備する専用部品の償却）

7-1-4の2　例えば航空機の予備エンジン、電気自動車の予備バッテリー等のように減価償却資産を事業の用に供するために必要不可欠なものとして常備され、繰り返して使用される専用の部品（通常他に転用できないものに限る。）は、当該減価償却資産と一体のものとして減価償却をすることができる。

（工業所有権の実施権等）

7-1-4の3　法人が他の者の有する工業所有権（特許権、実用新案権、意匠権及び商標権をいう。以下同じ。）について実施権又は使用権を取得した場合におけるその取得のために要した金額については、当該工業所有権に準じて取り扱う。この場合において、その実施権又は使用権のその取得後における存続期間が当該工業所有権の耐用年数に満たないときは、当該存続期間の年数（１年未満の端数は切り捨てる。）をその耐用年数とすることができる。

（織機の登録権利等）

7-1-5　繊維工業における織機の登録権利、許可漁業の出漁権、タクシー業のいわゆるナンバー権のように法令の規定、行政官庁の指導等による規制に基づく登録、認可、許可、割当て等の権利を取得するために支出する費用は、営業権に該当するものとする。

（注）例えば当該権利に係る事業を廃止する者に対して残存業者が負担する補償金のように当該権利の維持又は保全のために支出する費用についても、営業権として減価償却をすることができる。

（無形減価償却資産の事業の用に供した時期）

7-1-6　令第13条第８号《無形減価償却資産の範囲》に掲げる無形減価償却資産のうち、漁業権、工業所有権及び樹木採取権については、その存続期間の経過により償却すべきものであるから、その取得の日から事業の用に供したものとして取り扱う。

（温泉利用権）

7-1-7　法人が温泉を湧出する土地を取得した場合におけるその取得に要した金額から当該土地に隣接する温泉を湧出しない土地の価額に比準して計算した土地の価額を控除した金額又は温泉を利用する権利を取得するために要した金額については、水利権に準じて取り扱う。ただし、温泉を利用する権利だけを取得した場合において、その利用につき契約期間の定めがあるもの（契約期間を延長しない旨の明らかな定めのあるものに限る。）については、その契約期間を耐用年数として償却することができる。

（公共下水道施設の使用のための負担金）

7-1-8　法人が、下水道法第２条第３号《公共下水道の定義》に規定する公共下水道を使用する排水設備を新設し、又は拡張する場合において、公共下水道管理者に対してその新設又は拡張により必要となる公共下水道の改築に要する費用を負担するときは、その負担金の額については、水道施設利用権に準じて取り扱う。

（研究開発のためのソフトウエア）

7-1-8の2　法人が、特定の研究開発にのみ使用するため取得又は製作をしたソフトウエア（研究開発のためのいわば材料となるものであることが明らかなものを除く。）であっても、当該ソフトウエアは減価償却資産に該当することに留意する。

(注) 当該ソフトウエアが耐用年数省令第２条第２号に規定する開発研究の用に供されている場合には、耐用年数省令別表第六に掲げる耐用年数が適用されることに留意する。

（電気通信施設利用権の範囲）

7-1-9　令第13条第８号ツ《電気通信施設利用権》に規定する電気通信施設利用権とは、電気通信事業法施行規則第２条第２項第１号から第３号まで《用語》に規定する電気通信役務の提供を受ける権利のうち電話加入権（加入電話契約に基づき加入電話の提供を受ける権利をいう。）及びこれに準ずる権利を除く全ての権利をいうのであるから、例えば「電信役務」、「専用役務」、「データ通信役務」、「デジタルデータ伝送役務」、「無線呼出し役務」等の提供を受ける権利は、これに該当する。

（社歌、コマーシャルソング等）

7-1-10　社歌、コマーシャルソング等の制作のために要した費用の額は、その支出をした日の属する事業年度の損金の額に算入することができる。

第２款　少額の減価償却資産等

（少額の減価償却資産又は一括償却資産の取得価額の判定）

7-1-11　令第133条《少額の減価償却資産の取得価額の損金算入》又は令第133条の２《一括償却資産の損金算入》の規定を適用する場合において、取得価額が10万円未満又は20万円未満であるかどうかは、通常１単位として取引されるその単位、例えば、機械及び装置については１台又は１基ごとに、工具、器具及び備品については１個、１組又は１そろいごとに判定し、構築物のうち例えば枕木、電柱等単体では機能を発揮できないものについては一の工事等ごとに判定する。

（一時的に貸付けの用に供した減価償却資産）

7-1-11の２　令第133条《少額の減価償却資産の取得価額の損金算入》又は第133条の２《一括償却資産の損金算入》の規定の適用上、法人が減価償却資産を貸付けの用に供したかどうかはその減価償却資産の使用目的、使用状況等を総合勘案して判定されるものであるから、例えば、一時的に貸付けの用に供したような場合において、その貸付けの用に供した事実のみをもって、その減価償却資産がこれらの規定に規定する貸付けの用に供したものに該当するとはいえないことに留意する。

（主要な事業として行われる貸付けの例示）

7-1-11の３　規則第27条の17《少額の減価償却資産の主要な事業として行う貸付けの判定》（規則第27条の17の２《一括償却資産の主要な事業として行う貸付けの判定》において準用する場合を含む。以下７－１－11の３において同じ。）の規定の適用上、次に掲げる貸付けには、例えば、それぞれ次に定めるような行為が該当する。

（1）　規則第27条の17第１項第１号に掲げる貸付け　企業グループ内の各法人の営む事業の管理運営を行っている法人が当該各法人で事業の用に供する減価償却資産の調達を一括して行い、当該企業グループ内の他の法人に対してその調達した減価償却資産を貸し付ける行為

（2）　同項第２号に掲げる貸付け　法人が自己の下請業者に対して、当該下請業者の専ら当該法人のためにする製品の加工等の用に供される減価償却資産を貸し付ける行為

（3）　同項第３号に掲げる貸付け　小売業を営む法人がその小売店の駐車場の遊休スペースを活用して自転車その他の減価償却資産を貸し付ける行為

（4）　同項第４号に掲げる貸付け　不動産貸付業を営む法人がその貸し付ける建の賃借人に対して、家具、電気機器その他の減価償却資産を貸し付ける行為

(注) 本文の（1）から（4）までに定める行為であっても、同条第２項に規定する場合に該

当するものは、令第133条第１項《少額の減価償却資産の取得価額の損金算入》又は第133条の２第１項《一括償却資産の損金算入》に規定する主要な事業として行われる貸付けに該当しないことに留意する。

（使用可能期間が１年未満の減価償却資産の範囲）

7-1-12 令第133条第１項《少額の減価償却資産の取得価額の損金算入》の使用可能期間が１年未満である減価償却資産とは、法人の属する業種（例えば、紡績業、鉄鋼業、建設業等の業種）において種類等を同じくする減価償却資産の使用状況、補充状況等を勘案して一般的に消耗性のものとして認識されている減価償却資産で、その法人の平均的な使用状況、補充状況等からみてその使用可能期間が１年未満であるものをいう。この場合において、種類等を同じくする減価償却資産のうちに材質、型式、性能等が著しく異なるため、その使用状況、補充状況等も著しく異なるものがあるときは、当該材質、型式、性能等の異なるものごとに判定することができる。

（注）平均的な使用状況、補充状況等は、おおむね過去３年間の平均値を基準として判定する。

（一括償却資産につき滅失等があった場合の取扱い）

7-1-13 法人が令第133条の２第１項《一括償却資産の損金算入》に規定する一括償却資産につき同項の規定の適用を受けている場合には、その一括償却資産を事業の用に供した事業年度後の各事業年度においてその全部又は一部につき滅失、除却等の事実が生じたときであっても、当該各事業年度においてその一括償却資産につき損金の額に算入される金額は、同項の規定に従い計算される損金算入限度額に達するまでの金額となることに留意する。

（注）一括償却資産の全部又は一部を譲渡した場合についても、同様とする。

《参　考》

●租税特別措置法関係通達（法人税編）

第67条の５《中小企業者等の少額減価償却資産の取得価額の損金算入の特例》関係

（事務負担に配慮する必要があるものであるかどうかの判定）

67の５-1 措置法第67条の５第１項の規定の適用上、法人が中小企業者等（同項に規定する中小企業者等をいう。以下同じ。）に該当するかどうかの判定（措置法第42条の４第19項第８号に規定する適用除外事業者に該当するかどうかの判定を除く。）は、原則として、措置法第67条の５第１項に規定する少額減価償却資産の取得等（取得又は製作若しくは建設をいう。以下同じ。）をした日及び当該少額減価償却資産を事業の用に供した日の現況によるものとする。ただし、当該事業年度終了の日において同項に規定する「事務負担に配慮する必要があるものとして政令で定めるもの」に該当する法人（通算法人を除く。）が、当該事業年度の同項に規定する中小企業者又は農業協同組合等に該当する期間において取得等をして事業の用に供した同項に規定する少額減価償却資産を対象として同項の規定の適用を受けている場合には、これを認める。

（常時使用する従業員の範囲）

67の５-1の2 措置法令第39条の28第１項に規定する「常時使用する従業員の数」は、常用であると日々雇い入れるものであるとを問わず、事務所又は事業所に常時就労している職員、工員等（役員を除く。）の総数によって判定することに留意する。この場合において、法人が酒造最盛期、野菜缶詰・瓶詰製造最盛期等に数か月程度の期間その労務に従事する者を使用するときは、当該従事する者の数を「常時使用する従業員の数」に含めるものとする。

（少額減価償却資産の取得価額の判定単位）

67の５-2 措置法第67条の５第１項の規定を適用する場合において、取得価額が30万円未満であるかどうかは、通常１単位として取引されるその単位、例えば機械及び装置については１台又は１基ごとに、工具、器具及び備品ついては１個、１組又は１そろいごとに判定し、構築物のうち例えば枕木、電柱等単体では機能を発揮できないものについては一の工事等ごとに判定する。

（一時的に貸付けの用に供した減価償却資産）

67の５-2の2　措置法令第39条の28第２項の規定の適用上、中小企業者等が減価償却資産を貸付けの用に供したかどうかはその減価償却資産の使用目的、使用状況等を総合勘案して判定されるものであるから、例えば、一時的に貸付けの用に供したような場合において、その貸付けの用に供した事実のみをもって、その減価償却資産が同項に規定する貸付けの用に供したものに該当するとはいえないことに留意する。

（主要な事業として行われる貸付けの例示）

67の５-2の3　措置法規則第22条の18において読み替えて準用する規則第27条の17の規定の適用上、次に掲げる貸付けには、例えば、それぞれ次に定めるような行為が該当する。

（1）　同条第１項第１号に掲げる貸付け　企業グループ内の各法人の営む事業の管理運営を行っている中小企業者等が当該各法人で事業の用に供する減価償却資産の調達を一括して行い、当該企業グループ内の他の法人に対してその調達した減価償却資産を貸し付ける行為

（2）　同項第２号に掲げる貸付け　中小企業者等が自己の下請業者に対して、当該下請業者の専ら当該中小企業者等のためにする製品の加工等の用に供される減価償却資産を貸し付ける行為

（3）　同項第３号に掲げる貸付け　小売業を営む中小企業者等がその小売店の駐車場の遊休スペースを活用して自転車その他の減価償却資産を貸し付ける行為

（4）　同項第４号に掲げる貸付け　不動産貸付業を営む中小企業者等がその貸し付ける建物の賃借人に対して、家具、電気機器その他の減価償却資産を貸し付ける行為

（注）本文の（1）から（4）までに定める行為であっても、同条第２項に規定する場合に該当するものは、措置法令第39条の28第２項に規定する主要な事業として行われる貸付けに該当しないことに留意する。

（少額減価償却資産の取得等とされない資本的支出）

67の５-3　法人が行った資本的支出については、取得価額を区分する特例である令第55条第１項《資本的支出の取得価額の特例》の規定の適用を受けて新たに取得したものとされるものであっても、法人の既に有する減価償却資産につき改良、改造等のために行った支出であることから、原則として、措置法第67条の５第１項《中小企業者等の少額減価償却資産の取得価額の損金算入の特例》に規定する「取得し、又は製作し、若しくは建設し、かつ、当該中小企業者等の事業の用に供した減価償却資産」に当たらないのであるが、当該資本的支出の内容が、例えば、規模の拡張である場合や単独資産としての機能の付加である場合など、実質的に新たな資産を取得したと認められる場合には、当該資本的支出について、同項の規定を適用することができるものとする。

第２節　減価償却の方法

（部分的に用途を異にする建物の償却）

7-2-1　一の建物が部分的にその用途を異にしている場合において、その用途を異にする部分がそれぞれ相当の規模のものであり、かつ、その用途の別に応じて償却することが合理的であると認められる事情があるときは、当該建物につきそれぞれその用途を異にする部分ごとに異なる償却の方法を選定することができるものとする。

（旧定率法を採用している建物、建物附属設備及び構築物にした資本的支出に係る償却方法）

7-2-1の2　令第48条第１項第１号イ（２）《減価償却資産の償却の方法》に規定する旧定率法を採用している建物、建物附属設備及び構築物に資本的支出をした場合において、当該資本的支出につき、令第55条第２項《資本的支出の取得価額の特例》の規定を適用せずに、同条第１項の規定を適用するときには、当該資本的支出に係る償却方法は、次に掲げる資本的支出の区分に応じ、それぞれ次に定める方法によることに留意する。

（１）　令第48条第１項第３号に規定する鉱業用減価償却資産に該当しない建物、建物附属設備及び構築物にした資本的支出　令第48条の２第１項第１号イ（１）《減価償却資産の償却の方法》に規定する定額法

（２）　（１）以外のもの　同号イ（１）に規定する定額法又は同項第３号イ（２）に規定する生産高比例法（これらの償却の方法に代えて納税地の所轄税務署長の承認を受けた特別な償却の方法を含む。）のうち選定している方法

（特別な償却の方法の選定単位）

7-2-2　令第48条の４第１項《減価償却資産の特別な償却の方法》の規定による特別な償却の方法の選定は、令第51条第１項《減価償却資産の償却の方法の選定》に定める区分ごとに行うべきものであるが、法人が減価償却資産の種類ごとに、かつ、耐用年数の異なるものごとに選定した場合には、これを認める。この場合において、機械及び装置以外の減価償却資産の種類は、耐用年数省令に規定する減価償却資産の種類（その種類につき構造若しくは用途又は細目の区分が定められているものについては、その構造若しくは用途又は細目の区分）とし、機械及び装置の種類は、減価償却資産の耐用年数等に関する省令の一部を改正する省令（平成20年財務省令第32号）による改正前の耐用年数省令（以下「旧耐用年数省令」という。）に定める設備の種類（その設備の種類につき細目の区分が定められているものについては、その細目の区分）とする。

（特別な償却の方法の承認）

7-2-3　法人の申請に係る特別な償却の方法について申請書の提出があった場合には、その申請に係る償却の方法が、申請に係る減価償却資産の種類、構造、属性、使用状況等からみてその減価償却資産の償却につき適合するものであるかどうか、償却限度額の計算の基礎となる償却率、生産高、残存価額等が合理的に算定されているかどうか等を勘案して承認の適否を判定する。この場合において、その方法が次に掲げる条件に該当するものであるときは、これを承認する。

（１）　その方法が算術級数法のように旧定額法、旧定率法、定額法又は定率法に類するものであるときは、その償却年数が法定耐用年数より短くないこと。

なお、平成19年３月31日以前に取得した減価償却資産については、その残存価額が取得価額の10％相当額以上であること。

（２）　その方法が生産高、使用時間、使用量等を基礎とするものであるときは、その方法がその減価償却資産の償却につき旧定額法、旧定率法、定額法又は定率法より合理的なものであり、かつ、その減価償却資産に係る総生産高、総使用時間、総使用量等が合理的に計算されるものであること。

なお、平成19年３月31日以前に取得した減価償却資産については、その残存価額が取得価額の10％相当額以上であること。

（３）　その方法が取替法に類するものであるときは、申請に係る減価償却資産の属性、取替状況等が取替法の対象となる減価償却資産に類するものであり、その取得価額の50％相当額に達するまで定率法等により償却することとされていること。

（注）特別な償却の方法の承認を受けている減価償却資産について資本的支出をした場合には、当該資本的支出は当該承認を受けている特別な償却の方法により償却を行うことができることに留意する。

（償却方法の変更申請があった場合の「相当期間」）

7-2-4　一旦採用した減価償却資産の償却の方法は特別の事情がない限り継続して適用すべきものであるから、法人が現によっている償却の方法を変更するために令第52条第２項《減価償却資産の償却の方法の変更手続》の規定に基づいてその変更承認申請書を提出した場合において、その現によっている償却の方法を採用してから３年を経過していないときは、その変更が合併や分割に伴うものである等その変更することについて特別な理由があるときを除き、同条第３項の相当期間を経過していないときに該当するものとする。

（注）その変更承認申請書の提出がその現によっている償却の方法を採用してから３年を経過した後になされた場合であっても、その変更することについて合理的な理由がないと認められるときは、その変更を承認しないことができる。

第３節　固定資産の取得価額等

第１款　固定資産の取得価額

（高価買入資産の取得価額）

7-3-1　法人が不当に高価で買い入れた固定資産について、その買入価額のうち実質的に贈与をしたものと認められた金額がある場合には、買入価額から当該金額を控除した金額を取得価額とすることに留意する。

（借入金の利子）

7-3-1の2　固定資産を取得するために借り入れた借入金の利子の額は、たとえ当該固定資産の使用開始前の期間に係るものであっても、これを当該固定資産の取得価額に算入しないことができるものとする。

（注）借入金の利子の額を建設中の固定資産に係る建設仮勘定に含めたときは、当該利子の額は固定資産の取得価額に算入されたことになる。

（割賦購入資産等の取得価額に算入しないことができる利息相当部分）

7-3-2　割賦販売契約（延払条件付譲渡契約を含む。）によって購入した固定資産の取得価額には、契約において購入代価と割賦期間分の利息及び売手側の代金回収のための費用等に相当する金額とが明らかに区分されている場合のその利息及び費用相当額を含めないことができる。

（固定資産の取得に関連して支出する地方公共団体に対する寄附等）

7-3-3　法人が都道府県又は市町村からその工場誘致等により土地その他の固定資産を取得し、購入の代価のほかに、その取得に関連して都道府県若しくは市町村又はこれらの指定する公共団体等に寄附金又は負担金の名義で金銭を支出した場合においても、その支出した金額が実質的にみてその資産の代価を構成すべきものと認められるときは、その支出した金額はその資産の取得価額に算入する。

（固定資産の取得価額に算入しないことができる費用の例示）

7-3-3の2　次に掲げるような費用の額は、たとえ固定資産の取得に関連して支出するものであっても、これを固定資産の取得価額に算入しないことができる。

（1）　次に掲げるような租税公課等の額

イ　不動産取得税又は自動車取得税

ロ　特別土地保有税のうち土地の取得に対して課されるもの

ハ　新増設に係る事業所税

ニ　登録免許税その他登記又は登録のために要する費用

（2）　建物の建設等のために行った調査、測量、設計、基礎工事等でその建設計画を変更したことにより不要となったものに係る費用の額

（3）　一旦締結した固定資産の取得に関する契約を解除して他の固定資産を取得することとした場合に支出する違約金の額

（土地についてした防壁、石垣積み等の費用）

7-3-4　埋立て、地盛り、地ならし、切土、防壁工事その他土地の造成又は改良のために要した費用の額はその土地の取得価額に算入するのであるが、土地についてした防壁、石垣積み等であっても、その規模、構造等からみて土地と区分して構築物とすることが適当と認められるものの費用の額は、土地の取得価額に算入しないで、構築物の取得価額とすることができる。

上水道又は下水道の工事に要した費用の額についても、同様とする。

(注)　専ら建物、構築物等の建設のために行う地質調査、地盤強化、地盛り、特殊な切土等土地の改良のためのものでない工事に要した費用の額は、当該建物、構築物等の取得価額に算入する。

（土地、建物等の取得に際して支払う立退料等）

7-3-5　法人が土地、建物等の取得に際し、当該土地、建物等の使用者等に支払う立退料その他立退きのために要した金額は、当該土地、建物等の取得価額に算入する。

（土地とともに取得した建物等の取壊費等）

7-3-6　法人が建物等の存する土地（借地権を含む。以下7-3-6において同じ。）を建物等とともに取得した場合又は自己の有する土地の上に存する借地人の建物等を取得した場合において、その取得後おおむね１年以内に当該建物等の取壊しに着手する等、当初からその建物等を取り壊して土地を利用する目的であることが明らかであると認められるときは、当該建物等の取壊しの時における帳簿価額及び取壊費用の合計額（廃材等の処分によって得た金額がある場合は、当該金額を控除した金額）は、当該土地の取得価額に算入する。

（事後的に支出する費用）

7-3-7　新工場の落成、操業開始等に伴って支出する記念費用等のように減価償却資産の取得後に生ずる付随費用の額は、当該減価償却資産の取得価額に算入しないことができるものとするが、工場、ビル、マンション等の建設に伴って支出する住民対策費、公害補償費等の費用（7-3-11の2の（２）及び（３）に該当するものを除く。）の額で当初からその支出が予定されているもの（毎年支出することとなる補償金を除く。）については、たとえその支出が建設後に行われるものであっても、当該減価償却資産の取得価額に算入する。

（借地権の取得価額）

7-3-8　借地権の取得価額には、土地の賃貸借契約又は転貸借契約（これらの契約の更新及び更改を含む。以下7-3-8において「借地契約」という。）に当たり借地権の対価として土地所有者又は借地権者に支払った金額のほか、次に掲げるような金額を含むものとする。ただし、（1）に掲げる金額が建物等の購入代価のおおむね10%以下の金額であるときは、強いてこれを区分しないで建物等の取得価額に含めることができる。

（1）　土地の上に存する建物等を取得した場合におけるその建物等の購入代価のうち借地権の対価と認められる部分の金額

（2）　賃借した土地の改良のためにした地盛り、地ならし、埋立て等の整地に要した費用の額

（3）　借地契約に当たり支出した手数料その他の費用の額

（4）　建物等を増改築するに当たりその土地の所有者等に対して支出した費用の額

（治山工事等の費用）

7-3-9　天然林を人工林に転換するために必要な地ごしらえ又は治山の工事のために支出した金額（構築物の取得価額に算入されるものを除く。）は、林地の取得価額に算入する。

（公有水面を埋め立てて造成した土地の取得価額）

7-3-10　法人が公有水面を埋め立てて取得した土地の取得価額には、当該埋立てに要した費用の額のほか、公有水面埋立法第12条《免許料》の規定により徴収された免許料及び同法第６条《権利者に対する補償、損害防止施設》の規定

による損害の補償に要する金額その他公有水面の埋立てをする権利の取得のために要した費用（以下7-3-11においてこれらの費用を「埋立免許料等」という。）の額が含まれることに留意する。

（残し等により埋め立てた土地の取得価額）

7-3-11　法人がその事業から生ずる残し（滓）等によって造成した埋立地の取得価額は、その残し等の処理のために要した運搬費、築石費、捨石工事費等（埋立免許料等を含む。以下7-3-11において「埋立費」という。）の額の合計額（当該合計額が埋立工事が完了した日の埋立地の価額を超える場合には、その超える金額を控除した金額）による。ただし、法人が次のいずれかの方法によっているときは、これを認める。

（1）　埋立工事中の各事業年度において支出した埋立費を埋立地の原価の額に算入し、その事業年度終了の日における原価の合計額が、その埋立地が同日に完成したものとした場合におけるその埋立地の価額を超えるに至った場合において、その事業年度において支出した埋立費の額のうち、その超える金額を損金の額に算入して計算した原価の額をその取得価額とする方法

（2）　埋立費のうち埋立免許料等並びに残し等の処理のための築石費及び捨石工事費の額を埋立地の原価の額に算入し、その残し等の処理のために要した運搬費のような築石費及び捨石工事費以外の費用の額をその支出の都度損金の額に算入するとともに、法人がその埋立地の所有権を取得した時（所有権を取得する前にその埋立地に工作物を設置する等埋立地を使用するに至ったときのその使用部分については、使用の時）においてその取得時の埋立地の価額（当該価額が埋立費の合計額を超えるときは、当該合計額）をその取得価額として修正する方法

（宅地開発等に際して支出する開発負担金等）

7-3-11の2　法人が固定資産として使用する土地、建物等の造成又は建築等（以下7-3-11の2において「宅地開発等」という。）の許可を受けるために地方公共団体に対してその宅地開発等に関連して行われる公共的施設等の設置又は改良の費用に充てるものとして支出する負担金等（これに代えて提供する土地又は施設を含み、純然たる寄附金の性質を有するものを除く。以下7-3-11の2において同じ。）の額については、その負担金等の性質に応じそれぞれ次により取り扱うものとする。

（1）　例えば団地内の道路、公園又は緑地、公道との取付道路、雨水調整池（流下水路を含む。）等のように直接土地の効用を形成すると認められる施設に係る負担金等の額は、その土地の取得価額に算入する。

（2）　例えば上水道、下水道、工業用水道、汚水処理場、団地近辺の道路（取付道路を除く。）等のように土地又は建物等の効用を超えて独立した効用を形成すると認められる施設で当該法人の便益に直接寄与すると認められるものに係る負担金等の額は、それぞれその施設の性質に応じて無形減価償却資産の取得価額又は繰延資産とする。

（3）　例えば団地の周辺又は後背地に設置されるいわゆる緩衝緑地、文教福祉施設、環境衛生施設、消防施設等のように主として団地外の住民の便益に寄与すると認められる公共的施設に係る負担金等の額は、繰延資産とし、その償却期間は８年とする。

（土地の取得に当たり支出する負担金等）

7-3-11の3　法人が地方公共団体等が造成した土地を取得するに当たり土地の購入の代価のほかに7-3-11の2に定める負担金等の性質を有する金額でその内容が具体的に明らかにされているものを支出した場合には、7-3-11の2に準じて取り扱うことができるものとする。

（埋蔵文化財の発掘費用）

7-3-11の4　法人が工場用地等の造成に伴い埋蔵文化財の発掘調査等をするために要した費用の額は、土地の取得価額に算入しないで、その支出をした日の属する事業年度の損金の額に算入

することができる。ただし、文化財の埋蔵されている土地をその事情を考慮して通常の価額より低い価額で取得したと認められる場合における当該発掘調査等のために要した費用の額については、この限りでない。

（私道を地方公共団体に寄附した場合）

7-3-11の5　法人が専らその有する土地の利用のために設置されている私道を地方公共団体に寄附した場合には、当該私道の帳簿価額を当該土地の帳簿価額に振り替えるものとし、その寄附をしたことによる損失はないものとする。

（集中生産を行う等のための機械装置の移設費）

7-3-12　集中生産又はよりよい立地条件において生産を行う等のため一の事業場の機械装置を他の事業場に移設した場合又はガスタンク、鍛圧プレス等多額の据付費を要する機械装置を移設した場合（措置法第65条の２《収用換地等の場合の所得の特別控除》に規定する収用換地等に伴い移設した場合を除く。）には、運賃、据付費等その移設に要した費用（解体費を除く。以下7-3-12において「移設費」という。）の額はその機械装置（当該機械装置に係る資本的支出を含む。以下7-3-12において同じ。）の取得価額に算入し、当該機械装置の移設直前の帳簿価額のうちに含まれている据付費（以下7-3-12において「旧据付費」という。）に相当する金額は、損金の額に算入する。この場合において、その移設費の額の合計額が当該機械装置の移設直前の帳簿価額の10%に相当する金額以下であるときは、旧据付費に相当する金額を損金の額に加算しないで、当該移設費の額をその移設をした日の属する事業年度の損金の額に算入することができる。

（注）主として新規の生産設備の導入に伴って行う既存の生産設備の配置換えのためにする移設は、原則として集中生産又はよりよい立地条件において生産を行う等のための移設には当たらない。

（山林立木の取得価額）

7-3-13　植栽のための地ごしらえ費、種苗費、植栽費（通常の補植に要する費用を含む。）、ぶ育費、間伐費及び管理費等植栽のための地ごしらえから成林に至るまでの造林に要する一切の費用の金額は、山林立木の取得価額に算入する。ただし、おおむね毎年（将来にわたる場合を含む。）輪伐を行うことを通例とする法人の造林に要する費用のうち、ぶ育費、間伐費及び管理費については、その支出の日の属する事業年度の損金の額に算入することができる。

（注）この取扱いによると、原則としては間伐費は山林立木の取得価額に算入されるので、間伐材を譲渡した場合には譲渡原価はなく、その収益の全額が益金の額に算入されることになるが、法人がその譲渡による収益を益金の額に算入するとともに、間伐費及びその間伐に係る山林立木の帳簿価額のうち間伐材に対応する金額の合計額（当該収益の額を限度とする。）を譲渡原価として損金の額に算入しているときは、これを認める。

7-3-14　削　除

（出願権を取得するための費用）

7-3-15　法人が他から出願権（工業所有権に関し特許又は登録を受ける権利をいう。）を取得した場合のその取得の対価については、無形固定資産に準じて当該出願権の目的たる工業所有権の耐用年数により償却することができるが、その出願により工業所有権の登録があったときは、当該出願権の未償却残額（工業所有権を取得するために要した費用があるときは、その費用の額を加算した金額）に相当する金額を当該工業所有権の取得価額とする。

（自己の製作に係るソフトウエアの取得価額等）

7-3-15の2　自己の製作に係るソフトウエアの取得価額については、令第54条第１項第２号《減価償却資産の取得価額》の規定に基づき、当該ソフトウエアの製作のために要した原材料費、労務費及び経費の額並びに当該ソフトウエアを事業の用に供するために直接要した費用の額の合計額となることに留意する。

この場合、その取得価額については適正な原価計算に基づき算定することとなるのであるが、法人が、原価の集計、配賦等につき、合理的であると認められる方法により継続して計算している場合には、これを認めるものとする。

(注)1　他の者から購入したソフトウエアについて、そのソフトウエアの導入に当たって必要とされる設定作業及び自社の仕様に合わせるために行う付随的な修正作業等の費用の額は、当該ソフトウエアの取得価額に算入することに留意する。

2　既に有しているソフトウエア又は購入したパッケージソフトウエア等（以下７－３－15の２において「既存ソフトウエア等」という。）の仕様を大幅に変更して、新たなソフトウエアを製作するための費用の額は、当該新たなソフトウエアの取得価額になるのであるが、その場合（新たなソフトウエアを製作することに伴い、その製作後既存ソフトウエア等を利用することが見込まれない場合に限る。）におけるその既存ソフトウエア等の残存簿価は、当該新たなソフトウエアの製作のために要した原材料費となることに留意する。

3　市場販売目的のソフトウエアにつき、完成品となるまでの間に製品マスターに要した改良又は強化に係る費用の額は、当該ソフトウエアの取得価額に算入することに留意する。

（ソフトウエアの取得価額に算入しないことができる費用）

7-3-15の3　次に掲げるような費用の額は、ソフトウエアの取得価額に算入しないことができる。

（1）　自己の製作に係るソフトウエアの製作計画の変更等により、いわゆる仕損じがあったため不要となったことが明らかなものに係る費用の額

（2）　研究開発費の額（自社利用のソフトウエアに係る研究開発費の額については、その自社利用のソフトウエアの利用により将来の収益獲得又は費用削減にならないことが明らかな場合における当該研究開発費の額に限る。）

（3）　製作等のために要した間接費、付随費用等で、その費用の額の合計額が少額（その製作原価のおおむね３％以内の金額）であるもの

（資本的支出の取得価額の特例の適用関係）

7-3-15の4　法人のした資本的支出につき、令第55条第２項、第４項又は第５項《資本的支出の取得価額の特例》の規定を適用し、取得価額及び償却限度額の計算をした場合には、その後において、7-4-2の2《転用した追加償却資産に係る償却限度額等》による場合などを除き、これらの資本的支出を分離して別々に償却することはできないことに留意する。

（３以上の追加償却資産がある場合の新規取得とされる減価償却資産）

7-3-15の5　法人が、令第55条第４項《資本的支出の取得価額の特例》に規定する追加償却資産（以下「追加償却資産」という。）について同条第５項の規定を適用する場合において、当該追加償却資産のうち種類及び耐用年数を同じくするものが３以上あるときは、各追加償却資産の帳簿価額をいずれかの組み合わせにより合計するかは、当該法人の選択によることに留意する。

（電話加入権の取得価額）

7-3-16　電話加入権の取得価額には、電気通信事業者との加入電話契約に基づいて支出する工事負担金のほか、屋内配線工事に要した費用等電話機を設置するために支出する費用（当該費用の支出の目的となった資産を自己の所有とする場合のその設置のために支出するものを除く。）が含まれることに留意する。

（減価償却資産以外の固定資産の取得価額）

7-3-16の2　減価償却資産以外の固定資産の取得価額については、別に定めるもののほか、令第54条《減価償却資産の取得価額》の規定及びこ

れに関する取扱いの例による。

なお、資本的支出に相当する金額は当該固定資産の取得価額に加算する。

（固定資産の原価差額の調整）

7-3-17　法人が棚卸資産に係る原価差額の調整を要する場合において、原材料等の棚卸資産を固定資産の製作又は建設（改良を含む。）のために供したとき又は自己生産に係る製品を固定資産として使用したときは、当該固定資産に係る原価差額は、その取得価額に配賦するものとする。

（固定資産について値引き等があった場合）

7-3-17の2　法人の有する固定資産について値引き、割戻し又は割引（以下7-3-17の2において「値引き等」という。）があった場合には、その値引き等のあった日の属する事業年度の確定した決算において次の算式により計算した金額の範囲内で当該固定資産の帳簿価額を減額することができるものとする。

（算　式）

$$\text{値引き等の額} \times \frac{\text{値引き等の直前における当該固定資産の帳簿価額}}{\text{値引き等の直前における当該固定資産の取得価額}}$$

（注）1　当該固定資産が法又は措置法の規定による圧縮記帳の適用を受けたものであるときは、算式の分母及び分子の金額はその圧縮記帳後の金額によることに留意する。

2　当該固定資産についてその値引き等のあった日の属する事業年度の直前の事業年度から繰り越された特別償却不足額（特別償却準備金の積立不足額を含む。以下7-3-17の2において同じ。）があるときは、当該特別償却不足額の生じた事業年度においてその値引き等があったものとした場合に計算される特別償却限度額を基礎として当該繰り越された特別償却不足額を修正するものとする。

（被災者用仮設住宅の設置費用）

7-3-17の3　法人が、災害により被災した役員又は従業員（以下7-3-17の3において「従業員等」という。）の住居として一時的に使用する建物（以下7-3-17の3において「仮設住宅」という。）の用に供する資材（以下7-3-17の3において「仮設住宅用資材」という。）の取得又は賃借をして仮設住宅を設置した場合において、当該仮設住宅の組立て、設置のために要した金額につきその居住の用に供した日の属する事業年度において費用として経理したときには、これを認める。

法人が取得をした仮設住宅用資材について、これを反復して使用する場合には、通常の例により償却するものとするが、仮設住宅のためにのみ使用することとしている場合には、その見積使用期間を基礎として償却することを認める。この場合において、当該見積使用期間を基礎として償却を行うときは、その取得価額から当該見積使用期間に基づき算定した処分見込価額を控除した金額を基礎として償却額を計算するものとする。

（注）法人が、仮設住宅の一部を自己の従業員等以外の被災者の居住の用に供した場合においても、同様とする。

第２款　耐用年数の短縮

（耐用年数短縮の承認事由の判定）

7-3-18　法人の有する減価償却資産が令第57条第１項各号《耐用年数の短縮》に掲げる事由に該当するかどうかを判定する場合において、当該各号の「その使用可能期間が法定耐用年数に比して著しく短いこと」とは、当該減価償却資産の使用可能期間がその法定耐用年数に比しておおむね10％以上短い年数となったことをいうものとする。

（耐用年数の短縮の対象となる資産の単位）

7-3-19　令第57条第１項《耐用年数の短縮》の規定は、減価償却資産の種類ごとに、かつ、耐用年数の異なるものごとに適用する。この場合において、機械及び装置以外の減価償却資産の種類は、耐用年数省令に規定する減価償却資産の種類（その種類につき構造若しくは用途又は細目の区分が定められているものについては、その構造若しくは用途又は細目の区分）とし、機械及び装置の種類は、旧耐用年数省令に定める設備の種類（その設備の種類につき細目の区分が定められているものについては、その細目の区分）とする。

ただし、次に掲げる減価償却資産については、次によることができる。

（1） 機械及び装置　2以上の工場に同一の種類に属する設備を有するときは、工場ごと

（2） 建物、建物附属設備、構築物、船舶、航空機又は無形減価償却資産　個々の資産ごと

（3） 他に貸与している減価償却資産　その貸与している個々の資産（当該個々の資産が借主における一の設備を構成する機械及び装置の中に2以上含まれているときは、当該2以上の資産）ごと

（注）1 （1）の「2以上の工場に同一の種類に属する設備を有するとき」には、2以上の工場にそれぞれ一の設備の種類を構成する機械及び装置が独立して存在するときが該当し、2以上の工場の機械及び装置を合わせて一の設備の種類が構成されているときは、これに該当しない。

2 一の設備を構成する機械及び装置の中に他から貸与を受けている資産があるときは、当該資産を含めないところにより同項の規定を適用する。

（機械及び装置以外の減価償却資産の使用可能期間の算定）

7-3-20　機械及び装置以外の減価償却資産に係る令第57条第1項《耐用年数の短縮》に規定する「使用可能期間」は、同項各号に掲げる事由に該当することとなった減価償却資産の取得後の経過年数とこれらの事由に該当することとなった後の見積年数との合計年数（1年未満の端数は切り捨てる。）とする。この場合における見積年数は、当該減価償却資産につき使用可能期間を算定しようとする時から通常の維持補修を加え、通常の使用条件で使用するものとした場合において、通常予定される効果をあげることができなくなり更新又は廃棄されると見込まれる時期までの年数による。

（機械及び装置以外の減価償却資産の未経過使用可能期間の算定）

7-3-20の2　機械及び装置以外の減価償却資産に係る令第57条第1項《耐用年数の短縮》に規定する「未経過使用可能期間」は、当該減価償却資産につき使用可能期間を算定しようとする時から通常の維持補修を加え、通常の使用条件で使用するものとした場合において、通常予定される効果をあげることができなくなり更新又は廃棄されると見込まれる時期までの見積年数（1年未満の端数は切り捨てる。）による。

（機械及び装置の使用可能期間の算定）

7-3-21　機械及び装置に係る令第57条第1項《耐用年数の短縮》に規定する「使用可能期間」は、旧耐用年数省令に定められている設備の種類を同じくする機械及び装置に属する個々の資産の取得価額（再評価を行った資産については、その再評価額とする。ただし、申請の事由が規則第16条第2号《特掲されていない設備の耐用年数の短縮》に掲げる事由又はこれに準ずる事由に該当するものである場合には、その再取得価額とする。以下7-3-21の2において同じ。）を償却基礎価額とし、7-3-20に準じて算定した年数（当該機械及び装置に属する個々の資産のうち同項各号に掲げる事由に該当しないものについては、当該機械及び装置の旧耐用年数省令に定められている耐用年数の基礎となった個別年数とする。以下7-3-21の2において同じ。）を使用可能期間として、耐用年数通達1-6-1に従いその機械及び装置の全部を総合して算定した年数による。

規則第18条第1項第2号《耐用年数短縮が届出により認められる資産の更新の場合等》に規定する「その取り替えた後の使用可能期間」についても、同様とする。

（機械及び装置の未経過使用可能期間の算定）

7-3-21の2　機械及び装置に係る令第57条第1項《耐用年数の短縮》に規定する「未経過使用可能期間」は、個々の資産の取得価額を償却基礎価額とし、7-3-20に準じて算定した年数を使用

可能期間として、耐用年数通達1-6-1の2に従って算定した年数による。

（耐用年数短縮の承認があった後に取得した資産の耐用年数）

7-3-22　令第57条第１項《耐用年数の短縮》の規定による耐用年数の短縮の承認に係る減価償却資産が規則第16条第２号《特掲されていない設備の耐用年数の短縮》に掲げる事由又はこれに準ずる事由に該当するものである場合において、その後その承認の対象となった資産と種類を同じくする資産を取得したときは、その取得した資産についても承認に係る耐用年数を適用する。

（耐用年数短縮の承認を受けている資産に資本的支出をした場合）

7-3-23　耐用年数の短縮の承認を受けている減価償却資産（規則第16条第２号《特掲されていない設備の耐用年数の短縮》に掲げる事由又はこれに準ずる事由に該当するものを除く。）に資本的支出をした場合において、当該減価償却資産及び当該資本的支出につき、短縮した耐用年数により償却を行うときには、令第57条第７項《耐用年数短縮が届出により認められる資産の更新》に該当するときを除き、改めて同条第１項《耐用年数の短縮》の規定による国税局長の承認を受けることに留意する。

（耐用年数短縮が届出により認められる資産の更新に含まれる資産の取得等）

7-3-24　規則第18条第１項第２号《耐用年数短縮が届出により認められる資産の更新の場合等》に規定する「これに代わる新たな資産（……）と取り替えた場合」には、規則第16条第１号《構成が著しく異なる場合の耐用年数の短縮》に掲げる事由又はこれに準ずる事由により承認を受けた短縮特例承認資産について、次に掲げる事実が生じた場合が含まれるものとする。

（1）　当該短縮特例承認資産の一部の資産を除却することなく、当該短縮特例承認資産に属することとなる資産（その購入の代価又はその建設等のために要した原材料費、労務費及び経費の額並びにその資産を事業の用に供するために直接要した費用の額の合計額が当該短縮特例承認資産の取得価額の10％相当額を超えるものを除く。）を新たに取得したこと。

（2）　当該短縮特例承認資産に属することとなる資産を新たに取得することなく、当該短縮特例承認資産の一部の資産を除却したこと。

（注）本文の取扱いの適用を受ける資産についての令第57条第７項《耐用年数短縮が届出により認められる資産の更新》に規定する届出書の提出は、当該資産を新たに取得した日又は当該一部の資産を除却した日の属する事業年度に係る申告書の提出期限までに行うこととなる。

第４節　償却限度額等

第１款　通　　則

（改定耐用年数が100年を超える場合の定率法の償却限度額）

7-4-1　耐用年数省令第４条第２項《旧定額法及び旧定率法の償却率》の規定を適用して計算した改定耐用年数が100年を超える場合の減価償却資産の償却限度額は、当該減価償却資産について定められている耐用年数省令別表の耐用年数に応じ、その帳簿価額に耐用年数省令別表第七に定める旧定率法の償却率を乗じて算出した金額に当該事業年度の月数（事業年度の中途で事業の用に供した減価償却資産については、当該事業年度の月数のうち事業の用に供した後の月数）を乗じ、これを12で除して計算した金額による。

（転用資産の償却限度額）

7-4-2　減価償却資産を事業年度の中途において従来使用されていた用途から他の用途に転用した場合において、法人が転用した資産の全部について転用した日の属する事業年度開始の日から転用後の耐用年数により償却限度額を計算したときは、これを認める。

（注）償却方法として定率法を採用している減価

償却資産の転用前の耐用年数よりも転用後の耐用年数が短くなった場合において、転用初年度に、転用後の耐用年数による償却限度額が、転用前の耐用年数による償却限度額に満たないときには、転用前の耐用年数により償却限度額を計算することができることに留意する。

（転用した追加償却資産に係る償却限度額等）

7-4-2の2　令第55条第５項《資本的支出の取得価額の特例》の規定の適用を受けた一の減価償却資産を構成する各追加償却資産のうち従来使用されていた用途から他の用途に転用したものがある場合には、当該転用に係る追加償却資産を一の資産として、転用後の耐用年数により償却限度額を計算することに留意する。この場合において、当該追加償却資産の取得価額は、同項の規定の適用を受けた事業年度開始の時における当該追加償却資産の帳簿価額とし、かつ、当該転用した日の属する事業年度開始の時における当該追加償却資産の帳簿価額は、次の場合に応じ、次による。

（１）　償却費の額が個々の追加償却資産に合理的に配賦されている場合　転用した追加償却資産の当該転用した日の属する事業年度開始の時の帳簿価額

（２）　償却費の額が個々の追加償却資産に配賦されていない場合　転用した日の属する事業年度開始の時の当該一の減価償却資産の帳簿価額に当該一の減価償却資産の取得価額のうちに当該追加償却資産の同項の規定の適用を受けた事業年度開始の時における帳簿価額の占める割合を乗じて計算した金額

（注）当該転用が事業年度の中途で行われた場合における当該追加償却資産の償却限度額の計算については、7-4-2による。

第２款　償却方法を変更した場合の償却限度額

（定額法を定率法に変更した場合等の償却限度額の計算）

7-4-3　減価償却資産の償却方法について、旧定額法を旧定率法に変更した場合又は定額法を定率法に変更した場合には、その後の償却限度額（令第61条第２項《減価償却資産の償却累積額による償却限度額の特例》の規定による償却限度額を除く。）は、その変更した事業年度開始の日における帳簿価額、当該減価償却資産に係る改定取得価額又は当該減価償却資産に係る取得価額を基礎とし、当該減価償却資産について定められている耐用年数に応ずる償却率、改定償却率又は保証率により計算するものとする。

（注）当該減価償却資産について繰越控除される償却不足額があるときは、その償却不足額は、変更をした事業年度開始の日における帳簿価額から控除する。

（定率法を定額法に変更した場合等の償却限度額の計算）

7-4-4　減価償却資産の償却方法について、旧定率法を旧定額法に変更した場合又は定率法を定額法に変更した場合には、その後の償却限度額（令第61条第２項《減価償却資産の償却累積額による償却限度額の特例》の規定による償却限度額を除く。）は、次の(１)に定める取得価額又は残存価額を基礎とし、次の(２)に定める年数に応ずるそれぞれの償却方法に係る償却率により計算するものとする。

（１）　取得価額又は残存価額は、当該減価償却資産の取得の時期に応じて次のイ又はロに定める価額による。

イ　平成19年３月31日以前に取得した減価償却資産　その変更した事業年度開始の日における帳簿価額を取得価額とみなし、実際の取得価額の10％相当額を残存価額とする。

ロ　平成19年４月１日以後に取得した減価償却資産　その変更した事業年度開始の日における帳簿価額を取得価額とみなす。

（２）　耐用年数は、減価償却資産の種類の異なるごとに、法人の選択により、次のイ又はロに定める年数による。

イ　当該減価償却資産について定められている耐用年数

ロ　当該減価償却資産について定められてい

る耐用年数から採用していた償却方法に応じた経過年数（その変更をした事業年度開始の日における帳簿価額を実際の取得価額をもって除して得た割合に応ずる当該耐用年数に係る未償却残額割合に対応する経過年数）を控除した年数（その年数が２年に満たない場合には、２年）

(注)1　(２)のロに定める経過年数の計算は、規則第19条《種類等を同じくする減価償却資産の償却限度額》の規定により一の償却計算単位として償却限度額を計算する減価償却資産ごとに行う。

2　当該減価償却資産について償却不足額があるときは、7-4-3の(注)による。

(定率法を定額法に変更した後に資本的支出をした場合等)

7-4-4の2　償却方法について、旧定率法を旧定額法に変更した後又は定率法を定額法に変更した後の償却限度額の計算の基礎となる耐用年数につき7-4-4の(２)のロによっている減価償却資産について資本的支出をした場合（令第55条第２項《資本的支出の取得価額の特例》の規定の適用を受ける場合に限る。）には、その後における当該減価償却資産の償却限度額の計算の基礎となる耐用年数は、次の場合に応じそれぞれ次に定める年数によるものとする。

(１)　その資本的支出の金額が当該減価償却資産の再取得価額の50%に相当する金額以下の場合　当該減価償却資産につき現に適用している耐用年数

(２)　(１)以外の場合　当該減価償却資産について定められている耐用年数

第３款　増加償却

(増加償却の適用単位)

7-4-5　令第60条《通常の使用時間を超えて使用される機械及び装置の償却限度額の特例》の規定は、法人の有する機械及び装置につき旧耐用年数省令に定める設備の種類（細目の定めのあるものは、細目）ごとに適用する。ただし、２以上の工場に同一の設備の種類に属する設備を有する場合には、工場ごとに適用することができる。

(注)　ただし書の「２以上の工場に同一の設備の種類に属する設備を有する場合」の意義は、7-3-19の(注)による。

(中間期間で増加償却を行った場合)

7-4-6　法人が、中間期間において令第60条《通常の使用時間を超えて使用される機械及び装置の償却限度額の特例》の規定により増加償却の適用を受けている場合であっても、確定事業年度においては、改めて当該事業年度を通じて増加償却割合を計算し、同条の規定を適用することに留意する。

(貸与を受けている機械及び装置がある場合の増加償却)

7-4-7　法人の有する機械及び装置につき１日当たりの超過使用時間を計算する場合において、一の設備を構成する機械及び装置の中に他から貸与を受けている資産が含まれているときは、当該資産の使用時間を除いたところによりその計算を行う。

第４款　償却累積額による償却限度額の特例の適用を受ける資産

(償却累積額による償却限度額の特例の適用を受ける資産に資本的支出をした場合)

7-4-8　法人が、令第61条第２項《減価償却資産の償却累積額による償却限度額の特例》の規定の適用を受けた減価償却資産について資本的支出をし、令第55条第２項《資本的支出の取得価額の特例》の規定を適用した場合において、当該資本的支出の金額を加算した後の帳簿価額が、当該資本的支出の金額を加算した後の取得価額の５％相当額を超えるときは、令第61条第２項の規定の適用はなく、当該減価償却資産について採用している償却方法により減価償却を行うことに留意する。

(注)　同項の規定を適用する場合には、当該資本的支出の金額を加算した後の取得価額の５％相当額が基礎となる。

（適格合併等により引継ぎを受けた減価償却資産の償却）

7-4-9　令第61条第２項《減価償却資産の償却累積額による償却限度額の特例》の規定の適用において、合併法人等（合併法人、分割承継法人、被現物出資法人又は被現物分配法人をいう。以下7-4-9において同じ。）の当該事業年度の前事業年度までの各事業年度においてした償却の額の累積額が取得価額の95％相当額に達している減価償却資産には、適格合併等（適格合併、適格分割、適格現物出資又は適格現物分配をいう。以下7-4-9において同じ。）により当該事業年度に移転を受けた減価償却資産のうち被合併法人等（被合併法人、分割法人、現物出資法人又は現物分配法人をいう。）においてした償却の額の累積額が取得価額の95％相当額に達しているものが含まれるものとする。

(注) 適格合併等の日の属する事業年度の償却限度額の計算において乗ずることとなる月数は、合併法人等が適格合併等により移転を受けた減価償却資産を事業の用に供した日から当該事業年度終了の日までの期間の月数によることに留意する。

（堅固な建物等の改良後の減価償却）

7-4-10　法人が令第61条の２第１項《堅固な建物等の償却限度額の特例》の規定による償却をしている減価償却資産について資本的支出をし、令第55条第２項《資本的支出の取得価額の特例》の規定を適用した場合には、その後の償却限度額の計算は、次による。

（1）当該資本的支出の金額を加算した後の帳簿価額が当該資本的支出の金額を加算した後の取得価額の５％相当額以下となるときは、当該帳簿価額を基礎とし、新たにその時から使用不能となると認められる日までの期間を基礎とし適正に見積もった月数により計算する。

（2）当該資本的支出の金額を加算した後の帳簿価額が当該資本的支出の金額を加算した後の取得価額の５％相当額を超えるときは、５％相当額に達するまでは法定耐用年数により その償却限度額を計算し、５％相当額に達したときは、改めて令第61条の２の規定により税務署長の認定を受け、当該認定を受けた月数により計算することができる。

第５節　償却費の損金経理

（償却費として損金経理をした金額の意義）

7-5-1　法第31条第１項《減価償却資産の償却費の計算及びその償却の方法》に規定する「償却費として損金経理をした金額」には、法人が償却費の科目をもって経理した金額のほか、損金経理をした次に掲げるような金額も含まれるものとする。

（1）令第54条第１項《減価償却資産の取得価額》の規定により減価償却資産の取得価額に算入すべき付随費用の額のうち原価外処理をした金額

（2）減価償却資産について法又は措置法の規定による圧縮限度額を超えてその帳簿価額を減額した場合のその超える部分の金額

（3）減価償却資産について支出した金額で修繕費として経理した金額のうち令第132条《資本的支出》の規定により損金の額に算入されなかった金額

（4）無償又は低い価額で取得した減価償却資産につきその取得価額として法人の経理した金額が令第54条第１項の規定による取得価額に満たない場合のその満たない金額

（5）減価償却資産について計上した除却損又は評価損の金額のうち損金の額に算入されなかった金額

(注) 評価損の金額には、法人が計上した減損損失の金額も含まれることに留意する。

（6）少額な減価償却資産（おおむね60万円以下）又は耐用年数が３年以下の減価償却資産の取得価額を消耗品費等として損金経理をした場合のその損金経理をした金額

（7）令第54条第１項の規定によりソフトウエアの取得価額に算入すべき金額を研究開発費として損金経理をした場合のその損金経理をした金額

（申告調整による償却費の損金算入）

7-5-2　法人が減価償却資産の取得価額の全部又は一部を資産に計上しないで損金経理をした場合（7-5-1により償却費として損金経理をしたものと認められる場合を除く。）又は贈与により取得した減価償却資産の取得価額の全部を資産に計上しなかった場合において、これらの資産を事業の用に供した事業年度の確定申告書又は修正申告書（更正又は決定があるべきことを予知して提出された期限後申告書及び修正申告書を除く。）に添付した令第63条《減価償却に関する明細書の添付》に規定する明細書にその計上しなかった金額を記載して申告調整をしているときは、その記載した金額は、償却費として損金経理をした金額に該当するものとして取り扱う。

（注）贈与により取得した減価償却資産が、令第133条第１項《少額の減価償却資産の取得価額の損金算入》の規定によりその取得価額の全部を損金の額に算入することができるものである場合には、損金経理をしたものとする。

第６節　特殊な資産についての償却計算

第１款　鉱業用減価償却資産の償却

（土石採取業の採石用坑道）

7-6-1　土石採取業における採石用の坑道は、令第48条第１項第３号《鉱業用減価償却資産の償却の方法》又は第48条の２第１項第３号《鉱業用減価償却資産の償却の方法》に規定する鉱業用減価償却資産に該当することに留意する。

（採掘権の取得価額）

7-6-1の2　法人がその有する試掘権の目的となっている鉱物に係る鉱区につき採掘権を取得した場合には、当該試掘権の未償却残額に相当する金額と当該採掘権の出願料、登録免許税その他その取得のために直接要した費用の額の合計額を当該採掘権の取得価額とする。

（鉱業用土地の償却）

7-6-2　石炭鉱業におけるぼた山の用に供する土地のように鉱業経営上直接必要な土地で鉱業の廃止により著しくその価値が減少するものについて、法人がその取得価額から鉱業を廃止した場合において残存すると認められる価額を控除した金額につき当該土地に係る鉱業権について選定している償却の方法に準じて計算される金額以内の金額を損金の額に算入したときは、これを認める。

（土石採取用土地等の償却）

7-6-3　土石又は砂利を採取する目的で取得した土地については、法人がその取得価額のうち土石又は砂利に係る部分につき旧生産高比例法又は生産高比例法に準ずる方法により計算される金額以内の金額を損金の額に算入したときは、これを認める。

（鉱業用減価償却資産の償却限度額の計算単位）

7-6-4　鉱業用減価償却資産に係る旧生産高比例法又は生産高比例法による償却限度額は、鉱業権については１鉱区ごと、坑道についてはその坑道ごと、その他の鉱業用減価償却資産については１鉱業所ごとに計算する。

（生産高比例法を定額法に変更した場合等の償却限度額の計算）

7-6-5　鉱業用減価償却資産の償却方法について、旧生産高比例法を旧定額法に変更した場合又は生産高比例法を定額法に変更した場合には、その後の償却限度額（令第61条第２項《減価償却資産の償却累積額による償却限度額の特例》の規定による償却限度額を除く。）は、次の（1）に定める取得価額又は残存価額を基礎とし、次の（2）に定める年数に応ずるそれぞれの償却方法に係る償却率により計算するものとする。

（1）取得価額又は残存価額は、当該減価償却資産の取得の時期に応じて次のイ又はロに定める価額による。

イ　平成19年３月31日以前に取得した減価償却資産　その変更をした事業年度開始の日

における帳簿価額を取得価額とみなし、実際の取得価額の10％相当額（鉱業権及び坑道については、零）を残存価額とする。

ロ　平成19年４月１日以後に取得した減価償却資産　その変更をした事業年度開始の日における帳簿価額を取得価額とみなす。

（2）　耐用年数は、次の資産の区分に応じ、次に定める年数による。

イ　鉱業権（試掘権を除く。）及び坑道　その変更をした事業年度開始の日以後における採掘予定数量を基礎として耐用年数省令第１条第２項第１号、第３号又は第４号《鉱業権及び坑道の耐用年数》の規定により、税務署長が認定した年数

ロ　イ以外の鉱業用減価償却資産　その資産について定められている耐用年数又は次の算式により計算した年数（その年数が２年に満たない場合には、２年）

（算　式）

$$\text{法定耐用年数} \times \frac{\text{その変更をした事業年度開始の日における当該資産の帳簿価額}}{\text{当該資産の実際の取得価額}}$$

（生産高比例法を定率法に変更した場合等の償却限度額の計算）

7-6-6　鉱業用減価償却資産（令第48条の２第１項第３号イ《鉱業用減価償却資産の償却の方法》に掲げる減価償却資産を除く。）の償却方法について、旧生産高比例法を旧定率法に変更した場合又は生産高比例法を定率法に変更した場合には、その後の償却限度額（令第61条第２項《減価償却資産の償却累積額による償却限度額の特例》の規定による償却限度額を除く。）は、7-4-3《定額法を定率法に変更した場合等の償却限度額の計算》に準じて計算する。

（定額法又は定率法を生産高比例法に変更した場合等の償却限度額の計算）

7-6-7　鉱業用減価償却資産の償却方法について、旧定額法若しくは旧定率法を旧生産高比例法に変更した場合又は定額法若しくは定率法を生産高比例法に変更した場合には、その後の償却限度額（令第61条第２項《減価償却資産の償却累積額による償却限度額の特例》の規定による償却限度額を除く。）は、当該減価償却資産の取得の時期に応じて次に定める取得価額、残存価額又は残存耐用年数を基礎として計算する。

（1）　平成19年３月31日以前に取得した減価償却資産　その変更をした事業年度開始の日における帳簿価額を取得価額とみなし、実際の取得価額の10％相当額（鉱業権及び坑道については、零）を残存価額として当該減価償却資産の残存耐用年数（当該減価償却資産の属する鉱区の当該変更をした事業年度開始の日以後における採掘予定年数がその残存耐用年数より短い場合には、当該鉱区の当該採掘予定年数。以下7-6-7において同じ。）を基礎とする。

（2）　平成19年４月１日以後に取得した減価償却資産　その変更をした事業年度開始の日における帳簿価額を取得価額とみなし、当該減価償却資産の残存耐用年数を基礎とする。

（注）当該減価償却資産の残存耐用年数は、7-4-4《定率法を定額法に変更した場合等の償却限度額の計算》の（2）のロ及び7-4-4の2《定率法を定額法に変更した後に資本的支出をした場合等》の例による。

第２款　取替資産についての償却

（取替法における取替え）

7-6-8　令第49条第２項第２号《取替法》の取替えとは、取替資産が通常使用に耐えなくなったため取り替える場合のその取替えをいうのであるから、規模の拡張若しくは増強のための取替え又は災害その他の事由により滅失したものの復旧のための取替えは、これに該当しないことに留意する。

（残存価額となった取替資産）

7-6-9　取替資産の償却限度額の計算につき取替法を採用している場合において、当該資産に係る令第49条第２項第１号《取替法》の金額の累計額がその資産の取得価額の50％相当額に達したかどうかは、規則第10条各号《取替資産の範囲》に掲げる資産の区分ごと（その規模の拡張

があった場合には、更にその拡張ごと）に判定する。

（撤去資産に付ける帳簿価額）

7-6-10　取替資産が使用に耐えなくなったため取り替えられた場合には、その取替えによる撤去資産については帳簿価額を付けないことができる。この場合においては、例えば、取り替えられた軌条をこ線橋、乗降場及び積卸場の上屋等の材料として使用したときのように新たに資産価値を認められる用に供したときは、当該撤去資産のその用に供した時の時価を新たな資産の取得価額に算入するのであるが、法人が備忘価額として１円を下らない金額を当該新たな資産の取得価額に算入しているときは、これを認める。

第３款　特別な償却率を適用する資産の償却

（償却限度額の計算）

7-6-11　特別な償却率による償却限度額は、その償却率の異なるものごとに計算する。

第４款　生物の償却

（成熟の年齢又は樹齢）

7-6-12　法人の有する令第13条第９号《牛馬果樹等》に掲げる生物の減価償却は、当該生物がその成熟の年齢又は樹齢に達した月（成熟の年齢又は樹齢に達した後に取得したものについては、取得の月）から行うことができる。この場合におけるその成熟の年齢又は樹齢は次によるものとするが、次表に掲げる生物についてその判定が困難な場合には、次表に掲げる年齢又は樹齢によることができる。

（1）　牛馬等については、通常事業の用に供する年齢とする。ただし、現に事業の用に供するに至った年齢がその年齢後であるときは、現に事業の用に供するに至った年齢とする。

（2）　果樹等については、当該果樹等の償却額を含めて通常の場合におおむね収支相償うに至ると認められる樹齢とする。

種類	用途	細目	成熟の年齢又は樹齢
牛	農業使役用		満２歳
	小運搬使役用		〃２
	繁殖用	役肉用牛	満２歳
		乳用牛	〃２
	種付用	役肉用牛	〃２
		乳用牛	〃２
	その他用		〃２
馬	農業使役用		〃２歳
	小運搬使役用		〃４
	繁殖用		〃３
	種付用		〃４
	競走用		〃２
	その他用		〃２
綿羊	種付用		〃２歳
	一般用		〃２
豚	種付用		〃２歳
	繁殖用		〃１
かんきつ樹	温州		〃15年
	その他		〃15
りんご樹			〃10年
ぶどう樹			〃６
梨樹			〃８
桃樹			〃５
桜桃樹			〃８
びわ樹			〃８
くり樹			〃８
梅樹			〃７
柿樹			〃10
あんず樹			〃７
すもも樹			〃７
いちじく樹			〃５
茶樹			〃８
オリーブ樹			〃８
桑樹		根刈り、中刈り及び高刈り	〃３
		立通	〃７
こうりやなぎ			〃３
みつまた			〃４
こうぞ			〃３
ラミー			〃３
ホップ			〃３

（転用後の償却限度額の計算）

7-6-13　牛、馬、綿羊及びやぎを耐用年数省令別表第四に掲げる一の用途から他の用途に転用した場合の転用後の償却限度額は、その転用した日の属する事業年度の翌事業年度開始の日の帳簿価額を取得価額とし、転用後の残存使用可能期間に応ずる償却率により計算する。この場合において、その残存使用可能期間が明らかでないときは、牛については８年、馬については10

年、綿羊及びやぎについては６年からそれぞれの転用の時までの満年齢（１年未満の端数は切り捨てる。）を控除した年数をその残存使用可能期間とするものとする。

第６節の２　リース資産の償却等

第１款　所有権移転外リース取引に該当しないリース取引の意義

（所有権移転外リース取引に該当しないリース取引に準ずるものの意義）

7-6の2-1　令第48条の２第５項第５号《所有権移転外リース取引》に規定する「これらに準ずるもの」として同号に規定する所有権移転外リース取引（以下この節において「所有権移転外リース取引」という。）に該当しないものとは、例えば、次に掲げるものをいう。

（1）　リース期間（法第64条の２第３項《リース取引の範囲》に規定するリース取引（以下この節において「リース取引」という。）に係る契約において定められたリース資産（同条第１項に規定するリース資産をいう。以下この節において同じ。）の賃貸借期間をいう。以下この節において同じ。）の終了後、無償と変わらない名目的な再リース料によって再リースをすることがリース契約（リース取引に係る契約をいう。以下この節において同じ。）において定められているリース取引（リース契約書上そのことが明示されていないリース取引であって、事実上、当事者間においてそのことが予定されていると認められるものを含む。）

（2）　賃貸人に対してそのリース取引に係るリース資産の取得資金の全部又は一部を貸し付けている金融機関等が、賃借人から資金を受け入れ、当該資金をして当該賃借人のリース料等の債務のうち当該賃貸人の借入金の元利に対応する部分の引受けをする構造になっているリース取引

（著しく有利な価額）

7-6の2-2　リース期間終了の時又はリース期間の中途においてリース資産を買い取る権利が与えられているリース取引について、賃借人がそのリース資産を買い取る権利に基づきリース資産を購入する場合の対価の額が、賃貸人において当該リース資産につき令第56条《減価償却資産の耐用年数、償却率等》に規定する財務省令で定める耐用年数（以下この節において「耐用年数」という。）を基礎として定率法により計算するものとした場合におけるその購入時の未償却残額に相当する金額（当該未償却残額が当該リース資産の取得価額の５％相当額を下回る場合には、当該５％相当額）以上の金額とされている場合は、当該対価の額が当該権利行使時の公正な市場価額に比し著しく下回るものでない限り、当該対価の額は令第48条の２第５項第５号ロ《所有権移転外リース取引》に規定する「著しく有利な価額」に該当しないものとする。

（専属使用のリース資産）

7-6の2-3　次に掲げるリース取引は、令第48条の２第５項第５号ハ《所有権移転外リース取引》に規定する「その使用可能期間中当該リース取引に係る賃借人によってのみ使用されると見込まれるもの」に該当することに留意する。

（1）　建物、建物附属設備又は構築物（建設工事等の用に供する簡易建物、広告用の構築物等で移設が比較的容易に行い得るもの又は賃借人におけるそのリース資産と同一の種類のリース資産に係る既往のリース取引の状況、当該リース資産の性質その他の状況からみて、リース期間の終了後に当該リース資産が賃貸人に返還されることが明らかなものを除く。）を対象とするリース取引

（2）　機械装置等で、その主要部分が賃借人における用途、その設置場所の状況等に合わせて特別な仕様により製作されたものであるため、当該賃貸人が当該リース資産の返還を受けて再び他に賃貸又は譲渡することが困難であって、その使用可能期間を通じて当該賃借人においてのみ使用されると認められるもの

を対象とするリース取引

（専用機械装置等に該当しないもの）

7-6の2-4　次に掲げる機械装置等を対象とするリース取引は、7-6の2-3(2)に定めるリース取引には該当しないものとする。

(1)　一般に配付されているカタログに示された仕様に基づき製作された機械装置等

(2)　その主要部分が一般に配付されているカタログに示された仕様に基づき製作された機械装置等で、その附属部分が特別の仕様を有するもの

(3)　(1)及び(2)に掲げる機械装置等以外の機械装置等で、改造を要しないで、又は一部改造の上、容易に同業者等において実際に使用することができると認められるもの

（形式基準による専用機械装置等の判定）

7-6の2-5　機械装置等を対象とするリース取引が、当該リース取引に係るリース資産の耐用年数の100分の80に相当する年数（1年未満の端数がある場合には、その端数を切り捨てる。）以上の年数をリース期間とするものである場合には、当該リース取引は令第48条の2第5項第5号ハ《所有権移転外リース取引》に規定する「その使用可能期間中当該リース取引に係る賃借人によってのみ使用されると見込まれるもの」には該当しないものとして取扱うことができる。

（識別困難なリース資産）

7-6の2-6　令第48条の2第5項第5号ハ《所有権移転外リース取引》に規定する「当該目的資産の識別が困難であると認められるもの」かどうかは、賃貸人及び賃借人において、そのリース資産の性質及び使用条件等に適合した合理的な管理方法によりリース資産が特定できるように管理されているかどうかにより判定するものとする。

（相当短いものの意義）

7-6の2-7　令第48条の2第5項第5号ニ《所有権移転外リース取引》に規定する「相当短いもの」とは、リース期間がリース資産の耐用年数の100分の70（耐用年数が10年以上のリース資産については、100分の60）に相当する年数（1年未満の端数がある場合には、その端数を切り捨てる。）を下回る期間であるものをいう。

(注)1　一のリース取引において耐用年数の異なる数種の資産を取引の対象としている場合（当該数種の資産について、同一のリース期間を設定している場合に限る。）において、それぞれの資産につき耐用年数を加重平均した年数（賃借人における取得価額をそれぞれの資産ごとに区分した上で、その金額ウェイトを計算の基礎として算定した年数をいう。）により判定を行っているときは、これを認めるものとする。

2　再リースをすることが明らかな場合には、リース期間に再リースの期間を含めて判定する。

（税負担を著しく軽減することになると認められないもの）

7-6の2-8　賃借人におけるそのリース資産と同一種類のリース資産に係る既往のリース取引の状況、当該リース資産の性質その他の状況からみて、リース期間の終了後に当該リース資産が賃貸人に返還されることが明らかなリース取引については、令第48条の2第5項第5号ニ《所有権移転外リース取引》に規定する「賃借人の法人税の負担を著しく軽減することになると認められもの」には該当しないことに留意する。

第2款　賃借人の処理

（賃借人におけるリース資産の取得価額）

7-6の2-9　賃借人におけるリース資産の取得価額は、原則としてそのリース期間中に支払うべきリース料の額の合計額による。ただし、リース料の額の合計額のうち利息相当額から成る部分の金額を合理的に区分することができる場合には、当該リース料の額の合計額から当該利息相当額を控除した金額を当該リース資産の取得価額とすることができる。

(注)1　再リース料の額は、原則として、リース

資産の取得価額に算入しない。ただし、再リースをすることが明らかな場合には、当該再リース料の額は、リース資産の取得価額に含まれる。

2　リース資産を事業の用に供するために賃借人が支出する付随費用の額は、リース資産の取得価額に含まれる。

3　本文ただし書の適用を受ける場合には、当該利息相当額はリース期間の経過に応じて利息法又は定額法により損金の額に算入する。

（リース期間終了の時に賃借人がリース資産を購入した場合の取得価額等）

7-6の2-10　賃借人がリース期間終了の時にそのリース取引の目的物であった資産を購入した場合（そのリース取引が令第48条の２第５項第５号イ若しくはロ《所有権移転外リース取引》に掲げるもの又はこれらに準ずるものに該当する場合を除く。）には、その購入の直前における当該資産の取得価額にその購入代価の額を加算した金額を取得価額とし、当該資産に係るその後の償却限度額は、次に掲げる区分に応じ、それぞれ次により計算する。

（1）当該資産に係るリース取引が所有権移転リース取引（所有権移転外リース取引に該当しないリース取引をいう。）であった場合　引き続き当該資産について採用している償却の方法により計算する。

（2）当該資産に係るリース取引が所有権移転外リース取引であった場合　法人が当該資産と同じ資産の区分である他の減価償却資産（リース資産に該当するものを除く。以下同じ。）について採用している償却の方法に応じ、それぞれ次により計算する。

イ　その採用している償却の方法が定率法である場合　当該資産と同じ資産の区分である他の減価償却資産に適用される耐用年数に応ずる償却率、改定償却率及び保証率により計算する。

ロ　その採用している償却の方法が定額法である場合　その購入の直前における当該資産の帳簿価額にその購入代価の額を加算した金額を取得価額とみなし、当該資産と同じ資産の区分である他の減価償却資産に適用される耐用年数から当該資産に係るリース期間を控除した年数（その年数に１年未満の端数がある場合には、その端数を切り捨て、その年数が２年に満たない場合には、２年とする。）に応ずる償却率により計算する。

（注）事業年度の中途にリース期間が終了する場合の当該事業年度の償却限度額は、リース期間終了の日以前の期間につきリース期間定額法により計算した金額とリース期間終了の日後の期間につき（2）により計算した金額の合計額による。

第３款　賃貸人の処理

（リース期間の終了に伴い返還を受けた資産の取得価額）

7-6の2-11　リース期間の終了に伴い賃貸人が賃借人からそのリース取引の目的物であった資産の返還を受けた場合には、賃貸人は当該リース期間終了の時に当該資産を取得したものとする。この場合における当該資産の取得価額は、原則として、返還の時の価額による。ただし、当該資産に係るリース契約に残価保証額の定めがある場合における当該資産の取得価額は、当該残価保証額とする。

リース期間の終了に伴い再リースをする場合についても同様とする。

（注）残価保証額とは、リース期間終了の時にリース資産の処分価額がリース取引に係る契約において定められている保証額に満たない場合にその満たない部分の金額を当該リース取引に係る賃借人その他の者がその賃貸人に支払うこととされている場合における当該保証額をいう。

（リース期間の終了に伴い取得した資産の耐用年数の見積り等）

7-6の2-12　リース期間の終了に伴い賃貸人が賃借人からそのリース取引の目的物であった資産

を取得した場合における当該資産の耐用年数は、次のいずれかの年数によることができる。

（1） 当該資産につき適正に見積ったその取得後の使用可能期間の年数

（2） 次の場合の区分に応じそれぞれ次に掲げる年数（その年数に1年未満の端数がある場合は、その端数を切り捨て、その年数が2年に満たない場合には、2年とする。）

イ 当該資産に係るリース期間が当該資産について定められている耐用年数以上である場合　当該耐用年数の20%に相当する年数

ロ 当該資産に係るリース期間が当該資産について定められている耐用年数に満たない場合　当該耐用年数からリース期間を控除した年数に、当該リース期間の20%に相当する年数を加算した年数

第4款　そ　の　他

（賃貸借期間等に含まれる再リース期間）

7-6の2-13　令第48条第1項第6号《旧国外リース期間定額法》に規定する「賃貸借の期間」には、改正前リース取引（同号に規定する改正前リース取引をいう。以下7-6の2-15において同じ。）のうち再リースをすることが明らかなものにおける当該再リースに係る賃貸借期間を含むものとする。

令第48条の2第1項第6号《リース期間定額法》に規定する「リース期間」及び令第49条の2第1項《旧リース期間定額法》に規定する「改定リース期間」についても同様とする。

（国外リース資産に係る見積残存価額）

7-6の2-14　賃貸人が、令第48条第5項第2号《見積残存価額の意義》に規定する見積残存価額について、リース料の算定に当たって国外リース資産（同条第1項第6号《旧国外リース期間定額法》に規定する国外リース資産をいう。以下7-6の2-15までにおいて同じ。）の取得価額及びその取引に係る付随費用（国外リース資産の取得に要する資金の利子、固定資産税、保険料等その取引に関連して賃貸人が支出する費用をいう。）の額の合計額からリース料として回収することとしている金額の合計額を控除した残額としている場合は、これを認める。

（国外リース資産に係る転貸リースの意義）

7-6の2-15　賃貸人が旧リース資産（改正前リース取引の目的とされている減価償却資産をいう。以下7-6の2-15において同じ。）を居住者又は内国法人に対して賃貸した後、更に当該居住者又は内国法人が非居住者又は外国法人（以下7-6の2-15において「非居住者等」という。）に対して当該旧リース資産を賃貸した場合（非居住者等の専ら国内において行う事業の用に供されている場合を除く。）において、当該旧リース資産の使用状況及び当該賃貸に至るまでの事情その他の状況に照らし、これら一連の取引が実質的に賃貸人から非居住者等に対して直接賃貸したと認められるときは、当該賃貸人の所有する当該旧リース資産は国外リース資産に該当することに留意する。

（減価償却に関する明細書）

7-6の2-16　令第63条第1項《減価償却に関する明細書の添付》の規定の適用において、同項に規定する「第131条の2第3項（リース取引の範囲）の規定により償却費として損金経理をした金額に含まれるものとされる金額」に該当するものであっても、例えば、リース期間におけるリース料の額が均等でないため、当該事業年度において償却費として損金経理をした金額とされた賃借料の額と当該事業年度のリース資産に係る償却限度額とが異なることとなるものについては、減価償却に関する明細書を用いるなどして償却超過額又は償却不足額の計算をすることに留意する。

第7節　除却損失等

第1款　除却損失等の損金算入

（取り壊した建物等の帳簿価額の損金算入）

7-7-1　法人がその有する建物、構築物等でまだ使用に耐え得るものを取り壊し新たにこれに代

わる建物、構築物等を取得した場合（7-3-6《土地とともに取得した建物等の取壊し費等》に該当する場合を除く。）には、その取り壊した資産の取壊し直前の帳簿価額（取り壊した時における廃材等の見積額を除く。）は、その取り壊した日の属する事業年度の損金の額に算入する。

（有 姿 除 却）

7-7-2　次に掲げるような固定資産については、たとえ当該資産につき解撤、破砕、廃棄等をしていない場合であっても、当該資産の帳簿価額からその処分見込価額を控除した金額を除却損として損金の額に算入することができるものとする。

（1）　その使用を廃止し、今後通常の方法により事業の用に供する可能性がないと認められる固定資産

（2）　特定の製品の生産のために専用されていた金型等で、当該製品の生産を中止したことにより将来使用される可能性のほとんどないことがその後の状況等からみて明らかなもの

（ソフトウエアの除却）

7-7-2の2　ソフトウエアにつき物理的な除却、廃棄、消滅等がない場合であっても、次に掲げるように当該ソフトウエアを今後事業の用に供しないことが明らかな事実があるときは、当該ソフトウエアの帳簿価額（処分見込価額がある場合には、これを控除した残額）を当該事実が生じた日の属する事業年度の損金の額に算入することができる。

（1）　自社利用のソフトウエアについて、そのソフトウエアによるデータ処理の対象となる業務が廃止され、当該ソフトウエアを利用しなくなったことが明らかな場合、又はハードウエアやオペレーティングシステムの変更等によって他のソフトウエアを利用することになり、従来のソフトウエアを利用しなくなったことが明らかな場合

（2）　複写して販売するための原本となるソフトウエアについて、新製品の出現、バージョンアップ等により、今後、販売を行わないことが社内りん議書、販売流通業者への通知文書等で明らかな場合

第２款　総合償却資産の除却価額等

（総合償却資産の除却価額）

7-7-3　法人の有する総合償却資産の一部について除却、廃棄、滅失又は譲渡（以下この節において「除却等」という。）があった場合における当該除却等による損益の計算の基礎となる帳簿価額は、その除却等に係る個々の資産が含まれていた総合償却資産の総合耐用年数を基礎として計算される除却等の時における未償却残額に相当する金額によるものとする。

（注）その除却等に係る個々の資産が特別償却、割増償却又は増加償却の規定の適用を受けたものであるときは、当該資産のこれらの償却に係る償却限度額に相当する金額についても、償却があったものとして未償却残額を計算することに留意する。

（償却額の配賦がされていない場合の除却価額の計算の特例）

7-7-4　法人の有する総合償却資産の一部について除却等があった場合における当該除却等による損益の計算の基礎となる帳簿価額につき、法人が継続してその除却等に係る個々の資産の個別耐用年数を基礎として計算される除却等の時における未償却残額に相当する金額によっている場合には、これを認める。

（1）　除却等に係る個々の資産の個別耐用年数を基礎として計算される除却等の時における未償却残額に相当する金額

（2）　除却等に係る個々の資産が含まれていた総合償却資産の総合耐用年数を基礎として計算される除却等の時における未償却残額に相当する金額

（注）1　その除却等に係る個々の資産が特別償却、割増償却又は増加償却の規定の適用を受けたものであるときは、当該資産のこれらの償却に係る償却限度額に相当する金額についても、償却があったものとして未償却残額を計算することに留意する。

2　個々の資産の個別耐用年数は、機械及び装置については「機械装置の個別年数と使用時間表」の「機械及び装置の細目と個別年数」の「同上算定基礎年数」を基礎として見積もられる耐用年数により、構築物については「昭和45年５月25日付直法４-25ほか１課共同『耐用年数の適用等に関する取扱通達』の制定について」通達付表３又は付表４に定める個別年数による。ただし、その除却等に係る個々の資産がこれらの表に掲げられていない場合には、当該資産と種類等を同じくする資産又は当該資産に類似する資産の個別耐用年数を基礎として見積もられる耐用年数とする。

なお、個々の資産の属する総合償却資産について耐用年数の短縮の承認を受けているものがある場合には、その承認を受けた耐用年数の算定の基礎となった個々の資産の耐用年数とする。

（償却額の配賦がされている場合の除却価額の計算の特例）

7-7-5　法人が各事業年度において計上した総合償却資産の償却費の額を、それに含まれる個々の資産に合理的基準に基づいて配賦している場合（7-7-3又は7-7-4の取扱いによっていた法人が当該事業年度において個々の資産に合理的基準に基づいて配賦した場合を含む。）に、その帳簿価額を基礎として当該個々の資産の除却等による損益の計算をしているときには、これを認める。

（注）総合償却資産の償却費の額を個々の資産につき総合耐用年数を基礎として計算される償却限度額に応じて配賦することは、合理的基準に基づく配賦に該当する。

第３款　個別償却資産の除却価額等

（個別償却資産の除却価額）

7-7-6　減価償却資産の種類、構造若しくは用途、細目又は耐用年数が同一であるため規則第19条第１項《種類等を同じくする減価償却資産の償却限度額》の規定により一の償却計算単位として償却限度額を計算している２以上の減価償却資産について、その一部の資産の除却等があった場合におけるその除却等による損益の計算の基礎となる帳簿価額は、次に掲げる場合に応じ、次による。

（1）　償却費の額が個々の資産に合理的に配賦されている場合　除却等があった資産の除却等の時の帳簿価額

（2）　償却費の額が個々の資産に配賦されていない場合　除却等があった資産につきその法定耐用年数を基礎として計算される除却等の時の未償却残額

（注）個別償却資産については、その償却額を個々の資産に合理的に配賦すべきものであるが、工具、器具及び備品のようにその配賦が困難なものもあり、これらについて(2)の適用がある。

（取得価額等が明らかでない少額の減価償却資産等の除却価額）

7-7-7　法人の有する少額の減価償却資産等（取得価額が20万円未満の減価償却資産で令第133条《少額の減価償却資産の取得価額の損金算入》及び令第133条の２《一括償却資産の損金算入》の規定の適用を受けなかったものをいう。以下7-7-8において同じ。）の一部について除却等があった場合において、その除却等をした資産の取得時期及び取得価額が明らかでないため7-7-6の(2)によることができないときは、その除却等による損益の計算の基礎となる帳簿価額は、１円による。

（注）当該少額の減価償却資産等のうちその除却等をした資産と種類、構造又は用途及び細目を同じくするもの（以下7-7-7において「少額多量保有資産」という。）の前事業年度終了の時（以下7-7-7において「基準時」という。）における帳簿価額からその除却等に係る少額多量保有資産の本文の取扱いによった帳簿価額を控除した残額が、次に掲げる算式により計算した金額を超える場合には、その超える部分の金額を当該事業年度の損金の額に算入しているときは、これを認める。

（算　式）

$$\frac{\text{当該前事業年度中に取得した少額多量保有資産の取得価額の合計額}}{\text{当該前事業年度中に取得した少額多量保有資産の数量}} \times \text{基準時における少額多量保有資産の数量のうち除却等の対象とならなかった数量}$$

（除却数量が明らかでない貸与資産の除却価額）

7-7-8　法人の有する少額の減価償却資産等が著しく多量であり、かつ、その相当部分が貸与されており、その貸与されているものの実在、除却等の状況を個別的に管理することができないため各事業年度において除却等をしたものの全部を確認することができない場合において、法人がその除却等の数量を過去における実績を基礎とする等合理的な方法により推定し、その数量につき7-7-7により除却等による損益を計算しているときは、これを認める。

（個別管理が困難な少額資産の除却処理等の簡便計算）

7-7-9　法人が、その取得価額が少額（おおむね40万円未満）で個別管理が困難な工具又は器具及び備品について、例えば、種類、構造又は用途及び細目、事業年度並びに償却方法の区分（以下7-7-9において「種類等の区分」という。）ごとの計算が可能で、その除却数量が明らかにされているものについて、その種類等の区分を同じくするものごとに一括して減価償却費の額の計算をするとともに、その取得の時期の古いものから順次除却するものとして計算した場合の未償却残額によりその除却価額を計算する方法により継続してその減価償却費の額及び除却価額の計算を行っている場合には、これを認める。

（追加償却資産に係る除却価額）

7-7-10　令第55条第５項《資本的支出の取得価額の特例》の規定の適用を受けた一の減価償却資産を構成する各追加償却資産の一部に除却等があった場合には、当該除却等に係る追加償却資産を一の資産として、その除却等による損益を計算することに留意する。この場合において、その除却等による損益の計算の基礎となる帳簿価額は、7-4-2の2《転用した追加償却資産に係る償却限度額等》の（１）又は（２）の取扱いに準じて計算した金額による。

第８節　資本的支出と修繕費

（資本的支出の例示）

7-8-1　法人がその有する固定資産の修理、改良等のために支出した金額のうち当該固定資産の価値を高め、又はその耐久性を増すこととなると認められる部分に対応する金額が資本的支出となるのであるから、例えば次に掲げるような金額は、原則として資本的支出に該当する。

（１）　建物の避難階段の取付け等物理的に付加した部分に係る費用の額

（２）　用途変更のための模様替え等改造又は改装に直接要した費用の額

（３）　機械の部分品を特に品質又は性能の高いものに取り替えた場合のその取替えに要した費用の額のうち通常の取替えの場合にその取替えに要すると認められる費用の額を超える部分の金額

（注）建物の増築、構築物の拡張、延長等は建物等の取得に当たる。

（修繕費に含まれる費用）

7-8-2　法人がその有する固定資産の修理、改良等のために支出した金額のうち当該固定資産の通常の維持管理のため、又はき損した固定資産につきその原状を回復するために要したと認められる部分の金額が修繕費となるのであるが、次に掲げるような金額は、修繕費に該当する。

（１）　建物の移えい又は解体移築をした場合（移えい又は解体移築を予定して取得した建物についてした場合を除く。）におけるその移えい又は移築に要した費用の額。ただし、解体移築にあっては、旧資材の70％以上がその性質上再使用できる場合であって、当該旧資材をそのまま利用して従前の建物と同一の規模及び構造の建物を再建築するものに限る。

（２）　機械装置の移設（7-3-12《集中生産を行う等のための機械装置の移設費》の本文の適

用のある移設を除く。）に要した費用（解体費を含む。）の額

（3） 地盤沈下した土地を沈下前の状態に回復するために行う地盛りに要した費用の額。ただし、次に掲げる場合のその地盛りに要した費用の額を除く。

イ 土地の取得後直ちに地盛りを行った場合

ロ 土地の利用目的の変更その他土地の効用を著しく増加するための地盛りを行った場合

ハ 地盤沈下により評価損を計上した土地について地盛りを行った場合

（4） 建物、機械装置等が地盤沈下により海水等の浸害を受けることとなったために行う床上げ、地上げ又は移設に要した費用の額。ただし、その床上工事等が従来の床面の構造、材質等を改良するものである等明らかに改良工事であると認められる場合のその改良部分に対応する金額を除く。

（5） 現に使用している土地の水はけを良くする等のために行う砂利、砕石等の敷設に要した費用の額及び砂利道又は砂利路面に砂利、砕石等を補充するために要した費用の額

（少額又は周期の短い費用の損金算入）

7-8-3 一の計画に基づき同一の固定資産について行う修理、改良等（以下7-8-5までにおいて「一の修理、改良等」という。）が次のいずれかに該当する場合には、その修理、改良等のために要した費用の額については、7-8-1にかかわらず、修繕費として損金経理をすることができるものとする。

（1） その一の修理、改良等のために要した費用の額（その一の修理、改良等が2以上の事業年度にわたって行われるときは、各事業年度ごとに要した金額。以下7-8-5までにおいて同じ。）が20万円に満たない場合

（2） その修理、改良等がおおむね3年以内の期間を周期として行われることが既往の実績その他の事情からみて明らかである場合

(注) 本文の「同一の固定資産」は、一の設備が2以上の資産によって構成されている場合には当該一の設備を構成する個々の資産とし、送配管、送配電線、伝導装置等のように一定規模でなければその機能を発揮できないものについては、その最小規模として合理的に区分した区分ごととする。以下7-8-5までにおいて同じ。

（形式基準による修繕費の判定）

7-8-4 一の修理、改良等のために要した費用の額のうちに資本的支出であるか修繕費であるかが明らかでない金額がある場合において、その金額が次のいずれかに該当するときは、修繕費として損金経理をすることができるものとする。

（1） その金額が60万円に満たない場合

（2） その金額がその修理、改良等に係る固定資産の前期末における取得価額のおおむね10%相当額以下である場合

(注)1 前事業年度前の各事業年度において、令第55条第4項《資本的支出の取得価額の特例》の規定の適用を受けた場合における当該固定資産の取得価額とは、同項に規定する一の減価償却資産の取得価額をいうのではなく、同項に規定する旧減価償却資産の取得価額と追加償却資産の取得価額との合計額をいうことに留意する。

2 固定資産には、当該固定資産についてした資本的支出が含まれるのであるから、当該資本的支出が同条第5項の規定の適用を受けた場合であっても、当該固定資産に係る追加償却資産の取得価額は当該固定資産の取得価額に含まれることに留意する。

（資本的支出と修繕費の区分の特例）

7-8-5 一の修理、改良等のために要した費用の額のうちに資本的支出であるか修繕費であるかが明らかでない金額（7-8-3又は7-8-4の適用を受けるものを除く。）がある場合において、法人が、継続してその金額の30%相当額とその修理、改良等をした固定資産の前期末における取得価額の10%相当額とのいずれか少ない金額を修繕

費とし、残額を資本的支出とする経理をしているときは、これを認める。

（注）当該固定資産の前期末における取得価額については、7-8-4の(2)の(注)による。

（災害の場合の資本的支出と修繕費の区分の特例）

7-8-6　災害により被害を受けた固定資産（当該被害に基づき法第33条第2項《資産の評価損の損金算入》の規定による評価損を計上したものを除く。以下7-8-6において「被災資産」という。）について支出した次に掲げる費用に係る資本的支出と修繕費の区分については、7-8-1から7-8-5までの取扱いにかかわらず、それぞれ次による。

(1)　被災資産につきその原状を回復するために支出した費用は、修繕費に該当する。

(2)　被災資産の被災前の効用を維持するために行う補強工事、排水又は土砂崩れの防止等のために支出した費用について、法人が、修繕費とする経理をしているときは、これを認める。

(3)　被災資産について支出した費用（上記(1)又は(2)に該当する費用を除く。）の額のうちに資本的支出であるか修繕費であるかが明らかでないものがある場合において、法人が、その金額の30％相当額を修繕費とし、残額を資本的支出とする経理をしているときは、これを認める。

（注）1　法人が、被災資産の復旧に代えて資産の取得をし、又は特別の施設（被災資産の被災前の効用を維持するためのものを除く。）を設置する場合の当該資産又は特別の施設は新たな資産の取得に該当し、その取得のために支出した金額は、これらの資産の取得価額に含めることに留意する。

2　上記の固定資産に係る災害の場合の資本的支出と修繕費の区分の特例は、令第114条《固定資産に準ずる繰延資産》に規定する繰延資産に係る他の者の有する固定資産につき、災害により損壊等の被害があった場合について準用する。

（ソフトウエアに係る資本的支出と修繕費）

7-8-6の2　法人が、その有するソフトウエアにつきプログラムの修正等を行った場合において、当該修正等が、プログラムの機能上の障害の除去、現状の効用の維持等に該当するときはその修正等に要した費用は修繕費に該当し、新たな機能の追加、機能の向上等に該当するときはその修正等に要した費用は資本的支出に該当することに留意する。

（注）1　既に有しているソフトウエア又は購入したパッケージソフトウエア等の仕様を大幅に変更するための費用のうち、7－3－15の2(注)2《自己の製作に係るソフトウエアの取得価額等》により取得価額になったもの（7－3－15の3《ソフトウエアの取得価額に算入しないことができる費用》により取得価額に算入しないこととしたものを含む。）以外のものは、資本的支出に該当することに留意する。

2　本文の修正等に要した費用（修繕費に該当するものを除く。）又は上記(注)1の費用が研究開発費（自社利用のソフトウエアについてした支出に係る研究開発費については、その自社利用のソフトウエアの利用により将来の収益獲得又は費用削減にならないことが明らかな場合における当該研究開発費に限る。）に該当する場合には、資本的支出に該当しないこととすることができる。

（機能復旧補償金による固定資産の取得又は改良）

7-8-7　法人が、その有する固定資産について電波障害、日照妨害、風害、騒音等による機能の低下があったことによりその原因者からその機能を復旧するための補償金の交付を受けた場合において、当該補償金をもってその交付の目的に適合した固定資産の取得又は改良をしたときは、その取得又は改良に充てた補償金の額のうちその機能復旧のために支出したと認められる部分の金額に相当する金額は、修繕費等として損金の額に算入することができる。

当該補償金の交付に代えて、その原因者から機能復旧のための固定資産の交付を受け、又は当該原因者が当該固定資産の改良を行った場合についても、同様とする。

(注) 当該補償金の交付を受けた日の属する事業年度終了の時までにその機能復旧のための固定資産の取得又は改良をすることができなかった場合においても、その後速やかにその取得又は改良をすることが確実であると認められるときは、当該補償金の額のうちその取得又は改良に充てることが確実と認められる部分の金額に限り、その取得又は改良をする時まで仮受金として経理することができる。

(地盤沈下による防潮堤、防波堤等の積上げ費)

7-8-8　法人が地盤沈下に起因して防潮堤、防波堤、防水堤等の積上げ工事を行った場合において、数年内に再び積上げ工事を行わなければならないものであると認められるときは、その積上げ工事に要した費用を一の減価償却資産として償却することができる。

(耐用年数を経過した資産についてした修理、改良等)

7-8-9　耐用年数を経過した減価償却資産について修理、改良等をした場合であっても、その修理、改良等のために支出した費用の額に係る資本的支出と修繕費の区分については、一般の例によりその判定を行うことに留意する。

(損壊した賃借資産等に係る補修費)

7-8-10　法人が賃借資産（賃借をしている土地、建物、機械装置等をいう。）につき修繕等の補修義務がない場合においても、当該賃借資産が災害により被害を受けたため、当該法人が、当該賃借資産の原状回復のための補修を行い、その補修のために要した費用を修繕費として経理したときは、これを認める。

法人が、修繕等の補修義務がない販売をした又は賃貸をしている資産につき補修のための費用を支出した場合においても、同様とする。

(注) 1　この取扱いにより修繕費として取り扱う費用は、12-2-6《災害損失特別勘定の設定》の災害損失特別勘定への繰入れの対象とはならないことに留意する。

2　当該法人が、その修繕費として経理した金額に相当する金額につき賃貸人等から支払を受けた場合には、その支払を受けた日の属する事業年度の益金の額に算入する。

3　法人が賃借している法第64条の２第１項《リース取引に係る所得の金額の計算》に規定するリース資産が災害により被害を受けたため、契約に基づき支払うこととなる規定損害金（免除される金額及び災害のあった日の属する事業年度において支払った金額を除く。）については、災害のあった日の属する事業年度において、未払金として計上することができることに留意する。

第９節　劣化資産

(劣化資産の意義)

7-9-1　劣化資産とは、生産設備の本体の一部を構成するものではないが、それと一体となって繰り返し使用される資産で、数量的に減耗し、又は質的に劣化するものをいう。

(注) 次のものは、劣化資産に該当する。

（1）　冷媒
（2）　触媒
（3）　熱媒
（4）　吸着材及び脱着材
（5）　溶剤及び電解液
（6）　か性ソーダ製造における水銀
（7）　鋳物製造における砂
（8）　亜鉛鉄板製造における溶融鉛
（9）　アルミニューム電解用の陽極カーボン及び氷晶石
（10）　発電用原子炉用の重水及び核燃料棒

(棚卸資産とする劣化資産)

7-9-2　劣化資産のうち製造工程において生産の

流れに参加し、かつ、中間生産物の物理的又は化学的組成となるものについては、法人がこれを棚卸資産として経理している場合には、これを認める。

(注) 7-9-1の(注)の(5)又は(6)に掲げるものがこれに該当する。

（劣化等により全量を一時に取り替える劣化資産）

7-9-3　劣化資産(7-9-2により棚卸資産として経理したものを除く。以下この節において同じ。)のうち、主として質的に劣化する等のため、一の設備に使用されている数量の全部を一時に取り替えるものについては、次による。

(1)　事業の開始又は拡張のために取得したものについては、その取得価額を資産に計上し、その取得価額から取替えの時における処分見込価額を控除した金額を、その投入の時から取替えの時までの期間を基礎として定額法又は生産高比例法に準じて償却する。

(2)　一の設備に使用されている数量の全部を取り替えた場合には、その取り替えたものの取得価額を資産に計上して、(1)により償却し、その取り除いたものの帳簿価額からその取替えの時における処分見込価額を控除した金額を損金の額に算入する。

(3)　劣化等による減耗分の補充をした場合には、その補充のために要した金額を支出の都度損金の額に算入する。

（全量を一時に取り替えないで随時補充する劣化資産）

7-9-4　劣化資産のうち、主として数量的に減耗し、その減耗分を補充することにより長期間にわたりおおむね同様な状態において事業の用に供することができるものについて、法人が次のいずれかの方法により継続して経理しているときは、これを認める。

(1)　事業の開始又は拡張のために取得したものの取得価額を資産に計上し、その資産の減耗分の補充のために要した金額をその支出の都度損金の額に算入する方法

(2)　事業の開始又は拡張のために取得したものの取得価額を資産に計上し、その取得価額の50%相当額に達するまで減耗率により計算した償却額を各事業年度の損金の額に算入するとともに、その資産の減耗分の補充のために要した金額をその支出の都度損金の額に算入する方法

(3)　事業の開始又は拡張のために取得したものの取得価額を資産に計上し、その資産の減耗分の補充をしたときは、その補充のために要した金額を資産に計上するとともに、その資産の帳簿価額のうち減耗分に対応する金額を損金の額に算入する方法

(4)　各事業年度終了の時において有する劣化資産を棚卸資産の評価方法に準じて評価する方法

（少額な劣化資産の損金算入）

7-9-5　一の設備に通常使用される劣化資産でその取得価額が少額（おおむね60万円未満）なものは、事業の用に供した都度損金の額に算入することができる。

特別償却の指定告示

■ 令和6年4月現在・特定船舶の特別償却に係る指定告示……222

●租税特別措置法第43条第1項の規定の適用を受ける船舶を指定する告示（平27．3．31国土交通省告示第473号・令5．6．30国土交通省告示第625号最終改正）……222

別表一　外航船舶……223

別表二　内航船舶……236

別表三　環境への負荷の低減に著しく資する内航船舶……238

■ 令和6年4月現在・医療用機器等の特別償却に係る指定告示等……239

●租税特別措置法第45条の2第1項の規定の適用を受ける機械及び装置並びに器具及び備品を指定する件（平21．3．31厚生労働省告示第248号・令5．3．31厚生労働省告示第166号最終改正）……239

別表……239

●租税特別措置法施行令第28条の10第2項第1号に規定する厚生労働大臣が定める要件等を定める件（平成31年3月29日厚生労働省告示第151号・令3．3．31厚生労働省告示第160号最終改正）……245

●租税特別措置法施行令第28条の10第4項に規定する厚生労働大臣が定める事項等を定める件（平成31年3月29日厚生労働省告示第153号）……247

■ 令和6年4月現在・倉庫用建物等の割増償却に関する要件の告示……248

●租税特別措置法第48条第1項の規定の適用を受ける倉庫用の建物及びその附属設備並びに構築物の要件を定める件（平21．3．31国土交通省告示第375号・平25．3．30国土交通省告示第329号最終改正）……248

令和６年４月現在

特定船舶の特別償却に係る指定告示

■租税特別措置法第43条第１項の規定の適用を受ける船舶を指定する告示（平成27年３月31日国土交通省告示第473号・令和５年６月30日国土交通省告示第625号最終改正）

租税特別措置法施行令第28条第２項、第４項及び第５項の規定に基づき、租税特別措置法第43条第１項の規定の適用を受ける船舶を次のように指定する。

（注）　この告示は、令和５年７月１日から適用する。

（特定海上運送業の経営の合理化及び環境への負荷の低減に資する船舶）

一　租税特別措置法（以下「法」という。）第43条第１項に規定する特定海上運送業の経営の合理化及び環境への負荷の低減に資する船舶　次に掲げる事業の区分に応じそれぞれ次に定める船舶（薬品タンク船を除く。）

イ　租税特別措置法施行令（以下「令」という。）第28条第１項に規定する海洋運輸業　別表一に掲げる船舶

ロ　令第28条第１項に規定する沿海運輸業　別表二に掲げる船舶

（環境への負荷の低減に著しく資する外航船舶）

二　法第43条第１項第１号イに規定する環境への負荷の低減に著しく資する船舶　海上運送法（昭和24年法律第187号）第39条の10第１項に規定する先進船舶（平成31年３月31日以前に建造契約が結ばれたものについては、同年４月１日以後に建造に着手されたものに限る。）のうち、次に掲げる船舶の区分に応じそれぞれ次に定めるもの

イ　令和５年４月１日以後に取得又は製作をする船舶（同日前に結ばれた契約に基づき取得をするものを除く。）　海上運送法施行規則（昭和24年運輸省令第49号）第42条の８第１号に規定する環境への負荷の低減に資する物質（先進船舶の対象範囲を定める告示（平成29年国土交通省告示第886号）第１条第１号に掲げるものに限る。）を燃料とする船舶又は同令第42条の８第２号に規定する先進的な技術（同告示第２条第２号イからヘまでに掲げる設備又は材料の区分に応じそれぞれ同号イからヘまでに定めるものに限る。）が使用されている当該設備若しくは材料のいずれかを有し、若しくは使用している船舶

ロ　イに掲げる船舶以外の船舶　海上運送法施行規則第42条の８第２号に規定する先進的な技術（先進船舶の対象範囲を定める告示第２条第２号イからトまでに掲げる設備又は材料の区分に応じそれぞれ同号イからトまでに定めるものに限る。）が使用されている当該設備又は材料のいずれかを有し、又は使用している船舶

（環境への負荷の低減に著しく資する内航船舶）

三　法第43条第１項第４号に規定する環境への負荷の低減に著しく資する船舶　別表三に掲げる船舶

別表一　外航船舶

番号	船　　　　　舶
1	海洋汚染等及び海上災害の防止に関する法律（昭和45年法律第136号。以下「海防法」という。）第19条の26第１項に規定する国土交通大臣の確認を受けなければならない船舶（２の項第１号イからトまで及び３の項第１号イからへまでに掲げる用途及び大きさの船舶に限る。）以外の船舶で、第１号から第25号までに掲げる装置、機器及び船型の全てを有している鋼船（第26号から第33号までに規定する船舶にあっては、それぞれこれらの号に掲げる機器及び装置を有しているものに限る。） 一　主機関又は推進装置（次のいずれかに該当するものに限る。） イ　窒素酸化物放出量削減型主機関（原動機（窒素酸化物の放出量を低減させるための装置が備え付けられている場合にあっては、当該装置を含む。以下同じ。）が次のいずれかに該当するものに限る。） （１）　海洋汚染等及び海上災害の防止に関する法律施行令（昭和46年政令第201号。以下「海防法施行令」という。）第11条の７の表第１号中欄イからへまで及び第２号中欄イからハまでに掲げる原動機（海洋汚染等及び海上災害の防止に関する法律施行令の一部を改正する政令（平成27年政令第295号。以下「平成27年改正令」という。）附則第２項各号に掲げるものを除く。）であって、１キロワット時当たりの窒素酸化物の放出量の値が次に掲げるその使用する放出海域の区分に応じそれぞれ次に定める値以下となるもの（次に掲げる放出海域のいずれにおいても使用するものにあっては、（ⅰ）に掲げる放出海域で使用する場合には（ⅰ）に定める値以下となり、かつ、（ⅱ）に掲げる放出海域で使用する場合には（ⅱ）に定める値以下となるもの） （ⅰ）　海防法施行令第11条の７の表第１号上欄に掲げる放出海域　同号中欄に掲げる原動機の種類、能力及び用途の区分に応じそれぞれ同号下欄に掲げる窒素酸化物の放出量に係る放出基準の値に20分の19.5を乗じて算出された値 （ⅱ）　海防法施行令第11条の７の表第２号上欄に掲げる放出海域　同号中欄に掲げる原動機の種類、能力及び用途の区分に応じそれぞれ同号下欄に掲げる窒素酸化物の放出量に係る放出基準の値に80分の78を乗じて算出された値 （２）　平成27年改正令附則第２項第１号から第３号までに掲げる原動機のうち平成27年改正令による改正前の海防法施行令第11条の７の表第１号から第３号までの上欄に掲げるものであって、１キロワット時当たりの窒素酸化物の放出量の値が同欄に掲げる原動機の種類、能力及び用途の区分に応じそれぞれ同表第１号から第３号までの下欄に掲げる窒素酸化物の放出量に係る放出基準の値に80分の78を乗じて算出された値以下となるもの ロ　電子制御型ディーゼル主機関 ハ　電気推進装置 二　船橋に設置された主機関の遠隔操縦装置並びに主機関の関連諸装置の作動状況の集中監視及び異常警報装置 三　電源自動制御装置 四　推進機関の運転に関連のある潤滑油ポンプ、燃料供給ポンプ及び冷却ポンプの予備ポンプへの自動切替装置 五　主機関過回転防止装置及び潤滑油圧力低下に対する保護装置 六　主機関の燃料油（加熱を要するものに限る。）、潤滑油及び冷却水並びに発電用機関の潤滑油及び冷却水の自動温度制御装置 七　燃料タンク（次のいずれかに該当するものに限る。） イ　船底外板及び船側外板をその構造に含まないもの ロ　オーバーフロー・ラインを有するもの

番号	船舶
	八　機関室内異常警報の機関員居住区域への表示装置 九　機関室内火災探知装置 十　機関室内ビルジの高位警報装置 十一　船首及び船尾の係留用ウィンチの遠隔制御装置 十二　衛星航法装置 十三　自動操舵装置 十四　発電用機関（次のいずれかに該当するものに限る。） イ　燃料油（加熱を要するものに限る。）の自動温度制御装置付発電機関 ロ　Ａ重油専用発電機関 ハ　ターボ・ジェネレーター ニ　風力発電機関 ホ　排気ガス浄化装置付発電機関 十五　燃料タンクの遠隔液面監視装置及び高位警報装置 十六　主機関の運転状態の自動記録装置 十七　ビルジ処理装置（油水分離機能及び油の焼却機能を有するものに限る。）又は廃油焚ボイラー 十八　汚水処理装置（微生物による処理及び塩素又は紫外線による消毒を行うものに限る。） 十九　海事衛星通信装置 二十　自動衝突予防援助装置 二十一　造水機（主機関で生じた廃熱を利用するものに限る。） 二十二　給湯機（主機関で生じた廃熱を利用するものに限る。） 二十三　推進関係機器（次のいずれかに該当するものに限る。）、エア・シール型船尾管軸封装置又は風圧抵抗軽減型船首 イ　推進効率改良型プロペラ（プロペラ・ボス取付翼、ハイスキュー・プロペラ、可変ピッチ・プロペラ又は二重反転プロペラに限る。） ロ　推進効率改良型舵（整流板付舵、フラップ付舵又はシリング舵に限る。） ハ　船尾装着フィン 二十四　船首方位制御装置 二十五　熱効率改良装置（排気ガスエコノマイザー、軸発電機装置又は冷却清水熱利用装置に限る。） 二十六　ボイラーを有する船舶にあっては、Ａ重油専用ボイラー、自動制御型ボイラー又はコンポジット・ボイラー 二十七　荷役用のサイド・ポート、ランプ・ウェイ又は暴露甲板の鋼製ハッチ・カバー（ポンツーン型のものを除く。）を有する船舶にあっては、その動力駆動装置 二十八　コンテナ船、重量物運搬船（制限荷重が100トン以上の揚貨装置を有する船舶をいう。）又は油タンク船（永久バラスト・タンクを有するものを除く。）にあっては、バラスト・タンクの遠隔制御装置 二十九　燃料油タンクの船外からの注油管の弁の数が５以上の船舶（当該弁の集中配置場所が２以下のものを除く。）にあっては、当該弁の遠隔制御装置 三十　ばら積みの液体貨物を輸送する船舶にあっては、当該液体貨物の荷役装置の遠隔制御装置 三十一　平成27年４月１日以後に建造契約を結び建造をする船舶（建造契約がない船舶にあっては、平成27年10月１日以後に建造に着手されたもの）にあっては、2004年の船舶のバラスト水及び沈殿物の規制及び管理のための国際条約に適合するものとして当該条約の締約国（締約国となることを予定する国を含む。）が承認（当該条約の発効前の承認を含む。）をしたバラスト

番号	船舶
	水処理装置 三十二　令和３年４月１日以後に建造契約を結び建造をする船舶（建造契約がない船舶にあっては、同年10月１日以後に建造に着手されたもの）にあっては、グレイウォータータンク 三十三　令和３年４月１日以後に建造契約を結び建造をする船舶（建造契約がない船舶にあっては、同年10月１日以後に建造に着手されたもの）にあっては、ビルジプライマリータンク
2	海防法第19条の26第１項に規定する国土交通大臣の確認を受けなければならない船舶（第１号イからトまでに掲げる用途及び大きさの船舶に限る。）で、同項に規定する二酸化炭素放出抑制指標（以下「二酸化炭素放出抑制指標」という。）の値が次の各号に掲げる船舶の区分に応じ当該各号に定める二酸化炭素放出抑制指標の値以下であり、かつ、１の項第１号から第13号まで及び第15号から第20号までに掲げる装置及び機器の全てを有している鋼船（同項第27号から第33号までに規定する船舶にあっては、それぞれこれらの号に掲げる装置を有しているものに限る。） 一　令和７年１月１日以後に建造契約が結ばれた船舶（建造契約がない船舶にあっては、同年７月１日以後に建造に着手されたもの）　次に掲げる船舶の用途及び船舶の大きさの区分に応じそれぞれ次に定める二酸化炭素放出抑制指標の値 イ　二酸化炭素放出抑制対象船舶の二酸化炭素放出抑制指標等に関する基準を定める省令（平成24年国土交通省・環境省令第３号。以下「指標基準省令」という。）第１条第３項に規定するタンカー等（以下「タンカー等」という。）（次に掲げるものに限るものとし、ロに掲げるものを除く。）　次に掲げる区分に応じそれぞれ次に定める算式により算定した値 （１）　載貨重量トン数（以下「Dw」という。）が20,000トン以上のもの　$840.972\,Dw^{-0.488}$ （２）　Dwが4,000トン以上20,000トン未満のもの $1,218.8Dw^{-0.488}\ (0.88-0.19\dfrac{Dw-4,000}{16,000})$ ロ　タンカー等（次に掲げるもので、その貨物倉の一部分がばら積みの固体貨物の輸送のための構造を有するものに限る。）　次に掲げる区分に応じそれぞれ次に定める算式により算定した値 （１）　Dwが20,000トン以上のもの　$841.11\,Dw^{-0.488}$ （２）　Dwが4,000トン以上20,000トン未満のもの $1,219Dw^{-0.488}\ (0.88-0.19\dfrac{Dw-4,000}{16,000})$ ハ　指標基準省令第１条第４項に規定する液化ガスばら積船（以下「液化ガスばら積船」という。）（次に掲げるものに限る。）　次に掲げる区分に応じそれぞれ次に定める算式により算定した値 （１）　Dwが15,000トン以上のもの　$744.8\,Dw^{-0.456}$ （２）　Dwが10,000トン以上15,000トン未満のもの　$772.8\,Dw^{-0.456}$ （３）　Dwが2,000トン以上10,000トン未満のもの $1,120Dw^{-0.456}\ (0.88-0.19\dfrac{Dw-2,000}{8,000})$ ニ　指標基準省令第１条第７項に規定するばら積貨物船（以下「ばら積貨物船」という。）（次に掲げるものに限る。）　次に掲げる区分に応じそれぞれ次に定める算式により算定した値 （１）　Dwが20,000トン以上のもの　$663.6351Dw^{-0.477}$ （２）　Dwが10,000トン以上20,000トン未満のもの $961.79Dw^{-0.477}\ (0.88-0.19\dfrac{Dw-10,000}{10,000})$ ホ　指標基準省令第１条第８項に規定するコンテナ船（以下「コンテナ船」という。）（次に掲

番号	船　　　　　　　　　　　　舶
	げるものに限る。)　次に掲げる区分に応じそれぞれ次に定める算式により算定した値 (1)　Dwが200,000トン以上のもの　$81.0123Dw^{-0.201}$ (2)　Dwが120,000トン以上200,000トン未満のもの　$89.7233Dw^{-0.201}$ (3)　Dwが80,000トン以上120,000トン未満のもの　$98.4343Dw^{-0.201}$ (4)　Dwが40,000トン以上80,000トン未満のもの　$107.1453Dw^{-0.201}$ (5)　Dwが15,000トン以上40,000トン未満のもの　$115.8563\ Dw^{-0.201}$ (6)　Dwが10,000トン以上15,000トン未満のもの $174.22Dw^{-0.201}\ (0.815-0.15\dfrac{Dw-10,000}{5,000})$ ヘ　指標基準省令第１条第９項に規定する冷凍運搬船（以下「冷凍運搬船」という。）(次に掲げるものに限る。)　次に掲げる区分に応じそれぞれ次に定める算式により算定した値 (1)　Dwが5,000トン以上のもの　$156.6369Dw^{-0.244}$ (2)　Dwが3,000トン以上5,000トン未満のもの $227.01Dw^{-0.244}\ (0.88-0.19\dfrac{Dw-3,000}{2,000})$ ト　指標基準省令第１条第12項に規定する一般貨物船（以下「一般貨物船」という。）(次に掲げるものに限る。)　次に掲げる区分に応じそれぞれ次に定める算式により算定した値 (1)　Dwが15,000トン以上のもの　$71.4742Dw^{-0.216}$ (2)　Dwが3,000トン以上15,000トン未満のもの $107.48Dw^{-0.216}\ (0.88-0.215\dfrac{Dw-3,000}{12,000})$ 二　令和４年４月１日から令和６年12月31日までの間に建造契約が結ばれた船舶（建造契約がない船舶にあっては、令和４年10月１日から令和７年６月30日までの間に建造に着手されたもの）　次に掲げる船舶の用途及び船舶の大きさの区分に応じそれぞれ次に定める二酸化炭素放出抑制指標の値 イ　タンカー等（次に掲げるものに限るものとし、ロに掲げるものを除く。）　次に掲げる区分に応じそれぞれ次に定める算式により算定した値 (1)　Dwが20,000トン以上のもの $950.664Dw^{-0.488}$ (2)　Dwが4,000トン以上20,000トン未満のもの $1,218.8Dw^{-0.488}\ (0.88-0.1\dfrac{Dw-4,000}{16,000})$ ロ　タンカー等（次に掲げるもので、その貨物倉の一部分がばら積みの固体貨物の輸送のための構造を有するものに限る。）　次に掲げる区分に応じそれぞれ次に定める算式により算定した値 (1)　Dwが20,000トン以上のもの　$950.82Dw^{-0.488}$ (2)　Dwが4,000トン以上20,000トン未満のもの $1,219Dw^{-0.488}\ (0.88-0.1\dfrac{Dw-4,000}{16,000})$ ハ　液化ガスばら積船（次に掲げるものに限る。）　次に掲げる区分に応じそれぞれ次に定める算式により算定した値 (1)　Dwが15,000トン以上のもの　$761.6Dw^{-0.456}$ (2)　Dwが10,000トン以上15,000トン未満のもの　$873.6Dw^{-0.456}$ (3)　Dwが2,000トン以上10,000トン未満のもの

番号	船舶
	$1,120Dw^{-0.456}\ (0.88-0.1\frac{Dw-2,000}{8,000})$
	ニ　ばら積貨物船（次に掲げるものに限る。）　次に掲げる区分に応じそれぞれ次に定める算式により算定した値
	（1）　Dwが20,000トン以上のもの　$750.1962Dw^{-0.477}$
	（2）　Dwが10,000トン以上20,000トン未満のもの
	$961.79Dw^{-0.477}\ (0.88-0.1\frac{Dw-10,000}{10,000})$
	ホ　コンテナ船（次に掲げるものに限る。）　次に掲げる区分に応じそれぞれ次に定める算式により算定した値
	（1）　Dwが200,000トン以上のもの　$83.6256Dw^{-0.201}$
	（2）　Dwが120,000トン以上200,000トン未満のもの　$92.3366Dw^{-0.201}$
	（3）　Dwが80,000トン以上120,000トン未満のもの　$101.0476Dw^{-0.201}$
	（4）　Dwが40,000トン以上80,000トン未満のもの　$109.7586Dw^{-0.201}$
	（5）　Dwが15,000トン以上40,000トン未満のもの　$118.4696Dw^{-0.201}$
	（6）　Dwが10,000トン以上15,000トン未満のもの
	$174.22Dw^{-0.201}\ (0.83-0.15\frac{Dw-10,000}{5,000})$
	ヘ　冷凍運搬船（次に掲げるものに限る。）　次に掲げる区分に応じそれぞれ次に定める算式により算定した値
	（1）　Dwが5,000トン以上のもの　$177.0678Dw^{-0.244}$
	（2）　Dwが3,000トン以上5,000トン未満のもの
	$227.01Dw^{-0.244}\ (0.88-0.1\frac{Dw-3,000}{2,000})$
	ト　一般貨物船（次に掲げるものに限る。）　次に掲げる区分に応じそれぞれ次に定める算式により算定した値
	（1）　Dwが15,000トン以上のもの　$73.0864Dw^{-0.216}$
	（2）　Dwが3,000トン以上15,000トン未満のもの
	$107.48Dw^{-0.216}\ (0.88-0.2\frac{Dw-3,000}{12,000})$
	二　令和２年１月１日から令和４年３月31日までの間に建造契約が結ばれた船舶（建造契約がない船舶にあっては、令和２年７月１日から令和４年９月30日までの間に建造に着手されたもの）　次に掲げる船舶の用途及び船舶の大きさの区分に応じそれぞれ次に定める二酸化炭素放出抑制指標の値
	イ　タンカー等（次に掲げるものに限るものとし、ロに掲げるものを除く。）　次に掲げる区分に応じそれぞれ次に定める算式により算定した値
	（1）　Dwが20,000トン以上のもの　$950.664Dw^{-0.488}$
	（2）　Dwが4,000トン以上20,000トン未満のもの
	$1,218.8Dw^{-0.488}\ (0.88-0.1\frac{Dw-4,000}{16,000})$
	ロ　タンカー等（次に掲げるもので、その貨物倉の一部分がばら積みの固体貨物の輸送のための構造を有するものに限る。）　次に掲げる区分に応じそれぞれ次に定める算式により算定した値
	（1）　Dwが20,000トン以上のもの　$950.82Dw^{-0.488}$

番号	船舶
	（２） Dwが4,000トン以上20,000トン未満のもの $1,219Dw^{-0.488}\ (0.88-0.1\frac{Dw-4,000}{16,000})$ ハ　液化ガスばら積船（次に掲げるものに限る。）　次に掲げる区分に応じそれぞれ次に定める算式により算定した値 （１） Dwが10,000トン以上のもの　$873.6Dw^{-0.456}$ （２） Dwが2,000トン以上10,000トン未満のもの $1,120Dw^{-0.456}\ (0.88-0.1\frac{Dw-2,000}{8,000})$ ニ　ばら積貨物船（次に掲げるものに限る。）　次に掲げる区分に応じそれぞれ次に定める算式により算定した値 （１） Dwが20,000トン以上のもの　$750.1962Dw^{-0.477}$ （２） Dwが10,000トン以上20,000トン未満のもの $961.79Dw^{-0.477}\ (0.88-0.1\frac{Dw-10,000}{10,000})$ ホ　コンテナ船（次に掲げるものに限る。）　次に掲げる区分に応じそれぞれ次に定める算式により算定した値 （１） Dwが15,000トン以上のもの　$135.8916Dw^{-0.201}$ （２） Dwが10,000トン以上15,000トン未満のもの $174.22Dw^{-0.201}\ (0.88-0.1\frac{Dw-10,000}{5,000})$ ヘ　冷凍運搬船（次に掲げるものに限る。）　次に掲げる区分に応じそれぞれ次に定める算式により算定した値 （１） Dwが5,000トン以上のもの　$177.0678Dw^{-0.244}$ （２） Dwが3,000トン以上5,000トン未満のもの $227.01Dw^{-0.244}\ (0.88-0.1\frac{Dw-3,000}{2,000})$ ト　一般貨物船（次に掲げるものに限る。）　次に掲げる区分に応じそれぞれ次に定める算式により算定した値 （１） Dwが15,000トン以上のもの　$83.8344Dw^{-0.216}$ （２） Dwが3,000トン以上15,000トン未満のもの $107.48Dw^{-0.216}\ (0.88-0.1\frac{Dw-3,000}{12,000})$ 三　平成31年４月１日から令和元年12月31日までの間に建造契約が結ばれた船舶（建造契約がない船舶にあっては、同年10月１日から令和２年６月30日までの間に建造に着手されたもの）　次に掲げる船舶の用途及び船舶の大きさの区分に応じそれぞれ次に定める二酸化炭素放出抑制指標の値 イ　タンカー等（次に掲げるものに限るものとし、ロに掲げるものを除く。）　次に掲げる区分に応じそれぞれ次に定める算式により算定した値 （１） Dwが20,000トン以上のもの　$975.04Dw^{-0.488}$ （２） Dwが4,000トン以上20,000トン未満のもの $1,218.8Dw^{-0.488}\ (0.9-0.1\frac{Dw-4,000}{16,000})$ ロ　タンカー等（次に掲げるもので、その貨物倉の一部分がばら積みの固体貨物の輸送のため

番号	船　　　　　舶
	の構造を有するものに限る。）　次に掲げる区分に応じそれぞれ次に定める算式により算定した値 （１）　Dwが20,000トン以上のもの　$975.2Dw^{-0.488}$ （２）　Dwが4,000トン以上20,000トン未満のもの $1,219Dw^{-0.488}\left(0.9-0.1\dfrac{Dw-4,000}{16,000}\right)$ ハ　液化ガスばら積船（次に掲げるものに限る。）　次に掲げる区分に応じそれぞれ次に定める算式により算定した値 （１）　Dwが10,000トン以上のもの　$896Dw^{-0.456}$ （２）　Dwが2,000トン以上10,000トン未満のもの $1,120Dw^{-0.456}\left(0.9-0.1\dfrac{Dw-2,000}{8,000}\right)$ ニ　ばら積貨物船（次に掲げるものに限る。）　次に掲げる区分に応じそれぞれ次に定める算式により算定した値 （１）　Dwが20,000トン以上のもの　$769.432Dw^{-0.477}$ （２）　Dwが10,000トン以上20,000トン未満のもの $961.79Dw^{-0.477}\left(0.9-0.1\dfrac{Dw-10,000}{10,000}\right)$ ホ　コンテナ船（次に掲げるものに限る。）　次に掲げる区分に応じそれぞれ次に定める算式により算定した値 （１）　Dwが15,000トン以上のもの　$139.376Dw^{-0.201}$ （２）　Dwが10,000トン以上15,000トン未満のもの $174.22Dw^{-0.201}\left(0.9-0.1\dfrac{Dw-10,000}{5,000}\right)$ へ　冷凍運搬船（次に掲げるものに限る。）　次に掲げる区分に応じそれぞれ次に定める算式により算定した値 （１）　Dwが5,000トン以上のもの　$181.608Dw^{-0.244}$ （２）　Dwが3,000トン以上5,000トン未満のもの $227.01Dw^{-0.244}\left(0.9-0.1\dfrac{Dw-3,000}{2,000}\right)$ ト　一般貨物船（次に掲げるものに限る。）　次に掲げる区分に応じそれぞれ次に定める算式により算定した値 （１）　Dwが15,000トン以上のもの　$85.984Dw^{-0.216}$ （２）　Dwが3,000トン以上15,000トン未満のもの $107.48Dw^{-0.216}\left(0.9-0.1\dfrac{Dw-3,000}{12,000}\right)$ 四　平成29年４月１日から平成31年３月31日までの間に建造契約が結ばれた船舶（建造契約がない船舶にあっては、平成29年10月１日から令和元年９月30日までの間に建造に着手されたもの） 次に掲げる船舶の用途及び船舶の大きさの区分に応じそれぞれ次に定める二酸化炭素放出抑制指標の値 イ　タンカー等（次に掲げるものに限るものとし、ロに掲げるものを除く。）　次に掲げる区分に応じそれぞれ次に定める算式により算定した値 （１）　Dwが20,000トン以上のもの　$1,035.98Dw^{-0.488}$ （２）　Dwが4,000トン以上20,000トン未満のもの

番号	船舶

$$1,218.8\mathrm{Dw}^{-0.488}\ \left(0.95-0.1\ \frac{\mathrm{Dw}-4,000}{16,000}\right)$$

ロ　タンカー等（次に掲げるもので、その貨物倉の一部分がばら積みの固体貨物の輸送のための構造を有するものに限る。）　次に掲げる区分に応じそれぞれ次に定める算式により算定した値

（１）　Dwが20,000トン以上のもの　$1,036.15\mathrm{Dw}^{-0.488}$

（２）　Dwが4,000トン以上20,000トン未満のもの

$$1,219\mathrm{Dw}^{-0.488}\ \left(0.95-0.1\ \frac{\mathrm{Dw}-4,000}{16,000}\right)$$

ハ　液化ガスばら積船（次に掲げるものに限る。）　次に掲げる区分に応じそれぞれ次に定める算式により算定した値

（１）　Dwが10,000トン以上のもの　$952\mathrm{Dw}^{-0.456}$

（２）　Dwが2,000トン以上10,000トン未満のもの

$$1,120\mathrm{Dw}^{-0.456}\ \left(0.95-0.1\ \frac{\mathrm{Dw}-2,000}{8,000}\right)$$

ニ　ばら積貨物船（次に掲げるものに限る。）　次に掲げる区分に応じそれぞれ次に定める算式により算定した値

（１）　Dwが20,000トン以上のもの　$817.5215\mathrm{Dw}^{-0.477}$

（２）　Dwが10,000トン以上20,000トン未満のもの

$$961.79\mathrm{Dw}^{-0.477}\ \left(0.95-0.1\ \frac{\mathrm{Dw}-10,000}{10,000}\right)$$

ホ　コンテナ船（次に掲げるものに限る。）　次に掲げる区分に応じそれぞれ次に定める算式により算定した値

（１）　Dwが15,000トン以上のもの　$148.087\mathrm{Dw}^{-0.201}$

（２）　Dwが10,000トン以上15,000トン未満のもの

$$174.22\mathrm{Dw}^{-0.201}\ \left(0.95-0.1\ \frac{\mathrm{Dw}-10,000}{5,000}\right)$$

ヘ　冷凍運搬船（次に掲げるものに限る。）　次に掲げる区分に応じそれぞれ次に定める算式により算定した値

（１）　Dwが5,000トン以上のもの　$192.9585\mathrm{Dw}^{-0.244}$

（２）　Dwが3,000トン以上5,000トン未満のもの

$$227.01\mathrm{Dw}^{-0.244}\ \left(0.95-0.1\ \frac{\mathrm{Dw}-3,000}{2,000}\right)$$

ト　一般貨物船（次に掲げるものに限る。）　次に掲げる区分に応じそれぞれ次に定める算式により算定した値

（１）　Dwが15,000トン以上のもの　$91.358\mathrm{Dw}^{-0.216}$

（２）　Dwが3,000トン以上15,000トン未満のもの

$$107.48\mathrm{Dw}^{-0.216}\ \left(0.95-0.1\ \frac{\mathrm{Dw}-3,000}{12,000}\right)$$

五　前各号に掲げる船舶以外の船舶　次に掲げる船舶の用途及び船舶の大きさの区分に応じそれぞれ次に定める二酸化炭素放出抑制指標の値

イ　タンカー等（次に掲げるものに限るものとし、ロに掲げるものを除く。）　次に掲げる区分に応じそれぞれ次に定める算式により算定した値

（１）　Dwが20,000トン以上のもの　$1,072.544\mathrm{Dw}^{-0.488}$

番号	船　　　　　　　　　　　　　舶
	（２）　Dwが4,000トン以上20,000トン未満のもの $1,218.8Dw^{-0.488}\left(0.98-0.1\dfrac{Dw-4,000}{16,000}\right)$ ロ　タンカー等（次に掲げるもので、その貨物倉の一部分がばら積みの固体貨物の輸送のための構造を有するものに限る。）　次に掲げる区分に応じそれぞれ次に定める算式により算定した値 （１）　Dwが20,000トン以上のもの　$1,072.72Dw^{-0.488}$ （２）　Dwが4,000トン以上20,000トン未満のもの $1,219Dw^{-0.488}\left(0.98-0.1\dfrac{Dw-4,000}{16,000}\right)$ ハ　液化ガスばら積船（次に掲げるものに限る。）　次に掲げる区分に応じそれぞれ次に定める算式により算定した値 （１）　Dwが10,000トン以上のもの　$985.6Dw^{-0.456}$ （２）　Dwが2,000トン以上10,000トン未満のもの $1,120Dw^{-0.456}\left(0.98-0.1\dfrac{Dw-2,000}{8,000}\right)$ ニ　ばら積貨物船（次に掲げるものに限る。）　次に掲げる区分に応じそれぞれ次に定める算式により算定した値 （１）　Dwが20,000トン以上のもの　$846.3752Dw^{-0.477}$ （２）　Dwが10,000トン以上20,000トン未満のもの $961.79Dw^{-0.477}\left(0.98-0.1\dfrac{Dw-10,000}{10,000}\right)$ ホ　コンテナ船（次に掲げるものに限る。）　次に掲げる区分に応じそれぞれ次に定める算式により算定した値 （１）　Dwが15,000トン以上のもの　$153.3136Dw^{-0.201}$ （２）　Dwが10,000トン以上15,000トン未満のもの $174.22Dw^{-0.201}\left(0.98-0.1\dfrac{Dw-10,000}{5,000}\right)$ ヘ　冷凍運搬船（次に掲げるものに限る。）　次に掲げる区分に応じそれぞれ次に定める算式により算定した値 （１）　Dwが5,000トン以上のもの　$199.7688Dw^{-0.244}$ （２）　Dwが3,000トン以上5,000トン未満のもの $227.01Dw^{-0.244}\left(0.98-0.1\dfrac{Dw-3,000}{2,000}\right)$ ト　一般貨物船（次に掲げるものに限る。）　次に掲げる区分に応じそれぞれ次に定める算式により算定した値 （１）　Dwが15,000トン以上のもの　$94.5824Dw^{-0.216}$ （２）　Dwが3,000トン以上15,000トン未満のもの $107.48Dw^{-0.216}\left(0.98-0.1\dfrac{Dw-3,000}{12,000}\right)$
3	海防法第19条の26第１項に規定する国土交通大臣の確認を受けなければならない船舶（第１号イからへまでに掲げる用途及び大きさの船舶に限るものとし、平成27年９月１日前に建造契約が結ばれた船舶（建造契約がない船舶にあっては、平成28年２月29日以前に建造に着手されたもの）を除く。）で、二酸化炭素放出抑制指標の値が次の各号に掲げる船舶の区分に応じ当該各号に定める

番号	船　　　　　　　　　　　　　　　　　　舶
	二酸化炭素放出抑制指標の値以下であり、かつ、１の項第１号から第13号まで、第15号から第20号まで及び第31号に掲げる装置及び機器の全てを有している鋼船（同項第27号から第30号まで、第32号及び第33号に規定する船舶にあっては、それぞれこれらの号に掲げる装置を有しているものに限る。） 一　令和７年１月１日以後に建造契約が結ばれた船舶（建造契約がない船舶にあっては、同年７月１日以後に建造に着手されたもの）　次に掲げる船舶の用途及び船舶の大きさの区分に応じそれぞれ次に定める二酸化炭素放出抑制指標の値 イ　指標基準省令第１条第１項に規定するロールオン・ロールオフ旅客船（以下「ロールオン・ロールオフ旅客船」という。）（次に掲げるものに限る。）　次に掲げる区分に応じそれぞれ次に定める算式により算定した値 （１）　Dwが1,000トン以上のもの　$518.9904Dw^{-0.381}$ （２）　Dwが250トン以上1,000トン未満のもの $752.16Dw^{-0.381}\ (0.88-0.19\dfrac{Dw-250}{750})$ ロ　指標基準省令第１条第２項に規定するクルーズ旅客船（以下「クルーズ旅客船」という。）（次に掲げるもので、海洋汚染等及び海上災害の防止に関する法律の規定に基づく船舶の設備等の検査等に関する規則（昭和58年運輸省令第39号）第１条の23第２項各号に規定する推進機関（以下「推進機関」という。）を有するものに限る。）　次に掲げる区分に応じそれぞれ次に定める算式により算定した値 （１）　総トン数（以下この表において「Gt」という。）が85,000トン以上のもの $113.6086Gt^{-0.214}$ （２）　Gtが25,000トン以上85,000トン未満のもの $170.84Gt^{-0.214}\ (0.88-0.215\dfrac{Gt-25,000}{60,000})$ ハ　指標基準省令第１条第５項に規定する液化天然ガス運搬船（以下「液化天然ガス運搬船」という。）（Dwが10,000トン以上のもので、推進機関を有するものに限る。） $1,498.7105\ Dw^{-0.474}$ ニ　指標基準省令第１条第10項に規定するロールオン・ロールオフ貨物船（以下「ロールオン・ロールオフ貨物船」という。）（次に掲げるものに限るものとし、同条第11項に規定する自動車運搬船（以下「自動車運搬船」という。）に該当するものを除く。）　次に掲げる区分に応じそれぞれ次に定める算式により算定した値 （１）　Dwが2,000トン以上のもの　$969.5535Dw^{-0.498}$ （２）　Dwが1,000トン以上2,000トン未満のもの $1,405.15Dw^{-0.498}\ (0.88-0.19\dfrac{Dw-1,000}{1,000})$ ホ　自動車運搬船（Dwが10,000トン以上のもので、DwをGtで除した値が0.3未満であるものに限る。） $538.4484Dw^{-0.471}\ (\dfrac{Dw}{Gt})^{-0.7}$ へ　自動車運搬船（Dwが10,000トン以上のものに限るものとし、ホに掲げるものを除く。） $1,250.7147Dw^{-0.471}$ 二　令和４年４月１日から令和６年12月31日までの間に建造契約が結ばれた船舶（建造契約がない船舶にあっては、令和４年10月１日から令和７年６月30日までの間に建造に着手されたもの）　次に掲げる船舶の用途及び船舶の大きさの区分に応じそれぞれ次に定める二酸化炭素放出抑

番号	船　　　　舶
	制指標の値 イ　ロールオン・ロールオフ旅客船（次に掲げるものに限る。）　次に掲げる区分に応じそれぞれ次に定める算式により算定した値 （1）　Dwが1,000トン以上のもの　$586.6848Dw^{-0.381}$ （2）　Dwが250トン以上1,000トン未満のもの $752.16Dw^{-0.381}\ (0.88-0.1\frac{Dw-250}{750})$ ロ　クルーズ旅客船（次に掲げるもので、推進機関を有するものに限る。）　次に掲げる区分に応じそれぞれ次に定める算式により算定した値 （1）　Gtが85,000トン以上のもの $116.1712Gt^{-0.214}$ （2）　Gtが25,000トン以上85,000トン未満のもの $170.84Gt^{-0.214}\ (0.88-0.2\frac{Gt-25,000}{60,000})$ ハ　液化天然ガス運搬船（Dwが10,000トン以上のもので、推進機関を有するものに限る。） $1,532.516Dw^{-0.474}$ ニ　ロールオン・ロールオフ貨物船（次に掲げるものに限るものとし、同条第11項に規定する自動車運搬船に該当するものを除く。）　次に掲げる区分に応じそれぞれ次に定める算式により算定した値 （1）　Dwが2,000トン以上のもの　$1,096.017Dw^{-0.498}$ （2）　Dwが1,000トン以上2,000トン未満のもの $1,405.15Dw^{-0.498}\ (0.88-0.1\frac{Dw-1,000}{1,000})$ ホ　自動車運搬船（Dwが10,000トン以上のもので、DwをGtで除した値が0.3未満であるものに限る。） $608.6808Dw^{-0.471}\ (\frac{Dw}{Gt})^{-0.7}$ ヘ　自動車運搬船（Dwが10,000トン以上のものに限るものとし、ホに掲げるものを除く。） $1,413.8514Dw^{-0.471}$ 三　令和３年４月１日から令和４年３月31日までの間に建造契約が結ばれた船舶（建造契約がない船舶にあっては、令和３年10月１日から令和４年９月30日までの間に建造に着手されたもの）で自動車運搬船に該当するもの　次に掲げる自動車運搬船の区分に応じそれぞれ次に定める二酸化炭素放出抑制指標の値 イ　自動車運搬船（Dwが10,000トン以上のもので、DwをGtで除した値が0.3未満であるものに限る。） $608.6808Dw^{-0.471}\ (\frac{Dw}{Gt})^{-0.7}$ ロ　自動車運搬船（Dwが10,000トン以上のものに限るものとし、イに掲げるものを除く。） $1,413.8514Dw^{-0.471}$ 四　令和２年１月１日から令和４年３月31日（自動車運搬船にあっては、令和３年３月31日）までの間に建造契約が結ばれた船舶（建造契約がない船舶にあっては、令和２年７月１日から令和４年９月30日（自動車運搬船にあっては、令和３年９月30日）までの間に建造に着手されたもの）　次に掲げる船舶の用途及び船舶の大きさの区分に応じそれぞれ次に定める二酸化炭素放出抑制指標の値

番号	船舶

イ　ロールオン・ロールオフ旅客船（次に掲げるものに限る。）　次に掲げる区分に応じそれぞれ次に定める算式により算定した値

（1）　Dwが1,000トン以上のもの　$586.6848Dw^{-0.381}$

（2）　Dwが250トン以上1,000トン未満のもの

$$752.16Dw^{-0.381}\left(0.88-0.1\frac{Dw-250}{750}\right)$$

ロ　クルーズ旅客船（次に掲げるもので、推進機関を有するものに限る。）　次に掲げる区分に応じそれぞれ次に定める算式により算定した値

（1）　Gtが85,000トン以上のもの　$133.2552Gt^{-0.214}$

（2）　Gtが25,000トン以上85,000トン未満のもの

$$170.84Gt^{-0.214}\left(0.88-0.1\frac{Gt-25,000}{60,000}\right)$$

ハ　液化天然ガス運搬船（Dwが10,000トン以上のもので、推進機関を有するものに限る。）
$1,757.886Dw^{-0.474}$

ニ　ロールオン・ロールオフ貨物船（次に掲げるものに限るものとし、自動車運搬船に該当するものを除く。）　次に掲げる区分に応じそれぞれ次に定める算式により算定した値

（1）　Dwが2,000トン以上のもの　$1,096.017Dw^{-0.498}$

（2）　Dwが1,000トン以上2,000トン未満のもの

$$1,405.15Dw^{-0.498}\left(0.88-0.1\frac{Dw-1,000}{1,000}\right)$$

ホ　自動車運搬船（Dwが10,000トン以上のもので、DwをGtで除した値が0.3未満であるものに限る。）

$$647.6988Dw^{-0.471}\left(\frac{Dw}{Gt}\right)^{-0.7}$$

ヘ　自動車運搬船（Dwが10,000トン以上のものに限るものとし、ホに掲げるものを除く。）
$1,504.4829Dw^{-0.471}$

五　平成31年４月１日から令和元年12月31日までの間に建造契約が結ばれた船舶（建造契約がない船舶にあっては、同年10月１日から令和２年６月30日までの間に建造に着手されたもの）　次に掲げる船舶の用途及び船舶の大きさの区分に応じそれぞれ次に定める二酸化炭素放出抑制指標の値

イ　ロールオン・ロールオフ旅客船（次に掲げるものに限る。）　次に掲げる区分に応じそれぞれ次に定める算式により算定した値

（1）　Dwが1,000トン以上のもの　$639.336Dw^{-0.381}$

（2）　Dwが250トン以上1,000トン未満のもの

$$752.16Dw^{-0.381}\left(0.9-0.05\frac{Dw-250}{750}\right)$$

ロ　クルーズ旅客船（次に掲げるもので、推進機関を有するものに限る。）　次に掲げる区分に応じそれぞれ次に定める算式により算定した値

（1）　Gtが85,000トン以上のもの　$145.214Gt^{-0.214}$

（2）　Gtが25,000トン以上85,000トン未満のもの

$$170.84Gt^{-0.214}\left(0.9-0.05\frac{Gt-25,000}{60,000}\right)$$

ハ　液化天然ガス運搬船（Dwが10,000トン以上のもので、推進機関を有するものに限る。）
$1,802.96Dw^{-0.474}$

番号	船　　　　　舶
	ニ　ロールオン・ロールオフ貨物船（次に掲げるものに限るものとし、自動車運搬船に該当するものを除く。）　次に掲げる区分に応じそれぞれ次に定める算式により算定した値 （１）　Dwが2,000トン以上のもの　$1,194.3775Dw^{-0.498}$ （２）　Dwが1,000トン以上2,000トン未満のもの $1,405.15Dw^{-0.498}\ (0.9-0.05\ \frac{Dw-1,000}{1,000})$ ホ　自動車運搬船（Dwが10,000トン以上のもので、DwをGtで除した値が0.3未満であるものに限る。） $663.306Dw^{-0.471}\ (\frac{Dw}{Gt})^{-0.7}$ ヘ　自動車運搬船（Dwが10,000トン以上のものに限るものとし、ホに掲げるものを除く。） $1,540.7355Dw^{-0.471}$ 六　平成29年４月１日から平成31年３月31日までの間に建造契約が結ばれた船舶（建造契約がない船舶にあっては、平成29年10月１日から令和元年９月30日までの間に建造に着手されたもの）　次に掲げる船舶の用途及び船舶の大きさの区分に応じそれぞれ次に定める二酸化炭素放出抑制指標の値 イ　ロールオン・ロールオフ旅客船（次に掲げるものに限る。）　次に掲げる区分に応じそれぞれ次に定める算式により算定した値 （１）　Dwが1,000トン以上のもの　$676.944Dw^{-0.381}$ （２）　Dwが250トン以上1,000トン未満のもの $752.16Dw^{-0.381}\ (0.95-0.05\ \frac{Dw-250}{750})$ ロ　クルーズ旅客船（次に掲げるもので、推進機関を有するものに限る。）　次に掲げる区分に応じそれぞれ次に定める算式により算定した値 （１）　Gtが85,000トン以上のもの　$153.756Gt^{-0.214}$ （２）　Gtが25,000トン以上85,000トン未満のもの $170.84Gt^{-0.214}\ (0.95-0.05\ \frac{Gt-25,000}{60,000})$ ハ　液化天然ガス運搬船（Dwが10,000トン以上のもので、推進機関を有するものに限る。） $1,915.645Dw^{-0.474}$ ニ　ロールオン・ロールオフ貨物船（次に掲げるものに限るものとし、自動車運搬船に該当するものを除く。）　次に掲げる区分に応じそれぞれ次に定める算式により算定した値 （１）　Dwが2,000トン以上のもの　$1,264.635Dw^{-0.498}$ （２）　Dwが1,000トン以上2,000トン未満のもの $1,405.15Dw^{-0.498}\ (0.95-0.05\ \frac{Dw-1,000}{1,000})$ ホ　自動車運搬船（Dwが10,000トン以上のもので、DwをGtで除した値が0.3未満であるものに限る。） $702.324Dw^{-0.471}\ (\frac{Dw}{Gt})^{-0.7}$ ヘ　自動車運搬船（Dwが10,000トン以上のものに限るものとし、ホに掲げるものを除く。） $1,631.367Dw^{-0.471}$ 七　前各号に掲げる船舶以外の船舶　次に掲げる船舶の用途及び船舶の大きさの区分に応じそれぞれ次に定める二酸化炭素放出抑制指標の値

番号	船舶
	イ　ロールオン・ロールオフ旅客船（次に掲げるものに限る。）　次に掲げる区分に応じそれぞれ次に定める算式により算定した値 （1）　Dwが1,000トン以上のもの　$699.5088Dw^{-0.381}$ （2）　Dwが250トン以上1,000トン未満のもの $752.16Dw^{-0.381}\left(0.98-0.05\dfrac{Dw-250}{750}\right)$ ロ　クルーズ旅客船（次に掲げるもので、推進機関を有するものに限る。）　次に掲げる区分に応じそれぞれ次に定める算式により算定した値 （1）　Gtが85,000トン以上のもの　$158.8812Gt^{-0.214}$ （2）　Gtが25,000トン以上85,000トン未満のもの $170.84Gt^{-0.214}\left(0.98-0.05\dfrac{Gt-25,000}{60,000}\right)$ ハ　液化天然ガス運搬船（Dwが10,000トン以上のもので、推進機関を有するものに限る。） $1,983.256Dw^{-0.474}$ ニ　ロールオン・ロールオフ貨物船（次に掲げるものに限るものとし、自動車運搬船に該当するものを除く。）　次に掲げる区分に応じそれぞれ次に定める算式により算定した値 （1）　Dwが2,000トン以上のもの　$1,306.7895Dw^{-0.498}$ （2）　Dwが1,000トン以上2,000トン未満のもの $1,405.15Dw^{-0.498}\left(0.98-0.05\dfrac{Dw-1,000}{1,000}\right)$ ホ　自動車運搬船（Dwが10,000トン以上のもので、DwをGtで除した値が0.3未満であるものに限る。） $725.7348Dw^{-0.471}\left(\dfrac{Dw}{Gt}\right)^{-0.7}$ ヘ　自動車運搬船（Dwが10,000トン以上のものに限るものとし、ホに掲げるものを除く。） $1,685.7459Dw^{-0.471}$

別表二　内航船舶

番号	船舶
1	総トン数が500トン以上2,000トン未満の鋼船であって、第１号から第８号までに掲げる装置、機器及び船型の全てを有しているもの（第９号及び第10号に規定する船舶にあってはそれぞれこれらの号に掲げる機器及び装置を有しているものに限るものとし、船舶検査証書（船舶安全法（昭和８年法律第11号）第９条第１項の船舶検査証書をいう。以下同じ。）において平水区域のうち湖又は川のみを航行区域とする旨の記載のある船舶以外の船舶にあっては第11号に掲げる装置を有し、かつ、第12号に掲げる塗料を船底外板及び船側外板の外面で満載喫水線規則（昭和43年運輸省令第33号）第65条の２第１項（同令第66条において読み替えて準用する場合を含む。）の規定に基づく海水満載喫水線（以下「海水満載喫水線」という。）より下方の部分（同法第３条に規定する船舶以外の船舶にあっては、型深さの下端から舷端までの最小の深さの75パーセントの位置における計画満載喫水線に平行な線より下方の部分）に塗布しているものに限る。） 一　別表一１の項第１号から第３号まで、第５号から第10号まで、第12号及び第13号に掲げる装置 二　発電用機関（次のいずれかに該当するものに限る。） イ　燃料油（加熱を要するものに限る。）の自動温度制御装置付発電機関

番号	船舶
	ロ　Ａ重油専用発電機関 ハ　ターボ・ジェネレーター 三　推進関係機器、推進効率改良装置又は推進効率改良型船型（次のいずれかに該当するものに限る。） イ　推進効率改良型舵（整流板付舵、フラップ付舵又はシリング舵に限る。） ロ　船尾装着フィン ハ　燃料改質器 ニ　空気潤滑システム ホ　バトックフロー船型 ヘ　エラ船型 ト　船尾バルブ 四　船首方位制御装置 五　サイドスラスター 六　推進効率改良型プロペラ（プロペラ・ボス取付翼、ハイスキュー・プロペラ、可変ピッチ・プロペラ、二重反転プロペラ、ポッドプロペラ、プロペラ前部放射状型取付翼、二軸型ポッドプロペラ又は二軸型可変ピッチプロペラに限る。） 七　ＬＥＤ照明器具（船内居住空間に設置する全ての照明器具をＬＥＤ照明器具とする場合の当該ＬＥＤ照明器具に限る。） 八　バルバスバウ又はバルブレス船首船型 九　ボイラーを有する船舶にあっては、Ａ重油専用ボイラー又は自動制御型ボイラー 十　荷役用暴露甲板の鋼製ハッチ・カバー（ポンツーン型のものを除く。）を有する船舶にあっては、その動力駆動装置 十一　船舶自動識別装置 十二　加水分解型の摩擦抵抗低減塗料
2	総トン数が2,000トン以上の鋼船であって、第１号から第４号までに掲げる装置、機器及び船型の全てを有しているもの（第５号から第７号までに規定する船舶にあってはそれぞれこれらの号に掲げる機器及び装置を有しているものに限るものとし、船舶検査証書において平水区域のうち湖又は川のみを航行区域とする旨の記載のある船舶以外の船舶にあっては第８号に掲げる装置を有し、かつ、第９号に掲げる塗料を船底外板及び船側外板の外面で海水満載喫水線より下方の部分（船舶安全法第３条に規定する船舶以外の船舶にあっては、型深さの下端から舷端までの最小の深さの75パーセントの位置における計画満載喫水線に平行な線より下方の部分）に塗布しているものに限る。） 一　別表一１の項第１号から第13号までに掲げる装置 二　１の項第２号から第８号までに掲げる装置、機器及び船型 三　衝突予防援助装置 四　熱効率改良装置（排気ガスエコノマイザー、軸発電機装置又は冷却清水熱利用装置に限る。） 五　ボイラーを有する船舶にあっては、Ａ重油専用ボイラー又は自動制御型ボイラー 六　荷役用暴露甲板の鋼製ハッチ・カバー（ポンツーン型のものを除く。）を有する船舶にあっては、その動力駆動装置 七　コンテナ船又は重量物運搬船（制限荷重が100トン以上の揚貨装置を有する船舶をいう。）にあっては、バラスト・タンクの遠隔制御装置 八　船舶自動識別装置 九　加水分解型の摩擦抵抗低減塗料

別表三　環境への負荷の低減に著しく資する内航船舶

船種	船舶
電気推進船	別表二に掲げる船舶のうち、次に掲げる装置、機器及び船型の全てを有しているもの 一　電気推進装置 二　推進効率改良型プロペラ（二重反転プロペラ、二軸型ポッドプロペラ又は二軸型可変ピッチプロペラに限る。） 三　推進効率改良型船型（バトックフロー船型、エラ船型又は船尾バルブに限る。）又は空気潤滑システム
電気推進船に準ずる環境性能を有する船舶	別表二に掲げる船舶のうち、次の各号のいずれかに該当するもの 一　次に掲げる装置、機器及び船型の全てを有しているもの イ　熱効率改良装置（排気ガスエコノマイザー、軸発電機装置又は冷却清水熱利用装置に限る。） ロ　推進効率改良型舵（整流板付舵、フラップ付舵又はシリング舵に限る。） ハ　推進効率改良型船型（バトックフロー船型、エラ船型又は船尾バルブに限る。）又は空気潤滑システム ニ　推進効率改良型プロペラ（プロペラ・ボス取付翼、可変ピッチ・プロペラ、二重反転プロペラ、ポッドプロペラ、二軸型ポッドプロペラ又は二軸型可変ピッチプロペラに限る。） 二　航海支援システム（気象及び海象に係る予測情報に基づく環境への負荷の低減に資する最適な航路及び速力を表示する装置を有するものに限る。）を有しているもの

令和６年４月現在

医療用機器等の特別償却に係る指定告示等

■租税特別措置法第45条の２第１項の規定の適用を受ける機械及び装置並びに器具及び備品を指定する件（平成21年３月31日厚生労働省告示第248号・令和５年３月31日厚生労働省告示第166号最終改正）

租税特別措置法施行令第28条の10第２項第１号及び第３項の規定に基づき、租税特別措置法第45条の２第１項各号の規定の適用を受ける機械及び装置並びに器具及び備品を次のように指定する。

（租税特別措置法第45条の２第１項各号の規定の適用を受ける機械及び装置並びに器具及び備品を指定する件）

令第28条の10第２項第１号の規定により高度な医療の提供に資するものとして厚生労働大臣が指定する機械及び装置並びに器具及び備品（以下「機械等」という。）は別表に掲げるものとする。

別表

項	機　　　械　　　等
1	主にがんの検査、治療、療養のために用いられる機械等のうち次に掲げるもの 一　核医学診断用検出器回転型ＳＰＥＣＴ装置 二　核医学診断用リング型ＳＰＥＣＴ装置 三　核医学診断用ポジトロンＣＴ装置 四　骨放射線吸収測定装置 五　骨放射線吸収測定装置用放射線源 六　ＲＩ動態機能検査装置 七　放射性医薬品合成設備 八　核医学診断用直線型スキャナ 九　核医学装置用手持型検出器 十　甲状腺摂取率測定用核医学装置 十一　核医学装置ワークステーション 十二　Ｘ線ＣＴ組合せ型ポジトロンＣＴ装置 十三　ポジトロンＣＴ組合せ型ＳＰＥＣＴ装置 十四　診断用核医学装置及び関連装置吸収補正向け密封線源 十五　肺換気機能検査用テクネガス発生装置 十六　Ｘ線ＣＴ組合せ型ＳＰＥＣＴ装置 十七　超電導磁石式乳房用ＭＲ装置 十八　超電導磁石式全身用ＭＲ装置 十九　超電導磁石式頭部・四肢用ＭＲ装置 二十　超電導磁石式循環器用ＭＲ装置 二十一　永久磁石式頭部・四肢用ＭＲ装置 二十二　永久磁石式全身用ＭＲ装置 二十三　永久磁石式乳房用ＭＲ装置 二十四　永久磁石式循環器用ＭＲ装置 二十五　ＭＲ装置用高周波コイル

項	機　　　　械　　　　等
	二十六　ＭＲ装置ワークステーション
	二十七　移動型超音波画像診断装置
	二十八　汎用超音波画像診断装置
	二十九　超音波装置用コンピュータ
	三十　超音波装置オペレータ用コンソール
	三十一　超音波頭部用画像診断装置
	三十二　産婦人科用超音波画像診断装置
	三十三　乳房用超音波画像診断装置
	三十四　循環器用超音波画像診断装置
	三十五　膀胱用超音波画像診断装置
	三十六　超音波増幅器
	三十七　超音波プローブポジショニングユニット
	三十八　内視鏡用テレスコープ
	三十九　ビデオ軟性気管支鏡
	四十　ビデオ軟性胃内視鏡
	四十一　ビデオ軟性Ｓ字結腸鏡
	四十二　ビデオ軟性膀胱尿道鏡
	四十三　ビデオ軟性喉頭鏡
	四十四　内視鏡ビデオ画像システム
	四十五　ビデオ軟性十二指腸鏡
	四十六　ビデオ軟性大腸鏡
	四十七　ビデオ軟性腹腔鏡
	四十八　ビデオ硬性腹腔鏡
	四十九　ビデオ軟性小腸鏡
	五十　ビデオ軟性胆道鏡
	五十一　ビデオ軟性腎盂鏡
	五十二　ビデオ軟性尿管腎盂鏡
	五十三　ビデオ軟性胃十二指腸鏡
	五十四　ビデオ軟性口腔鏡
	五十五　ビデオ軟性耳内視鏡
	五十六　ビデオ軟性鼻咽喉鏡
	五十七　ビデオ軟性胸腔鏡
	五十八　ビデオ軟性子宮鏡
	五十九　ビデオ軟性神経内視鏡
	六十　内視鏡ビデオ画像プロセッサ
	六十一　内視鏡用光源・プロセッサ装置
	六十二　内視鏡用ビデオカメラ
	六十三　送気送水機能付内視鏡用光源・プロセッサ装置
	六十四　超音波内視鏡観測システム
	六十五　超音波軟性胃十二指腸鏡
	六十六　超音波軟性十二指腸鏡
	六十七　超音波軟性気管支鏡
	六十八　内視鏡用電気手術器
	六十九　内視鏡用モニタ・シールド付電気手術器

項	機　　械　　器　　具　　等
	七十　硬性腹腔鏡 七十一　バルーン小腸内視鏡システム 七十二　腹腔鏡用ガス気腹装置 七十三　非中心循環系アフターローディング式ブラキセラピー装置 七十四　定位放射線治療用放射性核種システム 七十五　定位放射線治療用加速器システム 七十六　線形加速器システム 七十七　粒子線治療装置 七十八　放射線治療シミュレータ 七十九　ＰＤＴ半導体レーザ 八十　放射線治療装置用シンクロナイザ 八十一　高周波式ハイパサーミアシステム 八十二　自動細胞診装置 八十三　クリオスタットミクロトーム 八十四　滑走式ミクロトーム 八十五　自動染色装置 八十六　検体前処理装置
2	主に心臓疾患の検査、治療、療養のために用いられる機械等のうち次に掲げるもの 一　人工心肺用システム 二　体外循環装置用遠心ポンプ駆動装置 三　エキシマレーザ血管形成器 四　経皮心筋焼灼術用電気手術ユニット 五　アテローム切除アブレーション式血管形成術用カテーテル駆動装置 六　循環補助用心内留置型ポンプカテーテル用制御装置 七　補助循環用バルーンポンプ駆動装置 八　補助人工心臓駆動装置 九　心臓カテーテル用検査装置 十　ＯＣＴ画像診断装置 十一　多相電動式造影剤注入装置 十二　ホルタ解析装置 十三　心臓運動負荷モニタリングシステム 十四　運動負荷試験用コンピュータ 十五　体外循環用血液学的パラメータモニタ 十六　心臓マッピングシステムワークステーション
3	主に糖尿病等の生活習慣病の検査、治療、療養のために用いられる機械等のうち次に掲げるもの 一　眼科用レーザ光凝固装置 二　眼科用パルスレーザ手術装置 三　眼科用ＰＤＴレーザ装置 四　眼科用レーザ光凝固・パルスレーザ手術装置 五　眼科用レーザ角膜手術装置 六　視覚誘発反応刺激装置 七　眼底カメラ（補償光学技術を用いるものに限る。） 八　眼撮影装置 九　瞳孔計機能付き角膜トポグラフィーシステム

項	機　　械　　等
	十　眼軸長計測機能付レフラクト・ケラトメータ 十一　房水・フレアセルアナライザ 十二　光学式眼内寸法測定装置 十三　眼科用電気手術器 十四　白内障・硝子体手術装置 十五　可搬型手術用顕微鏡（眼科医療又は歯科医療の用に供するものに限る。） 十六　顕微鏡付属品
4	主に脳血管疾患又は精神疾患の検査、治療、療養のために用いられる機械等のうち次に掲げるもの 一　患者モニタシステム 二　セントラルモニタ 三　解析機能付きセントラルモニタ 四　不整脈モニタリングシステム 五　誘発反応測定装置 六　脳波計 七　マップ脳波計 八　長時間脳波解析装置 九　機能検査オキシメータ
5	主に歯科疾患の検査、治療、療養のために用いられる機械等のうち次に掲げるもの 一　歯科用ユニット 二　歯科用オプション追加型ユニット 三　炭酸ガスレーザ 四　エルビウム・ヤグレーザ 五　ネオジミウム・ヤグレーザ 六　ネオジミウム・ヤグ倍周波数レーザ 七　デジタル式歯科用パノラマＸ線診断装置 八　デジタル式歯科用パノラマ・断層診断Ｘ線診断装置 九　チェアサイド型歯科用コンピュータ支援設計・製造ユニット 十　デジタル印象採得装置 十一　アーム型Ｘ線ＣＴ診断装置 十二　歯科技工室設置型コンピュータ支援設計・製造ユニット
6	異常分娩（べん）における母胎の救急救命、新生児医療、救急医療、難病、感染症疾患その他高度な医療における検査、治療、療養のために用いられる機械等のうち次に掲げるもの 一　全身用Ｘ線ＣＴ診断装置（４列未満を除く。） 二　部位限定Ｘ線ＣＴ診断装置（４列未満を除く。） 三　人体回転型全身用Ｘ線ＣＴ診断装置（４列未満を除く。） 四　人工腎臓装置 五　個人用透析装置 六　多人数用透析液供給装置 七　透析用監視装置 八　多用途透析装置 九　多用途血液処理用装置 十　超音波手術器 十一　据置型デジタル式汎用Ｘ線診断装置

項	機　械　等
	十二　移動型アナログ式汎用X線診断装置
	十三　移動型アナログ式汎用一体型X線診断装置
	十四　ポータブルアナログ式汎用一体型X線診断装置
	十五　据置型アナログ式汎用X線診断装置
	十六　据置型アナログ式汎用一体型X線診断装置
	十七　移動型デジタル式汎用X線診断装置
	十八　移動型デジタル式汎用一体型X線診断装置
	十九　移動型アナログ式汎用一体型X線透視診断装置
	二十　移動型デジタル式汎用一体型X線透視診断装置
	二十一　据置型デジタル式汎用X線透視診断装置
	二十二　据置型デジタル式循環器用X線透視診断装置
	二十三　据置型アナログ式乳房用X線診断装置
	二十四　据置型デジタル式乳房用X線診断装置
	二十五　腹部集団検診用X線診断装置
	二十六　胸部集団検診用X線診断装置
	二十七　胸・腹部集団検診用X線診断装置
	二十八　歯科集団検診用パノラマX線撮影装置
	二十九　単一エネルギー骨X線吸収測定装置
	三十　単一エネルギー骨X線吸収測定一体型装置
	三十一　二重エネルギー骨X線吸収測定装置
	三十二　二重エネルギー骨X線吸収測定一体型装置
	三十三　X線CT組合せ型循環器X線診断装置
	三十四　コンピューテッドラジオグラフ
	三十五　X線平面検出器出力読取式デジタルラジオグラフ
	三十六　X線平面検出器
	三十七　麻酔システム
	三十八　閉鎖循環式麻酔システム
	三十九　汎用血液ガス分析装置
	四十　レーザー処置用能動器具
	四十一　前立腺組織用水蒸気デリバリーシステム
	四十二　パルスホルミウム・ヤグレーザ
	四十三　血球計数装置
	四十四　血液凝固分析装置
	四十五　ディスクリート方式臨床化学自動分析装置
	四十六　酵素免疫測定装置
	四十七　免疫発光測定装置
	四十八　質量分析装置
	四十九　尿沈渣分析装置
	五十　血液培養自動分析装置
	五十一　微生物分類同定分析装置
	五十二　微生物感受性分析装置
	五十三　微生物培養装置
	五十四　体内式衝撃波結石破砕装置
	五十五　体内挿入式レーザ結石破砕装置

項	機械等
	五十六　体内挿入式超音波結石破砕装置 五十七　体内挿入式電気水圧衝撃波結石破砕装置 五十八　圧縮波結石破砕装置 五十九　微小火薬挿入式結石破砕装置 六十　体内式結石破砕治療用単回使用超音波トランスデューサアセンブリ 六十一　腎臓ウォータージェットカテーテルシステム 六十二　体内挿入式結石穿孔破砕装置 六十三　X線透視型体内挿入式結石機械破砕装置 六十四　体外式結石破砕装置 六十五　手術用ロボット手術ユニット 六十六　汎用画像診断装置ワークステーション 六十七　体外衝撃波疼痛治療装置 六十八　中心静脈留置型経皮的体温調節装置システム 六十九　能動型上肢用他動運動訓練装置 七十　気管支サーモプラスティ用カテーテルシステム 七十一　血液照射装置 七十二　睡眠評価装置 七十三　新生児モニタ 七十四　胎児心臓モニタ 七十五　汎用人工呼吸器 七十六　陰圧人工呼吸器 七十七　成人用人工呼吸器 七十八　新生児・小児用人工呼吸器

■租税特別措置法施行令第28条の10第２項第１号に規定する厚生労働大臣が定める要件等を定める件（平成31年３月29日厚生労働省告示第151号・令和３年３月31日厚生労働省告示第160号最終改正）

租税特別措置法施行令第28条の10第２項第１号に規定する厚生労働大臣が定める要件等を次のように定め、平成31年４月１日から適用する。

（構想区域等内の病院又は診療所における効率的な活用を図る必要があるものとして厚生労働大臣が指定するもの）

第１条　租税特別措置法施行令（次条において「令」という。）第28条の10第２項第１号に規定する構想区域等内の病院又は診療所における効率的な活用を図る必要があるものとして厚生労働大臣が指定するもの（次条において「対象機器」という。）は、次に掲げるものであって病院又は診療所において医療保健業の用に供されるものとする。

一　超電導磁石式全身用ＭＲ装置

二　永久磁石式全身用ＭＲ装置

三　全身用Ｘ線ＣＴ診断装置（４列未満を除く。）

四　人体回転型全身用Ｘ線ＣＴ診断装置（４列未満を除く。）

（厚生労働大臣が定める要件）

第２条　令第28条の10第２項第１号に規定する厚生労働大臣が定める要件は、次の各号に掲げる対象機器の区分に応じ当該各号に定める要件を満たすことについて当該対象機器を医療保健業の用に供する病院又は診療所の所在する構想区域等（医療法（昭和23年法律第205号）第30条の14第１項に規定する構想区域等をいう。以下この条において同じ。）に係る都道府県知事により確認がされたこととする。

一　前条第１号又は第２号に掲げる対象機器（以下この号において「全身用ＭＲ装置」という。）　次に掲げる場合の区分に応じそれぞれ次に定める要件

イ　当該全身用ＭＲ装置が既に医療保健業の用に供されている全身用ＭＲ装置（イにおいて「既存全身用ＭＲ装置」という。）に替えて新たに医療保健業の用に供される場合　当該既存全身用ＭＲ装置を医療保健業の用に供した病院又は診療所における当該既存全身用ＭＲ装置の利用された回数がその新たに医療保健業の用に供される日の属する年の前年の一月から十二月までの各月において四十を上回っていること。

ロ　当該全身用ＭＲ装置が新設又は増設により医療保健業の用に供される場合　その用に供する病院又は診療所（ロにおいて「全身用ＭＲ装置新増設医療機関」という。）と連携している他の病院又は診療所（全身用ＭＲ装置を医療保健業の用に供していないものに限る。ロにおいて「全身用ＭＲ装置連携先医療機関」という。）で診療を受けた者のために当該全身用ＭＲ装置新増設医療機関と当該全身用ＭＲ装置連携先医療機関との間で連携して当該全身用ＭＲ装置が利用される予定であること（当該全身用ＭＲ装置連携先医療機関から紹介された患者のために利用される予定である場合を含む。）。

ハ　当該全身用ＭＲ装置がイ及びロに定める要件に該当しない場合　構想区域等に係る医療法第30条の14第１項の協議の場における協議の内容を踏まえ、当該構想区域等における医療提供体制の確保に必要であると認められること。

二　前条第３号又は第４号に掲げる対象機器（以下この号において「全身用ＣＴ装置」という。）　次に

掲げる場合の区分に応じそれぞれ次に定める要件

イ　当該全身用ＣＴ装置が既に医療保健業の用に供されている全身用ＣＴ装置（イにおいて「既存全身用ＣＴ装置」という。）に替えて新たに医療保健業の用に供される場合　当該既存全身用ＣＴ装置を医療保健業の用に供した病院又は診療所における当該既存全身用ＣＴ装置の利用された回数がその新たに医療保健業の用に供される日の属する年の前年の１月から12月までの各月において20を上回っていること。

ロ　当該全身用ＣＴ装置が新設又は増設により医療保健業の用に供される場合　その用に供する病院又は診療所（ロにおいて「全身用ＣＴ装置新増設医療機関」という。）と連携している他の病院又は診療所（全身用ＣＴ装置を医療保健業の用に供していないものに限る。ロにおいて「全身用ＣＴ装置連携先医療機関」という。）で診療を受けた者のために当該全身用ＣＴ装置新増設医療機関と当該全身用ＣＴ装置連携先医療機関との間で連携して当該全身用ＣＴ装置が利用される予定であること（当該全身用ＣＴ装置連携先医療機関から紹介された患者のために利用される予定である場合を含む。）。

ハ　当該全身用ＣＴ装置がイ及びロに定める要件に該当しない場合　構想区域等に係る医療法第30条の14第１項の協議の場における協議の内容を踏まえ、当該構想区域等における医療提供体制の確保に必要であると認められること。

■租税特別措置法施行令第28条の10第４項に規定する厚生労働大臣が定める事項等を定める件（平成31年３月29日厚生労働省告示第153号）

租税特別措置法施行令第28条の10第４項に規定する厚生労働大臣が定める事項等を次のように定め、平成31年４月１日から適用する。

（医師その他の医療従事者の勤務時間を短縮するための計画に記載すべき事項）

第１条　租税特別措置法施行令（以下「令」という。）第28条の10第４項に規定する厚生労働大臣が定める事項は、次に掲げるものとする。

一　医師その他の医療従事者の勤務時間を短縮するための計画（第５号において「計画」という。）の対象となる医療機関（病院又は診療所に限る。以下この条において「対象医療機関」という。）の名称及び所在地

二　対象医療機関における医師その他の医療従事者の勤務時間の実態及び当該実態に対する分析

三　対象医療機関における医師その他の医療従事者の勤務時間の短縮に関する目標

四　対象医療機関における医師その他の医療従事者の勤務時間の短縮に関する基本方針

五　計画の実施期間

六　対象医療機関における医師その他の医療従事者の勤務時間の短縮のための対策の概要

七　前号の対策を進めるために有用な機器等及び当該機器等の機能

（勤務時間短縮用設備等）

第２条　令第28条の10第４項第１号に規定する医療従事者の勤務時間の短縮に資する機能別の機器の種類として厚生労働大臣が指定するものは、次に掲げるものとする。

一　労働時間管理の省力化又は充実に資する器具及び備品（令第28条の10第３項に規定する器具及び備品をいう。以下この条において同じ。）並びに特定ソフトウェア（令第28条の10第５項に規定する特定ソフトウェアをいう。以下この条において同じ。）

二　医師の行う作業の省力化に資する器具及び備品並びに特定ソフトウェア

三　医師の診療行為を補助し、又は代行する器具及び備品並びに特定ソフトウェア

四　遠隔医療を可能とする器具及び備品並びに特定ソフトウェア

五　チーム医療の推進等に資する器具及び備品並びに特定ソフトウェア

令和６年４月現在

倉庫用建物等の割増償却に関する要件の告示

■租税特別措置法第48条第１項の規定の適用を受ける倉庫用の建物及びその附属設備並びに構築物の要件を定める件（平成21年３月31日国土交通省告示第375号・平成25年３月30日国土交通省告示第329号最終改正）

租税特別措置法施行令第29条の６第２項各号の規定に基づき、租税特別措置法第48条第１項の規定の適用を受ける倉庫用の建物及びその附属設備並びに構築物の要件を次のように定める。

１　令第29条の６第２項第１号に規定する国土交通大臣が財務大臣と協議して定める要件　次に掲げる要件

一　当該普通倉庫が次に掲げる設備（当該普通倉庫がランプウェイ構造を有するものである場合には、ロに掲げる設備）を有するものであること。

イ　エレベーター（最大積載荷重が２トン以上のものに限る。）

ロ　次に掲げるいずれかの設備

（１）　垂直型連続運搬装置（４隅のチェーン又はワイヤーロープにより駆動するもののうち、最大積載荷重が１パレット当たり0.5トン以上のもの又は３以上の階に貨物を運搬するものに限る。第３項において同じ。）

（２）　電動式密集棚装置（遠隔集中制御により保管棚の移動を行うもののうち、当該保管棚が３段組以上で、かつ、その設置床面積が165平方メートル以上であるものに限る。次項及び第３項において同じ。）

（３）　自動化保管装置（遠隔集中制御により貨物の出し入れを行うもののうち、走行速度が毎分60メートル以上、昇降速度が毎分10メートル以上で、かつ、フォーク速度が毎分20メートル以上であるスタッカークレーン（インバーター方式の制御装置を有するものに限る。）を有するものに限る。次項及び第３項において同じ。）

（４）　搬出貨物表示装置（遠隔集中制御により搬出すべき貨物の保管場所及び数量を表示するもののうち、表示器の設置数が30以上であるものに限る。次項及び第３項において同じ。）

二　当該普通倉庫が次に掲げる機能を有するものであること。

イ　情報交換機能（荷主その他の関係者との間で貨物の入庫、出庫、在庫その他の貨物に関する情報を電子的に交換する機能をいう。以下同じ。）

ロ　貨物保管場所管理機能（貨物の保管場所に関する情報を電子的に管理し、帳票、電灯表示ランプその他の方法により当該保管場所に関する情報を表示する機能をいう。以下同じ。）

ハ　非常用データ保存機能（イ及びロの情報を当該倉庫の敷地外の適当な場所に保存する機能をいう。以下同じ。）

ニ　非常用通信機能（ハにより保存された情報を非常時において活用するために必要な通信を行うものであって、無線通信による通信を行う機能をいう。以下同じ。）

ホ　非常用電源機能（ハにより保存された情報を非常時において活用するために必要な電力を供給する機能をいう。以下同じ。）

三　当該普通倉庫の貨物の搬出入場所の前面に奥行15メートル以上の空地が確保されていること。

四　当該普通倉庫用の建物内に流通加工の用に供する空間が設けられているものであること。

２　令第29条の６第２項第２号に規定する国土交通大臣が財務大臣と協議して定める要件　次に掲げる要件

一　当該普通倉庫が電動式密集棚装置、自動化保管装置又は搬出貨物表示装置を有するものであること。

二　当該普通倉庫が情報交換機能、貨物保管場所管理機能、非常用データ保存機能、非常用通信機能及び非常用電源機能を有するものであること。

三　当該普通倉庫の貨物の搬出入場所の前面に奥行15メートル以上の空地が確保されていること。

四　当該普通倉庫用の建物内に流通加工の用に供する空間が設けられているものであること。

3　令第29条の６第２項第３号に規定する国土交通大臣が財務大臣と協議して定める要件　次に掲げる要件

一　当該冷蔵倉庫が次に掲げる設備を有するものであること。

イ　強制送風式冷蔵装置（圧縮機を駆動する電動機の定格出力が3.7キロワット以上のものに限る。）

ロ　垂直型連続運搬装置、電動式密集棚装置、自動化保管装置又は搬出貨物表示装置

二　当該冷蔵倉庫が情報交換機能、貨物保管場所管理機能、非常用データ保存機能、非常用通信機能及び非常用電源機能を有するものであること。

三　当該冷蔵倉庫の貨物の搬出入場所の前面に奥行15メートル以上の空地が確保されていること。

四　当該冷蔵倉庫用の建物内に流通加工の用に供する空間が設けられているものであること。

4　令第29条の６第２項第４号に規定する国土交通大臣が財務大臣と協議して定める要件　次に掲げる要件

一　当該貯蔵槽倉庫が次に掲げる設備を有するものであること。

イ　貨物搬入用自動運搬機（荷揚げ能力が毎時300トン以上のもののうち、自動検量機構を有するものに限る。）

ロ　貨物搬出用自動運搬機（自動検量機構を有するものに限る。）

ハ　くん蒸ガス循環装置（臭化メチルの投薬後２時間以内に当該臭化メチルを均一化するものに限る。）

二　当該貯蔵槽倉庫のくん蒸ガス保有力（貯蔵槽倉庫の容積１立方メートルにつき臭化メチルを10グラム使用した場合の48時間後における当該臭化メチルの残存率をいう。）が55パーセント以上であること。

三　当該貯蔵槽倉庫が情報交換機能、貨物保管場所管理機能、非常用データ保存機能、非常用通信機能及び非常用電源機能を有するものであること。

四　当該貯蔵槽倉庫の貨物の搬出場所の前面に奥行15メートル以上の空地が確保されていること。

減価償却関係書類の様式

■減価償却資産の償却額の計算に関する明細書……………………… 252

別表十六(一)　旧定額法又は定額法による減価償却資産の償却額の計算に関する明細書…………………………………………………… 252

別表十六(二)　旧定率法又は定率法による減価償却資産の償却額の計算に関する明細書…………………………………………………… 253

別表十六(三)　旧生産高比例法又は生産高比例法による鉱業用減価償却資産の償却額の計算に関する明細書……………………………… 254

別表十六(四)　旧国外リース期間定額法若しくは旧リース期間定額法又はリース期間定額法による償却額の計算に関する明細書………… 255

別表十六(五)　取替法による取替資産の償却額の計算に関する明細書…………… 256

別紙十六(七)　少額減価償却資産の取得価額の損金算入の特例に関する明細書…………………………………………………………………… 257

別表十六(八)　一括償却資産の損金算入に関する明細書……………………………… 258

別表十六(九)　特別償却準備金の損金算入に関する明細書…………………………… 259

■減価償却資産に関する諸申請書及び届出書…………………………… 260

減価償却資産の償却方法の届出書…………………………………………………… 260

特別な償却方法の承認申請書………………………………………………………… 263

取替法採用承認申請書………………………………………………………………… 265

リース賃貸資産の償却方法に係る旧リース期間定額法の届出書………………… 267

特別な償却率の認定申請書…………………………………………………………… 269

減価償却資産の償却方法の変更承認申請書………………………………………… 271

耐用年数の短縮の承認申請書………………………………………………………… 274

短縮特例承認資産の一部の資産を取り替えた場合の届出書……………………… 278

耐用年数の短縮の承認を受けた減価償却資産と材質又は製作方法を同じくする減価償却資産を取得した場合等の届出書………………………… 283

増加償却の届出書……………………………………………………………………… 288

堅固な建物等の残存使用可能期間の認定申請書…………………………………… 291

採掘権、租鉱権、採石権又は坑道の耐用年数の認定申請書………………………… 293

※　書類の様式は、一部令和５年分のものを掲載しています。令和６年分の様式は変更される場合がありますのでご注意ください。

旧定額法又は定額法による減価償却資産の償却額の計算に関する明細書

事業年度	・ ・ ・ ・	法人名	

別表十六(一)　令五・四・一以後終了事業年度分

区分	細区分	項目	番号					
資産区分		種類	1					
		構造	2					
		細目	3					
		取得年月日	4	・ ・	・ ・	・ ・	・ ・	・ ・
		事業の用に供した年月	5					
		耐用年数	6	年	年	年	年	年
取得価額		取得価額又は製作価額	7	外 円	外 円	外 円	外 円	外 円
		(7)のうち積立金方式による圧縮記帳の場合の償却額計算の対象となる取得価額に算入しない金額	8					
		差引取得価額 (7)－(8)	9					
帳簿価額		償却額計算の対象となる期末現在の帳簿記載金額	10					
		期末現在の積立金の額	11					
		積立金の期中取崩額	12					
		差引帳簿記載金額 (10)－(11)－(12)	13	外△	外△	外△	外△	外△
		損金に計上した当期償却額	14					
		前期から繰り越した償却超過額	15	外	外	外	外	外
		合計 (13)＋(14)＋(15)	16					
当期分の普通償却限度額等	平成19年3月31日以前取得分	残存価額	17					
		差引取得価額×5％ (9)×$\frac{5}{100}$	18					
	(16)＞(18)の場合	旧定額法の償却額計算の基礎となる金額 (9)－(17)	19					
		旧定額法の償却率	20					
		算出償却額 (19)×(20)	21	円	円	円	円	円
		増加償却額 (21)×割増率	22	( )	( )	( )	( )	( )
		計 ((21)＋(22))又は((16)－(18))	23					
	(16)≦(18)の場合	算出償却額 ((18)－1円)×$\frac{1}{60}$	24					
	平成19年4月1日以後取得分	定額法の償却額計算の基礎となる金額 (9)	25					
		定額法の償却率	26					
		算出償却額 (25)×(26)	27	円	円	円	円	円
		増加償却額 (27)×割増率	28	( )	( )	( )	( )	( )
		計 (27)＋(28)	29					
当期分の償却限度額		当期分の普通償却限度額等 (23)、(24)又は(29)	30					
	特別償却又は割増償却に関する償却限度額	租税特別措置法適用条項	31	条 項 ( )	条 項 ( )	条 項 ( )	条 項 ( )	条 項 ( )
		特別償却限度額	32	外 円	外 円	外 円	外 円	外 円
		前期から繰り越した特別償却不足額又は合併等特別償却不足額	33					
		合計 (30)＋(32)＋(33)	34					
当期償却額			35					
差引		償却不足額 (34)－(35)	36					
		償却超過額 (35)－(34)	37					
償却超過額		前期からの繰越額	38	外	外	外	外	外
	当期損金認容額	償却不足によるもの	39					
		積立金取崩しによるもの	40					
		差引合計翌期への繰越額 (37)＋(38)－(39)－(40)	41					
特別償却不足額		翌期に繰り越すべき特別償却不足額 (((36)－(39))と((32)＋(33))のうち少ない金額)	42					
		当期において切り捨てる特別償却不足額又は合併等特別償却不足額	43					
		差引翌期への繰越額 (42)－(43)	44					
	翌期への繰越額の内訳	・ ・	45					
		当期分不足額	46					
適格組織再編成により引き継ぐべき合併等特別償却不足額 (((36)－(39))と(32)のうち少ない金額)			47					
備考								

減価償却資産の償却額の計算に関する明細書

別表十六(二) 令五・四・一以後終了事業年度分

旧定率法又は定率法による減価償却資産の償却額の計算に関する明細書

事業年度	・・ ・・	法人名	

区分	項目	番号					
資産区分	種類	1					
	構造	2					
	細目	3					
	取得年月日	4	・ ・	・ ・	・ ・	・ ・	・ ・
	事業の用に供した年月	5					
	耐用年数	6	年	年	年	年	年
取得価額	取得価額又は製作価額	7	外 円	外 円	外 円	外 円	外 円
	(7)のうち積立金方式による圧縮記帳の場合の償却額計算の対象となる取得価額に算入しない金額	8					
	差引取得価額 (7) − (8)	9					
償却額計算の基礎となる額	償却額計算の対象となる期末現在の帳簿記載金額	10					
	期末現在の積立金の額	11					
	積立金の期中取崩額	12					
	差引帳簿記載金額 (10) − (11) − (12)	13	外△	外△	外△	外△	外△
	損金に計上した当期償却額	14					
	前期から繰り越した償却超過額	15	外	外	外	外	外
	合計 (13) + (14) + (15)	16					
	前期から繰り越した特別償却不足額又は合併等特別償却不足額	17					
	償却額計算の基礎となる金額 (16) − (17)	18					
当期分の普通償却限度額等 / 平成19年3月31日以前取得分	差引取得価額×5% $(9) \times \frac{5}{100}$	19					
	(16) > (19) の場合 / 旧定率法の償却率	20					
	(16) > (19) の場合 / 算出償却額 (18) × (20)	21	円	円	円	円	円
	(16) > (19) の場合 / 増加償却額 (21) × 割増率	22	(　)	(　)	(　)	(　)	(　)
	(16) > (19) の場合 / 計 ((21) + (22)) 又は ((18) − (19))	23					
	(16) ≦ (19) の場合 / 算出償却額 $((19) - 1円) \times \frac{12}{60}$	24					
当期分の普通償却限度額等 / 平成19年4月1日以後取得分	定率法の償却率	25					
	調整前償却額 (18) × (25)	26	円	円	円	円	円
	保証率	27					
	償却保証額 (9) × (27)	28	円	円	円	円	円
	(26) < (28) の場合 / 改定取得価額	29					
	(26) < (28) の場合 / 改定償却率	30					
	(26) < (28) の場合 / 改定償却額 (29) × (30)	31	円	円	円	円	円
	増加償却額 ((26) 又は (31)) × 割増率	32	(　)	(　)	(　)	(　)	(　)
	計 ((26) 又は (31)) + (32)	33					
当期分の償却限度額	当期分の普通償却限度額等 (23)、(24) 又は (33)	34					
	特別償却又は割増償却による特別償却限度額 / 租税特別措置法適用条項	35	条 項 (　)	条 項 (　)	条 項 (　)	条 項 (　)	条 項 (　)
	特別償却又は割増償却による特別償却限度額 / 特別償却限度額	36	外 円	外 円	外 円	外 円	外 円
	前期から繰り越した特別償却不足額又は合併等特別償却不足額	37					
	合計 (34) + (36) + (37)	38					
当期償却額		39					
差引	償却不足額 (38) − (39)	40					
	償却超過額 (39) − (38)	41					
償却超過額	前期からの繰越額	42	外	外	外	外	外
	当期損金認容額 / 償却不足によるもの	43					
	当期損金認容額 / 積立金取崩しによるもの	44					
	差引合計翌期への繰越額 (41) + (42) − (43) − (44)	45					
特別償却不足額	翌期に繰り越すべき特別償却不足額 (((40) − (43)) と ((36) + (37)) のうち少ない金額)	46					
	当期において切り捨てる特別償却不足額又は合併等特別償却不足額	47					
	差引翌期への繰越額 (46) − (47)	48					
	翌期への繰越額の内訳 / ・ ・ ・ ・	49					
	翌期への繰越額の内訳 / 当期分不足額	50					
適格組織再編成により引き継ぐべき合併等特別償却不足額 (((40) − (43)) と (36) のうち少ない金額)		51					

備考

計算明細書

減価償却資産の償却額の計算に関する明細書

旧生産高比例法又は生産高比例法による鉱業用減価償却資産の償却額の計算に関する明細書

事業年度	・・ ・・	法人名	

別表十六㈢　令五・四・一以後終了事業年度分

区分	項目	番号					
資産区分	種類	1					
	構造	2					
	細目	3					
	取得年月日	4	・・	・・	・・	・・	・・
	事業の用に供した年月	5					
取得価額	取得価額又は製作価額	6	外　円	外　円	外　円	外　円	外　円
	(6)のうち積立金方式による圧縮記帳の場合の償却額計算の対象となる取得価額に算入しない金額	7					
	差引取得価額 (6) − (7)	8					
帳簿価額	償却額計算の対象となる期末現在の帳簿記載金額	9					
	期末現在の積立金の額	10					
	積立金の期中取崩額	11					
	差引帳簿記載金額 (9) − (10) − (11)	12	外△	外△	外△	外△	外△
	損金に計上した当期償却額	13					
	前期から繰り越した償却超過額	14	外	外	外	外	外
	合計 (12) + (13) + (14)	15					
鉱山の命数		16	年	年	年	年	年
当該鉱業用減価償却資産の耐用年数		17					
同上の期間内における採掘予定数量		18	トン	トン	トン	トン	トン
経済的採掘可能数量		19					
当期産出鉱量		20					
当期分の普通償却限度額 平成19年3月31日以前取得分	残存価額	21	円	円	円	円	円
	差引取得価額×5% (8)× $\frac{5}{100}$	22					
(15)＞(22)の場合	旧生産高比例法の償却額計算の基礎となる金額 (8) − (21)	23					
	鉱量1トン当たり償却金額 $\frac{(23)}{((18)又は(19)のうち少ないトン数)}$	24					
	算出償却額 ((20) × (24)) 又は ((15) − (22))	25					
(15)≦(22)の場合	算出償却額 ((22) − 1円) × $\frac{}{60}$	26					
平成19年4月1日以後取得分	生産高比例法の償却額計算の基礎となる金額 (8)	27					
	鉱量1トン当たり償却金額 $\frac{(27)}{((18)又は(19)のうち少ないトン数)}$	28					
	算出償却額 (20) × (28)	29					
当期分の償却限度額	当期分の普通償却限度額 (25)、(26) 又は (29)	30					
特別償却又は割増償却による特別償却限度額	租税特別措置法適用条項	31	(　条　項)	(　条　項)	(　条　項)	(　条　項)	(　条　項)
	特別償却限度額	32	外　円	外　円	外　円	外　円	外　円
	前期から繰り越した特別償却不足額又は合併等特別償却不足額	33					
	合計 (30) + (32) + (33)	34					
当期償却額		35					
差引	償却不足額 (34) − (35)	36					
	償却超過額 (35) − (34)	37					
償却超過額	前期からの繰越額	38	外	外	外	外	外
当期損金認容額	償却不足によるもの	39					
	積立金取崩しによるもの	40					
	差引合計翌期への繰越額 (37) + (38) − (39) − (40)	41					
特別償却不足額	翌期に繰り越すべき特別償却不足額 (((36) − (39)) と ((32) + (33)) のうち少ない金額)	42					
	当期において切り捨てる特別償却不足額又は合併等特別償却不足額	43					
	差引翌期への繰越額 (42) − (43)	44					
翌期への繰越額の内訳	・　・	45					
	当期分不足額	46					
適格組織再編成により引き継ぐべき合併等特別償却不足額 (((36) − (39)) と (32) のうち少ない金額)		47					

備考

減価償却資産の償却額の計算に関する明細書

旧国外リース期間定額法若しくは旧リース期間定額法又はリース期間定額法による償却額の計算に関する明細書

事業年度	・　・ ・　・	法人名	

別表十六(四)　令五・四・一以後終了事業年度分

区分		項目	番号					
資産区分		種類	1					
		構造	2					
		細目	3					
		契約年月日	4	・　・	・　・	・　・	・　・	・　・
		賃貸の用又は事業の用に供した年月	5					
償却額計算の基礎となる金額	旧国外リース期間定額法	取得価額又は製作価額	6	外　円	外　円	外　円	外　円	外　円
		(6)のうち積立金方式による圧縮記帳の場合の償却額計算の対象となる取得価額に算入しない金額	7					
		差引取得価額 (6)－(7)	8					
		見積残存価額	9					
		償却額計算の基礎となる金額 (8)－(9)	10					
	旧リース期間定額法	旧リース期間定額法を採用した事業年度	11	・　・ ・　・	・　・ ・　・	・　・ ・　・	・　・ ・　・	・　・ ・　・
		取得価額又は製作価額	12	外　円	外　円	外　円	外　円	外　円
		(12)のうち(11)の事業年度前に損金の額に算入された金額	13					
		差引取得価額 (12)－(13)	14					
		残価保証額	15					
		償却額計算の基礎となる金額 (14)－(15)	16					
	リース期間定額法	取得価額	17	外	外	外	外	外
		残価保証額	18					
		償却額計算の基礎となる金額 (17)－(18)	19					
帳簿記載金額		償却額計算の対象となる期末現在の帳簿記載金額	20					
		期末現在の積立金の額	21					
		積立金の期中取崩額	22					
		差引帳簿記載金額 (20)－(21)－(22)	23	外△	外△	外△	外△	外△
リース期間又は改定リース期間の月数			24	(　)月	(　)月	(　)月	(　)月	(　)月
当期におけるリース期間又は改定リース期間の月数			25					
当期分の普通償却限度額 ((10)、(16)又は(19))× (25)/(24)			26	円	円	円	円	円
当期償却額			27					
差引		償却不足額 (26)－(27)	28					
		償却超過額 (27)－(26)	29					
償却超過額		前期からの繰越額	30	外	外	外	外	外
	当期損金認容額	償却不足によるもの	31					
		積立金取崩しによるもの	32					
		差引合計翌期への繰越額 (29)＋(30)－(31)－(32)	33					
備考								

減価償却資産の償却額の計算に関する明細書

取替法による取替資産の償却額の計算に関する明細書

事業年度	・ ・ ・ ・	法人名	

別表十六(五) 令五・四・一以後終了事業年度分

区分		項目	番号					
資産区分		種類	1					
		第10条各号の該当号	2	第 号	第 号	第 号	第 号	第 号
		細目	3					
		取得年月日	4	・ ・	・ ・	・ ・	・ ・	・ ・
		事業の用に供した年月	5					
		耐用年数	6	年	年	年	年	年
取得価額		取得価額又は製作価額	7	外 円	外 円	外 円	外 円	外 円
		(7)のうち積立金方式による圧縮記帳の場合の償却額計算の対象となる取得価額に算入しない金額	8					
		差引取得価額 (7)−(8)	9					
帳簿価額		償却額計算の対象となる期末現在の帳簿記載金額	10					
		期末現在の積立金の額	11					
		積立金の期中取崩額	12					
		差引帳簿記載金額 (10)−(11)−(12)	13	外△	外△	外△	外△	外△
		損金に計上した当期償却額	14					
		前期から繰り越した償却超過額	15	外	外	外	外	外
		合計 (13)+(14)+(15)	16					
		前期から繰り越した特別償却不足額又は合併等特別償却不足額	17					
		旧定率法又は定率法の償却額の計算の基礎となる金額 (16)−(17)	18					
当期分の普通償却限度額	平成19年3月31日以前取得分 旧定額法	旧定額法による償却額計算の基礎となる金額 $(9)-(9)\times\frac{10}{100}$	19					
	旧定額法	旧定額法の償却率	20					
	旧定率法	旧定率法による償却額計算の基礎となる金額 (18)	21	円	円	円	円	円
	旧定率法	旧定率法の償却率	22					
		算出償却額 ((19)×(20))又は((21)×(22))	23	円	円	円	円	円
	平成19年4月1日以後取得分 定額法	定額法による償却額計算の基礎となる金額 (9)	24					
	定額法	定額法の償却率	25					
	定率法	定率法による償却額計算の基礎となる金額 (18)	26	円	円	円	円	円
	定率法	定率法の償却率	27					
		算出償却額 ((24)×(25))又は((26)×(27))	28	円	円	円	円	円
当期分の償却限度額		当期分の普通償却限度額 (23)又は(28)	29					
		特別償却限度額	30	( ) 外	( ) 外	( ) 外	( ) 外	( ) 外
		前期から繰り越した特別償却不足額又は合併等特別償却不足額	31					
		合計 (29)+(30)+(31)	32					
		差引取得価額×50% $(9)\times\frac{50}{100}$	33					
		当期償却可能限度額	34					
		当期の通常償却額 ((32)又は(34)のうち少ない金額)	35					
		取り替えた新たな資産に係る損金算入額	36					
		償却限度額 (35)+(36)	37					
当期償却額			38					
差引		償却不足額 (37)−(38)	39					
		償却超過額 (38)−(37)	40					
償却超過額		前期からの繰越額	41	外	外	外	外	外
	当期損金認容額	償却不足によるもの	42					
		積立金取崩しによるもの	43					
		差引合計翌期への繰越額 (40)+(41)−(42)−(43)	44					
特別償却不足額		翌期に繰り越すべき特別償却不足額 (((39)−(42))と((30)+(31))のうち少ない金額)	45					
		当期において切り捨てる特別償却不足額又は合併等特別償却不足額	46					
		差引翌期への繰越額 (45)−(46)	47					
	翌期への繰越額の内訳	・ ・	48					
		・ ・ 当期分不足額	49					
適格組織再編成により引き継ぐべき合併等特別償却不足額 (((39)−(42))と(30)のうち少ない金額)			50					

備考

減価償却資産の償却額の計算に関する明細書

少額減価償却資産の取得価額の損金算入の特例に関する明細書

事業年度	・　・ ・　・	法人名		別表十六(七) 令五・四・一以後終了事業年度分

資産区分	種類	1					
	構造	2					
	細目	3					
	事業の用に供した年月	4					
取得価額	取得価額又は製作価額	5	円	円	円	円	円
	法人税法上の圧縮記帳による積立金計上額	6					
	差引改定取得価額 (5)－(6)	7					
資産区分	種類	1					
	構造	2					
	細目	3					
	事業の用に供した年月	4					
取得価額	取得価額又は製作価額	5	円	円	円	円	円
	法人税法上の圧縮記帳による積立金計上額	6					
	差引改定取得価額 (5)－(6)	7					
資産区分	種類	1					
	構造	2					
	細目	3					
	事業の用に供した年月	4					
取得価額	取得価額又は製作価額	5	円	円	円	円	円
	法人税法上の圧縮記帳による積立金計上額	6					
	差引改定取得価額 (5)－(6)	7					
当期の少額減価償却資産の取得価額の合計額 ((7)の計)		8	円				

一括償却資産の損金算入に関する明細書

事業年度	・　・ ・　・	法人名	

別表十六(八)　令五・四・一以後終了事業年度分

事業の用に供した事業年度		1	・　・ ・　・	・　・ ・　・	・　・ ・　・	・　・ ・　・	・　・ ・　・	(当期分)
同上の事業年度において事業の用に供した一括償却資産の取得価額の合計額		2	円	円	円	円	円	円
当期の月数 (事業の用に供した事業年度の中間申告の場合は、当該事業年度の月数)		3	月	月	月	月	月	月
当期分の損金算入限度額 $(2) \times \frac{(3)}{36}$		4	円	円	円	円	円	円
当期損金経理額		5						
差引	損金算入不足額 (4) − (5)	6						
	損金算入限度超過額 (5) − (4)	7						
損金算入限度超過額	前期からの繰越額	8						
	同上のうち当期損金認容額 ((6)と(8)のうち少ない金額)	9						
	翌期への繰越額 (7) + (8) − (9)	10						

減価償却資産の償却額の計算に関する明細書

別表十六(九)　令五・四・一以後終了事業年度分

特別償却準備金の損金算入に関する明細書

事業年度	・　・ ・　・	法人名	

区分	項目		番号				計
資産区分	特別償却に関する規定の該当条項		1	第　条　第　項 第　号	第　条　第　項 第　号	第　条　第　項 第　号	計
資産区分	種類		2				
資産区分	構造、用途、設備の種類又は区分		3				
資産区分	細目		4				
資産区分	事業の用に供した年月		5				
資産区分	耐用年数等		6	年	年	年	
当期積立額			7	円	円	円	円
当期積立限度額	当期の特別償却限度額		8				
当期積立限度額	前期から繰り越した積立不足額又は合併等特別償却準備金積立不足額		9				
当期積立限度額	積立限度額 (8)＋(9)		10				
差引	積立限度超過額 (7)－(10)		11				
差引	積立不足額	割増償却の場合 (8)－(7)	12				
差引	積立不足額	初年度特別償却の場合 (8)－((7)－(9)) ((7)－(9)≦０の場合は(8))	13				
積立不足額	翌期に繰り越すべき積立不足額 (10)－(7)		14				
積立不足額	当期において切り捨てる積立不足額又は合併等特別償却準備金積立不足額		15				
積立不足額	差引翌期への繰越額 (14)－(15)		16				
積立不足額	翌期への繰越額の内訳	・　・ ・　・	17				
積立不足額	翌期への繰越額の内訳	当期分 (12)又は(13)	18				
積立不足額	翌期への繰越額の内訳	計 (17)＋(18)	19				
当期積立額のうち損金算入額 ((7)と(10)のうち少ない金額)			20				
合併等特別償却準備金積立不足額 (8)－(7)			21				
翌期繰越額の計算	積立事業年度		22	・　・ ・　・	・　・ ・　・	・　・ ・　・	
翌期繰越額の計算	各積立事業年度の積立額のうち損金算入額		23	円	円	円	円
翌期繰越額の計算	期首特別償却準備金の金額		24				
翌期繰越額の計算	当期益金算入額	均等益金算入による場合 $(23)\times\frac{\text{当期の月数}}{84、60又は(耐用年数等\times12)}$	25				
翌期繰越額の計算	当期益金算入額	同上以外の場合による益金算入額	26				
翌期繰越額の計算	当期益金算入額	合計 (25)＋(26)	27				
翌期繰越額の計算	期末特別償却準備金の金額 (24)－(27)		28				

減価償却資産の償却方法の届出書

税務署受付印

※整理番号		
令和　年　月　日	納税地	〒 電話(　　)　－
	（フリガナ）	
	法人名等	
	法人番号	
	（フリガナ）	
	代表者氏名	
	代表者住所	〒
税務署長殿	事業種目	業

連結子法人（届出の対象が連結子法人である場合に限り記載）			※税務署処理欄	
	（フリガナ）		整理番号	
	法人名等		部門	
	本店又は主たる事務所の所在地	〒　（　局　署） 電話（　）　－	決算期	
	（フリガナ）		業種番号	
	代表者氏名		整理簿	
	代表者住所	〒		
	事業種目	業	回付先	□ 親署 ⇒ 子署 □ 子署 ⇒ 調査課

減価償却資産の償却方法を下記のとおり届け出ます。

記

資産、設備の種類	償却方法	資産、設備の種類	償却方法
建物附属設備			
構築物			
船舶			
航空機			
車両及び運搬具			
工具			
器具及び備品			
機械及び装置	／		
（　　）設備			
（　　）設備			

参考事項	1 新設法人等の場合には、設立等年月日　令和　年　月　日 2 その他

税理士署名	

※税務署処理欄	部門		決算期		業種番号		番号		整理簿		備考		通信日付印	年月日	確認	

04.03改正

（規格A4）

減価償却資産の償却方法の届出書の記載要領等

1　この届出書は、法人が減価償却資産の償却方法を選定しようとする場合に使用するもので、次の区分に応じそれぞれの提出期限までに、その法人（連結子法人にあっては、当該連結子法人に係る連結親法人）が必要事項を記載して提出してください。

区　　　　分	提　　出　　期　　限
普通法人を設立した場合	設立第１期の確定申告書又は連結確定申告書の提出期限（法人税法第 72 条又は第 144 条の４の規定による仮決算をした場合の中間申告書を提出するときはその中間申告書の提出期限とし、所得税法等の一部を改正する法律（令和２年法律第８号）による改正前の法人税法（以下「令和２年旧法人税法」といいます。）第 81 条の 20 の規定による仮決算をした場合の連結中間申告書を提出するときはその連結中間申告書の提出期限とします。以下この表において同じです。）
公益法人等及び人格のない社団等が新たに収益事業を開始した場合	新たに収益事業を開始した日の属する事業年度の確定申告書の提出期限
設立後（又は収益事業開始後）既に償却方法を選定している減価償却資産以外の減価償却資産を取得した場合	その減価償却資産を取得した日の属する事業年度又は連結事業年度の確定申告書又は連結確定申告書の提出期限
新たに事業所を設けた法人で、その事業所に属する減価償却資産につき、その減価償却資産と同一区分の減価償却資産について既に採用している償却方法と異なる償却方法を選定しようとする場合又は既に事業所ごとに異なった償却方法を採用している場合	新たに事業所を設けた日の属する事業年度又は連結事業年度の確定申告書又は連結確定申告書の提出期限
新たに船舶の取得をした法人で、その船舶につき、その船舶以外の船舶について既に採用している償却方法と異なる償却方法を選定しようとする場合又は既に船舶ごとに異なった償却方法を採用している場合	新たに船舶の取得をした日の属する事業年度又は連結事業年度の確定申告書又は連結確定申告書の提出期限

（注）外国法人については、法人税法施行令第 184 条第５項の規定によって提出してください。

2　この届出書は、納税地の所轄税務署長に１通（調査課所管法人にあっては２通）提出してください。

この場合、事業所別に償却方法を選定して届け出るときには、事業所別に届出書を別葉に作成して提出してください。

なお、鉱業権（試掘権を除きます。）及び坑道については、この届出書のほかに減価償却資産の耐用年数等に関する省令（以下「耐用年数省令」といいます。）第１条第２項に定める鉱業権及び坑道の耐用年数の認定申請書を提出することが必要ですからご注意ください。

3　減価償却資産の償却方法の選定は、一般減価償却資産、鉱業用減価償却資産及び鉱業権の別に、かつ、耐用年数省令に定める区分ごとに、また、２以上の事業所又は船舶を有する法人は事業所又は船舶ごとに行うことができることとなっていますから、その区別ごとに償却方法を定めて明確に記入してください。

（注）1　平成 28 年４月１日以後に取得した建物附属設備及び構築物並びに平成 19 年４月１日以後に取得した建物、法人税法施行令第 13 条第８号に掲げる無形固定資産及び同条第９号に掲げる生物の償却方法は、鉱業用減価償却資産、鉱業権及びリース資産に該当するものを除き、定額法によることとされていますので、償却方法の届出を要しません。

2　鉱業用減価償却資産とは、鉱業経営上直接必要な減価償却資産で、鉱業の廃止により著しくその価値を減ずるものをいいます。

4　各欄は、次により記入してください。

(1)　「連結子法人」欄には、この届出の対象が連結子法人である場合における当該連結子法人の「法人名等」、「本店又は主たる事務所の所在地」、「代表者氏名」、「代表者住所」及び「事業種目」を記載してください。

(2)　「資産、設備の種類」欄には、次の区分ごとに所有する減価償却資産の種類を記入してください。

この場合、機械及び装置については、耐用年数省令別表第二の番号を（　　）内に記載してください。

また、鉱業用減価償却資産を有する場合には、一般の減価償却資産と区別して鉱業用資産と明示するとともに、平成 28 年４月１日以後に取得したものと同日前に取得したもので区別してください。

イ　機械及び装置以外の減価償却資産については、耐用年数省令別表第一に規定する種類（この欄に既に表示されている７つの種類）ごと。

ロ　機械及び装置については、耐用年数省令別表第二に規定する設備の種類ごと。

ハ　公害防止の用に供されている減価償却資産については、耐用年数省令別表第五に規定する種類ごと。

ニ　開発研究の用に供されている減価償却資産については、耐用年数省令別表第六に規定する種類ごと。

ホ　坑道及び鉱業権（試掘権を除きます。）については、当該坑道及び鉱業権に係る耐用年数省令別表第二に規定する設備の種類ごと。

ヘ　試掘権については、当該試掘権に係る耐用年数省令別表第二に規定する設備の種類ごと。

(3)　「償却方法」欄には、「資産、設備の種類」に記載した区分に応じて、採用しようとする旧定額法、旧定率法若しくは旧生産高比例法又は定額法、定率法若しくは生産高比例法の別を記入してください。

(4)　「税理士署名」欄は、この届出書を税理士又は税理士法人が作成した場合に、その税理士等が署名してください。

(5)　「※」欄は、記載しないでください。

5　留意事項

○　法人課税信託の名称の併記

法人税法第２条第29号の２に規定する法人課税信託の受託者がその法人課税信託について、国税に関する法律に基づき税務署長等に申請書等を提出する場合には、申請書等の「法人名等」の欄には、受託者の法人名又は氏名のほか、その法人課税信託の名称を併せて記載してください。

税務署受付印

特別な償却方法の承認申請書

※整理番号	

令和　年　月　日	納税地	〒 電話(　)　―
	(フリガナ)	
	法人名等	
	法人番号	
	(フリガナ)	
	代表者氏名	
	代表者住所	〒
税務署長殿	事業種目	業

連結子法人(申請の対象が連結子法人である場合に限り記載)			※税務署処理欄	
(フリガナ)			整理番号	
法人名等			部門	
本店又は主たる事務所の所在地	〒　(　局　署) 電話(　)　―		決算期	
(フリガナ)			業種番号	
代表者氏名			整理簿	
代表者住所	〒			
事業種目	業		回付先	□ 親署 ⇒ 子署 □ 子署 ⇒ 調査課

次の資産の減価償却については、特別な償却方法によりたいので申請します。

承認を受けようとする特別な償却方法等		
種類	1	
構造又は用途	2	
細目	3	
耐用年数	4	
取得価額	5	
帳簿価額	6	
所在する場所	7	
承認を受けようとする特別な償却方法		
特別な償却方法を採用しようとする理由		
期中取得資産の償却方法	第1号	第2号

税理士署名	

※税務署処理欄	部門		決算期		業種番号		番号		整理簿		備考	

04.03改正

(規格A4)

特別な償却方法の承認申請書の記載要領等

1　この申請書は、法人が減価償却資産の減価償却を旧定額法、旧定率法、旧生産高比例法、定額法、定率法又は生産高比例法以外の特別な償却方法により行おうとする場合に、その法人（連結子法人にあっては、当該連結子法人に係る連結親法人）が必要事項を記載して提出してください。

(注) 取替法又は特別な償却率により償却を行っている減価償却資産についてはこの申請の対象となりません。

2　この申請書は、納税地の所轄税務署長に２通提出してください。

3　申請書の各欄は、次により記載してください。

(1)　「連結子法人」欄には、この申請の対象が連結子法人である場合における当該連結子法人の「法人名等」、「本店又は主たる事務所の所在地」、「代表者氏名」、「代表者住所」及び「事業種目」を記載してください。

(2)　「種類１」欄には、特別な償却方法により減価償却を行おうとする資産について、法人税法施行規則第 14 条に掲げる償却の方法の選定の単位ごとにその種類（設備の種類を含みます。）を記載してください。

(3)　特別な償却方法は、前記の「種類」につき構造、用途又は細目の区分が定められているものについては、その構造、用途又は細目の区分ごとに、かつ、耐用年数の異なるものについてはその異なるものごとに選定できることに取り扱われていますので、この取扱いによる場合は、「構造又は用途２」、「細目３」及び「耐用年数４」の各欄に減価償却資産の耐用年数等に関する省令に定める構造、用途、細目及び耐用年数を記載してください。

(4)　「承認を受けようとする特別な償却方法」欄には、その採用しようとする特別な償却方法を算式等により明細に記載してください。

なお、記載しきれない場合には、別紙に記載して添付してください。

(5)　「特別な償却方法を採用しようとする理由」欄には、特別な償却方法を採用しようとする理由を詳細に記載してください。

なお、記載しきれない場合には、別紙に記載して添付してください。

(6)　「期中取得資産の償却方法」欄には、その採用しようとする特別な償却の方法が法人税法施行令第 59 条第１項第１号又は第２号（事業年度の中途で事業の用に供した減価償却資産の償却限度額の特例）に掲げる償却限度額の特例のいずれに類するかにより該当する文字を○で囲んでください。

(注)　承認を受けようとする特別な償却の方法が旧定額法、旧定率法、定額法、定率法又は取替法に類する場合……………………………………………………………………第１号

承認を受けようとする特別な償却の方法が旧生産高比例法又は生産高比例法に類する場合……………………………………………………………………………………第２号

(7)　「税理士署名」欄は、この申請書を税理士又は税理士法人が作成した場合に、その税理士等が署名してください。

(8)　「※」欄は、記載しないでください。

4　留意事項

○　法人課税信託の名称の併記

法人税法第２条第29号の２に規定する法人課税信託の受託者がその法人課税信託について、国税に関する法律に基づき税務署長等に申請書等を提出する場合には、申請書等の「法人名等」の欄には、受託者の法人名又は氏名のほか、その法人課税信託の名称を併せて記載してください。

減価償却資産に関する諸申請書及び届出書

取替法採用承認申請書

税務署受付印		※整理番号	
	納税地	〒 電話（　　）　－	
令和　年　月　日	（フリガナ） 法人名等		
	法人番号		
	（フリガナ） 代表者氏名		
	代表者住所	〒	
税務署長殿	事業種目	業	

連結子法人（申請の対象が連結子法人である場合に限り記載）			※税務署処理欄	
（フリガナ） 法人名等			整理番号	
			部門	
本店又は主たる事務所の所在地	〒　（　局　署） 電話（　）　－		決算期	
（フリガナ） 代表者氏名			業種番号	
代表者住所	〒		整理簿	
事業種目	業		回付先	□ 親署 ⇒ 子署 □ 子署 ⇒ 調査課

自 令和　年　月　日
至 令和　年　月　日　事業年度から、次の資産の減価償却については、取替法によりたいので申請します。

取替法を採用しようとする減価償却資産の明細

取替資産の名称	1			
同上の法人税法施行規則第10条各号の区分	2			
所在する場所	3			
数量	4			
取得価額	5	千円	千円	千円
帳簿価額	6	千円	千円	千円

参考事項

税理士署名	

※税務署処理欄	部門		決算期		業種番号		番号		整理簿		備考		通信日付印	年 月 日	確認	

04.03改正

（規格A4）

取替法採用承認申請書の記載要領等

1　この申請書は、法人が法人税法施行規則（以下「法規」といいます。）第10条各号に掲げる資産の減価償却を取替法により行おうとする場合に、その法人（連結子法人にあっては、当該連結子法人に係る連結親法人）が必要事項を記載して提出してください。

2　この申請書は、取替法を採用しようとする事業年度又は連結事業年度開始の日の前日までに、納税地の所轄税務署長に１通（調査課所管法人にあっては２通）提出してください。

3　申請書の各欄は、次により記載してください。

(1)　「連結子法人」欄には、この申請の対象が連結子法人である場合における当該連結子法人の「法人名等」、「本店又は主たる事務所の所在地」、「代表者氏名」、「代表者住所」及び「事業種目」を記載してください。

(2)　申請本文の（自令和　年　月　日　至令和　年　月　日　事業年度から）について、連結親法人がこの申請書を提出する場合は、（自令和　年　月　日　至令和　年　月　日　連結事業年度から）と読み替えて記載してください。

(3)　「取替資産の名称１」欄には、取替法を採用しようとする資産について法規第10条各号に掲げる資産の異なるものごと（当該取替資産で種類及び品質を異にするものがあるときは、その種類及び品質の異なるものごと）に、その名称を記載してください。

(4)　「同上の法人税法施行規則第10条各号の区分２」欄には、(3)の資産の法規第10条各号の区分を記載してください。

(5)　「所在する場所３」欄には、(3)の資産の所在する場所の名称、路線名等を記載してください。

(6)　「数量４」、「取得価額５」及び「帳簿価額６」の各欄には、(3)の資産の取替法を採用しようとする事業年度開始の時における数量、取得価額（昭和27年12月31日以前に取得された取替資産については、その取得価額にその取得の時期に応じて定められた資産再評価法別表第三の倍数を乗じて計算した金額）及び帳簿価額の合計額を記載してください。

(7)　「参考事項」欄には、(3)の資産について１年間で使用に耐えなくなって取り替える見込みの数量等取替資産について参考となるべき事項を記載してください。

(8)　「税理士署名」欄は、この申請書を税理士又は税理士法人が作成した場合に、その税理士等が署名してください。

(9)　「※」欄は、記載しないでください。

4　留意事項

○　法人課税信託の名称の併記

法人税法第２条第 29 号の２に規定する法人課税信託の受託者がその法人課税信託について、国税に関する法律に基づき税務署長等に申請書等を提出する場合には、申請書等の「法人名等」の欄には、受託者の法人名又は氏名のほか、その法人課税信託の名称を併せて記載してください。

リース賃貸資産の償却方法に係る旧リース期間定額法の届出書

税務署受付印	※整理番号	
令和　年　月　日	納税地	〒 電話(　　)　　－
	(フリガナ)	
	法人名等	
	法人番号	
	(フリガナ)	
	代表者氏名	
	代表者住所	〒
税務署長殿	事業種目	業

連結子法人（届出の対象が連結子法人である場合に限り記載）		※税務署処理欄	
(フリガナ)		整理番号	
法人名等		部門	
本店又は主たる事務所の所在地	〒　（　局　署） 電話(　　)　　－	決算期	
(フリガナ)		業種番号	
代表者氏名		整理簿	
代表者住所	〒		
事業種目	業	回付先	□ 親署 ⇒ 子署 □ 子署 ⇒ 調査課

リース賃貸資産について旧リース期間定額法を採用することを下記のとおり届け出ます。

記

資産、設備の種類	改定取得価額の合計額	資産、設備の種類	改定取得価額の合計額
建物			
建物附属設備			
構築物			
船舶			
航空機			
車両及び運搬具			
工具			
器具及び備品			
機械及び装置			
(　　)設備			

参考事項	1 採用する事業年度 自 令和　年　月　日 至 令和　年　月　日 2 その他

税理士署名	

※税務署処理欄	部門		決算期		業種番号		番号		整理簿		備考	

04.03 改正

（規格A4）

リース賃貸資産の償却方法に係る旧リース期間定額法の届出書の記載要領等

1　この届出書は、法人が法人税法施行令第 49 条の 2 の規定に基づき、リース賃貸資産（法人税法施行令第 48 条第 1 項第 6 号に規定する改正前リース取引の目的とされている減価償却資産（同号に規定する国外リース資産を除きます。））の償却方法に旧リース期間定額法を選定しようとする場合に使用するもので、その旧リース期間定額法を採用しようとする事業年度又は連結事業年度の確定申告書又は連結確定申告書の提出期限（法人税法第 72 条に規定する仮決算をした場合の中間申告書を提出するときは、その中間申告書の提出期限とし、所得税法等の一部を改正する法律（令和２年法律第８号）による改正前の法人税法第 81 条の 20 の規定による仮決算をした場合の連結中間申告書を提出するときは、その連結中間申告書の提出期限とします。）までに、その法人（連結子法人にあっては、当該連結子法人に係る連結親法人）が必要事項を記載して提出してください。

2　この届出書は、納税地の所轄税務署長に１通（調査課所管法人にあっては２通）提出してください。

3　各欄は、次により記入してください。

(1)「連結子法人」欄には、この届出の対象が連結子法人である場合における当該連結子法人の「法人名等」、「本店又は主たる事務所の所在地」、「代表者氏名」、「代表者住所」及び「事業種目」を記載してください。

(2)「資産、設備の種類」欄には、リース賃貸資産について、次の区分ごとにその資産の種類を記入してください。

この場合、機械及び装置については、減価償却資産の耐用年数等に関する省令（以下「耐用年数省令」といいます。）別表第二又は別表第五の番号を（　　）内に記載してください。また、鉱業用減価償却資産を有する場合には、一般の減価償却資産と区別して鉱業用資産と明示してください。

イ　機械及び装置以外の減価償却資産については、耐用年数省令別表第一に規定する種類（この欄に既に表示されている８つの種類）ごと。

ロ　機械及び装置については、耐用年数省令別表第二に規定する設備の種類ごと。

ハ　公害防止の用に供されている減価償却資産については、耐用年数省令別表第五に規定する種類ごと。

ニ　開発研究の用に供されている減価償却資産については、耐用年数省令別表第六に規定する種類ごと。

ホ　坑道及び鉱業権（試掘権を除きます。）については、当該坑道及び鉱業権に係る耐用年数省令別表第二に規定する設備の種類ごと。

ヘ　試掘権については、当該試掘権に係る耐用年数省令別表第二に規定する設備の種類ごと。

(3)「改定取得価額の合計額」欄には、区分された資産の種類ごとにリース賃貸資産の改定取得価額（法人税法施行令第 49 条の２第３項に規定する「改定取得価額」をいいます。）の合計額を記載します。

(4)「税理士署名」欄は、この届出書を税理士又は税理士法人が作成した場合に、その税理士等が署名してください。

(5)「※税務署処理欄」には、何も記載しないでください。

4　留意事項

○　法人課税信託の名称の併記

法人税法第２条第 29 号の２に規定する法人課税信託の受託者がその法人課税信託について、国税に関する法律に基づき税務署長等に申請書等を提出する場合には、申請書等の「法人名等」の欄には、受託者の法人名又は氏名のほか、その法人課税信託の名称を併せて記載してください。

特別な償却率の認定申請書

※整理番号

税務署受付印

令和　年　月　日	納税地	〒 電話(　　)　　－
	(フリガナ)	
	法人名等	
	法人番号	
	(フリガナ)	
	代表者氏名	
	代表者住所	〒
国税局長殿	事業種目	業

連結子法人（申請の対象が連結子法人である場合に限り記載）			※税務署処理欄	
	(フリガナ)			整理番号
	法人名等			
	本店又は主たる事務所の所在地	〒　　　　（　　　局　　　署） 電話（　　）　　－		部門
				決算期
	(フリガナ)			業種番号
	代表者氏名			
	代表者住所	〒		整理簿
	事業種目	業		回付先 □ 親署 ⇒ 子署 □ 子署 ⇒ 調査課

次の資産の減価償却については、特別な償却率によりたいので申請します。

認定を受けようとする特別な償却率等の明細

種類	1		
構造又は用途	2		
細目	3		
名称	4		
所在する場所	5		
数量	6		
取得価額	7	千円	千円
帳簿価額	8	千円	千円
認定を受けようとする償却率	9		

参考事項

認定を受けようとする償却率の算定の基礎

税理士署名	

※税務署処理欄	部門		決算期		業種番号		番号		整理簿		備考	

（規格A4）

04.03改正

特別な償却率の認定申請書の記載要領等

1　この申請書は、法人が漁網、活字に常用されている金属その他法人税法施行規則（以下「法規」といいます。）第12条各号に掲げる資産の減価償却を特別な償却率により行おうとする場合に、その法人（連結子法人にあっては、当該連結子法人に係る連結親法人）が必要事項を記載して提出してください。

2　この申請書は、納税地の所轄税務署長を経由して国税局長に２通提出してください。

3　申請書の各欄は、法規第12条各号に掲げる資産の異なるごと、かつ、認定を受けようとする償却率の異なるごとに、次により記載してください。

(1)　「連結子法人」欄には、この申請の対象連結子法人である場合における当該連結子法人の「法人名等」、「本店又は主たる事務所の所在地」、「代表者氏名」、「代表者住所」及び「事業種目」を記載してください。

(2)　「種類１」、「構造又は用途２」及び「細目３」の各欄には、特別な償却率により減価償却を行おうとする資産の減価償却資産の耐用年数等に関する省令別表第一に掲げる種類、構造又は用途及び細目を記載してください。

(3)　「名称４」欄には、法規第12条各号に掲げる資産の名称を記載してください。

(4)　「所在する場所５」欄には、その所在する事業場名及びその所在地を記載してください。

(5)　「数量６」、「取得価額７」及び「帳簿価額８」の各欄には、申請書を提出する日の属する事業年度又は連結事業年度開始の日における(4)の資産の数量、取得価額の合計額及び帳簿価額の合計額を記載してください。

(6)　「認定を受けようとする償却率９」欄には、(4)の資産について認定を受けようとする償却率を記載してください。

(7)　「認定を受けようとする償却率の算定の基礎」欄には、認定を受けようとする償却率の算定の根拠、算出の過程等を詳細に、かつ、具体的に記載してください。

なお、記載しきれない場合には、別紙に記載して添付してください。

(8)　「税理士署名」欄は、この申請書を税理士又は税理士法人が作成した場合に、その税理士等が署名してください。

(9)　「※」欄は、記載しないでください。

4　留意事項

○　法人課税信託の名称の併記

法人税法第２条第29号の２に規定する法人課税信託の受託者がその法人課税信託について、国税に関する法律に基づき税務署長等に申請書等を提出する場合には、申請書等の「法人名等」の欄には、受託者の法人名又は氏名のほか、その法人課税信託の名称を併せて記載してください。

減価償却資産の償却方法の変更承認申請書

税務署受付印

※整理番号

令和　年　月　日	納税地	〒 電話(　)　ー
	(フリガナ) 法人名等	
	法人番号	
	(フリガナ) 代表者氏名	
	代表者住所	〒
税務署長殿	事業種目	業

連結子法人（申請の対象が連結子法人である場合に限り記載）			※税務署処理欄	
	(フリガナ) 法人名等		整理番号	
	本店又は主たる事務所の所在地	〒　（　局　署） 電話(　)　ー	部門	
			決算期	
	(フリガナ) 代表者氏名		業種番号	
	代表者住所	〒	整理簿	
	事業種目	業	回付先	□ 親署 ⇒ 子署 □ 子署 ⇒ 調査課

自 令和　年　月　日
至 令和　年　月　日
事業年度から減価償却資産の償却方法を下記のとおり変更したいので申請します。

記

資産、設備の種類	現によっている償却方法	現によっている償却方法を採用した年月日	採用しようとする新たな償却方法
		年　月　日	
		年　月　日	
		年　月　日	
		年　月　日	
		年　月　日	
		年　月　日	

変更しようとする理由	

税理士署名	

（規格Ａ４）

※税務署処理欄	部門	決算期	業種番号	番号	整理簿	備考	通信日付印	年月日	確認

04.03 改正

減価償却資産の償却方法の変更承認申請書の記載要領等

1　この申請書は、法人が既に選定している減価償却資産の償却方法を変更しようとする場合に、その法人（連結子法人にあっては、当該連結子法人に係る連結親法人）が必要事項を記載して提出してください。

なお、償却方法の変更承認申請は、法人が既に選定した減価償却資産の償却方法を、その取得の時期に応じて選定可能な他の償却方法に変更しようとする場合のほか、取替法若しくは特別な償却率による償却方法を定率法等に変更しようとする場合又は取替資産について既に選定した償却方法をいずれか他の償却方法に変更しようとする場合にも必要ですから注意してください。

（注）　鉱業権（試掘権を除く。）及び坑道について、生産高比例法から他の償却方法に変更しようとする場合には、この申請書のほかに「採掘権、租鉱権、採石権又は坑道の耐用年数の認定申請書」を提出しなければなりません。

2　この申請書は、新たな償却方法を採用しようとする事業年度開始の日の前日までに、納税地の所轄税務署長に1通（調査課所管法人にあっては2通）提出してください。

この場合、事業所別に償却方法を選定しているものにつき、その償却方法の変更を届け出るときには、事業所別に申請書を別葉に作成して提出してください。

3　減価償却資産の償却方法の選定は、減価償却資産の取得の時期に応じて、一般減価償却資産、鉱業用減価償却資産及び鉱業権の別に、かつ、減価償却資産の耐用年数等に関する省令（以下「耐用年数省令」といいます。）に定める区分ごとに、また、2以上の事業所又は船舶を有する法人は事業所又は船舶ごとに行うことができることとなっていますから、償却方法を変更しようとする場合もその区別ごとに償却方法を変更するかどうかを定めて、変更しようとする当該区別ごとの資産、設備だけについて明確に記入してください。

4　各欄は、次により記入してください。

(1)「連結子法人」欄には、この申請の対象が連結子法人である場合における当該連結子法人の「法人名等」、「本店又は主たる事務所の所在地」、「代表者氏名」、「代表者住所」及び「事業種目」を記載してください。

(2)　申請本文の（自令和　年　月　日 至令和　年　月　日 事業年度から）について、連結親法人がこの申請書を提出する場合は、（自令和　年　月　日 至令和　年　月　日 連結事業年度から）と読み替えて記載してください。

(3)「資産、設備の種類」欄には、選定する減価償却資産の償却方法に応じた減価償却資産の区分及び次の区分にしたがって減価償却資産の種類を記入してください。

なお、鉱業用減価償却資産について変更しようとする場合には、一般の減価償却資産と区別して鉱業用資産と明示するとともに、平成28年4月1日以後に取得したものと、同日前に取得したもので区別してください。

この場合、機械及び装置については、耐用年数省令別表第二の番号を（　）内に記載してください。

イ　機械及び装置以外の減価償却資産については、耐用年数省令別表第一に規定する種類（建物、建物附属設備、構築物、船舶、航空機、車両運搬具、工具、器具備品）ごと。

ロ　機械及び装置については、耐用年数省令別表第二に規定する設備の種類ごと。

ハ　公害防止の用に供されている減価償却資産については、耐用年数省令別表第五に規定する種類ごと。

ニ　開発研究の用に供されている減価償却資産については、耐用年数省令別表第六に規定する種類ごと。

ホ　坑道及び鉱業権（試掘権を除く。）については、当該坑道及び鉱業権に係る耐用年数省令別表第二に規定する設備の種類ごと。

ヘ　試掘権については、当該試掘権に係る耐用年数省令別表第二に規定する設備の種類ごと。

(4)「現によっている償却方法」欄には、現在採用している償却方法（償却方法の届出を行わなかった等のため、法定償却方法によることとされている減価償却資産については、その償却方法。以下同じ。）を記入してください。

(5)「現によっている償却方法を採用した年月日」欄には、現在採用している償却方法を採用した事業年度又は連結事業年度の開始の日を記入してください。

(6)「採用しようとする新たな償却方法」欄には、これから採用しようとする償却方法を記入してください。

(7)「税理士署名」欄は、この申請書を税理士又は税理士法人が作成した場合に、その税理士等が署名してください。

(8)「※」欄は記載しないでください。

5　留意事項

○　法人課税信託の名称の併記

法人税法第２条第 29 号の２に規定する法人課税信託の受託者がその法人課税信託について、国税に関する法律に基づき税務署長等に申請書等を提出する場合には、申請書等の「法人名等」の欄には、受託者の法人名又は氏名のほか、その法人課税信託の名称を併せて記載してください。

耐用年数の短縮の承認申請書

税務署受付印

※整理番号

令和　年　月　日

国税局長殿

納税地	〒 電話(　　)　　－
(フリガナ) 法人名等	
法人番号	
(フリガナ) 代表者氏名	
代表者住所	〒
事業種目	業

連結子法人（申請の対象が連結子法人である場合に限り記載）			※税務署処理欄	
	(フリガナ) 法人名等		整理番号	
	本店又は主たる事務所の所在地	〒　(　局　署) 電話(　　)　　－	部門	
			決算期	
	(フリガナ) 代表者氏名		業種番号	
	代表者住所	〒	整理簿	
	事業種目	業	回付先	□ 親署 ⇒ 子署 □ 子署 ⇒ 調査課

次の減価償却資産については、耐用年数の短縮の承認を申請します。

申請の事由		1	
資産の種類及び名称		2	
同上の資産の	所在する場所	3	
	承認を受けようとする使用可能期間	4	
	承認を受けようとする未経過使用可能期間	5	
	法定耐用年数	6	
使用可能期間が法定耐用年数に比して著しく短い事由及びその事実の概要		7	
参考となるべき事項		8	

税理士署名	

※税務署処理欄	部門		決算期		業種番号		番号		整理簿		備考	

（規格A4）

04.03改正

耐用年数の短縮の承認申請書の記載要領等

1　この申請書は、法人が耐用年数の短縮の承認を受けようとする場合に、その法人（連結子法人にあっては、当該連結子法人に係る連結親法人）が必要事項を記載して提出してください。

2　この申請書は、納税地の所轄税務署長を経由して所轄国税局長に２通提出してください。

なお、この申請に係る耐用年数の短縮の規定については、所轄国税局長から書面による承認の通知があった日の属する事業年度又は連結事業年度から適用できます。

3　申請書の各欄は、次により記載してください。

(1)「連結子法人」欄には、この申請の対象が連結子法人である場合における当該連結子法人の「法人名等」、「本店又は主たる事務所の所在地」、「代表者氏名」、「代表者住所」及び「事業種目」を記載してください。

(2)「申請の事由１」欄には、耐用年数の短縮の承認を受けようとする減価償却資産（以下「申請資産」といいます。）のその申請の事由が、法人税法施行令第 57 条第１項第１号から第６号まで及び法人税法施行規則第 16 条各号に掲げる事由のいずれの事由に該当するかの区分を記載してください。

(3)「資産の種類及び名称２」欄には、申請資産につき、減価償却資産の耐用年数等に関する省令別表に掲げる種類又は設備の種類及びその名称を記載してください。

(4)「同上の資産の（３～６）」欄には、申請資産につき、その所在する事業所名及び所在地、承認を受けようとする使用可能期間の年数、未経過使用可能期間の年数及び法定耐用年数をそれぞれ記載してください。

(5)「使用可能期間が法定耐用年数に比して著しく短い事由及びその事実の概要７」欄には、実際の耐用年数が法定耐用年数に比し著しく短いことについての具体的な事由及びその事実の概要を記載してください。

(6)「税理士署名」欄は、この申請書を税理士又は税理士法人が作成した場合に、その税理士等が署名してください。

(7)「※」欄は、記載しないでください。

4　申請書の提出にあたっては、次の書類を添付してください。

(1)　「承認を受けようとする使用可能期間及び未経過使用可能期間の算定の明細書」

(2)　申請資産の取得価額が確認できる資料（例：請求書等）

(3)　個々の資産の内容及び使用可能期間が確認できる資料
（例：見積書、仕様書、メーカー作成資料等）

(4)　申請資産の状況が明らかとなる資料（例：写真、カタログ、設計図等）

(5)　申請資産がリース物件の場合、貸与を受けている者の用途等が確認できる書類
（例：リース契約書の写し、納品書の写し等）

5　留意事項

○　法人課税信託の名称の併記

法人税法第２条第 29 号の２に規定する法人課税信託の受託者がその法人課税信託について、国税に関する法律に基づき税務署長等に申請書等を提出する場合には、申請書等の「法人名等」の欄には、受託者の法人名又は氏名のほか、その法人課税信託の名称を併せて記載してください。

（規格A4）

承認を受けようとする使用可能期間及び未経過使用可能期間の算定の明細書

番号	種類（設備の種類を含む。）	構造又は用途	細目（個々の資産の名称）	数量	法定耐用年数	取得価額	承認を受けようとする使用可能期間の算定の基礎			年要償却額	経過期間に係る償却費相当額	未経過期間対応償却基礎価額	算出使用可能期間	承認を受けようとする使用可能期間	算出未経過使用可能期間	承認を受けようとする未経過使用可能期間	取得年月	帳簿価額	所在地
							経過年数	その後の使用可能期間	計	$\frac{g}{j}$	（h×k）	（g－l）	$\frac{g\text{の計}}{k\text{の計}}$		$\frac{m\text{の計}}{k\text{の計}}$				
a	b	c	d	e	f	g	h	i	j	k	l	m	n	o	p	q	r	s	t
						千円	年　月	年　月										千円	
							・	・											
							・	・											
							・	・											
							・	・											
							・	・											
							・	・											
							・	・											
							・	・											
							・	・											
							・	・											
							・	・											
							・	・											
							・	・											
計																			

03.06改正

承認を受けようとする使用可能期間及び未経過使用可能期間の算定の明細書の記載要領等

1　「番号ａ」欄には、一連番号を付してください。

2　「種類（設備の種類を含む。）ｂ」及び「構造又は用途ｃ」の各欄には、申請資産の減価償却資産の耐用年数等に関する省令（以下「耐用年数省令」といいます。）別表に掲げる種類、設備の種類及び構造又は用途を記載してください。

3　「細目（個々の資産の名称）ｄ」欄には、申請資産ごと（当該申請資産が総合償却資産（機械及び装置並びに構築物で、当該資産に属する個々の資産の全部につき、その償却の基礎となる価額を個々の資産の全部を総合して定められた耐用年数により償却することとされているものをいう。以下同じ。）である場合には、当該総合償却資産に含まれる個々の資産で、その型式、性能等の仕様及び取得年月の異なるごと、車両及び運搬具又は工具、器具及び備品である場合には、耐用年数省令別表第一の細目に掲げる資産の名称の異なるものごと）にその名称を記載してください。

4　「数量ｅ」欄には、「細目（個々の資産の名称）ｄ」欄の区分ごとの資産の数量を記載してください。

5　「法定耐用年数ｆ」欄には、申請資産について定められている法定耐用年数（当該申請資産が機械及び装置に含まれる個々の資産である場合には、当該機械及び装置について定められている法定耐用年数）を記載してください。

6　「取得価額ｇ」欄には、「細目（個々の資産の名称）ｄ」欄の区分ごとの資産の取得価額（申請資産が機械及び装置であり、申請の理由が法人税法施行規則第16条第２号に掲げる事由及びこれに準ずる同条第３号に掲げる事由に該当するものについては、再取得価額）を記載し、申請資産が総合償却資産である場合には、総合償却資産ごとにその合計額を記載してください。

7　「承認を受けようとする使用可能期間の算定の基礎」欄には、「細目（個々の資産の名称）ｄ」欄の区分ごとの資産につき申請時までの「経過年数ｈ」とその後の実際の「その後の使用可能期間ｉ」の年数を記載し、「計ｊ」欄にはその年数の合計（その合計に１年未満の端数が生じたときはこれを切り捨てます。）を記載してください。

この場合において、機械及び装置に含まれる資産で、耐用年数の短縮の事実がないものについては、その「計ｊ」欄に当該機械及び装置の法定耐用年数の算定の基礎となった個々の資産の年数（昭和40年４月国税庁公表　「機械装置の個別年数」に掲げる年数）を記載してください。

8　「年要償却額ｋ」欄には、申請資産が総合償却資産である場合に「細目（個々の資産の名称）ｄ」欄の区分ごとの資産について「取得価額ｇ」欄の金額を「計ｊ」欄の年数で除して算出した金額を記載し、総合償却資産ごとにその合計額を記載してください。

9　「経過期間に係る償却費相当額ｌ」欄には、申請資産が総合償却資産である場合に、個々の資産の年要償却額に経過期間の月数（１月に満たない端数を生じたときは、これを１月とします。）を乗じて、これを12で除して計算した金額を記載し、総合償却資産ごとにその合計額を記載してください。

10　「算出使用可能期間ｎ」欄には、申請資産が総合償却資産である場合に、当該総合償却資産の「取得価額ｇ」の金額の合計額を「年要償却額ｋ」の金額の合計額で除して算出した数（小数点１位以下の数は切り捨て、その数が２に満たない場合には２とします。）を記載してください。

11　「承認を受けようとする使用可能期間ｏ」欄には、申請資産が総合償却資産である場合には「算出使用可能期間ｎ」欄に記載した数を、総合償却資産以外の資産である場合には「承認を受けようとする使用可能期間の算定の基礎　計ｊ」欄に記載した年数を記載してください。

12　「算出未経過使用可能期間ｐ」欄には、申請資産が総合償却資産である場合に「未経過期間対応償却基礎価額ｍ」欄の金額の合計額を「年要償却額ｋ」欄の金額の合計額で除して算出した数（小数点１位以下の数は切り捨て、その数が２に満たない場合には２とします。）を記載してください。

13　「承認を受けようとする未経過使用可能期間ｑ」欄には、申請資産が総合償却資産である場合には「算出未経過使用可能期間ｐ」欄に記載した数を、総合償却資産以外の資産である場合には「承認を受けようとする使用可能期間の算定の基礎　その後の使用可能期間ｉ」欄に記載した年数（１年未満の端数は切り捨てます。）を記載してください。

14　「帳簿価額ｓ」欄には、申請資産が総合償却資産である場合には、当該総合償却資産ごとに合計額を記載した行に申請の日の属する事業年度開始の日における帳簿価額を、総合償却資産以外の資産である場合には、当該資産の同日における帳簿価額を記載してください。

15　「所在地ｔ」欄には、その所在する事業所名及び所在地を記載してください。

税務署受付印

短縮特例承認資産の一部の資産を取り替えた場合の届出書

2通提出（添付書類含む）

※整理番号	

令和　年　月　日

国税局長殿

納税地	〒 電話（　）　－
（フリガナ） 法人名等	
法人番号	
（フリガナ） 代表者氏名	
代表者住所	〒
事業種目	業

連結子法人（届出の対象が連結子法人である場合に限り記載）		
	（フリガナ） 法人名等	
	本店又は主たる事務所の所在地	〒　（局　署） 電話（　）　－
	（フリガナ） 代表者氏名	
	代表者住所	〒
	事業種目	業

※税務署処理欄	
整理番号	
部門	
決算期	
業種番号	
整理簿	
備考	□ 子署から送付物有
回付先	□ 親署 ⇒ 子署 □ 子署 ⇒ 調査課

次の減価償却資産について、法人税法施行令第57条第7項の規定の適用を受けることを下記のとおり届け出ます。

項目	番号	内容
更新資産の取得をした日の属する事業年度	1	自 令和　年　月　日　至 令和　年　月　日
届出の事由	2	法人税法施行規則第18条第1項 第1号　該当　　第2号　該当
みなし承認を受けようとする使用可能期間（付表のｏ）	3	年
未経過使用可能期間（付表のｐ）	4	年
短縮特例承認資産の種類及び名称	5	
短縮特例承認資産に係る「耐用年数の短縮の承認通知書」の文書番号及び発行年月日	6	法第　号 平成・令和　年　月　日
直前の事業年度に適用を受けた届出書の提出年月日	7	平成・令和　年　月　日
参考となるべき事項	8	

※「耐用年数の短縮の承認通知書」の写し及び直前の事業年度に適用を受けた届出書に添付した「更新資産に取り替えた後の使用可能期間の算定の明細書」の写しを添付する場合は、6、7欄を記載する必要はありません。

添付書類	「更新資産に取り替えた後の使用可能期間の算定の明細書」（付表）

税理士署名	

（規格A4）

※税務署処理欄	部門	決算期	業種番号	番号	整理簿	備考	通信日付印	年 月 日	確認

04.03改正

短縮特例承認資産の一部の資産を取り替えた場合の届出書の記載要領等

1　この届出書は、法人が既に耐用年数の短縮の承認を受けている資産(以下「短縮特例承認資産」といいます。)の一部についてこれに代わる新たな資産（以下「更新資産」といいます。）と取り替えた場合において、耐用年数の短縮のみなし承認を受けようとするときに、その法人（連結子法人にあっては、当該連結子法人に係る連結親法人）が必要事項を記載して提出してください。

2　この届出書は、納税地の所轄税務署長を経由して所轄国税局長に２通提出してください。
なお、この届出書は更新資産の取得をした日の属する事業年度又は連結事業年度の確定申告書又は連結確定申告書の提出期限（法人税法第 72 条の規定による仮決算をした場合の中間申告書を提出するときはその中間申告書の提出期限とし、所得税法等の一部を改正する法律（令和２年法律第８号）による改正前の法人税法第 81 条の 20 の規定による仮決算をした場合の連結中間申告書を提出するときはその連結中間申告書の提出期限とします。）までに提出する必要があります。

3　届出書の各欄は、次により記載してください。

(1)　「連結子法人」欄には、この届出の対象が連結子法人である場合における当該連結子法人の「法人名等」、「本店又は主たる事務所の所在地」、「代表者氏名」、「代表者住所」及び「事業種目」を記載してください。

(2)　「更新資産の取得をした日の属する事業年度１」欄には、法人税法施行令第 57 条第７項に規定する更新資産を取得した日の属する事業年度又は連結事業年度を記載してください。

(3)　「届出の事由２」欄には、耐用年数の短縮のみなし承認を受けようとする事由が、法人税法施行規則第 18 条第１項各号に掲げる事由のいずれの事由に該当するかについて、該当する号を○で囲んでください。各号の該当事由は次のとおりとされています。

該当号	届出の事由
第１号	短縮特例承認資産の一部の資産について、種類及び品質を同じくするこれに代わる新たな資産と取り替えた場合
第２号	短縮特例承認資産の一部の資産について、これに代わる新たな資産（その資産の購入の代価又はその資産の建設等のために要した原材料費、労務費及び経費の額並びにその資産を事業の用に供するために直接要した費用の額の合計額がその短縮特例承認資産の取得価額の 10%相当額を超えるものを除きます。）と取り替えた場合であって、その取り替えた後の使用可能期間の年数とその短縮特例承認資産の承認に係る使用可能期間の年数とに差異が生じない場合

【第１号該当の場合】

(4)　第１号該当の場合の届出に当たっては、更新資産が、法人税法施行規則第 18 条第１項第１号に定める要件（更新資産の種類及び品質が取り替えた短縮特例承認資産の一部と同じであること）を満たしている必要がありますので御注意ください。

【第２号該当の場合】

(5)　第２号該当の場合の届出に当たっては、更新資産が、法人税法施行規則第 18 条第１項第２号に定める次の要件をそれぞれ満たしている必要がありますので御注意ください。

イ　更新資産の購入代価等の額が短縮特例承認資産の取得価額の 10%以下であること

具体的には、「更新資産に取り替えた後の使用可能期間の算定の明細書」（以下(5)において「付表」といいます。）のｇの計に内書きした金額が、短縮特例承認資産に係る「承認を受けようとする使用可能期間及び未経過使用可能期間の算定の明細書」（以下(5)において「短縮特例承認資産の明細書」といいます。）(※)のｇの計に記載した金額の 10%以下であるかどうかにより判定します。

※　短縮特例承認資産について、この届出によるみなし承認を受けようとする事業年度（又は連結事業年度）の直前の事業年度（又は連結事業年度）において、法人税法施行令第 57 条第７項の規定の適用を受けている場合には、当該直前の事業年度（又は連結事業年度）の届出書に添付した「更新資産に取り替えた後の使用可能期間の算定の明細書」のｇの計に記載した金額により判定します。

ロ　みなし承認を受けようとする使用可能期間と短縮特例承認資産の承認を受けている使用可能期間との年数に差異が生じないこと

具体的には、付表のｏ欄の年数と短縮特例承認資産の明細書のｏ欄の年数が同じであるかどうかにより判定します。

【共通記載項目】

(6)　「みなし承認を受けようとする使用可能期間3」欄には、付表「更新資産に取り替えた後の使用可能期間の算定の明細書」のｏ欄の年数を記載してください。

(7)　「未経過使用可能期間4」欄には、付表「更新資産に取り替えた後の使用可能期間の算定の明細書」のｐ欄の年数を記載してください。

(8)　「短縮特例承認資産の種類及び名称5」欄には、短縮特例承認資産につき、減価償却資産の耐用年数等に関する省令別表又は平成20年改正前の減価償却資産の耐用年数等に関する省令別表第二「機械及び装置の耐用年数表」に掲げる種類又は設備の種類及びその名称を記載してください。

(9)　「短縮特例承認資産に係る『耐用年数の短縮の承認通知書』の文書番号及び発行年月日6」の欄には、短縮特例承認資産に係る「耐用年数の短縮の承認通知書」の右上に記載されている文書番号及び発行年月日を記載してください。ただし、「耐用年数の短縮の承認通知書」の写しをこの届出書に添付する場合は、この欄を記載する必要はありません。

(10)　「直前の事業年度に適用を受けた届出書の提出年月日7」の欄には、短縮特例承認資産について、この届出によるみなし承認を受けようとする事業年度（又は連結事業年度）の直前の事業年度（又は連結事業年度）において、法人税法施行令第57条第7項の規定の適用を受けている場合に、当該直前の事業年度（又は連結事業年度）の届出書の提出年月日を記載してください。ただし、その届出書に添付した「更新資産に取り替えた後の使用可能期間の算定の明細書」の写しをこの届出書に添付する場合は、この欄を記載する必要はありません。

(11)　「税理士署名」欄は、この申請書を税理士又は税理士法人が作成した場合に、その税理士等が署名してください。

(12)　「※」欄は、記載しないでください。

4　届出書の提出に当たっては、「更新資産に取り替えた後の使用可能期間の算定の明細書」（付表）を添付してください。

5　留意事項

○　法人課税信託の名称の併記

法人税法第2条第29号の2に規定する法人課税信託の受託者がその法人課税信託について、国税に関する法律に基づき税務署長等に申請書等を提出する場合には、申請書等の「法人名等」の欄には、受託者の法人名又は氏名のほか、その法人課税信託の名称を併せて記載してください。なお、受託者が個人である場合には「代表者氏名」及び「代表者住所」をそれぞれ「氏名」及び「住所」と読み替えて記載してください。

付表（更新資産に取り替えた後の使用可能期間の算定の明細書）

番号（更新資産の番号を○で囲む。）	種類（設備の種類を含む。）	構造又は用途	細目（個々の資産の名称）	数量	法定耐用年数	取得価額	更新資産に取り替えた後の使用可能期間の算定の基礎			年要償却額	経過期間に係る償却費相当額	未経過期間対応償却基礎価額	更新資産に取り替えた後の使用可能期間	みなし承認を受けようとする使用可能期間	算出未経過使用可能期間	取得年月	帳簿価額	所在地
							経過年数	その後の使用可能期間	計	$\frac{g}{j}$	h×k	g−l	$\frac{g\text{の計}}{k\text{の計}}$		$\frac{m\text{の計}}{k\text{の計}}$			
a	b	c	d	e	f	g	h	i	j	k	l	m	n	o	p	q	r	s
						千円	年　月	年　月								年　月	千円	
							.	.										
							.	.										
							.	.										
							.	.										
							.	.										
							.	.										
							.	.										
							.	.										
							.	.										
							.	.										
							.	.										
計						（内 更新資産 千円）												

03.06改正

（規格A4）

付表（更新資産に取り替えた後の使用可能期間の算定の明細書）の記載要領等

1　この明細書は、短縮特例承認資産（法人が有する法人税法施行令第 57 条第１項の承認に係る減価償却資産をいいます。以下同じ。）の一部について、これに代わる新たな資産（以下「更新資産」といいます。）と取り替えた場合に、その取り替えた後の使用可能期間の算定の基礎となる個々の資産の明細等を記載し、「短縮特例承認資産の一部の資産を取り替えた場合の届出書」に添付してください。

2　「番号ａ」欄には、一連番号を付してください。なお、更新資産については、その一連番号を○で囲んでください。

3　「種類（設備の種類を含む。）ｂ」及び「構造又は用途ｃ」の各欄には、更新資産に取り替えた後の減価償却資産について、減価償却資産の耐用年数等に関する省令（以下「耐用年数省令」といいます。）別表に掲げる種類及び構造若しくは用途又は平成 20 年改正前の耐用年数省令別表第二「機械及び装置の耐用年数表」に掲げる設備の種類を記載してください。

4　「細目（個々の資産の名称）ｄ」欄には、更新資産に取り替えた後の減価償却資産に含まれる個々の資産で、その型式、性能等の仕様及び取得年月の異なるごとにその名称を記載してください。

5　「数量ｅ」欄には、「細目（個々の資産の名称）ｄ」欄の区分ごとの資産の数量を記載してください。

6　「法定耐用年数ｆ」欄には、その個々の資産が含まれる減価償却資産について法人税法施行令第 57 条第１項の適用を受けないこととした場合に適用される法定耐用年数を記載してください。

7　「取得価額ｇ」欄には、「細目（個々の資産の名称）ｄ」欄の区分ごとの資産の取得価額を記載してください。また、「取得価額ｇ」欄の合計額を「計」欄に記載するとともに、「細目（個々の資産の名称）ｄ」欄の区分ごとの資産のうち一の計画に基づく更新資産の「取得価額ｇ」欄の額の合計額を内書きしてください。

8　「更新資産に取り替えた後の使用可能期間の算定の基礎」欄には、「細目（個々の資産の名称）ｄ」欄の区分ごとの資産につきこの届出により法人税法施行令第 57 条第７項の規定の適用を受けようとする事業年度（又は連結事業年度）の終了の日までの「経過年数ｈ」とその後の実際の「その後の使用可能期間ｉ」の年数とを記載し、「計ｊ」欄にはその年数の合計（その合計に１年未満の端数が生じたときはこれを切り捨てます。）を記載してください。

この場合において、機械及び装置に含まれる資産で、耐用年数の短縮の事実がないものについては、その「計ｊ」欄に当該機械及び装置の法定耐用年数の算定の基礎となった個々の資産の年数（昭和 40 年４月国税庁公表　「機械装置の個別年数」に掲げる年数）を記載してください。

9　「年要償却額ｋ」欄には、「細目（個々の資産の名称）ｄ」欄の区分ごとの資産について「取得価額ｇ」欄の金額を「計ｊ」欄の年数で除して算出した金額を記載するとともに、その合計額を「計」欄に記載してください。

10　「更新資産に取り替えた後の使用可能期間ｎ」の「計」欄には、「取得価額ｇ」欄の額の合計額を「年要償却額ｋ」欄の額の合計額で除して算出した数（小数点１以下の数は切り捨て、その数が２に満たない場合は２とします。）を記載してください。

11　「みなし承認を受けようとする使用可能期間ｏ」の「計」欄には、みなし承認を受けようとする使用可能期間を記載してください。

12　「算出未経過使用可能期間ｐ」欄には、「未経過期間対応償却基礎価額ｍ」欄の額の合計額を「年要償却額ｋ」欄の額の合計額で除して算出した数（小数点１以下の数は切り捨て、その数が２に満たない場合は２とします。）を記載してください。

13　「帳簿価額ｒ」欄には、更新資産を取得した日の属する事業年度（又は連結事業年度）終了の日における個々の資産の帳簿価額を記載してください。

14　「所在地ｓ」欄には、その資産の所在する事業所名及び所在地を記載してください。

2通提出（添付書類含む）

税務署受付印

耐用年数の短縮の承認を受けた減価償却資産と材質又は製作方法を同じくする減価償却資産を取得した場合等の届出書

※整理番号	

令和　年　月　日

国税局長殿

項目	記入欄
納税地	〒　電話（　）　－
（フリガナ）	
法人名等	
法人番号	
（フリガナ）	
代表者氏名	
代表者住所	〒
事業種目	業

連結子法人（届出の対象が連結子法人である場合に限り記載）		※税務署処理欄		
（フリガナ）			整理番号	
法人名等			部門	
本店又は主たる事務所の所在地	〒　（　局　署）　電話（　）　－		決算期	
（フリガナ）			業種番号	
代表者氏名			整理簿	
代表者住所	〒		備考	
事業種目	業		回付先	□ 子署から送付物有 □ 親署 ⇒ 子署 □ 子署 ⇒ 調査課

次の減価償却資産について、法人税法施行令第57条第８項の規定の適用を受けることを下記のとおり届け出ます。

項目	番号	記入欄		
届出資産の取得をした日の属する事業年度	1	自 令和　年　月　日　至 令和　年　月　日		
届出の事由	2	法人税法施行令第57条第１項第１号　該当	法人税法施行規則第16条第１号　該当	法人税法施行規則第16条第３号　該当
届出資産の種類及び名称	3			
同上の資産の　所在する場所	4			
同上の資産の　みなし承認を受けようとする使用可能期間（付表のｏ）	5	年		
同上の資産の　未経過使用可能期間（付表のｐ）	6	年		
既承認資産に係る「耐用年数の短縮の承認通知書」の文書番号及び発行年月日	7	法第　号 平成・令和　年　月　日 ※既承認資産に係る「耐用年数の短縮の承認通知書」の写しを添付する場合は、この欄を記載する必要はありません。		
参考となるべき事項	8			
添付書類		「みなし承認を受けようとする使用可能期間の算定の明細書」（付表）		

税理士署名	

※税務署処理欄	部門		決算期		業種番号		番号		整理簿		備考		通信日付印	年　月　日	確認	

（規格Ａ４）

04.03 改正

耐用年数の短縮の承認を受けた減価償却資産と材質又は製作方法を同じくする減価償却資産を取得した場合等の届出書の記載要領等

1　この届出書は、法人が、既に耐用年数の短縮の承認を受けている減価償却資産（以下「既承認資産」といいます。）と材質又は製作方法を同じくする減価償却資産（以下「届出資産」といいます。）を新たに取得した場合等に、その新たに取得した減価償却資産について、耐用年数の短縮のみなし承認を受けようとする場合に、その法人（連結子法人にあっては、当該連結子法人に係る連結親法人）が必要事項を記載して提出してください。

2　この届出書は、納税地の所轄税務署長を経由して所轄国税局長に２通提出してください。

なお、この届出書はみなし承認を受けようとする届出資産の取得をした日の属する事業年度又は連結事業年度の確定申告書又は連結確定申告書の提出期限（法人税法第 72 条の規定による仮決算をした場合の中間申告書を提出するときはその中間申告書の提出期限とし、所得税法等の一部を改正する法律（令和２年法律第８号）による改正前の法人税法第 81 条の 20 第１項の規定による仮決算をした場合の連結中間申告書を提出するときはその連結中間申告書の提出期限とします。）までに提出する必要があります。

3　届出書の各欄は、次により記載してください。

(1)　「連結子法人」欄には、この届出の対象が連結子法人である場合における当該連結子法人の「法人名」、「本店又は主たる事務所の所在地」、「代表者氏名」、「代表者住所」及び「事業種目」を記載してください。

(2)　「届出資産の取得をした日の属する事業年度１」欄には、届出資産を取得した日の属する事業年度又は連結事業年度を記載してください。

(3)　「届出の事由２」欄には、既承認資産の承認事由が、法人税法施行令第 57 条第１項第１号、法人税法施行規則第 16 条第１号又は同条第３号（法人税法施行令第 57 条第１項第１号及び法人税法施行規則第 16 条第１号に係る部分に限ります。）に掲げる事由のいずれに該当するかについて、該当する号を○で囲んでください。なお、届出に当たっては、届出資産が法人税法施行令第 57 条第８項又は法人税法施行規則第 18 条第３項各号に掲げる要件を満たしている必要がありますので御注意ください。

届出資産の要件は、既承認資産の承認事由に応じ、それぞれ次のとおりとされています。

	既承認資産の承認事由	届出の対象となる減価償却資産
1	その材質又は製作方法がこれと種類及び構造を同じくする他の減価償却資産の通常の材質又は製作方法と著しく異なること （法人税法施行令第 57 条第１項第１号）	左の既承認資産と材質又は製作方法を同じくする減価償却資産 （法人税法施行令第 57 条第８項）
2	その構成が同一種類の他の減価償却資産の通常の構成と著しく異なること （法人税法施行規則第 16 条第１号）	左の既承認資産と構成を同じくする減価償却資産 （法人税法施行規則第 18 条第３項第１号）
3	上記１又は２に準ずる事由 （法人税法施行規則第 16 条第３号）	左の既承認資産と材質若しくは製作方法又は構成に準ずるものを同じくする減価償却資産 （法人税法施行規則第 18 条第３項第２号）

(4)　「届出資産の種類及び名称３」欄には、届出資産につき、減価償却資産の耐用年数等に関する省令（以下「耐用年数省令」といいます。）別表又は平成 20 年改正前の耐用年数省令（以下「旧耐用年数省令」といいます。）別表第二「機械及び装置の耐用年数表」に掲げる種類又は設備の種類及びその名称を記載してください。

(5)　「同上の資産の（４～６）」欄には、届出資産につき、その所在する事業所名及び所在地、みなし承認を受けようとする使用可能期間及び未経過使用可能期間の年数をそれぞれ記載してください。

(6)　「既承認資産に係る『耐用年数の短縮の承認通知書』の文書番号及び発行年月日７」欄には、既承認資産に係る「耐用年数の短縮の承認通知書」の右上に記載されている文書番号及び発行年月日を記載してください。ただし、「耐用年数の短縮の承認通知書」の写しをこの届出書に添付する場合は、この欄を記載する必要はありません。

(7)　「参考となるべき事項８」欄には、既承認資産の承認事由が法人税法施行令第 57 条第１項第1号によるもの又はこれに準ずるものである場合において、既承認資産及び届出資産の材質又は製作方法を簡記してください。(例：事務所等として定着的に使用する建物を、通常の建物とは異なる簡易な材質と製作方法により建設している等)

(8)「税理士署名」欄は、この申請書を税理士又は税理士法人が作成した場合に、その税理士等が署名してください。

(9)「※」欄は、記載しないでください。

4　届出書の提出に当たっては、「みなし承認を受けようとする使用可能期間の算定の明細書」(付表)を添付してください。

5　留意事項

○　法人課税信託の名称の併記

法人税法第2条第29号の2に規定する法人課税信託の受託者がその法人課税信託について、国税に関する法律に基づき税務署長等に申請書等を提出する場合には、申請書等の「法人名等」の欄には、受託者の法人名又は氏名のほか、その法人課税信託の名称を併せて記載してください。なお、受託者が個人である場合には「代表者氏名」及び「代表者住所」をそれぞれ「氏名」及び「住所」と読み替えて記載してください。

付表（みなし承認を受けようとする使用可能期間の算定の明細書）

番号	種類（設備の種類を含む。）	構造又は用途	細目（個々の資産の名称）	数量	法定耐用年数	取得価額	みなし承認を受けようとする使用可能期間の算定の基礎			年要償却額	経過期間に係る償却費相当額	未経過期間対応償却基礎価額	算出使用可能期間	みなし承認を受けようとする使用可能期間	算出未経過使用可能期間	取得年月	帳簿価額	所在地
							経過年数	その後の使用可能期間	計	$\frac{g}{j}$	h×k	g−l	$\frac{g の計}{k の計}$		$\frac{m の計}{k の計}$			
a	b	c	d	e	f	g	h	i	j	k	l	m	n	o	p	q	r	s
						千円	年　月	年　月								年　月	千円	
							．	．										
							．	．										
							．	．										
							．	．										
							．	．										
							．	．										
							．	．										
							．	．										
							．	．										
							．	．										
							．	．										
計																		

03.06改正

（規格A4）

付表（みなし承認を受けようとする使用可能期間の算定の明細書）の記載要領等

1　「番号ａ」欄には、一連番号を付してください。

2　「種類（設備の種類を含む。）ｂ」及び「構造又は用途ｃ」の各欄には、届出資産の減価償却資産の耐用年数等に関する省令（以下「耐用年数省令」といいます。）別表又は平成20年改正前の耐用年数省令別表第二「機械及び装置の耐用年数表」に掲げる種類、設備の種類及び構造又は用途を記載してください。

3　「細目（個々の資産の名称）ｄ」欄には、届出資産ごと（当該届出資産が総合償却資産（機械及び装置並びに構築物で、当該資産に属する個々の資産の全部につき、その償却の基礎となる価額を個々の資産の全部を総合して定められた耐用年数により償却することとされているものをいう。以下同じ。）である場合には、当該総合償却資産に含まれる個々の資産で、その型式、性能等の仕様及び取得年月の異なるごと、車両及び運搬具又は工具、器具及び備品である場合には、耐用年数省令別表第一の細目に掲げる資産の名称の異なるものごと）にその名称を記載してください。

4　「数量ｅ」欄には、「細目（個々の資産の名称）ｄ」欄の区分ごとの資産の数量を記載してください。

5　「法定耐用年数ｆ」欄には、届出資産について定められている法定耐用年数（当該届出資産が機械及び装置に含まれる個々の資産である場合には、当該機械及び装置について定められている法定耐用年数）を記載してください。

6　「取得価額ｇ」欄には、「細目（個々の資産の名称）ｄ」欄の区分ごとの資産の取得価額を記載し、届出資産が総合償却資産である場合には、総合償却資産ごとにその合計額を記載してください。

7　「みなし承認を受けようとする使用可能期間の算定の基礎」欄には、「細目（個々の資産の名称）ｄ」欄の区分ごとの資産につきこの届出により法人税法施行令第57条第８項の規定の適用を受けようとする事業年度（又は連結事業年度）終了の日までの「経過年数ｈ」とその後の実際の「その後の使用可能期間ｉ」の年数とを記載し、「計ｊ」欄にはその年数の合計（その合計に１年未満の端数が生じたときはこれを切り捨てます。）を記載してください。

この場合において、機械及び装置に含まれる資産で、耐用年数の短縮の事実がないものについては、その「計ｊ」欄に当該機械及び装置の法定耐用年数の算定の基礎となった個々の資産の年数（昭和40年４月国税庁公表　「機械装置の個別年数」に掲げる年数）を記載してください。

8　「年要償却額ｋ」欄には、届出資産が総合償却資産である場合に「細目（個々の資産の名称）ｄ」欄の区分ごとの資産について「取得価額ｇ」欄の金額を「計ｊ」欄の年数で除して算出した金額を記載し、総合償却資産ごとにその合計額を記載してください。

9　「算出使用可能期間ｎ」欄には、届出資産が総合償却資産である場合に、当該総合償却資産の「取得価額ｇ」の金額の合計額を「年要償却額ｋ」の金額の合計額で除して算出した数（小数点１位以下の数は切り捨て、その数が２に満たない場合には２とします。）を記載してください。

10　「みなし承認を受けようとする使用可能期間ｏ」欄には、届出資産が総合償却資産である場合には「算出使用可能期間ｎ」欄に記載した数を、総合償却資産以外の資産である場合には「みなし承認を受けようとする使用可能期間の算定の基礎　計ｊ」欄に記載した年数を記載してください。

11　「算出未経過使用可能期間ｐ」欄には、届出資産が総合償却資産である場合に「未経過期間対応償却基礎価額ｍ」欄の金額の合計額を「年要償却額ｋ」欄の金額の合計額で除して算出した数（小数点１位以下の数は切り捨て、その数が２に満たない場合には２とします。）を記載してください。

12　「帳簿価額ｒ」欄には、届出資産が総合償却資産である場合には、当該総合償却資産ごとに合計額を記載した行に当該届出資産を取得した日の属する事業年度（又は連結事業年度）終了の日における帳簿価額を、総合償却資産以外の資産である場合には、当該届出資産の同日における帳簿価額の合計額を記載してください。

13　「所在地ｓ」欄には、その所在する事業所名及び所在地を記載してください。

増加償却の届出書

※整理番号	

税務署受付印

令和　年　月　日	納税地	〒 電話(　　)　　－
	(フリガナ)	
	法人名等	
	法人番号	
	(フリガナ)	
	代表者氏名	
	代表者住所	〒
税務署長殿	事業種目	業

連結子法人(届出の対象が連結子法人である場合に限り記載)			※税務署処理欄	
	(フリガナ)		整理番号	
	法人名等		部門	
	本店又は主たる事務所の所在地	〒　　(　局　署) 電話(　　)　　－	決算期	
	(フリガナ)		業種番号	
	代表者氏名		整理簿	
	代表者住所	〒		
	事業種目	業	回付先	□ 親署 ⇒ 子署 □ 子署 ⇒ 調査課

自 令和　年　月　日
至 令和　年　月　日　事業年度における次の機械及び装置については、増加償却を行いますので届け出ます。

設備の種類	1		
細目	2		
所在する場所	3		
通常の経済事情における1日当りの平均的な使用時間	4		
通常使用されるべき日数	5		
平均的な使用時間を超えて使用した時間の合計時間	6		
1日当りの超過使用時間	7		
同上の時間の計算方法	8	第一号該当	第二号該当
増加償却割合［35／1000×「7」］	9		
操業度上昇の理由			
超過使用したことを証する書類として保存するものの名称			

税理士署名	

※税務署処理欄	部門		決算期		業種番号		番号		整理簿		備考		通信日付印	年　月　日	確認	

(規格A4)

04.03改正

増加償却の届出書の記載要領等

1　この届出書は、法人が通常の使用時間を超えて使用される機械及び装置の償却限度額の計算について、法人税法施行令第60条に規定する増加償却を適用しようとする場合に、その法人（連結子法人にあっては、当該連結子法人に係る連結親法人）が必要事項を記載して提出してください。

2　増加償却を適用する場合には、その適用を受けようとする事業年度又は連結事業年度の確定申告書又は連結確定申告書の提出期限までに、納税地の所轄税務署長に１通（調査課所管法人にあっては２通）提出してください。

3　届出書の各欄は、次により記載してください。

(1)　「連結子法人」欄には、この届出の対象が連結子法人である場合における当該連結子法人の「法人名等」、「本店又は主たる事務所の所在地」、「代表者氏名」、「代表者住所」及び「事業種目」を記載してください。

(2)　届出本文の（自令和　年　月　日　至令和　年　月　日　事業年度における）について、連結親法人がこの届出書を提出する場合は、（自令和　年　月　日　至令和　年　月　日　連結事業年度における）と読み替えて記載してください。

(3)　「設備の種類１」欄には、適用を受ける機械及び装置の減価償却資産の耐用年数等に関する省令（以下「耐用年数省令」といいます。）別表第二に掲げる設備の種類を記載してください。

(4)　「細目２」欄には、増加償却を適用しようとする機械及び装置について、耐用年数省令別表第二の細目（細目がない資産については個々の資産の名称）を記載してください。

(5)　「所在する場所３」欄には、機械及び装置の所在する事業場名及びその所在地を記載してください。

(6)　「通常の経済事情における１日当りの平均的な使用時間４」欄には、法人の営む事業の通常の経済事情における１日当りの平均使用時間を記載してください。

(7)　「通常使用されるべき日数５」欄には、増加償却を適用する事業年度の日数から、日曜、祭日、年末年始の休日等貴社の属する業種において通常休日とされている日数を控除した日数を記載してください。

(8)　「平均的な使用時間を超えて使用した時間の合計時間６」欄には、増加償却を適用しようとする事業年度において、その対象となる機械及び装置を、(6)に掲げる時間を超えて使用した時間の合計時間を記載してください。

(9)　「１日当りの超過使用時間７」欄には、次のイ又はロに掲げる方法のいずれか一の方法で計算した１日当りの超過使用時間を記載してください。

イ　機械及び装置に属する個々の機械及び装置ごとに次の算式により計算した時間の合計時間を１日当りの超過使用時間とする方法

$$\left(\begin{array}{c}\text{個々の機械及び装置の増加償却を実施しよう}\\\text{とする事業年度における平均超過使用時間}\end{array}\right)\times\frac{\text{個々の機械及び装置の取得価額}}{\text{機械及び装置の取得価額}}$$

ロ　次の算式により計算する方法

$$\text{１日当りの超過使用時間}=\frac{\left(\begin{array}{c}\text{個々の機械及び装置の増加償却を実施しようとする}\\\text{事業年度における平均超過使用時間の合計時間}\end{array}\right)}{\text{個々の機械及び装置の総数}}$$

(10)　「同上の時間の計算方法８」欄には、１日当りの超過使用時間の計算を(9)のイの方法によったときは第一号該当を、(9)のロの方法によったときは第二号該当を○で囲んでください。

(11)　「増加償却割合９」欄には、次の算式により計算した割合（その割合に小数点以下２位未満の端数があるときは、切り上げます。）を記載してください。

$$\frac{35}{1,000}\times\text{「１日当りの超過使用時間７」}$$

(12)　「操業度上昇の理由」欄には、適用を受ける機械及び装置の操業度上昇の理由及び超過操業の状況を記載します。

(13)　「税理士署名」欄は、この届出書を税理士又は税理士法人が作成した場合に、その税理士等が署名してください。

(14) 「※」欄は、記載しないでください。

4　留意事項

○　法人課税信託の名称の併記

法人税法第２条第29号の２に規定する法人課税信託の受託者がその法人課税信託について、国税に関する法律に基づき税務署長等に申請書等を提出する場合には、申請書等の「法人名等」の欄には、受託者の法人名又は氏名のほか、その法人課税信託の名称を併せて記載してください。

減価償却資産に関する諸申請書及び届出書

2通提出（添付書類含む）

堅固な建物等の残存使用可能期間の認定申請書

税務署受付印

※整理番号	

令和　年　月　日

税務署長殿

納税地	〒 電話（　）　－
（フリガナ）	
法人名等	
法人番号	
（フリガナ）	
代表者氏名	
代表者住所	〒
事業種目	業

連結子法人（申請の対象が連結子法人である場合に限り記載）

（フリガナ）		※税務署処理欄 整理番号	
法人名等		部門	
本店又は主たる事務所の所在地	〒　（局　署） 電話（　）　－	決算期	
（フリガナ）		業種番号	
代表者氏名		整理簿	
代表者住所	〒		
事業種目	業	回付先	□ 親署 ⇒ 子署 □ 子署 ⇒ 調査課

次の資産の減価償却について、取得価額の100分の95相当額に達した後の残存使用可能期間の月数の認定を申請します。

認定を受ける減価償却資産の明細

種類（設備の種類を含む）	1	
構造又は用途	2	
細目（資産の名称）	3	
所在する場所	4	
取得年月日	5	年　月　日
取得価額	6	円
取得価額の100分の95相当額に達した事業年度終了の日	7	令和　年　月　日
同上における帳簿価額	8	円
認定を受けようとする月数	9	

月数の算定根基

税理士署名	

（規格A4）

※税務署処理欄	部門		決算期		業種		番号	整理簿		備考		通信日付印		確認	

04.03 改正

堅固な建物等の残存使用可能期間の認定申請書の記載要領等

1　この申請書は、法人が堅固な建物等（法人税法施行令第61の２条第１項に掲げる減価償却資産）のうち、償却額の累積額が当該資産の取得価額の100分の95相当額に達したものについて、さらにその帳簿価額が１円に達するまで償却しようとする場合の残存使用可能期間の月数の認定を受けようとするときに、その法人（連結子法人にあっては、当該連結子法人に係る連結親法人）が必要事項を記載して提出してください。

2　この申請書は、１の認定を受けようとする事業年度又は連結事業年度開始の日の前日までに、納税地の所轄税務署長に２通提出してください。

3　申請書の各欄は、次により記載してください。

(1)　「連結子法人」欄には、この申請の対象が連結子法人である場合における当該連結子法人の「法人名等」、「本店又は主たる事務所の所在地」、「代表者氏名」、「代表者住所」及び「事業種目」を記載してください。

(2)　「種類（設備の種類を含む。）１」、「構造又は用途２」及び「細目（資産の名称）３」の各欄には、認定を受けようとする資産の減価償却資産の耐用年数等に関する省令別表に掲げる種類、設備の種類、構造又は用途及び細目（細目がない資産については個々の資産の名称）を記載してください。

(3)　「所在する場所４」欄には、その所在する事業場名及び所在地を記載してください。

(4)　「同上における帳簿価額８」欄には、認定を受けようとする資産についてした償却の額の累積額が当該資産の取得価額の100分の95相当額に達することとなった日の属する事業年度又は連結事業年度終了の日における帳簿価額を記載してください。

(5)　「月数の算定根基」欄には、認定を受けようとする資産の現況に基づき予測される残存使用可能期間等を基礎として、認定を受けようとする月数の算定の根基を詳細に記載してください。

(6)　「税理士署名」欄は、この申請書を税理士又は税理士法人が作成した場合に、その税理士等が署名してください。

(7)　「※」欄は、記載しないでください。

4　この申請書には、残存使用可能期間について参考となるべき書類その他の参考書類（近い将来において当該資産を撤去することが確実に予測される場合には、その旨を記載した書類）を別紙として添付してください。

5　留意事項

○　法人課税信託の名称の併記

法人税法第２条第29号の２に規定する法人課税信託の受託者がその法人課税信託について、国税に関する法律に基づき税務署長等に申請書等を提出する場合には、申請書等の「法人名等」の欄には、受託者の法人名又は氏名のほか、その法人課税信託の名称を併せて記載してください。

採掘権、租鉱権、採石権又は坑道の耐用年数の認定申請書

税務署受付印

※整理番号

令和　年　月　日

税務署長殿

納税地	〒 電話(　　)　－
(フリガナ) 法人名等	
法人番号	
(フリガナ) 代表者氏名	
代表者住所	〒
事業種目	業

連結子法人(申請の対象が連結子法人である場合に限り記載)

		※税務署処理欄	
(フリガナ) 法人名等		整理番号	
本店又は主たる事務所の所在地	〒　　(　局　署) 電話(　　)　－	部門	
		決算期	
(フリガナ) 代表者氏名		業種番号	
代表者住所	〒	整理簿	
事業種目	業	回付先	□ 親署 ⇒ 子署 □ 子署 ⇒ 調査課

次の減価償却資産について耐用年数の認定を申請します。

認定を受けようとする減価償却資産

番号	資産の区分	呼称	所在地	取得の年月日	取得価額	帳簿価額	認定を受けようとする年数
				・・	千円	千円	年
				・・			
				・・			
				・・			
				・・			
				・・			
				・・			

税理士署名	

※税務署処理欄	部門		決算期		業種番号		番号		整理簿		備考	

04.03改正

(規格A4)

採掘権、租鉱権、採石権又は坑道の耐用年数の認定申請書の記載要領等

1　この申請書は、法人が採掘権、租鉱権及び採石権その他土石を採掘し又は採取する権利（以下「採掘権等」といいます。）並びに坑道の耐用年数の認定を申請しようとする場合に、その法人（連結子法人にあっては、当該連結子法人に係る連結親法人）が必要事項を記載して提出してください。

2　この申請書は、納税地の所轄税務署長に２通提出してください。

3　申請書の各欄は、次により記載してください。

(1)　「連結子法人」欄には、この申請の対象が連結子法人である場合における当該連結子法人の「法人名等」、「本店又は主たる事務所の所在地」、「代表者氏名」、「代表者住所」及び「事業種目」を記載してください。

(2)　「資産の区分」欄には、採掘権等又は坑道の別を記載してください。

(3)　「所在地」欄には、その鉱区又は採石場の所在地及び当該鉱区等に係る事業所名を記載してください。

(4)　「帳簿価額」欄には、この申請書を提出する日の属する事業年度又は連結事業年度開始の日における(2)の資産の帳簿価額を記載してください。

(5)　「認定を受けようとする年数」欄には、別紙「認定を受けようとする耐用年数の算定に関する明細書」のｊ欄の年数を記載してください。

(6)　「税理士署名」欄は、この申請書を税理士又は税理士法人が作成した場合に、その税理士等が署名してください。

(7)　「※」欄は、記載しないでください。

4　この申請書には、「認定を受けようとする耐用年数の算定に関する明細書」を添付してください。

5　留意事項

○　法人課税信託の名称の併記

法人税法第２条第29号の２に規定する法人課税信託の受託者がその法人課税信託について、国税に関する法律に基づき税務署長等に申請書等を提出する場合には、申請書等の「法人名等」の欄には、受託者の法人名又は氏名のほか、その法人課税信託の名称を併せて記載してください。

認定を受けようとする耐用年数の算定に関する明細書

番号 a	資産の区分 b	採掘予定数量 c	年間採掘数量				当該鉱区等に属する設備の採掘能力 h	採掘従業員数 i	認定を受けようとする年数 j
			最近における年間採掘数量			今後予想される年間採掘数量 g			
			採掘月数 d	採掘量 e	年換算平均採掘量 f				
参考事項									

13.07

（規格A4）

認定を受けようとする耐用年数の算定に関する明細書

1　「番号ａ」欄には、一連番号を記載してください。

2　「資産の区分ｂ」欄には、申請書の資産の区分欄に記載した資産を記載してください。

3　「採掘予定数量ｃ」欄には、認定を受けようとする採掘権、租鉱権及び採石権その他土石を採掘し又は採取する権利に係る鉱区若しくは採石場の採掘予定数量、又は坑道により採掘することができる採掘予定数量を記載してください。

4　「最近における年間採掘数量」の各欄は、この申請書を提出する日の属する事業年度開始の日前３年以内における採掘の実績に基づき次により記載してください。

(1)　「採掘月数ｄ」欄には、実際に採掘に従事した月数を記載してください。

(2)　「採掘量ｅ」欄には、(1)の月数における採掘量の合計額を記載してください。

(3)　「年換算平均採掘量ｆ」欄には

$$「採掘量e」 \div \frac{「採掘月数d」}{12}$$

の算式により計算した年換算平均採掘量を記載してください。

5　「今後予想される年間採掘数量ｇ」欄には、設備の能力、従業員の数等を勘案して今後予想される１年間の採掘予定数量を記載してください。

6　「当該鉱区等に属する設備の採掘能力ｈ」欄には、当該鉱区による鉱石等の１年間の採掘可能能力を記載してください。

7　「採掘従事員数ｉ」欄には、当該鉱区等において常時採掘及び採出に従事する人数を記載してください。

8　「承認を受けようとする年数ｊ」欄には、ｃ、ｆ又はｇ等を勘案して認定を受けようとする年数を記載してください。

令和６年版 減価償却資産の耐用年数表

2024年６月20日　発行

編　者　公益財団法人 納税協会連合会　編集部

発行者　新木 敏克

発行所　公益財団法人 納税協会連合会
〒540-0012 大阪市中央区谷町１－５－４　電話(編集部)06(6135)4062

発売所　株式会社 清文社
大阪市北区天神橋２丁目北２－６(大和南森町ビル)
〒530-0041　電話 06(6135)4050　FAX 06(6135)4059
東京都文京区小石川１丁目３－25(小石川大国ビル)
〒112-0002　電話 03(4332)1375　FAX 03(4332)1376
URL https://www.skattsei.co.jp/

印刷：㈱広済堂ネクスト

■本書の内容に関するお問い合わせは編集部までFAX(06-6135-4063)又はe-mail(edit-w@skattsei.co.jp)でお願いします。
＊本書の追録情報等は、発売所（清文社）のホームページ（https://www.skattsei.co.jp）をご覧ください。

ISBN978-4-433-70024-9